JN436880

한국의 공동체 자기고용

The Communal Self-Employment in Korea by Kim Youngkon

이 책(연구과제: 한국에서 공동체 자기고용의 현황과 시너지 효과의 모색An Essay on the Communal Self-Employment and Its Synergic Effects in Korea)은 한국학술진흥재단의 2006년 보호학문강의지원사업의 도움을 받아 진행하였음(KRF-2006-551-B00045).

This research 『An Essay on the Communal Self-Employment and Its Synergic Effects in Korea』 was able to study as a project of the Korean Research Foundation(KRF-2006-551-B00045).

한국의 공동체 자기고용

초판 1쇄 발행 2009년 8월 30일
2쇄 발행 2010년 9월 10일

저 자 | 김영곤
발행인 | 윤관백
펴낸곳 | 선인

편 집 | 이경남 · 장인자 · 김민희
기 획 | 김지학
표 지 | 정안태
교정교열 | 김은혜 · 이수정
영 업 | 이주하

인 쇄 | 한성인쇄
제 본 | 바다제책

등록 | 제5-77호(1998.11.4)
주소 | 서울시 마포구 마포동 324-1 곶마루 B/D 1층
전화 | 02)718-6252 / 6257 팩스 | 02)718-6253
E-mail | sunin72@chol.com
Homepage | www.suninbook.com

정가 27,000원
ISBN 978-89-5933-196-3 93300

· 잘못된 책은 바꿔 드립니다.

한국의 공동체 자기고용

The Communal Self-Employment in Korea by Kim Youngkon

김 영 곤

공동체 자기고용이란 무엇인가?

필자는 『한국노동사와 미래』(선인, 2005)를 쓰면서(1997.8~2005.2) 자본주의 노사관계가 노동자를 조합주의에 빠지게 하고, 단체협약의 대상이 아닌 대중과 분절하는 원인을 제공하면서 여러 문제를 일으키므로 이를 극복할 수 있는 노동조직은 무엇일까 고민했다. '민주적 자본주의'나 '인간의 얼굴을 한 자본주의'라는 말은 너무 광범위하여 무책임하고, 당장 사회주의를 떠올리는 것은 현실에서 여러 한계가 있다고 생각했다. 2003년 9월 '왜 일본의 노동운동 · 농민운동은 대중과 분절했는가?' 라는 주제를 가지고 일본을 여행하면서 worker's collective를 방문했다. 그리고 탈고를 앞두고 2004년 1월 인도에서 열린 세계사회포럼에 참가했다. '실업률이 높은 인도의 실업대책은 무엇이며 협동조합은 어떻게 운영하는가?' 라는 주제를 가지고 인도를 여행하면서 협동조합의 발달(SEWA, Self-Employed Women Association)을 보았다. 학계와 사회운동에 존재하는 아나키즘의 재현이나 이탈리아의 자율운동인 아우또노미아도 필자의 상상력을 자극했다. 이것을 보면서 자영업을 말하는 자기고용(self-employment) 경향이 강하고 1920년대에 협동조합 발전의 역사 경험이 있는 한국에도 이런 개념들을 아우르는 공동체 자기고용(communal self-employment) 개념 정립이 필요하다고 생각했다. 이 글에서는 고용의 측면을 강조해 공동체 자기고용이라는 용어를 설정했다. '자가고용'은 가족주의적 분위기를 가지므로 '자기고용'이라는 표현을 선택했다.

한국은 이미 자영업을 의미하는 자기고용의 성격이 강한 협동조합의 발전이라는 역사 경험이 있다.

인간은 자신과 가족 그리고 이웃이 필요로 하는 물자와 서비스를 생산, 분배, 소비하려고 노동조직을 만든다. 이러한 전통적인 자영업, 기업, 정부 공공 부문의 노동조직 외에 공동체 자기고용의 노동조직을 전망해 볼 수 있다.

기업 회사가 아닌 공동체가 스스로 고용한 노동을 공동체 자기고용이라 말한다. 자영업, 노점상, 의사, 약사, 변호사 같은 개인고용 형태의 자기노동 외에 개인적 자기고용과 협동조합, 노동자기업, 지역 노동공동체 등이 있다. 협업과 분업이 분리된 역사를 극복하고 결합할 수 있는 고리는 공동체 자기고용이다. 창의적인 기업가들이 노동을 조직하는 형태에서 다수가 창의적으로 노동을 조직하는 변화를 의미한다. 자본에게 봉사하는 국가 부문이 아닌 노동조직 형태이다. 상품과 서비스가 생산하는 노동자의 손을 떠나 자본가의 배분·유통 과정을 적게 거치면서 소비자에게 도달한다. 이 과정에서 자본가의 이윤은 줄고, 생산 노동자의 수익은 늘며 소비 노동자의 지출은 줄어든다.

인류가 노동을 조직하여 경제를 운영한 경험을 비판적으로 평가할 때 공동체 자기고용은 자영업의 개별성을 극복하고, 자본주의 기업의 노동소외를 극복한다. 정부 국영기업이나 공기업이 관료성을 갖거나 대중보다 자본에게 봉사하는 경향을 경계한다. 또 역사적 사회주의의 비민주성을 극복하고, 시장경제와 공존하면서 이를 극복하려는 경제 형태다. 정부와 기업이 늘어나는 실업자 대책을 대증적으로 세우려는 데에 의존하여 사회적 기업이 출발하는 점을 경계하고, 이와 다른 차별을 확보하려는 노동조직이다. 이것은 공동체 사회를 향한 새로운 발걸음이다.

공동체 자기고용은 우선 사회에 유기, 순환, 통합 효과를 발휘한다. 노동자가 소득, 교육, 건강, 생태환경, 안전, 문화, 평화 등의 필요를 직접 또는 간접으로 순환하며 교환하므로 상호 충족시켜 삶의 장기 전망을 세울 수 있다. 다음으로 일자리를 나누고 창출하는 효과가 있다. 노동자가 공동의 자기 재산을 형성하면서 통합 효과를 안정적으로 발휘한다. 정성을 다해 창의적으로 노동해서 질 높은 노동의 결과물을 산출할 수 있다. 노동시간을 줄여 여가를 만들어내 노동력을 보호하고 재창출할 수 있다. 다수의 삶을 보장하는 데로 한 발짝 더 접근하는 길이다. 노동해방을 향하는 노동과정, 노동 조직의 표현이며 미래의 유력한 노동조직 형태이다.

생태환경의 고유한 가치를 개발독재 시기에 개발이라는 이름 아래 훼손했다. 생태환경 훼손은 자본에게는 이익이나 노동에게는 피해다. 지속가능성의 전제는 생태환경 가치의 인정이다. 그러므로 공동체 자기고용은 소유, 노동, 경영, 생태의 지속가능의 조건을 충족하는 경제구상이다.

공동체 자기고용의 범주는 유럽에서 말하는 사회적 경제(Social Economy)의 범주에 접근할 수 있다. 유럽에서는 공공 영역이 공동체 자기고용 부문을 지원한다. 그러나 한국에서는 협동조합, 사회적 일자리 등이 관변 성격이나 친기업적 성격이 강해 공동체 자기고용을 억압한 역사적 경험이 있고 이런 위험성은 여전히 남아있다. 공동체 자기고용과 '한국의 사회적 경제'와는 차별성을 가진다. 이런 이유에서 이 연구를 '한국의 사회적 경제'라고 하지 않았다. 오히려 공동체 자기고용은 그 자체와 공공 부문과 기업부문에 일부 존재하는 일부 공동체적 성격을 합해 민중경제, 지속가능한 경제를 구성한다.

공동체 자기고용은 한국에서는 그 역사의 뿌리가 깊지만 발전은 굴곡이 심했다. 공동체 자기고용은 농경사회 → 산업사회 → 공동체 사회로 변화해가는 흐름을 반영한다.

조선시대 두레·계·향약의 전통과 갑오농민혁명의 이상 안에 공동체 자기고용의 요소가 있었다. 8·15해방 정국에서는 짧지만 노동자 농민이 일제가 남기고 간 공장과 농장의 자주관리를 경험했다. 개발독재 시기에도 존재했지만 군사독재의 민주주의 탄압과 맞물려 상당히 억제됐다. 1987년 6월 민주항쟁과 노동자 대투쟁 뒤에 노동자가 생산의 주역이며 사회의 주인이라는 인식이 높아지면서 섬유, 건설 분야에서 노동을 조직하거나 부도기업을 인수하는 사례가 발생했다. 공동육아, 골목도서실, 생협 등 지역주민의 소비수요를 공동으로 충족하는 지역공동체 운영에 관심이 높아졌다. 독립언론이나 대안교육에 진전이 있었다. IMF 통치 이후 노동자가 부도기업을 인수해 자주관리하는 사례가 늘었다. 국제적으로 공정무역이 대두했다.

전노협, 민주노총과 진보정당이 활동한 지 20여 년이 되었지만, 그 사이에 오히려 계급, 계층 사이의 격차가 심해졌다. 비정규직의 비율이 높아 실업자가 증가하면서 다른 대안을 생각한다. 이것은 노동자가 피용자로 노사관계에 의존하는 것을 넘어 노동하는 사람이 자신의 노동을 조직하는 쪽으로 중심을 이동할 단계에 와있음을 의미한다.

공동체 자기고용의 연구는 이전에 싹을 틔우고 1987년 이후 20년 동안 내용을 풍부하게 한 공동체 자기고용의 경험을 집적하고 추상화하여 새로운 방향을 찾는 우리 노동사의 중간 결산일 뿐 새로운 분야가 아니다. 이 연구에서 한국의 전통, 외국의 경험, 현재 진행 중인 공동체 자기고용의 요소를 찾아 결합시켜 현실에서 대안을 모색한다.

차 례

[그림 · 표 차례]

왜, 어떻게 연구하는가?

1. 연구를 시작하는 이유

1) 공동체 자기고용은 기존 노동자 조직, 노사관계의 한계에서 출발

우선 기존의 한국 노동자 조직을 살펴보면 1990년대 후반부터 한국의 조직 노동자가 보수화하고 노동운동은 사회운동으로 영역을 넓히지 못했으나 노동조합은 발전하고 진보정당이 의회에 진출했다. 노동조합은 노동현장에서 일어나는 현안을 단체협약을 통해 해결할 수 있게 되면서 일반 민중과 괴리됐다. 그 원인으로 노동운동에 나타난 조합주의, 경제주의, 관료주의, 섹트주의의 영향이었다. 그리고 진보정당은 좀처럼 의회주의를 넘지 않았다. 민주 노동운동의 대명사였던 민주노총의 조합원은 대부분 대기업 공공 부문의 정규직으로 비정규직을 비롯한 여러 부문의 타자를 배려하지 않는다. 현재 '계급'은 사라지고 부문 운동 사이에 투쟁 사안을 놓고 연대하는 것만 있다. 2010년 복수노조 허용을 앞두고 지하철, 공무원 등 안정된 직장 중심으로 민주노총, 한국노총의 구분을 넘어 단결해 노조를 운영하려는 움직임이 나타났다. 이것은 단결력을 확보하는 한편 근로조건이 나쁜 노동자 계층과 나눔의 기피로 이어질 수 있다.

노조 조직율도 하락했다. 노동부에 따르면 1989년 19.8%를 정점으로 내림세를 보인다. 1997~2001년 12%대, 2002~2004년 11%대, 2004년 이후는 10%대로, 2008년은 10.5%이다. 2005년 말 국내 노동조합 조합원은 150만 6,172명으로 2004년에 비해 3만 명이상 줄었다. 같은 기간에 노조에 가입할 수 있는 노동자가 15만 4,000명가량 늘어난 점을 감안하면 기존 노조원의 상당수가 탈퇴한 것으로 볼 수 있다. 원인으로 양대 노동의 엇갈린 행보 외에도 노동조합이 노동자의 다양한 요구를 충족하지 못하는 데 있다. 비정규직 노동자의 조직율은 3%이다. 그 이유는 자기직장 보장이 안 되어 노조 가입이 불가능하기 때문이다.

한국 사회에 뿌리 깊은 기업별 노조의 결합을 넘어 산업별 노조 전환을 모색했다. 금속노조는 개별기업의 임금협상·단체협상을 통해 모든 것을 기업에 요구하던 형태에서 산업별 노조의 힘을 바탕으로 교육·주택·의료 등은 사회적 의제, 원청 업체와 하청 업체의 임금 격차 해소, 동일노동 동일임금 원칙의 적용 등의 제도 개선을 추진한다. 기업별 노조를 산별노조로 전환한다 해도 이것이 완결적인 것이 아니다. 민주노총이나 교섭 당사자인 기업 쪽 모두 산별 전환을 추진했으나 복수노조 허용과 보조 전임자 임금지급 금지를 2009년까지 유예하면서 산별교섭 전환이 지연된다.

민주노총 산하 금속노조는 지금까지 최저임금제를 제외하고 비정규직 보호를 위한 어떤 협약도 이끌어 내지 못하고 완성차 회사들이 교섭에 불참하면서 산별교섭이 부진하다. 아울러 대기업 사용자들이 사용자 단체 가입을 미루고 있으나 어떤 법적 불이익도 받지 않는다(정진상, 2008).

그러나 새로운 흐름으로 노동조합에서 정규직 노동자가 임금 인상분을 비정규직에게 양보하고 정규직 전환을 협력한 사례가 있다. 병원노조가 보건의료의 성격상 공공성의 과제가 주로 지역을 거점으로 실현한다는 특성을 살려 공공의료기관 확충, 건강보험 확대, 무상의료 확대 등을 지속적으로 요구한 점에서 비교적 선진적이다. 1998년 산별노조로 전환한 보건의료노조는 2004년부터 산별교섭을 벌였다. 노사는 2007년 산별교섭에서 정규직 임금 인상분 3분의 1가량을 비정규직 처우 개선에 쓰기로 합의했다. 이에 따라 2007년 정규직 임금을 3~3.5%만 올리고 300억 원 정도를 비정규직 문제 해소에 쓰기로 했다. 금융노조에서도 이런 경우가 있다.

또 노사관계에서는 노동자 계급 안에서 산별에 포괄되는 계층과 그렇지 않은 계층을 이중구조로 만드는 부(-)의 효과가 있다. 이런 노사관계는 정규직 남성 중심의 조직 노동자의 바깥 부문을 포괄하지 못한다. 미국, 일본이 산별교섭의 내용이 조직원을 대상으로 하지만 유럽 특히 프랑스와 북유럽의 산별노조는 비조합원인 노동자가 요구하는 내용까지 산별교섭의 대상으로 삼는 점에 차이가 있다.

유연노동은 사용자의 입장에서 경영 조건의 변화에 대응하는 데 필요한 면이 있다. 또 노동자 가운데 자신의 여유시간을 가지려고 비정규직을 선호하는 자발적 비정규직도 있다. 그러나 유연노동은 비정규직의 남발과 노동조건의 하락으로 나타났다. 이 문제의 대안으로 비정규직 노동자의 정규직화를 기본으로, 동일노동에 동일임금을 적용하는 직무급제의 도입, 추가임금제도(casual loading)의 도입이 있다.

공동체 자기고용은 역사적으로 노동운동이 먼저 발달한 사회에서 만들었다. 영국에서는 노동조합이 발달했는데도 노동자의 생활 상태와 고용 상태가 악화했다. 1820~1840년대에 이런 한계를 극복하려고 공동구매 협동조합을 조직하면서 출발했다. 협동조합이 도시나 농촌 지역과 직장에서 자치와 자급이 가능한 조직을 만들어 국가는 그런 네트워크를 조정하는 역할을 하는 모형을 제기했지만, 맑스주의가 주류 진보담론으로 성행할 동안 죽어 있었다(안철흥, 2008.5.17). 그러나 산업사회가 퇴조하면서 공동체 생산, 금융, 지역통화, 공동재산, 공정무역의 형성으로 발전했으나 때로는 사회주의와 결합해 더 발전할 수 있다.

2) 실업 격차에 대응해 노동의 자기고용을 늘리고, 자기재산을 형성하고, 대외 개방에 대응해 노동자 공동체적 영역의 확장이 필요하다

OECD의 「2006년 OECD 고용 전망」 보고서를 보면 한국의 고용율은 1994년

62.8%에서 2005년 63.7%로 11년 동안 0.9% 늘어나는 데 그쳤다. 같은 기간 OECD 30개 회원국의 평균 개선율 1.5%에 못 미친다. 스페인은 47.4%에서 64.3%로 올라갔고, 아일랜드는 15.2% 높아졌다. 네덜란드, 핀란드, 뉴질랜드, 그리스, 오스트레일리아 등도 5% 이상 상승했다. 고용율이 1994년에 이미 70%를 넘어선 노르웨이 등도 추가로 2~3% 높아졌다.

고용율은 생산가능 인구(군인, 재소자 등 제외)에서 취업자가 차지하는 비율이다. OECD는 생산가능 인구를 '15살 이상 인구'로 잡는 한국 통계청과 달리 '15~64살 인구'를 기준으로 한다. 15살 이상을 기준으로 하면 한국의 고용율은 59.7%로 낮아진다.

ILO는 네덜란드, 덴마크, 아일랜드, 오스트리아 4개국의 고용율 개선 요인으로 안정적인 거시경제정책과 높은 경제성장율, 적극적인 노동시장정책, 사회적 협약의 세 가지를 꼽았다. 어수봉은 "특히 네덜란드, 덴마크, 아일랜드는 직업훈련 등 적극적 노동시장정책에 지출한 재정이 GDP의 4.5%로 OECD 평균의 두 배를 넘었다"고 한다(『한겨레』 2007.2.9).

빈곤층은 가구 소득 중위 값의 50% 이하인 계층이다. 한국에서 빈곤층은 1994년 8.8%, 1997년 11.7%, 2005년 13.8%로 계속 늘었다(『경향신문』 2006.12.15). 정부와 기업이 늘어나는 빈곤층을 지원한다. 이러한 지원은 빈곤층에게 단기적으로 생활대책을 마련해주지만 장기적으로 자율성을 해쳐 근본적인 대책 마련을 저해하는 성격을 가진다. 그리고 빈곤층은 자립을 원한다. 자기고용은 비정규직의 고용안정성 확보 가능성 모색이 될 수 있다.

신자유주의 아래 노동계급 내부의 격차가 과거 비정규직 노동자, 빈농, 도시 빈민, 이주노동자의 4개 노동 사이에 있었던 격차보다 더 커졌다. 소득, 교육, 건강, 생태환경, 문화, 평화 등의 여러 분야에서 비롯한 격차는 세대를 이어가며 격차를 더욱 크게 한다. 소득의 격차는 교육의 격차를 낳고, 교육의 격차는 미래 세대에게 계층간의 격차를 좁힐 수 없을 만큼 심각하게 만든다. 제도정치가 대중을 선거에 동원하고 세금을 거두어 가고 기업경영에 필요한 교육에 투자할 뿐 민생문제를 책임지지 않는다. 치안도 민중의 요구를 돕는 것보다 오히려 민중의 봉기를 막는 수단으로 작용한다. '개천에서 용 난다'는 우리 옛말의 상식은 더 이상 통하지 않는다. 이런 점을 모색하는 방안의 하나로 공동체 자기고용을 연구한다.

3) 생태환경과 생산 소비활동의 조화 방안

유엔환경계획(UNEP)은 2007년 제4회 지구환경전망(GEO-4) 보고서에서 기후 변화와 자원고갈 속도가 너무 빨라 이대로 놔두면 인류의 경제활동이 실행 불가능할 것이라고 경고했다. 이 보고서는 지구는 4억 5천만 년 동안 5차례의 생물 멸종을 경험했으며 현재 6번째로 벌어지는 멸종은 인류가 저지르는 것이라고 했다. 인구는 2050년 80~97억 명에 이를 것으로 전망한다. 그러나 아프리카에서 1인당 작물생산량은 1981년 이래 12%나 떨어지는 등 지구의 황폐화와 식량부족 현상이 심각하다. 양서류의 30%, 포유류의 23%, 조류의 12%는 멸종 위기다. 지구의 평균 온도는 과거 100년간 섭씨 0.74도 올랐고 2100년까지는 1.8도가 더 오를 것으로 예상했다. 그러면서 보고서는 "문제를 해결하려면 전 세계 지도자들이 구체적인 정책으로 대응방안을 내놔야한다"고 강조했다.

제조업의 퇴조에 따라 제조업 분야의 수출이 줄 경우 GDP도 줄어들 수 있는데, 이런 경우에도 삶의 질의 수준을 유지하거나 저하를 막을 수 없을까? 크게 보아 선진국의 공해시설 이전과 개발주의의 테두리를 벗어나지 못하는 우리 사회에서 생산과 소비과정에서 생태환경과 조화하는 방안을 찾아야 한다. 산재, 공해, 생태환경의 파괴를 막는 방안이다. 생산직 현장 노동자의 건강을 구하고 주민의 생태환경을 개선하는 데서 시작했으나 이제는 지구환경을 구하는 길이다.

공동체 자기고용은 민주적 발전, 지속가능 발전의 개념을 사회적으로 구체화할 수 있는 영역이다. 지속가능 발전은 환경 에너지의 절약과 재활용을 통해 적은 자원으로 국민경제에게 만족을 주며 농업은 소득과 생태환경 보호에 크게 기여한다. 이런 방식으로 공동체 자기고용의 시너지효과를 올려 지속가능한 발전을 이룰 수 있다.

4) 내수를 높여 대외의존도를 낮출 수 있다

식민지·반식민지 상태 혹은 외국의 군사·정치·경제적 간섭이 강하게 작용하는 한국은 전통적으로 민족부르주아지가 취약하며 자본 역시 대외의존성이 강하다.

한국은행에 따르면 2008년 명목 기준으로 국민총소득(GNI) 대비 '수출+수입'의 비율은 110.6%로 전년의 85.9%에 비해 무려 24.7% 포인트나 상승했다. 이 비율은 2000년 77.5%, 2003년 70.6%, 2005년 78.6% 등이었다. GNI 대비 총수출 비율은 2008년 55.0%, 2003년 36.5%, 2004년 42.1%, 2005년 40.6%, 2006년 41.2%이었다. GNI 대비 총수입 비율은 2007년 42.1%에서 2008년 55.6%로 역시 50%를 넘어섰다. 연도별로는 2004년 37.7%, 2005년 38.0%, 2006년 39.7%이었다. 이는 불황으로 내수가 위축되고 환율이 올라가면서 수출 비중이 커지고 국제 원자재 가격 상승으로 수입의 비중이 오른 때문이다. 이는 프랑스 44.5%, 일본 28.2%, 영국 38.1%, 미국 23.0%보다 크게 높다. GDP에서 민간소비가 차지하는 비중은 한국 43.9%(2007년 기준), 미국 72.0%, 영국 65.8%, 프랑스 58.0%, 일본 55.8%보다 낮다(2007년 기준, 자료=통계청). 이런 구조 아래에서는 노동자의 임금이 올라가면 내수 부문의 수요 증가보다 수출 부문의 수요 감소에 미치는 영향이 커지는 모순을 초래한다.

IMF 사태 뒤 한국경제는 초국적 자본이 미치는 지배력이 과거보다 강해졌다. 경제는 성장해도 이윤의 절반을 해외로 이전하면서 민생이 나빠지는 상황이 연출된다. 정부가 사회경제에 개입하는 데 한계가 있다. 재정금융정책의 운영도 어렵다. 중국과 브라질도 비슷한 처지다. 이에 대응해 중국은 2005년 국내기업과 외자기업의 소득세를 통일했다. 수출, 해운업, 전자산업에 대외의존도가 높은 한국경제는 높은 대외의존도를 낮추어야 한다. 일본의 경우 세계적으로 보면 대외의존도가 높지만 한국에 비하여 낮아 국제경기의 변동이 주는 충격이 적다.

공동체 자기고용 부문의 성립은 한국경제가 1960년대 형성한 대외의존 경제구조를 장기적으로, 50여 년쯤 내다보며 정상화하는 길이다. 또 공동체 자기고용은 상호 제도가 다른 남북한 사회가 상호 수렴하는 과정에서 공유할 수 있는 제도이다.

5) 자율적 민중경제 영역

역사적 사회주의인 공동소유, 공동생산, 공동소비가 붕괴하고 퇴색했다. 역사적 사회주의와 내용을 달리하는 민주적 발전이나 지속가능한 발전의 개념 설정이 필요하다.

IMF 사태는 단순한 경제위기가 아니라 개발독재에 기초한 지금까지의 경제 성장 패러다임의 파산선고이며 따라서 근본적인 반성 위에 완전히 새롭게 출발해야 하는 신호탄이다(강수돌, 2009: 91). 노동이 스스로 민중과 분리하고 노동조합에 팽배한 조합주의를 반성하는 노력도 있었다. 자율적인 민중경제의 구상이 필요하다.

87년 체제는 절차적 민주주의이며 실질적 민주주의를 구현할 장기 전망을 결여했다. 그 결과 가진 자의 민주를, 강한 자의 자유를 강화시켰다. 한계에 부딪친 87년 체제의 대안 가운데 하나로 분업과 협업이 사회적으로 결합하는 노동의 조직 방법으로 공동체 자기고용을 대안으로 제시한다. 노동의 역사를 돌이켜보면 노동자는 작업장 안에서 노동을 분업하고, 이것이 다시 협업과정을 거쳐 노동을 완성했다. 사회적으로 보면 자본가는 노동의 협업을 조직해 이윤을 창출하고 노동자는 노동(작업)의 분업과정에서 생산을 담당하지만 착취를 반복하는 사회적 분업과정에서 벗어나지 못했다.

공동체 자기고용의 영역은 제1섹터인 정부, 국영기업, 공기업, 제2섹터인 기업(국내 기업과 초국적 기업), 제3섹터의 사회적 기업과 함께 공존하거나 그 한 부분인 공동체 자기고용을 독자적인 경제 영역으로 설정할 필요가 있다.

사회적 기업의 경우 선진국에서는 상당한 자율성을 확보했다. 그러나 한국에서는 정부와 기업이 제3섹터나 사회적 일자리 만들기에 강하게 영향력을 미치고 통제하는(장원봉, 2006) 점이 다르다. 그러기 때문에 공동체 자기고용은 크게 보아 사회적 기업, 사회적 경제의 범주에 들어간다. 그러나 한국에서는 이것이 민중의 독자적인 노동조직이 가져야 할 자율성을 훼손한 점을 경계한다. 한국에서 제3섹터는 정부와 기업의 입장에서 실업대책을 전개하면서 노동 특히 실업자의 저항을 약화시켰다. 그렇다보니 NGO가 원래 가졌던 자율성을 훼손했다. 공동체 자기고용은 노동의 자율성을 강조하는 면에서 제3섹터와 차이가 있다.

기업에서 인센티브제를 넘는 스톡옵션(stock option, 주식매입 선택권)은 노동 조직능력을 가진 고위 관리직 노동자에게 노사관계에 기초한 임금이나 성과급만으로 붙들 수 없음을 의미한다. 이것은 노예제 아래의 노예가 해방되어 봉건제 아래의 농노나 양민으로, 봉건 신분이 자본제 아래의 임금노동자로 바뀌었던 것처럼 통시대성을 가지는 변화이다. 노동사의 관점에서 본다면 분업과 협업으로 나뉜 노동과정에서 분업에만 종사하던 노동이 이 둘을 통합해 노동을 조직하는 사회적 본능의 회복과정이다. 지구화와 인터넷의 발달이 이런 가능성을 높인다. 자율적인 민중경제의 구상이다. 이런 능력이 향상될 경우 넓은 의미의 노동자인 인류는 다시 한 번 노동해방을 향해 거대한 날갯짓을 펼 것이다.

격차와 비정규직 문제가 심각한 상태에서 고용의 안정성을 위해 새로운 영역으로 가능성을 탐색한다.

공동체 자기고용의 성격을 지닌 여러 노동조직이 서로 결합하여 자체의 노력과 제1, 2, 3부문의 협력을 얻어 시너지효과를 얻을 수 있다.

2. 지금까지의 연구

공동체 자기고용과 직접 관련 있는 협동조합, 생활협동조합, 농협, 노동자기업, 제3섹터, 지역통화, 공정무역 등의 개별 부문의 연구가 다수 있다.

오늘 한국 사회는 계 · 두레 · 향약 · 대동 등 민족 고유의 협동 정신이 사라지고, 서구의 합리적 협동의 정신은 정착하지 않았다. 경제, 사회, 신체적 약자가 보호받지 못하는 한국생협연구소는 이웃과 함께 더불어 살아가는 공동체, 사회의 문제점을 함께 극복하려고 노력하는 시민, 가족의 건강과 우리 농업의 미래 그리고 생태환경을 지키려는 생협 정신을 가다듬고 깊게 하려고 노력한다.[1)]

강수돌은 「대한 경제 운동의 전망과 과제」(한국대안기업연합회 주최, 『한국대안기업연합회 창립기념심포지엄 자료집』, 2007.10.9: 8~15)에서 한국에서 1990년대 이후 등장한 노동자협동조합, 자활공동체, 노동자인수기업, 사회적 기업, 노동자소유 경영참여 등의 새로운 기업모델을 아우러야 한다고 했다. 대안경제와 대안사회를 창조하려는 노력은 부분적인 실험이 아닌 총체적인 구조 변화로 결집되어야 비로소 그 결실을 맺을 수 있다고 한다. 자기고용을 실천하는 국내의 당사자들이 필요에 따라 분석한 것이 있다.

그러나 '자기고용'이나 '공동체 자기고용'을 주제로 한 연구는 발견하지 못했다. 이들은 협동조합, 노동자기업, 사회적 경제, 사회적 기업 등의 범주와 주제에서 포괄하고 있다.

공동체 자기고용으로 볼 수 있는 개별모델의 연구는 있으나 전체의 유기적 관계를 통합적으로 연구한 모델은 거의 없다. 그 원인은 개념 설정의 취약에 있다. 이것들을 포괄하는 통합적 · 유기적 접근의 사고가 약하다. 협동조합, 협동경제 연구는 경제 행위에 초점을 맞추고 공공 부문을 직접적으로 연관성 있는 것으로 보지 않는다.

---

1) 「한국생협연구소의 문을 열며」, www.icoop.re.kr, 2008.1.14.

최근 공동체를 모색하는 새로운 경향이 일고 있다. 2007년 제3회 맑스코뮤날레는 코뮨주의, 자율주의, 지역코뮨, 네트워크에 관심을 돌렸다(맑스코뮤날레조직위원회, 2007). 코뮨주의는 국내에서 하나의 대안 이념으로 자리 잡았다. 유사한 문제 제기로, 한국사회포럼은 통합적 사회운동이 필요하다고 했다.

역사적으로는 8·15해방 뒤 아나키스트들은 아나민족연합전선에 의한 '임정봉대 혁명공작'이 무위로 돌아가자 '사회생활의 기본조건이자 인류 진화의 요인인 자유, 평등 상호부조적 신조선 건설'을 기치로 '자유사회건설자연맹'을 구성했다. 자유사회건설자연맹은 반권위, 반권력, 자유연합을 표방하며 영국의 '페이비언 쏘싸이어티와 같이 우리나라 아나키즘운동의 연구 선전기관 역할'을 하면서 '농촌자치연맹', '노동자자치연맹' 등 대중 활동을 전개했다. 1947년 설립한 국민문화연구소를 중심으로 공산주의도 자본주의도 아닌 생산방식의 '자유공동체운동'을 전개했다. 이들은 1960년대에 4·19세대의 브나르도운동, 국민수산(授産)운동, 1970~1980년대에 농촌자위자치운동, 도시생활협동조합운동을 전개했다(국민문화연구소 50년사 간행위원회, 1998: 3). 구승회의 『한국의 아나키즘 100년』(이학사, 2004)은 한반도, 만주, 간도, 중국, 일본에서 전개한 한국인의 아나키즘운동과 함께 공동체 자기고용과 관련한 내용을 밝혔다.

거시적으로 본 연구로 불균형 발전론, 개발독재에 대응해 박현채의 『민족경제론』(1978), 유인호의 『민중경제론』(1982)은 '국민 일반의 생활권 실현', '국내적인 남북 격차'의 대책과 그 '이론 형성'을 모색했다.

기초 이론을 보면 박현채(1934~1995)는 경제 성장에 대한 요구는 경제제량의 확대만이 아니었다. 그것은 경제의 성장이 밖으로 자주 자립을 실현하는 경제적 민족주의의 기초로 되어야 하고, 안으로 국민 모두의 경제적 자유를 그것이 민족적 이해와 일치하도록 국민 일반의 생활권 실현으로 전환시켜야 한다고 했다(박현채, 1978: 207).

장상환은 「지구화 시대의 자립경제·민족경제론」에서 "민족경제론 태동 당시에는 의식주 공급이 되지 않을 정도로 국내 생산력이 낮았다"는 측면에서, 자립 능력에 대한 강조가 유효했다. 그러나 지금은 오히려 자본의 과잉으로 민중이 고통을 받고 외국과 국내자본도 긴장적 협력관계를 맺어 민족경제론보다 국내외 자본을 다양하게 규제해 대안 경제 체제를 모색해야 한다고 했다. 박승옥은 「석유정점과 한국경제」에서 "한 국가의 경제 체제가 내포적 구조를 갖춰야 한다"며 석유생산량이 줄어드는 시기에 "화석에너지자원에 대한 무한 착취에 기반한 지금과 같은 자본주의 경제 성장은 지속될 수 없다"면서 불가피하게 닥칠 파국을 피하려면 탈산업사회, 지속가능한 사회로 재기획을 서둘러야 한다고 했다.[2)]

자본은 이윤 감소 대책으로 개방과 FTA 체결을 추진한다. 대외의존도가 높은 경제 체질 아래 개방과 FTA 반대만으로는 대책에 한계가 있다. 그러나 초국적 자본이 국내외에서 사회적 책임을 지지 않기 때문에 공동체 자기고용과 같은 단위를 활성화할 필요가 있다. 노동자, 민중 스스로 생산하고 소비하는 방법으로 내수를 늘리는 데 기여할 수 있다. 수출에 의존하는 '박정희 체제' 구조를 극복하는 길이다.

유인호(1929~1992)는 역사는 민중의 요구를 외면해서는 안 되며 경제의 주인은 민중이어야 한다. 한국경제에서 어려운 문제는 첫째, 제3세계와 마찬가지로 '국내 남북 격차'를 어떻게 극복하느냐, 둘째, 자립경제를 위한 이론 형성의 문제다. 제3세계의 경제보다 더 복잡하게 '강자'의 전후 질서가 관철되는 곳이므로 이론형성도 더 어려울 수밖에 없으며, 수입이론의 한계도 크다고 했다(유인호, 1982: 363). 또 한국 농업 현실에서는 가족경영의 자립화 혹은 기업농적 발전방식이 불가능하다고 보았다. 그는 1950년대 이후 외자 유치와 농·공 불균형발전론을 통한 정권의 고도성장 전략에 맞서 민중 차원의 생존권 보호운동과 자립경제 건설운동의 필요성을 강조했다. 그는 농업협업화를 "농민의 조직화를 통해 농업의 생산과 분배를 조직화하고 그리하여 농업생산력의 증진과 농민의 지위 향상을 목적으로 하는 농업경제 조직"이라고 했다.

2) 학술 세미나, 「지구화 시대의 민족경제론」, 『한겨레』 2007.9.21.

김종걸은 유인호의 농업협업화는 "그것이 '협동'과 '연대'에 의한 새로운 '참여형' 경제발전의 가능성을 품고 있기 때문"에 여전히 의미가 있다고 평가했다. 권영근은 유인호가 "협업이나 협동의 원리는 중앙 중심의 경제 체제를 탈피해 지역에 토대를 두었다는 점에서 의미가 있다"고 평가했다. "유럽연합만 해도 협동조합 등 주민 결사 조직을 포괄하는 '어소시에이션'(association) 영역에서 월급쟁이의 67%가 월급을 받으며 일본 농촌도 협업 개념을 도입한 '집락영농'을 추구한다"며 농업협업화가 지속가능한 농업경제의 해법이 될 수 있다고 한다.[3)]

주종환은 1970년대에 '토지공개념'을 주장하고, 최근에는 공동체 경제를 주장한다. 그는 인간은 '공동체'를 기반으로 하여 비로소 존립할 수 있으며, 공동체를 떠나서는 존립할 수 없다고 보는 것이 옳지 않겠느냐고 한다. 이런 관점에서 본다면, 오늘날 자본주의 사회의 기본 계급인 자본가계급과 노동자계급 사이의 계급대립도 '자본가공동체'와 '노동자공동체' 사이의 계급대립이라는 관점에서 재정립해 볼 수도 있다. 인간은 '사회적 동물'이며, 사회 내지 공동체를 떠나서는 존재할 수 없는 본질을 갖고 있다. 고립된 개인이란 실제로 존재할 수 없고 반드시 어떤 공동체에 소속되어 있다. 그런데도 이상에서 살펴본 바와 같이, 신고전학파 이론에서는 사유재산제도가 절대적이고 개인이 마치 독자적·독립적으로 판단하고 행동한다고 가정한다. 이 점에서 이 이론의 비현실성이 잘 나타나고 있다. 또한 맑스의 경제학 체계도 자본주의적 생산양식이 전 사회적으로 지배하고 있다는 가정 아래 완전경쟁을 전제로 한 시장가격 형성의 원리를 탐구하고 있다는 점에서는 신고전학파와 맞닿는 면을 가지고 있다. 그러나 현실의 경제는 가족공동체, 계급공동체, 지역공동체, 민족공동체 등 각종 공동체의 영향에서 벗어날 수 없으며, 그것을 무시할 경우에는 공동체에 의한 제재를 받지 않을 수 없는 것이 우리 경제의 현실이다. 맑스의 경제학이나 신고전학파의 경제학은 이러한 점을 제대로 그 이론 틀 속에 포괄하지 못

3) 일곡기념사업회 학술위원회 주최, 「15주기 기념 심포지엄-유인호를 다시 보다」, 『한겨레』 2007.10.11에서 재인용.

하고 있다. 그러한 약점을 보완하기 위해서는 추상적 이론의 굴레를 벗어던지고, 그 본질적 특성에 관한 통찰을 전제로 보다 구체적인 인간의 역사적 존재양식에 비추어 본 새로운 이론체계의 수립이 절실히 요청된다. 그리고 인간은 유구한 역사를 통하여 공동체 속에서 살아왔기 때문에 이 새로운 이론은 공동체를 출발점으로 하고 공동체를 종착점으로 한 경제학 체계의 수립에 의해서만 가능하다(주종환, 2006a · 2006b).

김수행은 사회보장제도를 확장하면 내수에 기반을 둔 산업이 하나씩 일어난다면서, 양극화 해소→내수기반확대→경제의 안정적 성장→인권유린과 증오 해소→사회적 타협의 확대로 나가는 방향을 제시한다. 이것은 자본의 수익률을 높이려고 사회보장제도를 줄인 미국 · 영국과 다른 길로 스웨덴 모델에 가깝다(김수행, 2009).

김종철은 '공생공락의 가난'이라는 말을 쓴다. 이 말은 서유럽 문명의 허구를 폭로한 사상가로 이반 일리치의 'conviviality'(주흥, 연회, 기분, 주연이라는 의미)의 개념을 옮긴 조어다. 그는 경제 성장의 대안으로 "도시나 농촌 지역과 직장에서 자치와 자급이 가능한 협동조합을 만드는 것을 제시한다. 국가는 그런 네트워크를 조정하는 사회자 같은 구실이면 된다. 산업혁명 초기부터 그런 생각을 제기했지만, 맑스주의가 주류, 진보, 담론으로 성행할 동안 죽어 있었다"고 한다. 그러면서 김종철은 공동체를 살리는 경제학의 연구가 없다고 문제를 제기한다(안철흥, 2008.5.17).

심광현은 『프랙탈』(현실문화연구, 2005)에서 맑스는 사회구성에서 연합적 계약이나, 사회문화 영역의 원칙과 활동이 지배하는 공산주의 사회에서는 국가와 시장이 사멸하게 될 것이라는 실현 불가능한 꿈을 주장했다. 하지만 국가와 시장의 문제점을 방치한 채 사회를 바꿀 수 있다고 생각하는 것은 더욱 어리석은 일이다. 생활세계의 영역에만 침전되어 파편화하고 자본주의적 욕망에 물들어 있는 개인들이 협동조합 자주관리, 문화 민주주의 활동, 자치/직접 민주주의의 자유로운 연대활동에 적극 동참해 새로운 사회운동을 지속적으로 확대해야 한다고 했다. 심광현은 아래 〈표 1〉에서 보듯이 협동조합의 연합적 계약을 생활세계의 개인적 계약의 다음

단계로 보았다(심광현, 2005: 239~244).

〈표 1〉 메타구조에서 연합적 계약(연대)의 위치

메타구조 구조/심급	중앙계약국가	연합적 계약(연대)	개인 간 계약(경쟁시장)
	공동소유	협동소유/점유	사적 소유
경제 영역	국영기업 · 공기업	협동조합/자주관리	사기업
사회문화 영역	사회문화적 공공 부문	문화 민주주의 활동	생활세계
정치 영역	대의제적 정부	자치/직접 민주주의	인권

자료: 심광현, 2005, 『프랙탈』, 현실문화연구, 239~244쪽.

한국도시연구소 『도시공동체론』(2003, 한울아카데미)은 최병두, 조명래, 신명호, 홍인옥, 장원봉 등이 현대 도시공동체의 개념, 도시의 생태공동체, 주거공동체, 경제공동체를 부문별로 나누어 서술하며 도시공동체론의 집합을 이루었다.

이득재는 '코뮨주의적 생태문화사회구성체 요강'에서 생태적 문화사회 공동체를 대안사회로 제시한다. 그는 상위체계에서 자본 · 국가연합에 균열을 내어 사회공공성을 재구성해 나가는 연대를 이뤄내고 하위체계에서 지역평의회 및 협동조합 등을 통해 직접 민주주의를 확대를 제안한다(제3회 맑스코뮤날레, 『한겨레』 2007.6.27).

김형기는 "대안적 노동과정은 구상과 실행의 분리, 노동의 탈숙련화, 자본가 통제로 특징지어지는 지금까지의 자본주의적 노동과정의 내재적 경향을 넘어서는 것이어야 한다. 즉 대안적 노동과정은 구상과 실행의 통일, 노동의 재숙련화, 노동자 참가라는 세 가지 요소를 포함해야 한다. 생산현장 노동자들이 구상 기능을 수행하고, 노동의 복잡도가 증대하며 지식화가 진전되고, 노동자들이 노동과정을 통제하는 데 참가하는 것"이라고 한다(김형기, 2006: 119).

노동자 일상 개념의 연구로 일상(Alltag) 또는 일상세계(Alltagswelt), 노동세계(Arbeitswelt), 생활세계(Lebenswelt)가 있다. 노동자 일상의 연구는 한편으로는 구조의 행위자(agent)로서 노동자 또는 집단적 존재로서 노동자 계급이라는 구조 중심적 계급연구의 한계를 극복하고, 다른 한편으로는 작업장 중심의 노동자상을 노동자의 구체적인 일상성의 고찰을 통해 노동 계급의 구체적 일상의 다양한 모습을 살펴볼 수 있다(이승협, 2006: 475~476). 강수돌은 생활세계를 살림살이라는 말로 표현한다(강수돌, 2002: 181).

필자는『노동의 역사 노동의 미래』에서 노동은 나와 가족과 이웃이 필요한 물자와 서비스를 생산, 유통, 소비하는 과정인 공동체 노동이라고 정의했다. '소득이 줄면 삶의 질을 높일 수 없는가'를 반문하면서 노동, 자본의 소유와 경영 그리고 생태환경이 일치하는 노동조직을 통해 생애순소득(net life-time income)을 높일 가능성을 제기했다(김영곤, 2007: 291).

다른 나라의 경우, 유럽에서는 19세기에 산업주의를 넘어 공상적 사회주의가 등장했다. 이는 협동조합주의, 과학적 사회주의, 아나키즘 등의 공동체 이론으로 분화 발전했다. 노동조합 등이 노동계급을 대변하는 역할을 포기하면서 지역공동체(community)가 주요한 대안으로 등장했다.

공동체 경제는 협동조합과 같은 사회적 경제의 개념으로 오래 전부터 존속했다. 공동체 경제는 ML주의에 밀려 역할이 줄었다. 또 기업과 경쟁에서 밀리거나 기업에 흡수당하면서 경제의 한 부문(sector)으로 발전하지 못했다.

역사적 사회주의는 개인의 자율과 전체를 대상으로 하는 계획의 조절에 실패했다. 1989년 동유럽 현실 사회주의가 무너지면서 기존의 좌파들이 공동체 경제 영역을 이론화시키거나 현실에서 발전시키는 노력을 게을리 했다. 그러나 현실에서는 공동체 경제가 자생적으로 나타나고 발전했다. 과학적 사회주의를 표방했던 역사적 사회주의 붕괴 뒤 공상적 사회주의가 지향했던 이념과 아나키즘을 다시 주목한다.

협동조합에 대한 관심은 초기의 사회주의 경제이론에서 시작하여 사회주의 계산 논쟁에서 시작된 시장 사회주의 이론(노브, 1987)이나 길드 사회주의의 문제의식을 이어받은 참여적 계획모델 논의 그리고 생태공동체주의 등에 이르기까지 주요한 하나의 공동소유모델로 고려해 왔다(장원봉, 2006: 326).

맑스는 협동조합을 자본주의와 사회주의의 과도기 형태로 그 자체가 완전한 사회주의 경제를 준비하는 수단으로 간주했다.

베른슈타인은 "지금까지 생산협동조합은 그것이 소비협동조합의 지원을 받거나, 소비협동조합과 유사한 형태를 갖추어야 생존능력이 있는 것으로 확인되고 있다. 이 점은 우리가 가까운 장래에 수행해야 할 노동자 협동조합의 육성에서 최대한의 성과를 얻기 위해서는 어떤 방향으로 노력해야 할 것인지에 대해서 하나의 힌트를 제공하고 있다"고 했다(에두아르트 베른슈타인, 1999: 241). 그러나 룩셈부르크는 베른슈타인의 제안이 성공한다 하더라도, 지역적 소규모 판매와 직접적인 욕구를 충족시키는 소수의 생산물, 특히 생필품에 의존하며 자본주의의 결정적인 영역인 섬유, 석탄, 금속 그리고 기계, 철도, 조선사업에서는 처음부터 배제된다고 비판했다(로자 룩셈부르크, 2002: 78~81).

헨리 조지(Henry George)는 자신이 주장하는 대로 "지대를 모두 징수하면, 대규모 자본이 투입되는 기업에서는 노동조직이 협동조합 방식을 취하게 되지 않을까 추측한다. 부가 더 평등하게 되면 한 사람이 자본가 겸 노동자가 될 것이기 때문이다. 그리고 고된 단순노동은 사라지지만 근무시간이 단축되거나, 정신 작업과 육체적 작업을 번갈아가면서 하여 지금으로서는 상상하기 어려울 정도로 생산력이 발달할 것"이라고 했다(헨리 조지, 1997: 545).

레닌(1870~1924)은 협동조합의 가치에 대해 관료주의를 피할 수 있고 효율성과 개인의 적극성을 촉진할 수 있는 자주관리기업이라고 보았다. 레닌은 협동조합을 '집단적 자본주의 제도(collective capitalist institution)'로 생각하고 소비자코뮨으로 전환했으나 본래의 자율성을 완전히 상실했다. 레닌은 곧바로 자신의 과오를 깨닫고 신경제정책(NEP)이 협동조합의 관점을 잃어버려 너무 과도하게 진행되었으며, 사회적 소유제에서는 협동조합은 거의 어느 때나 사회주의와 완전히 이해를 같이 한다고 했다. 그는 만년에 협동조합으로 전환하려 했으나 공산당은 협동조합 통제를 포기하지 않으려 했다(존스턴 버챌, 2003: 87). 스탈린은 1920년대 후반과 1930년대 후반에 협동조합 부문을 국유화해 협동조합 부문이 차지하는 비중이 작았다.

다음으로 공산주의 몰락 이후 몇몇 국가에서 정치인들은 협동조합을 단지 국가자산으로 간주했고, 협동조합의 해체를 협동조합 안에서 여전히 자리를 차지하고 있는 당원들인 노멘클라투라(nomenklautra)를 제거하는 유일한 방법으로 보았다. 그러나 점차 시간이 지나면서 협동조합을 유지하려는 노력이 있었다. 1990년에서 1992년에 거의 모든 나라에서 협동조합법을 제정했다. 협동조합에 대한 정부의 간섭과 국영기업에 대한 우대조치가 사라진 뒤 협동조합은 조합원의 참여가 필요해졌다.

로버트슨(James Robertson)은 "고용과 같은 산업시대의 조직화된 일의 방식은 산업사회 구조에 점점 깊게 스며들었으며, 그 방식은 일을 의존적이고 원격 조종되며 도구적인 행위형태로 바뀌게 했다. 이제 후기 산업사회에서 일은 상당히 다른 방향으로 개발해야 한다. 그것은 보다 자율적이고 보다 자기 통제적이고 일하는 사람들의 욕구와 목표에 직접적으로 관련되는 방향이어야 한다"[4]고 했다. 그는 자기노동(own work)을 "임금에 관계없이 사람들이 스스로 조직하고 통제하는 일의 형태로서, 그것은 개인과 집단, 그리고 그들이 생활하는 지역에서 그들 자신의 목표를 성취하기 위한 것"이라고 정의한다. 자기노동 혁명은 이미 완벽하게 실현되지 않았지만 이미 시작되고 있다. 로버트슨은 앞으로 사람들이 적극적인 삶의 방식으로 자기노동을 취하는 새로운 경향의 근거로 ① 자기-고용의 출현, ② 시간제 직업의 출현, ③ 스스로 만족하는 생활방식을 취하는 사람들의 증가, ④ 새롭게 등장한 벤처사업공동체, ⑤ 협동체, ⑥ 직업의 공유, ⑦ 조기 퇴직, ⑧ 부성(父性)과 작별 등을 제시했다.

'자기 노동자'들은 자신의 취향에 따라 생활하고 금전적 보상의 의미는 약해질 것이다. '자기노동'의 협동 노동자들은 고용의 경우에 비해 공동체 노동의 가치를 훨씬 중요하게 여긴다. 고용과 자기 노동 사이의 원활한 이

---

4) Robertson, James, 1985, *Future Work: Jobs, Self-employment, and Leisure After the Industrial Age*, New York: University Books.

동이 가능한 사회이므로 사람들은 일에 대한 개인적인 만족을 더 느낄 수 있다(밀브래스, 2001: 349~354).

헤이즐은 이익을 창출하고 동시에 사람과 지구를 보호하는 방식의 아주 좋은 비즈니스를 입증했다. 존 엘킹턴은 '영국 서스테이너빌리티'를 설립하고 경제 · 사회 · 환경의 3대 축은 점차 하나로 통합되고 있다고 했다. 석유 정점(peak oil), 기후 변화, 생물종의 멸종, 생태계의 파괴, 사회적 불평등 심화와 같은 난제들에 둘러싸인 세계에서 모든 생명체에 책임 있는 행동을 하는 기업들은 바로 그 행동 때문에 더 많은 이익을 남길 것이다. 이런 기업들은 남에게 해를 끼치지 않고 봉사하며 자원 소비를 책임 있게 줄여나간다(헤이즐 헨더슨, 2008: 12).

노브는 사회주의를 국유화기업(state enterprises), 사회화된 기업(state-owned or socially-owned enterprises), 협동조합기업(co-operative enterprises), 소규모 사기업(small-scale private enterprises), 개인기업(individuals) 등의 다섯 가지 경제 영역으로 나눌 것을 제안했다(알렉 노브, 2001).

까갈리쯔끼는 "사회적 소유는 다양한 형태, 즉 국가소유, 자치단체 소유, 협동조합 형태의 집단적 소유와 같은 형태를 취할 수 있다. 공적 재산의 탈중심 소유는 사적 독점의 전횡이나 관료주의적 통치 아래서는 달성할 수 없는 역동적이며 통합된 발전을 보장한다"고 했다. 그러면서 그는 이런 문제는 강력한 국가 부문 없이는 해결이 불가능하다고 지적했다. 국가 부문이 생산시스템의 핵심으로 활동하지 않는 한, 자주경영 기업들은 투자부족에 시달리고, 결국 거대자본의 노예가 될 것이라고 한다(보리스 까갈리쯔끼, 1996).

슈마허(E. F. Schumacher), 사카르(P. R. Sarkar), 바트라(Ravi Batra), 도운시(Guy Dauncey) 등은 공산주의를 지양하면서 동시에 자본주의를 대체하는 프라우트(PROUT, Progressive Utilization Theory, 최대 활용, 진보적 활용론)라는 대안제도는 개발했다(이가옥 · 고철기, 2001: 128). 20세기 후반에 나타난 이들 이론들이 갖는 공통점은 부의 편중 억제, 최저생계의 보장, 협동조합 정신을 통한 자본과 노동의 협조적 협동, 지역공동체의 활성화 등이다. 특히 사카르는 대안제도로서, 경제를 포함한 광범위한 분야에 걸친 새로운 모델을 제시했다. '소비를 목적으로 하는 생산 체제'로서 프라우트는 피라미드형 구조를 제시한다. 피라미드의 맨 아래 부분은 공공 영역, 그 위가 협동 영역, 맨 위가 소규모 영역 순으로 구성된 산업구조인 것이다. 공공 영역은 다른 영역의 기초가 되는 가장 중요한 분야로, 동력자원, 중화학, 교통통신, 국방 등과 같은 사회 기간산업이다. 이 분야는 사회 전체의 복지에 큰 영향을 미치므로 국가의 관할 아래에 두어야 한다. 그러나 운영은 정부에서 독립된 공적인 조직에서 맡아야 한다. 협동 영역은 대규모 소비재산업, 경공업, 대규모 농업을 포함하며 해당 지역의 주민들이 협동조합 방식으로 경영과 노동에 직접 참여하는 것이 바람직하다. 소규모 영역은 소규모의 협동조합, 개인사업, 동업, 개인농업을 대상으로 한다. 프라우트에서는 농업 부문의 활성화를 위한 선결요건으로 토지의 공개념화가 이루어져, 즉 토지는 점진적으로 지역의 풀뿌리 협동조합의 공동소유로 되어야 한다고 본다. 장기적으로 생태적인 공동체가 형성될 수 있는 여지를 키우며, 공동체 정신의 함양으로, 협업이 필수적으로 요구되는 유기농업을 확산시킬 수 있다. 나아가 생산자협동조합의 형성 및 도시 지역 소비자협동조합(소협)과 연계해, 시장경제로 인한 가격과 수급의 불안 및 농산물 배분상의 비효율성 등을 극복할 수 있다(이가옥 · 고철기, 2001: 133).

국가 소유에 크게 의존하지 않는 사회주의 흐름이 있다. 19세기 마르크스주의자들은 부르주아 계급의 사적 소유 제도를 민중혁명으로 무너뜨리고, 국가 위주의 공적 소유로 대체해야 한다고 주장했다. 이에 대해 레너(Karl Lenner, 1807~1950)는 『사법의 법적 제도와 그 사회적 기능(Die Rechtsinstitute des Privatrechts und ihre soziale Funktion)』(1904)에서 이미 현실에서 소유의 권리가 수행하는 사회적 기능이 법적 개념과 거의 독립적으로 변화하고 있음을 강조했다. 굳이 사적 소유의 법적 제도를 일소하는 혁명을 일으키지 않고서도 사회적 기능에서 사적 소유를 폐지해 사회주의 체제로 넘어갈 수 있다는 생각을 암시했다. 스웨덴 사회민주당을 기점으로 영국의 콜 등이 지향한 '길드 사회주의' 같은 것도 있었고, 오스트리아

사회민주당의 오토 바우어(Otto Bauer) 등이 주창한 '기능적 민주주의'도 있다. 이들은 사적 소유에 근거한 19세기식 시장 자본주의와 공산주의자들이 지향한 국가 소유의 공산 경제 체제를 배격한다. 이들은 소유는 구체적인 기능에 따라 다양한 방식으로 분류할 수 있다고 한다. 이에 따라 스웨덴은 독특한 사회 민주주의 체제를 발전시켰고, 이를 '기능적 사회주의'라고 부른다.

칼 폴라니(Karl Polanyi, 1886~1964)는 『거대한 변환(The Great Transformation)』(중앙, 1991)에서 '자기조정적 시장'을 '악마의 맷돌'에 비유한다. 그는 자기조정적 시장이라는 아이디어는 유토피아에 불과하다고 한다. 그러면서 극단적 이윤추구를 위해 스스로 기능하는 시장의 무자비한 속성이 인간의 살림살이를 지배한다고 비판한다. 시장이 통제하는 경제는 우리 시대 이전에는 한 번도 존재한 적이 없다고 지적한다. 칼 폴라니는 자기조정적 시장이 통합한 경제를 허물고 인간의 생존에 꼭 필요한 것을 생산, 분배하는 사회를 지향해야 한다고 주장한다.

길드에 속한 생산자들은 전체 공동체의 수요를 예측하여 생산을 주도하고, 작업장에서 단지 보수만을 받는 것이 아닌 공동체를 포괄하는 조합적 생활을 했다. 마찬가지로 현대 사회주의도 생산자들의 자유스러운 조합을 만들어 조합들의 직접적인 모임과 토론 속에서 생산의 양, 방법, 분배 등을 결정하자는 것이다. 이러한 폴라니의 사회주의적 이상은 단지 시장 자본주의만을 겨냥하는 것이 아니다. 여기는 공산주의자들의 사회주의 전략, 즉 국가 기구가 전제 권력을 행사하는 계획적인 통제 경제에 대한 반대까지 함축한다(칼 폴라니, 2005: 186). 칼 폴라니의 이러한 주장은 후기 자본주의가 신자유주의를 거치며 혼돈을 거듭하면서 그 가치를 인정받는다. 케인스와 하이에크가 30년씩 지배하고 물러난 뒤 폴라니 시대가 뒤늦게 꽃필 것이라고 예단하는 경제학자들도 있다.

스웨덴의 사회 민주주의자들은 1920년대부터 사회주의가 사적 소유를 국가 소유로 대체하는 식으로 생각할 문제가 아니고 했다. 칼레비(Nils Karleby, 1892~1926)는 사적 소유와 국가 소유라는 이분법을 넘어서야 한다고 주장했다. 소유란 여러 개의 전혀 상관없는 사회적 권리들을 하나로 묶은 것에 불과하다. "공공 재산조차 실제로는 정해진 규범에 따라 대상물을 마음대로 처분할 수 있는 개별적인 권리들로 이루어져 있다. 공무원들도 개인 소유자들이 하는 것처럼 일정한 규범에 따라 소유한 대상물을 처분한다. 비그포르스(Ernst Wigforss, 1881~1977)는 1920년대부터 영국과 유럽 전역에서 일어난 산업 기술 변화의 현실을 면밀하게 관찰하면서 19세기식의 고전적인 사적 소유에 근간한 기업 운영 체제로는 이런 변화를 감당할 수 없다고 판단했다. 그는 대신 노동자들이 생산과정과 기업 경영 의사 결정과정에도 광범위하게 참여하는 '산업 민주주의'의 원칙에 따라 기업을 변화시켜야 한다고 했다.

이러한 이론을 바탕으로 스웨덴 사회민주당은 1932년 총선에서 압승을 거두고 이후 자본과 보수 측을 압도하는 정치권력을 지녔다. 비그스포르스나 다른 사회민주당 지도자들은 큰 권력을 이용해 기업들을 국유화하는 데 계속 회의적이거나 조심스러웠다. 큰 기업을 국유화한다도 해도 그것이 더 효율적인 기업경영을 보장하고 또 거기서 일하는 노동자들에게 더 많은 자유와 능동성을 보장할지도 의문이라고 했다. 이런 배경 아래 발렌베리 가족이 스웨덴 최고의 독점자본으로 공존한다(홍기빈, 2007: 151).

W. F. 화이트, K. K. 화이트의 『몬드라곤에서 배우자』(김성오 옮김, 이효재 감수, 나라사랑, 1992)가 출판되어 민주노동운동과 결합해 큰 반향을 일으켰다.

일본에서는 '일하는 사람들의 집단 또는 모임'이라는 의미로 '워커즈 컬렉티브(worker's collective)라고 한다. 또한 워커즈 컬렉티브는 생산자협동조합 또는 협동조합기업으로 번역하기도 하는데, 한살림에서는 회원자주관리사업이라고 부른다. 워커즈 콜렉티브는 기업의 3요소에 해당하는 노동, 자본의 소유, 경영이 하나가 된 기업체로 노동자가 기업의 소유자가 되어 경영에 참여하는 사업체를 말한다. 노동자가 소유하는 기업을 일컫는 용어로는 worker's collective와 worker's cooperative의 두 가지가 있으나 전자는 후자에 비해 이데올로기적 의미를 내포한다. 예를 들어 개인의 자주성과 평등성을 존중하기 위해 출자를 평등하게 하거나, 분업의 폐단을 피하려고 직장을 윤번제로 하는 경우가 많으며, 또한 비교적 소자본으로 노동집약적인 업종에 적용되는 경우가 많다. 그러나 관용적으로 이런 구분 없이 미국에서는 collective, 유럽에서는 cooperatives를 일반적으로 사용하며, 일본에서는 '고용되지 않고서도 일할 수 있는 기업'이라는 의미로도 워커즈 컬렉티브를 사용한다(이시재 외, 2001: 475).

민주노총의 『인도의 노동자협동조합』(민주노총, 2001)은 인도 켈랄라주의(Kerala Dinesh Beedi Worker's Cooperative Society Ltd(KDB))를 소개했다. KDB는 1969년 폐쇄된 공장의 노동자 1만 2천 명 가운데 수백 명이 창설한 손으로 마는 담배공장 노동자기업으로 1993년 3만 3천 명의 노동자-소유주 공장으로 성장했다. 인도의 여성노동자기업인 SEWA(Self-Employed Women's Association, 자가고용여성연합)에 관해 한국여성노동자협의회의 『빈곤여성의 자립과 자활공동체 모델 모색을 위한 인도·일본 연수보고 워크샵』 자료집(2003.11.20)이 있다.

남미공동체, 쿠바, 베네수엘라에 관해 박세길 『혁명의 추억, 미래의 혁명』(시대의창, 2008)이 있다.

그리고 사회적 경제(social economy)라는 용어는 프랑스의 샤를르 지드(Charles Gide, 1847~1932)가 20세기 초에 제창한 개념을 앙리 드로슈를 중심으로 한 연구자들과 신용협동조합연합회 등의 조직이 다시 활성화시킨 것이다. 유럽연합도 미국에서 널리 쓰는 비영리 부문이라는 용어에 대응해 공식 용어로 채용했다. 사회적 경제로 부르는 영역은 협동조합, 공제 등 각종 조직(민간 영리조직)을 말하는 것으로 공공 부문, 민간 영리 부문(주로 기업)과 어깨를 견주는 제3섹터라는 개념에 대부분 동의한다. 이들 조직은 법적으로 국가로부터 독립적이며, 일인일표의 평등한 원리를 기반으로 사회적 활동을 한다. 아울러 결사의 자유, 민주적 통제, 유대성, 정의와 평등한 기회와 같은 가치를 표방한다(김승현, 2007: 70). 이 조직 내부의 민주주의 원리 속에는 비배분 제약의 원리가 포함되어 있다. 유럽연합은 1989년 제23총국이 사회적 경제를 취급하게 되었는데, 지금까지는 주로 프랑스, 벨기에, 이탈리아, 스페인 등 남유럽의 여러 국가가 중심이다. '사회적 시장경제'를 표방하는 독일 등에서는 비판적 견해가 있다. 그러나 최근 스웨덴에서 활발히 논의해 정부는 2000년 「사회적 경제: 복리, 민주주의, 성장을 위한 제3섹터」라는 종합보고서를 만들고, 2001년 스웨덴 예브레에서 열린 제7회 유럽의 사회적 경제회의 주최의 일익을 담당했다. 이 회의를 계기로 사회적 경제 활동을 추진했다. 영국은 2000년 블레어 수상의 주선으로 설립된 '생협의 존재방식 검토회'의 보고서는 생협과 '사회적 경제'의 연대 강화를 권고하고, 또 무역산업성은 2002년 「사회적 기업」 보고서를 내고 그것을 추진하는 부국을 설치했다(일본21세기코프연구센터, 2006: 45).

앵글로 색슨계의 비영리 부문(NPO, non-profit organization) 개념은 NPO 구성원을 위해 있는 조직이라기보다 넓게는 사회를 위해, 혹은 비구성원을 위해 공헌하는 조직이다. 종교조직 조합은 복지, 의료, 교육, 기업재단, 노동조합, 기업연합(주로 foundation) 등이 서비스를 제공한다. 노동조합, 기업연합 등 이익집단은 환경 단체 등 공익집단(주로 association)으로 공익을 표출한다. 자선 단체는 그 전형적인 예이며, 볼룬티어 단체는 그런 의미에서 '사회공헌 단체'이지 상호부조 자조 단체가 아니다. 미국의 NPO는 정의상 이윤배분금지라는 제약이 있고, 내국세 입법 501조에 의한 조세공제가 적용되는 조직을 대상으로 해 협동조합이 포함되지 않는다.

일본의 사회적 경제는 '비영리 · 협동섹터', '시민섹터', 'NPO섹터' 등으로 불린다. 사회적 경제에 대한 합의도 없고 섹터 형성의 동기부여도 약하다. 1995년 1월 한신 대지진의 피해자 구호에 전국에서 다수의 볼런티어가 달려온 것을 계기로 '특정비영리활동촉진법'이라는 NPO법의 입법으로 구체화했다. 이 때 자민당 의원이 심하게 반대했고 세금 면제에서 엄격한 제약이 있었다. 일본의 NPO섹터는 사회운동을 포함하며, 미국의 NPO 개념에서 배제된 비영리 협동사업회(사회적 기업)인 협동조합을 포괄한다. 협동조합, 공제조합은 구성원의 자금과 그 협동적 노력에 의한 경제적 활동이 만드는 잉여의 일정 부분을 개개인의 공헌에 따라 배분한다(사토요시유키, 2004: 16).

엄형식의 『한국의 사회적 경제와 사회적 기업』((재)실업극복국민재단 함께일 하는 사회, 2008)은 사회적 경제를 전통적 사회적 경제와 새로운 사회적 경제로 구분한다. 전자에는 1980년대 이전에 발생 성장한 농업협동조합, 수산협동조합, 산림조합, 새마을금고, 신용협동조합 등이, 후자에는 1980년대 사회운동의 영향을 받아 활성화한 소비자생활협동조합, 노동자협동조합 그리고 IMF 사태 이후 등장한 사회적 기업 등이 해당한다(엄형식, 2008: 12). 노대명, 「사회적 경제와 한국 시민사회의 과제: 한국 사회적 경제(Social Economy)의 현황과 과제－사회적경제의 정착과정을 중심으로」, 『시민사회와 NGO』 5권 2호(2007.1)는 한국에서 사회적 기업의 정착과정을 소개했다. 노대명은 한국의 사회적 경제는 과거의 사회적 경제와 달리 제3섹터로 외연을 확대하지만 저임금 일자리를 양산하고, 사회적 경제의 전통을 공동화하고, 서비스의 품질과 비용을 제대로 통제하기 어렵다고 본다. 하지만 사회적 기업을 설립하고 대안적 패러다임을 제시할 잠재력을 지닌다고 한다.

정선희의 『한국의 사회적 기업』(다우, 2005)은 사회적 기업의 사례를 소개했다. 장원봉의 『사회적 경제의 이론과 실제』(나눔의 집, 2006)는 스웨덴, 영국, 독일, 이탈리아의 사회적 경제를 소개하고, 한국에서 사회적 경제의 경험이 상당히 풍부하나 최근 사회적 기업은 권위주의적 국가 통제로 진행된다고 했다.

안토니오 네그리 · 마이클 하트, 윤수종 역의 『제국』(이학사, 2001), 안토니오 네그리 · 마이클 하트, 조정환 · 정남영 · 서창현 옮김, 2007, 『다중(Multitude)』은 이탈리아의 자율주의를 소개했다.

북한의 협동경제는 협동농장처럼 협동적 소유에 기초한 경제를 말한다. 북한은 분단 직후부터 토지개혁, 주요산업의 국유화, 지하자원 · 산림 · 수역 국유화와 같은 사회주의화 개혁을 단행하여 계획경제 추진의 기초를 구축하기 시작하여 1958년 8월에 농업의 협동화와 수공업이나 중소상공업의 협동화를 끝냄으로써 생산관계의 사회주의화를 완료했다. 북한에서 국가적 소유대상에는 제한이 없으며 협동 단체 소유를 제외한 토지, 지하자원, 산림자원, 기타 자연자원 주요공장과 기업소, 은행, 항만시설, 그 밖의 교통운수 및 체신시설 등이 포함된다. 그리고 협동적 소유에는 농업·어업 부문의 협동 단체에 소속된 토지, 농기계, 배, 중소공장, 기업소 등이 포함된다.

3. 무엇을 연구하나

1) 공동체 자기고용의 의의를 밝힌다.

분업과 협업의 사회적 분리를 벗어나 서로가 상호 수렴해 근접하거나 일치하는 모델과 이론을 찾는다. 노동자가 노동을 조직하고, 자본을 소유하고, 경영이 일치하며 동시에 지속가능한 노동조직이다.

유럽의 사회적 경제와 비교하여 한국의 제3섹터는 국가와 기업의존도가 커 자율성을 상실해 원래 자율공동체를 지향하던 취지를 상당히 훼손했다. 연구는 서유럽의 경험을 번안하는 것이 아니다. 한국 사정을 반영하여 지구적인 가치를 찾으려 한다.

2) 연구 범주

공동체 자기고용에서는 생산뿐 아니라 소비자의 수요를 충족하는 측면에서도 본다. 그럴 경우 임금을 받아 지출해 구매한 상품뿐 아니라 공동체에서 건강, 교육, 평화 등의 수요를 충족할 경우를 포함한다. 후자는 바로 생활에서 지출의 감소를 초래하고 따라서 생애순소득을 높일 수 있다. 이런 이유에서 이런 부분들도 이 연구의 과제에 포함한다.

'노동'은 사람의 생활에 필요한 식·의·주, 교육, 건강, 평화의 욕구를 농민, 임노동자, 도시빈민, 이주노동자 등이 도시와 농촌, 나라와 지구 차원에서 생산, 유통, 소비하며 충족하는 과정을 말한다. 산업사회의 임노동에 한정하지 않는다(김영곤, 2007: 5).

이런 부문의 선행 연구가 많지 않은 점을 고려해 공동체 자기고용의 역사 경험을 한반도와 외국의 경우를 나누어 서술한다. 스페인 바스크지방의 몬드라곤(Mondragon) 협동공동체는 지역, 종교, 종족이 겹쳐있다. 소속원의 자율적인 구성 조직이라고 보기 어려운 교원공제회, 공무원연금기금, 군인공제회 등은 포함하지 않는다. 가톨릭, 기독교, 불교, 원불교 등 종교계가 운영하는 학교와 병원 등의 노동조직이 다수 있으나 이들은 종교공동체의 성격을 지니고 또 노사관계를 보면 대체로 일반 기업의 성격을 닮아 연구 대상에 포함하지 않는다.

공공 부문의 국영기업, 공기업은 현재 관료가 운영 권한을 장악하고 자본이 이를 포섭했다. 그러나 노동자와 공무원이 공동체 자기고용의 입장에서 경영할 가능성을 염두에 두고 다룬다.

한국에서 사회경제 즉, 제3섹터는 노동자, 민중을 위한 경제를 표방하지만 실제는 정부와 기업의 사회적 책임(CSR, corporate social responsibility)에 따르는 활동의 성격이 강해 공동체 자기고용과 차이가 있다. 그러나 실업극복운동이나 자활운동은 지난 10년의 활동을 평가하면서 노동자 주체를 확립하려는 반성이 있다. 기업의 사회적 책임도 기업이 초래한 사회문제를 대증적으로 치유하려는 점에서 제3섹터와 비슷하다.

넓게 보아 토빈세의 부과, 초국적 기업의 노동운동, 이주노동운동 등이 발전할 경우 이들은 노동운동 발전의 경우와 마찬가지로 공동체 자기고용의 전망을 넓힌다. 유럽에서 노동조합·노동운동이 발전해도 노동자의 일자리나 생활임금을 보장하지 못하는 한계를 보일 때 협동조합이나 사회주의 같은 노동자 자율의 경제구조를 구상하고 실현하기 시작했다. 한국의 경우에도 미디어 부문에서 기존의 제도언론이 민중의 정서를 반영하지 못할 때 노동자들이 대안언론을 만들었다. 그러므로 현재 노동자들이 전개하는 권익투쟁이 공동체 자기고용을 간접적으로 지원하고 장기적으로 발전 가능성을 높인다는 점에서 본 연구 범주에 포함한다.

지역의 범주는 공동체 자기고용과 관련이 있는 지역공동체, 도시, 농촌은 물론 지구적 과제를 아우른다. 동아시아의 개념은 과거에는 한국 · 중국 · 일본을 일컬었으나 현재는 동아시아의 범위가 한국 · 중국 · 일본 · 동남아인도 · 중앙아시아 그리고 동아시아와 교류가 빈번한 호주로 넓어진다.

3) 과제의 도출 대안 모색과 한계

시너지 효과를 올릴 수 있는 대안을 제시하고, 이것의 실현과정을 제시하고, 나아가 사회제도 입법의 개선 사항을 도출한다. 그리고 이런 노력을 바탕으로 개별 부문, 부문 사이, 종합적인 시너지 효과 모색의 대안을 제시하며, 공동체 자기고용 부문 설정의 가능성과 타당성을 입증한다.

그러나 본 연구에서 공동체 자기고용의 개념을 세우고 현황을 살핀 바탕 위에 그 시너지 효과를 모색하지만, 피드백 하는 검증이 미흡하고 또 계량화하지 못하는 한계가 있다.

4) 서술 체계

1장에서는 연구의 동기, 연구 현황, 연구 과제, 연구 방법을 서술한다. 2장에서는 공동체 자기고용의 개념을 쓰고 이어 한국과 세계의 역사 경험을 서술한다. 세계의 역사 경험은 협동조합을 중심으로 서술한다. 3장에 한국의 공동체 자기고용 현황은 실태를 중심으로 서술한다. 개념, 실태, 개선해야 할 점 등을 밝힌다. 이 장에서는 공동체 자기고용과 직접 관련 있는 것은 물론 생태환경, 공공 부문의 공공성, 지역공동체 등 간접적으로 관련 있는 사항을 밝힌다. 제3섹터는 노동자기업의 범주로 분류하여 다룬다. 위의 서술을 바탕으로 4장 공동체 자기고용의 시너지효과의 모색에서는 이전의 경험을 결론으로 총괄하고 앞의 각 부분에서 제기한 과제를 총화하고 발전 대안을 모색한다.

서술방식으로, 생산과 소비에 참여하는 대중이 공동체 자기고용 구도를 이해하고 참여 실천에 도움이 되게 쉽게 그리고 실례를 들어 쓰려고 한다.

4. 어떻게 연구하나

공동체 자기고용의 모델은 노동자가 생활에서 필요로 하는 식 · 의 · 주, 교육, 건강, 문화, 평화 등 여러 가지 통합적 수요를 지역 도시와 농촌 지역과 국제 간의 여러 영역이 입체적으로 협력하는 사회운동 모델이다. 이렇게 시너지 효과를 얻은 부분을 모델로 세우고 그 내용을 검증하고 다시 넓혀가는 방안을 모색한다.

이것은 ① 일자리와 소득, 건강 생태환경, 미래 세대의 교육과 자기 재교육, 안전, 문화, 평화 등 필요의 통합적 충족, ② 노동의 범주는 임노동 농업노동 도시빈민 이주노동 환경피해자, ③ 지역의 부문, 도시와 농촌, 국가와 국가 또는 지구의 입체적 협력이다. 필요를 통합적 순환적으로 충족하고 그 과정에서 여러 사회 영역이 입체적으로 협력하는 사회운동 방식이다. 이런 순환체계를 유기적 노동공동체라고 부를 수 있다.

유기적 노동공동체는 부문과 지역, 도시와 농촌, 국내와 국제가 연대해 일자리와 소득, 생태환경과 건강, 안전, 미래 노동자와 자신의 교육과 재교육, 문화, 평화의 요구를 3차원적으로 필요 충분을 충족하는 사회통합적 조직방식을 말한다(김영곤, 2005: 528). 최재천은 자연과 통섭(consilience) 도 가능하고, 모든 학문분야가 서로 넘나들면서 배울 게 가능하다고 주장한다(최재천 · 주일우, 2007). 윌슨은 인간의 지식이 본질적으로 통일성을 가지고 있다는 전망을 바탕으로, 자연과학과 인문 · 사회과학의 연구자들이 서로 협력해야 하며, 이를 통해 인간 본성에 대한 진실한 이해와 인간 외부 세계에 대한 정확한 지식에 근거한 21세기적 지식 혁명이 가능해질 것이라고 주장한다(에드워드 윌슨, 2006).

민중운동은 NL(민족 민주주의)과 PD(민중 민주주의)의 두 노선으로 분화하면서 사물을 통합적으로 보는 시각이 부족하다. 1980년 광주민중항쟁을 겪으면서 당면한 사회변혁은 북한의 주체사상과 서유럽의 ML주의를 도입하고 변용하면서 발생한 NL, PD의 구도로 분화했다. NL은 민주주의 민족주의를 주장하며 민주화 · 자주화에 치중했다. PD는 민중 민주주의를 주장하며 민중의 정치세력화에 치중했다. 민중운동에서 이런 문제가 심각해지자 한국사회포럼(2004)은 통합적 전망을 가지고 사회운동을 고찰하자고 주장했다.

대안으로 공동체 자기고용의 개념을 설정하고 이것들을 귀납하여 타당성을 입증하려 한다. 자율성을 추구하는 점에서 한국에서 정부와 기업의 지원 의존 비중이 큰 제3섹터와 차별성을 가진다.

기존의 연구와 자료를 검토하여 위의 가설을 귀납적으로 검증, 연구하고 국내외의 실천가 연구 그리고 학생들과 토론하며 도움을 받았다.

기존 연구와 자료를 참고했다. 국내에서 이 분야의 연구가 산별적으로 진행되는 상태에서 기존의 연구와 자료를 분석하고 조합하였다. 『경향신문』과 『한겨레』가 노동자기업, 공정무역 등 공동체 자기고용 영역과 사회적 일자리, 사회적 기업을 선도적으로 자주 다뤄 자료 도움을 많이 받았다.

생활협동조합전국연합회, 한살림, 두레생협연합회, iCOOP 등의 생협, 전국귀농운동본부, 흙살림연구소, 학교급식네트워크, 노동자기업, 협동조합연구소 등 대안연구소, 대안포럼, 공정무역 관련 홈페이지를 참조했다.

여러 분야의 종사자와 토론했다. 필자는 공동체 자기고용에 관심을 가지고 2003년 일본을 방문해 도스카 히데오(도쿄대 명예교수)와 토론해 긍정적인 평가를 받았다. 2004년 인도 뭄바이에서 열린 제4차 세계사회포럼에서 제3세계의 지속가능성에 관한 토론을 듣고 인도여행을 하며 인도 협동조합을 견학했다.

이 글을 쓰는 2006.9~2009.8 동안 강수돌(고려대 경영학), Loren Goldner(연세대 한국어학당, 정치경제학), 김인걸(서울대 국사학) 등 연구자의 조언을 받았다.

사회 현업에서 일하는 이준희(참 좋은 생협 전 이사장), 오승현 · 최창수(바른생협), 정윤광(운수 분야의 노동자기업), 장창원(APWSL 콘비너, 노동운동의 국제연대활동), 김동애(대학강사교원지위회복과대학교육정상화투쟁본부), 김용섭(한국비정규교수노동조합), 김지환 · 김승국 · 권오승 · 이종구 · 진경복 · 김종숙 · 김종옥(마을도서실 활동), 신동우 · 김명일 · 송영석

(인천평화의료생협 평화의원), 김동술(충남 당진군 고대농협 조합장), 양재덕(인천실업자자활사업과 주민운동), 장화식 · 정종남(투기자본감시센터), 홍기빈(금융경제연구소), 이용근(한국노동네크워크협의회), 이동환(부산청년환경센터), 진해원(지리산 농민), 이시우 · 오철근(국가보안법 철폐활동), 정의헌(민주노총 부위원장), 신동훈 · 김현성(민주노총 자기투쟁사업장 지원단 뚝딱이), 지희구(청주노동자자주관리기업 우진교통), 정광훈(전 전국농민회총연맹 의장), 박일남(환경운동연합 에코생협 위원장), 김현중(대학생활협동조합특별위원회 교육조직담당), 권오광(천주교정의구현전국연합 공동대표), 김선진(창조한국당 최고위원), 박현숙(한밭레츠 사무국장), 신현창 · 이영수(금속노조 GM대우자동차 비정규지회), 김병태(미래창조포럼 사무총장), 김봉준(화백, 표지그림 제공) 님 등의 도움말과 협력이 있었다.

국외의 다카헤이 마사히토(APWSL 일본지부 대표), Apo Leon(홍콩 AMRC 소장), 장대업(비교노동학, 런던대), 우메이린(胡美蓮, 홍콩부녀노공협회 총간사), 취닝(Quning, 屈寧, 중국 광조우직업기술학원 교수), 도리스 리(AMRC) 등과 토론했다.

또 필자는 폐암을 일으키는 우리담배(주) 당진 공장 건설을 막으려는 충남 당진 슬항2리 주민 활동 그리고 마을도서실 네트워크의 운영, 참 좋은 생협, 평화의료생협, 창원영농조합, 칠성바위두레의 유기농 마늘 재배 활동에 참여했다. 비정규교수의 교원지위와 대학생의 학습권을 회복하는 고등교육법 개정을 요구하며 국회 앞에서 텐트 농성(2007.9.7~2009.8 현재)을 하면서, 대학 특히 사립대학이 교육의 공공성과 공동체성 요구와 배치하는 문제점을 보았다. 그리고 조치원 신안1리 주민들이 고려대와 홍익대 사이에 대림산업이 짓는 고층아파트를 반대하고 대학문화타운을 만들려는 노력을 보았다. 용산 재개발과정에서 6명을 죽게 하는 참사가 일어나고, 유족과 시민이 진상의 규명과 재개발정책의 전환을 요구할 때 필자가 거주하는 인천 부개동에서도 재개발을 추진했다. 필자는 이런 직접 · 간접적인 경험에서 성공과 실패, 좋고 나쁨에 관계없이 대중의 공동체 인식을 좀 더 깊이 이해했다.

고려대 세종캠퍼스에서 2005.9~2009년 여름 사이에 필자의 '노동의 역사', '노동의 미래' 과목 수강생들은 과제물로 노동조직의 한 형태로 노동과 자본의 소유 그리고 경영이 일치하고 노동의 사회적 분업과 협업이 일치하는 공동체 자기고용의 현장을 조사 수익모델을 기획했다. 이들은 새로운 세대로서 창업의 자기고용과 공동체 자기고용을 미래 노동조직의 유력한 형태로 자신들의 미래로 삼아 긍정적으로 평가했고, 이 글에서 인용했다.

홍콩과 중국 남부지방의 광조우 · 선천 · 판유(Panyu)를 방문해 중국의 노동사정을 조사한 것이 중국의 공동체 자기고용을 이해하는 데 도움이 됐다(2007.2.5~12). 1997년 홍콩이 중국으로 이관되고 홍콩의 많은 산업체가 중국으로 이전하면서 발생한 여성 실업자 대책으로 홍콩부녀노공협회(香港婦女勞工協會)가 노동자기업을 시도했다. 이들이 대상으로 삼은 직업의 종류는 10여 년이라는 비교적 짧은 기간에도 다양했다. 그만큼 운영에 애로가 많았다. 홍콩에는 노동자기업 외에서 『蘋果日報』(사과일보)라는 한국의 『한겨레』와 같은 일반 시민을 상대로 주식을 공모해 만든 신문이 있다. 부녀노공협회와 이 신문이 공동체 자기고용의 업체라는 점에 공통점이 있었으나 이들은 상호 연관시켜 사고하지 않았다. 중국 방문에서 필자가 만난 취닝 등은 사회주의 경제 체제가 무너진 뒤 생활의 어려움과 농민공의 무권리를 말하며 필자가 말하는 공동체 자기고용이 이후 중국 사회에서 민주화와 더불어 중요한 역할을 할 것이라고 했다.

그리고 공동체 자기고용의 고용, 수익성 창출의 성공과 실패의 실제 사례를 분석했다.

공동체 자기고용의 개념과 역사 경험

※ 이 장에서 먼저 공동체 자기고용의 개념을 살핀다. 이어 한국과 세계의 공동체 자기고용과 관련한 역사를 살피며 현재의 위치를 찾아본다.

1. 노동조직의 형태와 공동체 자기고용

노동은 농업공동체의 생산과 소비가 일치하는 과정, 자본주의의 임노동, 전체적 사회주의의 과정을 겪으면서 자본주의 이윤동기의 모순을 넘는 단계로 발전하고 있다. 과거에 노동조직이라면 두레처럼 소농, 소작농, 머슴과 같이 직접 노동하는 사람들의 집합체나 노사관계의 노동조합처럼 피용자의 조직에 한정하는 경향이 있었다. 그러나 여기서 노동조직은 물자와 서비스를 생산하는 노동과정 전반을 의미한다. 이러한 '노동조직'의 개념을 헨리 조지의 『진보와 빈곤』에서 발견한다(헨리 조지, 1997: 545). 공동체 자기고용의 노동조직은 노동자가 자기계획 아래 운영하는 노동의 조직을 말한다.

현대사회에서 노동조직 형태에는 ① 자영업(자영농 자기고용(self-employment), 독립계약자(independent contractor)), ② 기업(사기업의 노사관계에 기초한 임금노동), ③ 정부 공공 부문(국가기관이 고용한 공무원, 국영기업, 공기업의 노동), ④ 공동체 자기고용(공동체 자기고용, 협업 협동조합의 자기노동(own work), ⑤ 사회주의 체제의 노동 등이 있다. 한국에서 제3섹터(제3부문, 사회적 경제)라고 부르는 공공근로 실업자자활근로 등은 정부와 기업 의존도가 크다. 여기서 자기고용의 자율적인 집합체인 '공동체적 자기고용(communal self-employment)'이라는 개념을 새로 설정한다.

'자치경영'이라는 말은 흔히 지방자치단체의 경영을 표현하기도 해 공동체 자기고용과 구분해 사용한다.

노동조직의 성격을 비교하면 〈표 2〉와 같다. 자영업은 개인이 자본을 마련해야 하고 개인이 경영을 책임지며, 실패 확률이 높다. 사회복지의 뒷받침이 있어야 한다. 정부공기업은 공공성을 추구하며 재원은 재정에 의존하며 정책의지에 따라 확대 또는 민영화될 수 있다. 기업은 주식회사 형태가 일반적이다. 임노동에 기초하여 이윤추구에 가장 효율적인 만큼 사회적 격차와 노사관계를 초래한다. 그러므로 기업에 속한 노동조합의 그 기업과 대립 · 의존한다. 공동체 자기고용은 지속가능성이 있으나 구성원의 공동책임인 만큼 구조가 취약할 수 있다.

〈표 2〉 노동조직의 성격 비교

	자본의 마련	목적	의사결정 구조	전망
자영업(Ⅰ)	개인	생계	개인	불안정성 사회복지요구
정부공기업(Ⅱ)	재정	공공성	정책 의지	관료화 민영화요구
기업(Ⅲ)	주식 투자	이윤축적	주식지분 유한책임	노사관계 격차
공동체 자기고용(Ⅳ)	개인의 협동	공동체 생활	1인1표제	지속가능성

노동조직의 상호관계와 이동을 〈그림 1〉처럼 표현할 수 있다. 여러 노동조직은 그 구성원이나 이해계층의 이해관계를 반영해 서로 경쟁적이다. 정부 공공 부문(Ⅲ) 가운데 일부는 민영화를 통해 기업(Ⅱ)의 노동조직으로 이동한다. 자영업(Ⅰ)은 노동조직의 설립은 쉬우나 실패하는 비율이 높다. 더욱이 기업으로 전환하는 확률은 아주 작다. 기업이 커지는 반면 그 모순이 심화하는 가운데 기간산업을 국유화하여 공공 부문으로 전환할 수도 있다. 이는 대중의 요구가 강하거나 사회주의정책을 펼 때 다수 발생한다. 기업과 정부 공공 부문이 협력해 만든 노동조직으로 제3섹터가 있다. 공동체 자기고용(Ⅳ)의 노동조직은 기업과 정부 공공 부문에게 독립적 관계를 유지하며, 공공 부문이 발달하거나 사회주의정책을 펴는 경우 약화된다. 이후 사회주의(Ⅴ)로 이행할 가능성이 있으며, 그럴 경우 여기서 쌓은 자율성 경험을 바탕으로 역사적 사회주의가 겪었던 '공유의 비극', 프롤레타리아 혁명에서 관리자의 지배가 대중계급의 지배를 대체하는 '대리주의'를 상당히 줄일 수 있다. 사회주의가 그 이전으로 요소들로 분해하여 역행하는 경우도 가능하며, 이를 이미 역사에서 경험한 바 있다.

〈그림 1〉 노동조직의 상호 관계와 이동

Ⅰ 자영업 ⇒ 자본축적 ⇘ 협동	Ⅱ 기업 ⇓ 쟁의해 임금을 인상해도 격차는 커져 ⇙ 국유화
⇗ 민영화 Ⅲ 정부 공공 부문 ⇒ ⇓	Ⅳ 공동체 자기고용 ⇓

⇑ ⇖ Ⅴ 사회주의⇑

2. 지구화와 노동과정의 변화

노동자는 수세기에 걸친 노사관계 속에서 노동을 조직하는 능력을 점차 키웠다. 역사적으로 노동의 조직과 경영이 발달하면서 노동현장의 분업과 협업은 노동과 경영의 사회적 분업으로 발전했다. 이 사회적 분업은 노동은 피용자로만 존재하고, 경영은 노동을 조직하는 이에게 특권적 지위를 부여하는 것으로 인식되었다. 결국 이것은 노사관계로 고착하고 빈부 격차는 지구 차원으로 커지고 지속가능성을 위협하는 상태에서 노동자는 고통스럽게 노동한다. 지구화는 정보통신의 발달로 교역량을 증대시킨다. 신자유주의 이데올로기 아래 유연노동을 확대하고, UR, WTO, FTA, 워싱턴 컨센서스라는 제국주의의 다른 표현을 실현한다. 지구적 사고와 지역적 실천의 요구가 현실로 나타났다. 공동체 자기고용을 필요로 하는 노동과정 변화의 객관적 · 주체적 조건을 살펴본다.

1) 노동의 소외 격차 증대와 민주주의

노동의 분업과 협업이 장기간 지속하면서 격차가 심해진다. 노동의 분업과 협업의 사회적 분리가 장기간 지속하면서 노자간의 격차가 심각하다. 격차 발생의 원인을 제공한 기업의 생산성 향상의 원동력은 역사적으로 처음에는 약탈과 근면, 다음에는 자본, 그다음에는 과학적 관리법에 의한 합리적 노동 그리고 마지막에는 지식이다(이재규, 2008: 8). 이것은 임금, 지대의 착취, 수탈, 주거, 교육, 건강, 생태환경, 문화의 격차를 초래했다. 노동의 소외와 격차 증대 아래서는 출생이 계급이고 신분이 되며 평생동안 변하기 어렵다.

민주정부 10년 사이에 기업의 사내유보금은 3배 증가했다. 비정규직 노동자의 비율은 OECD 국가의 2.5배이다. 국내에서 한국은행의 「1997~2006년 국민계정」을 분석한 결과, 2006년 전체 국민소득 422조 원과 견주어 73%가 늘었다. 이 가운데 가계 부문에 돌아간 소득(본원 소득)은 같은 기간

327조 원에서 520조 원으로 59% 증가했다. 반면 금융회사를 제외한 일반 법인의 소득은 17조 원에서 68조 원으로 4배 가까이 증가했다. 가계 부문의 가처분 소득은 1997년 307조 원에서 2006년 471조 원으로 53% 늘어난데 반해, 일반 법인의 가처분 소득은 6조 원에서 37조 원으로 556%나 급증했다. 이에 따라 가계 부문의 비중은 72.6%에서 64.9%로 작아진 반면, 일반 법인의 비중은 1.3%에서 5.1%로 커졌다. 전체 국민소득의 파이 크기를 100으로 봤을 때, 6 정도에 해당하는 소득이 10년 사이에 가계의 몫에서 기업 몫으로 옮겨간 셈이다.

또 한국보건사회연구원의 「사회양극화의 실태와 정책과제 연구」에 따르면 우리나라 국민소득 중간 값의 70~150% 미만인 중간층은 1996년 55.54%에서 2006년 상반기에는 43.68%로 줄었다. 국민소득 중간 값의 50~70% 미만의 중하층 비율도 같은 기간에 13.19%에서 10.93%로 감소했다. 대신 빈곤층과 상류층의 비율은 늘었다. 소득 중간 값의 50% 미만인 빈곤층은 11.19%에서 20.05%로 10년 사이에 두 배 가까이 늘었다. 소득 중간 값의 150% 이상인 상류층도 20.08%에서 25.34%로 증가했다. 중간층이나 중하층이 상·하층으로 나뉘어 들어간 셈이다. 계층 이동의 경우, 여성이 가구주인 경우에는 크게 변동했다. 또 가족 수가 많을수록 계층 상승 가능성이 높고 학력이 높을수록 계층 하락 비율이 낮았다.

빈부 격차는 부동산에서도 나타난다. 한국의 부동산은 너무 빨리 많이 오르고, 서민생활이나 국민경제가 감당하기 어려울 정도로 너무 비싸며, 가격이 올라 생기는 엄청난 이익을 일부 부유층이 독점한다. 1963~2007년 소비자 물가가 43배, 도시근로자 가구의 실질소득이 15배 오르는 동안 서울 땅값은 1,176배, 대도시 땅값은 923배 올랐다. 또 부동산 격차가 곧 빈부 격차라고 할 정도로 격차가 크다. 2005년 현재 전체 가구의 50.3%가 무주택자다. 최소 300만 가구, 1,000만 명 이상이 최저 주거기준에 미달하는 집에서 산다. 특히 68만 가구 162만 명은 (반)지하, 옥탑방, 비닐하우스, 판잣집, 심지어 동굴이나 움막에서 산다(손낙구, 2008).

행정자치부의 「2006년 토지소유 현황」에 따르면 국토 전체 면적은 9만

9,678㎢이다. 소유 구성은 민유지(56.0%), 법인(5.5%), 비법인(7.5%), 공유지(7.3%), 국유지(23.3%), 기타(외국인 포함, 0.4%)이다. 토지를 조금이라도 소유한 사람이 전체 인구 4,899만 명의 27.9%인 1,367만 명이다. 토지소유자 가운데 전체 인구의 1% 정도인 50만 명이 개인소유 토지의 56.7%를 차지했다. 총 가구의 1%가 전체 토지의 39.2%를 차지했다.

국내에서 격차는 고용과 피고용, 정규직 노동과 비정규직 노동, 유업과 실업, 소득 교육 문화, 주거 지역의 격차를 초래한다. 이런 격차들이 빈민지역에 집중하여 나타나며, 이것은 20 : 80의 사회로 가는 특성을 나타낸다. 이런 현실을 두고 우석훈은 "한국 사회가 중남미 사회의 문턱에 들어섰다고 판단한다. 한국은 40~50대의 고소득 남성 외에는 여성, 20대, 장애인, 농민, 자영업자, 비정규직 모두 희망이 없는 사회다. 한국은 선진국에 없는 지방토호가 있고, 인구의 50% 이상이 몰려 사는 중앙집권형 수도권이 있고, 조기유학이 있어 유럽형 경제구조와는 다르다. 중남미형 경제에는 '카우디요라'는 토호가 존재하고 이들의 자식은 미국 유학을 떠나고 한국만큼 강력한 양극화가 있다. 이 세 가지 요소에 강력한 신자유주의와 한국형 NAFTA를 더하면 1990년대 중남미형 경제의 출발과 비슷하다. 한국이 이 시스템을 그대로 유지하면 10년 뒤에 완성된 중남미형 사회를 목격할 가능성이 높다"고 한다(우석훈, 2007.5.17).

다른 예로 필리핀은 1960년대 아시아에서 일본 다음 가는 부유한 나라였으나 극심한 빈부 격차, 정치 사회적 격차, 민주주의의 결여가 GDP를 축소시켜 많은 이주노동을 발생시켰다. 필리핀은 부와 정치권력이 일체화되어 있다. 150여 권문세가가 의회를 장악한다. 마르코스와 아퀴노 전 대통령도, 아로요 현 대통령도 유력한 집안 출신이다. 모든 것을 다 가진 정치지도자들은 변화를 거부하고, 부자들은 제대로 된 기업을 일궈 좋은 일자리를 만들어내는 기업인으로 변모하지 못했다. 절망에 지친 국민은 먹고 살려고 해외로 간다. 이주노동자 650만 명 가운데 3분의 2가 여성이고 130개 이상 국가의 서비스 부문에 고용되어 있다.

계급의 특성을 살펴보면, 세계화와 1997년 IMF 처방에 따른 구조조정과

정리해고는 대량실업을 낳았고, 노동시장 구조의 질적 변화를 낳는 계기가 되었다. 먼저 가장 커다란 변화는 비정규직 고용의 확산이었다. 경제위기 이후 정규직이 급격히 줄어들었고, 임시직과 일용직이 크게 늘어나면서 전체 임금근로자 가운데 비정규직 비율이 절반을 넘어섰다. 다음으로 노동빈곤층의 등장이다. 비정규직의 임금은 정규직의 절반 정도에 불과하였고, 이들 가운데 많은 사람들이 저임금을 받는 노동빈곤층으로 전락하였다. 노동빈곤층의 증가는 전체적으로 분배구조를 악화시키는 결과를 낳았다. 그리고 고용안전성이 크게 약화되었다. 조기퇴직과 명예퇴직이 일상화되면서 평생직장 개념이 사라졌다. 평균 근속년수가 OECD 국가들 가운데 가장 짧은 수준을 보이고, 피고용자들은 고용불안을 겪는다.

소득불평등은 노동시장의 임금불평등뿐만 아니라 부동산시장과 주식시장의 자산소득불평등에서 더 심하게 나타났다. 소수의 자산가들은 주택과 토지를 중심으로 부를 축적했으며, 최근에는 부동산시장과 주식시장을 통해 많은 자산을 형성했다(이성균 · 신광영 · 조돈문, 2007: 111).

신광영은 자본가계급과 자산계급의 수를 중복되는 경우를 제외하여 64만 명으로 추정한다(〈표 3〉 참고). 자본가계급은 주로 최고경영자(CEO) 형태로 경제활동을 해 이들의 연봉이 일부 알려졌다. 2002년 삼성전자 최고 경영자는 연봉 35억 7천만 원, 국내 100대 상장기업 최고경영자의 연봉은 평균 1억 9,139만 원이었고, 상위 20개사의 최고경영자는 5억 3,163억 원으로 밝혀졌다. 2002년 50명 이상을 고용한 기업체 수는 2만 9,871개이고, 10억 이상의 자본금을 보유한 법인은 2만 3,643개이다. 자산계급의 부는 직접 노동을 통하여 얻어지는 것이 아니라 건물임대, 지대, 이자, 거래차익 등의 방법으로 사적으로 소유한 물건을 통하여 얻는다. 이들은 가장 많은 부를 차지하고 향유하고 그리고 이들의 부가 더욱 빠르게 증가하는 점에서 형평성 혹은 사회적 정의의 문제를 유발한다. 피용자의 소득도 크게 변화했다. IMF를 전후로 임금근로자의 직종별 임금 격차가 더욱 벌어졌다. 1993년 단순노무자와 기업 임직원 및 관리자의 월 소득 비율은 1대 2.77이었으나 2001년에는 1대 3으로 더욱 크게 벌어졌다. 저임금 직종보다 고임금 직종에서 월 소득이 더 많이 올라서 직종 간 임금 격차는 더욱 벌어졌다(신광영, 2004: 175~180).

〈표 3〉 자본가계급과 자산계급의 규모 추정치

항목	기준	추정규모(기준 년)
재산세	납세자	640,000명(개인, 2002)
종합소득세	1억 이상	39,700명(2002)
주식	1억 이상	80,000명(2003)
고액예금자	1억 이상 10억 이상	258,000계좌(2003) 52,000~56,000명(2004)
임대를 목적으로 하는 건물		830,000채(2001)
아파트	10억 이상	30,585채(2004)
기업 규모	50명 이상 고용	29,871개 기업(2002)
자본금 규모	10억 이상	23,643개 기업(2002)

자료: 신광영, 2004,『한국의 계급과 불평등』, 을유문화사, 180쪽.

인구의 계급 구성은 〈표 4〉처럼 노동자는 상층 노동자 계층과 하층 노동자 계층으로 이중 구조를 이룬다.

〈표 4〉 노동자 민중의 이중구조화

	구성(%)	임금노동	농업노동	도시주민	이주노동	생태환경
자본가계급	2%	최고경영자와 건물임대, 지대, 이자, 거래차익 등이 소득 원천인 자산가				
노동 상층	11%	조직된 대기업 남성 노동자	대농 기업농		전문직	환경수혜자
노동 하층	77%	저임 비정규 여성 노동자	빈농 가족농 친환경농업	도시빈민(여성)	3D업종	환경피해자
빈민	10%	기초생활수급자 3%, 차상위 계층				

자료: 자본가 계급 2%는 민주노총 등이 관행적으로 말하는 비율이다. 신광영의 연구에서 자본가계급과 자산계급은 1.3%이다. 노동의 상층과 하층의 비율은 노동조합의 조직율 11%를 기준으로 계산했다.

소득격차는 지구적으로 확대된다. 경제대국을 제외한 대부분 국가는 경제규모가 초국적 기업의 수준을 넘지 못한다. 하루 소득이 4달러에도 못 미치는 인구가 40억 명이다. 국제적으로 지속가능성을 위협하는 큰 문제다. 이들을 끌어안아야 한다. UN 등 국제기구의 역할을 높이고 장기적으로 지구세, 지구정부의 출현을 바라는 조건이다.

2007년 파업을 한 알리안츠 생명보험의 독일 본사는 자산이 100여 조 원의 규모로 칠레나 뉴질랜드보다 크며, 세계에서 국가와 기업을 통틀어 자산 규모가 50위이다.

노동의 소외와 계급 사이의 격차 증대는 노동생활의 민주주의를 위협한다. 다시 말해 기존 노사관계가 임노동의 소외를 보정하는 역할을 축소시키고 노동자들에게 노사관계 체제에 의구심을 갖게 한다.

현재와 같이 기업의 노동조직에 전적으로 의존하는 방식으로는 문제를 해결하는 데 한계가 있다. 기업은 노동생산성을 늘려 이윤을 극대화한다. 기업은 노동시간을 줄여 일자리를 늘리는 것을 기피한다. 격차의 축소, 해소가 큰 과제다.

기업의 생산력이 발달하여 공황의 가능성이 항상 있었다. 이런 가운데 IMF 사태가 일어났다. 그 뒤 실업자와 비정규직이 많이 늘었다. 이 문제를 해결하는 방안으로 사회단체는 실업자 조직을 추진했다. 그러나 정부가 사회안전망 구축 차원에서 접근해 실업자 조직이 고사했다. 정부는 공공근로를 늘렸다. 공공근로는 그 뒤 제3섹터 방식의 사회적 일자리 창출 작업으로 전환했다. 따라서 실업자 조직은 조직으로 발전하지 못했다. 제3섹터 방식의 수익모델을 만드는 것이 당면 과제다. 이것은 공동체 자기고용과 상당 부분 서로 수렴한다.

노동 계급을 넘어 공동체 복원 움직임이 나타났다. 노동자는 1987년 대투쟁 이후 전노협, 민주노총, 민주노동당 등의 독자 조직을 만들고 주체를 세웠다. 그러나 노동계에서는 조합주의로 치닫는 노동운동을 비판하고 대안으로 산별노조운동과 사회운동 조합주의를 제시하며 노동조합의 사회운동 개입을 강조한다(김현우 외, 2006: 125). 일본에서도 사회운동 조합주의를 강조한다. 공동체 자기고용의 여지를 넓히는 현상이다.

2) 노동의 유연화와 실업사회

산업화 이후 제조업의 저임 노동은 쇠퇴하고, 상품생산이 소품종 대량생산 체제에서 다품종 소량생산으로 이동했다. 따라서 창의성 있는 노동자의 필요성이 더욱 커지고 저임 단순노동자의 필요성은 크게 줄었다. 항상적 공황 상태에서 기존의 장시간 노동의 필요가 적어졌다. 이런 이유에서 기업은 노동자를 필요할 때만 고용하고 그렇지 않을 때는 쉽게 해고할 수 있는 제도로 노동의 유연화를 추진했다. 쉽게 해고할 수 있는 제도에는 단결권의 제한이나 부정이 뒤따른다.

노동자가 고용주에게 제공하는 노동을 제공하기까지 많은 시간과 비용을 들여 준비했다. 그러나 노동의 유연화 속에서 이것의 가치는 고용주가 필요한 노동을 제공하는 노동자를 단기간 고용할 뿐이다. 이 때 연공이 높은 숙련노동자와 여성노동자가 먼저 해고당하는데, 이들은 재취업하기가 어렵고 취업해도 안정성이 낮아 새로운 공동체적 자기고용을 적극적으로 모색한다.

정보화·자동화의 발달은 노동의 지형에 변혁을 가져왔다.

성장의 중단이 불가능한 상태에서 생산의 물질 의존도가 낮추는 탈물질화가 진행된다. 신기술과 지식사회가 대두하면서 원자(原子)를 비트(bit)로 대체한다. 생산의 한 단위에 들어가는 에너지·광물·수자원 등 자원의 양이 줄어들었다. 비(탈)물질(immaterial labor) 노동의 비중이 커진 반면 비물질 노동의 비정규화가 심해지고 따라서 노동자 사이의 격차도 커졌다.

비물질 노동은 두 가지다. 먼저 분석적이고 상징적인 일들이다. 디자인, 컨셉, 계획, 전략, 계약, 통찰력 등을 고안하고 판매하는 분야의 노동이다. 라이시는 이를 상징적, 분석적 서비스라고 부르며, 새로운 세계화과정에서 경쟁력의 열쇠라고 본다. 투자분석가, 소프트웨어 엔지니어, 경영컨설턴트 등의 직업군이 이에 속한다. 안토니오 네그리·마이클 하트의 『제국』

(이학사, 2001)은 창조적이고 상징적인 지식노동의 성장은 자료입력과 워드프로세싱 등 낮은 가치직무들의 성장에 기반 한다고 지적한다. 비물질적 생산 영역 안에서 근본적인 노동 분업이 출현하고 있다.

또 하나는 인간의 접촉과 관련한 정서적 노동이다. 의료와 육아, 가사, 친밀함의 제공 등은 가족이나 이웃 같은 비시장적 인간관계의 영역에 속했다. 이런 정서적 보살핌이 새롭게 상품화 영역에 포섭되면서 일자리를 만든다. 이런 노동은 신체와 의미의 상호작용을 통해 이뤄지지만 안심, 행복, 만족감 등의 만질 수 없는 결과를 산출한다는 점에서 비물질적이다.

인터넷 기술의 발달이 고용을 늘린다는 반론이 있다. 스웨덴 경제사학자 모리시오 로하스는 1980~1994년 피고용인구가 전 세계적으로 6억 3천만 명, 미국에서만 45%가 늘었다고 한다(『한겨레 21』, 2002.1.24).

마이클 하트 · 안토니오 네그리의 『제국』(이학사, 2001)은 증대하는 비물질적 노동의 위상과 의미를 설명했다. 『제국』에 따르면 정보경제로 이행은 노동의 질과 본성의 변화를 수반한다. 노동은 이제 이전처럼 물질적 형태의 상품 생산에 직접적으로 투여되기보다는 서비스, 문화상품, 지식 혹은 소통과 같은 비물질적 재화를 생산하는데 주로 바친다. 산업노동자 계급은 대공장에서 물질적 생산품을 대량생산하는 작업의 주축을 이뤘지만, 이제 그 헤게모니의 지위를 상실한다. 동시에 지식경제 체제에서 기본적인 생산수단은 더 이상 자본도, 자연자원도, 노동도 아니며 지식이라는 지식경제론의 노동관에도 의문을 제기한다. "드러커가 이해하지 못하는 것은 지식은 주어진 것이 아니라 생산되며, 지식의 생산은 새로운 종류의 생산수단과 노동을 포함한다"는 것이다(제러미 리프킨, 2005).

안토니오 네그리 · 마이클 하트는 이렇게 말한다. 다중은 상이한 문화, 인종, 인종성, 젠더, 성적 지향, 노동형태, 생활방식, 세계관, 욕망 등 수많은 내재적 차이들로 이루어 통일적인 혹은 단일한 정체성으로 환원할 수 없다. 맑스주의의 계급 개념을 더욱 확장해 자본주의 아래 살고 있는 모든 사람을 의미한다. 특히 임금노동을 하지 않는 다양한 주민인 빈민을 포함한다. 다중은 서유럽에서 68혁명 이후, 특히 현실 사회주의 붕괴 이후 더욱 두드러졌다. 그리고 노동자 계급의 내적인 분화와 다양화 속에서 노동 형상이 다양화하고 더욱 비물질적 노동의 특성을 띄어간다. 다중의 사회 운동 방식도 변화해 1960년대 게릴라 투쟁 모델은 집중제의 단말마를 보여주며 네트워크 투쟁으로 나가는 과도적 현상이며, 1970년대 이탈리아 자율운동에서 나타난 네트워크 투쟁은 이후 사회운동의 모델로 널리 확산했다. 무장한 지구화 시대에 민주주의의 위기는 심각하며 대의제적 민주주의의 허실이 드러난다. 대의제적 주권 구성과는 다른 다중의 창의적인 권력구성 전략 추구를 촉구한다. 당 형태를 비판하고 네트워크 형식의 운동을 강조하고 대안세계화운동, 다양한 소수자운동과 대안운동을 비롯한 자율운동의 활성화에 희망을 건다(안토니오 네그리 · 마이클 하트, 2008: 19).

안토니오 네그리 · 마이클 하트는 한국은 지구화 세력에 의해서 부과된 산업의 위치 변화에서 노동조합과 농업인들이 조직화 전략을 다시 생각해야 하고, 냉전 이후의 지구정치가 재편하지만 냉전 좀비가 한국에 머문다. 새로운 전 지구적 틀에 적합한 민주주의를 위한 투쟁인 다중의 민주주의는 저항 자율 노동자들의 해방투쟁의 전통에 새로운 의미를 부여한다. 그러나 다중의 민주주의는 사회 민주주의와 권위주의적 사회주의의 낡은 모델 모두와 확실하게 결별해야 한다. 그가 보기에 한국에서는 그러한 민주주의 추구가 이미 잘 진행되고 있는 것 같다고 말했다(안토니오 네그리 · 마이클 하트, 2008: 9).

조정환에 따르면 '고역의 삶'(권위주의 아래의 노동과 삶)에서 '벌거벗은 삶'(신자유주의 아래의 노동과 삶)으로의 이행에 대한 노동의 반작용적 대응이 '고역의 삶'으로의 회귀 요구로 나타나곤 한다. 완전고용이나 정규직화 요구가 이것이다. 노동의 불안정화는 지금까지 강조해 온 것처럼 삶과 노동이 자본에 포섭되고 이것에 의해 지배되는 형태이지만 다른 한편에서는 노동자들이 자본관계에서 이탈하려는 욕구를 표현한다. 자본－노동 관계를 전제로 하는 '노동(기본)권'이 자본주의 사회의 탈근대적 변형에 대한 비판력을 어느 정도 갖는 것은 사실이지만 자본－노동 관계를 넘어서야만 풀릴 수 있는 탈근대 사회의 고유한 차원을 드러내지는 못한다. 노동권의 차원에서 이 문제에 접근하면 탈노동의 욕망과 노력은 일탈적인 것으로 이해할 뿐이다. 그러므로 오늘날의 노동과 삶을 '벌거벗은 삶'이면서 동시에 '공통화 된 삶'이라는 이중성의 관점에서 읽는 것이 중요하다. 예컨대 프리터(free+Arbeiter)나 특수고용은 고용-소득 형틀에 종속되어 있지만 다중의 탈노동 욕망과 무관하지 않다. 프리터는 자본의 현행 게임 룰에 도전하면서 무조건적 보장소득과 자유로운 노동을 위해 투쟁함으로써 자신이 욕망하는 자유로운 노동의 삶을 집단적으로 달성할 수 있다(조정환, 2005). 현대 사회에서 이것들이 커다란 비참함을 수반하면서 나타날 수 있으나 한편에서 이것들은 자본주의 사회의 틈바구니에서 '독특한 노동'의 잠재력으로 현실화되는 일그러진 모습임을 주목할 필요가 있다.

그러나 제레미 리프킨은 『노동의 종말』(민음사, 2005)에서 자동화의 물결이 불러올 대량실업의 악몽을 섬뜩하게 경고했다. 이언 엥겔의 『지식노동자선언』(롱셀러, 2001)과 비비안 포레스테의 『경제적 공포』(동문선, 1997)도 정보화에 따르는 숱한 직종의 소멸과 실업을 강력하게 경고했다.

탈물질 노동이 늘어나면 절대고용량은 커지지만 일자리의 안정성은 크게 흔들린다. 네트워크의 발달은 그때그때 필요한 노동력의 연결을 가능하게 한다. 이 속에서 소수의 창조적 노동자는 거액의 몸값을 챙길 기회를 얻지만, 다수의 노동자는 예고 없는 해고의 위험에 노출된다. 또한 보상 없는 가사노동에 속했던 전통적 관행에 따라 정서적 노동의 사회적 보상은 임금수준이 매우 낮게 설정된다. 더 적은 노동으로 더 많은 생산이 가능해졌지만 노동의 다수에게 더욱 팍팍해졌다(손원제, 2002.1.24).

지식사회는 지속가능성을 높이는 속성을 지녔다. 지식사회는 정보를 움직여 사람과 물질의 움직임을 최소한으로 줄어들게 만드는 사회다. 인간과 인간의 정보교류를 통해 인간과 자연의 질료 전환을 최적화하려는 사회다. 시장사회는 생산무대인 기업과 소비무대가 분리된 사회다. 공간적으로도 생산무대와 소비무대가 분리되었다. 따라서 기계의 리듬에 맞춰 소비무대에서 생산무대로 출근해야 한다. 그런데 지식사회가 되면 소비무대가 곧 생산무대가 된다. 다시 말해 재택근무가 확산된다. 자연히 이동에 소요되는 에너지도 절약하고 이동에 따라 발생하는 배기가스도 줄어든다.

생산물 시장도 에너지 절약형으로 바뀐다. 생산물 시장은 인터넷이 장악한다. 지식사회의 큰 공로는 대량생산, 대량소비로 국한된 제품이 다양한 기호에 맞게 재편된다. 주문생산이 가능해진다. 자동차도 주문생산 시스템만 완성하면 구입자가 자기 입맛에 맞는 자동차를 설계할 수 있다. 기업은 주문을 받은 뒤 주문자가 원하는 대로 공장에서 자동차를 생산하고 일주일 안에 제공한다. 이 같은 다품종 소량생산 체제 전환으로 대량생산 대량소비에서 발생하는 자원낭비가 사라지고 자연파괴도 현격히 감소한다.

지식사회는 콤비나트(기업결합, 공단)도, 거대도시도 필요하지 않다. 스웨덴처럼 대다수의 선진국은 지식사회로의 전환에 착수했다. 오늘날의 신자유주의적 선택은 머지않아 비극으로 연출되는 날이 반드시 찾아올 것이다(진노 나오히코, 2007: 156~158).

민중의 사회경제적 조직능력의 향상과 인터넷의 발달로 노동의 네트워크 활동이 용이하다. 국제화, 노동의 유연화 속에서 노동자는 공무원, 교사, 대기업 노동자 같은 정규직이나 스스로 고용주가 될 수 있는 의사, 약사, 변호사 같은 개인적 자기고용을 선호하기도 한다(이영미, 2007.5.1). 증가하는 비정규 노동자 고용 대책으로 공동체 자기고용을 적극적으로 추진할 수 있다.

3) 지구온난화와 생태환경 농업의 가치 상승

공동체 자기고용에서 지구온난화에 대응하여 생태환경의 문제에 큰 비중을 둔다. 농업이 사람들의 먹는 문제를 해결하고 기후 변화를 완화시키는 점에서 공동체 자기고용의 지속가능성을 충족하는 조건이다.

생태환경은 독자적으로 부가가치를 생산한다. 식물의 경우 가만히 두어도 자연 속에서 성장한다. 또 이것은 지속가능한 생태에 도움을 준다. 과거에 이것을 개발의 대상으로 여기던 것에서 독자적 가치를 인정해야 한다(김영곤, 2007: 46).

한국의 전통적인 논은 주요한 습지이자 논에서 산림으로 이어지는 생태계의 주요한 고리 역할을 해왔다. 그러나 대량생산을 위한 대형 논 위주로 경지정리하고 농수로를 직선화, 콘크리트화 하면서 다양한 생명이 공존하기 어렵게 됐다. 통계청이 발표한 「2008년 벼 · 고추 재배면적 조사 결과」를 보면 2008년 전국에서 벼농사를 짓는 땅은 93만 5,766헥타르로, 사상 최대였던 1987년 126만 2천 헥타르와 비교하여 20년 동안 25.8%가 좁아졌다.

한국은 농산물 시장을 개방하는 대신 공산품 시장을 확보하고 희생당하는 농민에게 약간의 보조금을 지불하는 정책이었다. 농민이 자율적으로 일어설 수 있도록 생산 · 유통 · 소비의 여러 측면에서 협력하는 것이 아니다. UR, WTO, FTA 협정을 체결할 때마다 수조, 수십조 원의 보조금을 지원했으나 실효성을 거두지 못했다. 그러나 오직 벼 재배만이 목적이던 논이 최근 들어 생물 다양성을 높여주는 원래의 논으로 돌리는 노력이 있다. 화학비료나 농약을 사용하지 않고 오리농법 · 우렁이농법 · 쌀겨농법 등 자연농법으로 논의 생명력을 되살리고 있다.

농업은 식량자급, 북한, 중국의 식량 부족, 지구 생태의 보호 차원에서 가치가 크다. 선진국과 후진국을 비교하는 기준의 하나로 선진국은 농업을 살렸다는 점이다. 농업의 가치가 높은 때 국민소득이 높음은 다른 선진국에서 경험했다. 한국의 경우도 개발독재 아래 희생시켰던 농업의 회생이 중요하다.

일본은 1999년 쌀 시장을 개방하면서 식량안보와 농촌사회 유지에 필요한 자급률 목표치를 칼로리 기준으로 45%, 곡물소비량(사료용 포함) 기준으로는 30%를 설정했다. 대체적인 각국 식량 자급률은 스웨덴 120%, 미국 133%, 캐나다 162%, 프랑스 194%, 독일 123%, 영국 99%, 덴마크 115%, 핀란드 110%, 호주 280%, 헝가리 114%, 체코 108%이다.

남한은 식량 자급률이 26%로 OECD 국가들 가운데 최하위이다. 쌀을 제외하면 자급률은 5%다. 일본은 식량 자급률이 39%다. 북한과 같은 기아사태가 10년 안에 올 수 있다. 일본은 식량 자급률이 40% 수준인데 이것을 2050년까지 60%로 끌어올릴 계획이다.

UN 식량농업기구는 전 세계적으로 곡물 및 식품가격의 급등으로 개발도상국은 심각한 사회불안에 직면했다고 한다. 2014년 이후 쌀을 완전 개방하면 쌀 농가는 완전 파산할 우려가 있다. 그러므로 값싼 외국 농산물이 국내 농산물 가격을 좌지우지하는 시대가 점차 종말을 고해야 한다는 것이 일반적 평가다. 이러한 예로써 쿠바에서는 먹는 문제를 전국민의 관심사로 만들고 동참하도록 한다. 식량 자급률이 25%밖에 안 되는 상태에서 먹는 문제가 농민만의 과제가 아니라 도시민과 농민의 공통적인 과제라는 인식이 필요하다(이태근, 2008.1.30).

월드워치는 앞으로 중국을 누가 먹여 살릴 것인지가 문제라고 말한다. 지금은 중국 농산물이 우리 식탁을 대부분 점령하지만 중국도 언제까지나 농산물을 수출할 수 있는 여건은 아니다. 쌀은 한국의 식량주권과 직결되어 있다. 농민의 70%가 쌀농사를 짓고, 전체 농업 소득의 50%가 쌀 소득이다. 프랑스 농민운동가 조제 보베는 한국사회포럼 2007에 참석해 한국 상황에 대해 "한국에서 식량 주권의 핵심은 쌀이다. 한·미 자유무역협정을 통해 쌀 수입을 개방하기로 한 것은 식량주권을 완전히 포기하는 것을 의미한다"고 했다(『한겨레』 2007.7.8).

유전자 조작기술로 만든 GMO(유전자조작생물체, Genetically Modified Organism)는 우리 몸에 해롭고 환경을 파괴하고 유기농업을 불가능하게 한다. 미국은 GMO 식품을 허용하며 농지의 55%에서 이를 재배한다. 이와 달리 서유럽은 이전부터 GMO, 인공색소의 사용을 금지한다. 유럽에서는 1990년대 광우병으로 100여 명이 사망했고 GMO 식품을 프랑켄슈타인 음식이라고 부른다. 한국도 2007년 6월 말부터 모든 식용으로 수입하거나 생산하는 농산물을 GMO 표시대상으로 포함했으며, 비의도적 혼입률은 3%이다. 특히 옥수수 전분이 문제다.

미국 식품의약품안전청은 몬샌토가 유전공학적으로 개발한 소 성장호르몬을 과학자들의 반대에도 불구하고 사용하도록 1994년에 허가했다. 유럽연합은 1989년부터 호르몬 처리한 미국산 쇠고기를 전면 수입금지 시켰다. 한국은 시민의 반대와 달리 한미 FTA에서 이 소의 한국 수입에 합의했다. 2009년 발생한 스와인 인플렌자는 사람과 동물 사이의 질병이 복합적으로 일어난 유형으로 대처가 어렵다.

국제연대활동으로, 호주의 '유전자윤리 네트워크'(www. zero.com.au/agen)와 미국의 '생명보존을 위한 연대'(www.bio-integrity.org)는 식품조작과 복제인간 문제 등의 자료와 현재 법률적인 문제점들을 생명윤리의 차원에서 지적한다. 미국의 '생태 민주주의'(www.purefood.org)는 유전자조작식품의 유해성과 순수자연식품의 우수성을 자료집을 통해 비교한다. '자연을 위한 어머니들'(www.safe-food.org)은 소비자의 입장에서 문제점을 바라본다.

한국도 50년 동안 농약 사용의 폐해가 쌓여 생물다양성이 무너졌다. 사람들의 번식에도 이상이 생겼다. 국민건강보험공단의 발표에 따르면 2002년에 비해 2007년 젊은이의 불임률이 50% 증가했다. 7~8쌍에 1쌍 꼴로 불임이다. 정자운동은 2001년 73%에서 2007년에는 48%가 못되고, 성인들의 정자 수는 40년 전에 비해 42%가 감소했다. 원인으로 지목하는 수은은 국민 1인당 평균 혈중 4.5μg로, 이 수치는 독일 사람의 3배, 미국 사람의 2배이다.

황우석의 사람 배아 복제 실험을 두고 생명윤리의 논란이 크다. 인간을 이용한 생명공학 연구를 기존의 제대혈 연구에서 난자를 이용하는 처녀생식까지 확대하는 연구는 난치병의 치유에는 도움을 주겠지만, 인류의 생태계에 회복할 수 없는 돌연변이를 일으킬 위험성이 있다.

4) 생산소비자(prosumer)와 공동체

생산과 소비의 일체화를 바탕으로 일과 놀이가 재결합한다. 산업시대 자본주의 생산은 기계제 대공업을 기반으로 소품종 대량생산이 특징이었다. 그러나 정보혁명을 바탕으로 소비자의 다양한 요구가 생산에 반영되면서 다품종 소량생산 시대가 열렸다. 다품종 소량생산은 더욱 진화하여 소비자가 생산과정에 직접 결합하여 자신의 의사를 반영하여 생산자와 소비자가 결합하는 프로슈머가 등장했다. 프로슈머는 전문소비자(professional comsumer)라는 뜻도 된다. 이는 더욱 나아가 생산과 소비가 일체화되는 가운데 하나의 창조적 행위자로서 크레액토(creactor, creativity와 actor의 합성어)로 발전하게 될 것이다(박세길, 2008: 599).

대량생산 체제에서는 생산자와 소비자를 분리시켰다. 정보기술의 발달은 분리되었던 생산자와 소비자를 연결시켜 새로운 생산소비자를 탄생시켰다. 노동자는 노사관계의 생산자의 역할에서 생산자(producer)+소비자(consumer) 관계자인 프로슈머(prosumer)로 이동한다. 프로슈머는 자원봉사, 가사노동처럼 돈이 오가지 않으며 수치로 측정되지 않는 비화폐 경제를 말한다(앨빈 토플러, 2006).

앨빈 토플러는 화폐 경제에 속해 있지만 보이지 않는 경제인 비화폐 경제도 주목해야 한다고 말한다. 생산해 판매하는 것이 아니라 자신의 사용이나 만족을 위해 만드는 이른바 프로슈머 경제가 폭발적으로 성장한다. 실례로 무료 공유 소프트웨어인 리눅스는 누구에게나 소스 코드를 개방한다. 이것을 기반으로 상업적 제품을 누구나 만들어 낼 수 있다. 미국 기업 40%가 리눅스 프로그램을 사용한다. 인터넷 공간에서 비상업적이지만 유용한 사이트가 1억 5천만 개나 된다(앨빈 토플러, 2006).

한국에서는 1980년대에 이 책을 번역하여 프로슈머의 개념을 도입했다. 그러나 지금 와서 보면 프로슈머 개념이 형성된 1970년대 유럽의 상황과 현재의 한국의 소비자주권이 강화되고 생산자와 소비자가 결합하는 상황이 비슷한 점을 발견한다.

현재에는 우리는 프로슈머의 개념을 확장하여 생산과 소비가 직접적으로 연결되는 것을 넘어 네트워크를 통해 상호 충족 보완하는 관계를 설정해본다. 이것은 공동체 자기고용에 적용해보면 생산자와 소비자는 지역적으로 또는 지구적으로 서로 연결하는 개념에 적용할 수 있다.

현재는 프로슈머—생산과 소비의 결합—의 시대다. 노동자가 생산자뿐 아니라 소비자로 권리를 찾아야 한다. 대형슈퍼에서 일하는 비정규 여성노동자는 슈퍼의 노동자이면서 슈퍼 부근에 살며 슈퍼 물건을 구매하는 소비자로, 또 증권사의 가입자는 증권사 자산을 형성한 구성원으로 이익을 나눌 권리가 있다. 식·의·주, 건강, 교육을 수요하는 소비자이면서,

생산 유통에 참여하는 생산자의 양 측면을 지닌 생산소비자(프로슈머)의 존재는 생산과정에서 생산수단이 가지는 비중을 줄이고 노동의 비중을 높인다.

기업의 영역에서 노동자의 역할은 생산(자)의 측면이 소비(자)의 측면보다 강하게 작용한다. 동시에 생산수단이 가지는 역할이 감소한다. 이런 추세는 시간이 흐를수록 강해질 것으로 전망한다. 한 개인의 입장에서 보면 그는 생산자와 소비자의 입장을 겸한다. 현실에서는 이윤 추구 동기를 중심으로 생산과 소비가 사회적으로 분업화하였으나, 이윤을 배제할 경우 생산자와 소비자의 네트워크 구성이 가능하다.

소비 영역에서 녹색 소비, 윤리적 소비, 착한 소비의 공동체 소비는 공동체 자기고용의 실현을 촉진한다. 소비자시민모임은 소비자 편에서 윤리적 소비를 지원한다. 이 모임은 1994년 '지속가능한 소비 · 생산 위원회'를 발족해, 교육과학기술부에 '지속가능 소비를 위한 교육지침'의 공교육과정 포함을 요구하고, 화학조미료 안 먹기 운동, 모유 권장 서명운동을 벌이고, 식품 안정성을 중심으로 한 생산자 감시운동을 벌였다.

2008년 광우병 사건 때 네티즌들은 촛불시위를 비난하는 『조선일보』 · 『중앙일보』 · 『동아일보』(조 · 중 · 동)에 광고를 낸 기업에 대해 불매운동을 벌였다. 나아가 조 · 중 · 동에 광고를 거부한 삼양라면을 구매했다. 이들은 광우병 쇠고기 재협상, 공공 부문의 재협상, 바른 언론 지키기, 대운하 반대를 주장했다.

소비자들의 힘이 정보화의 흐름을 타고 프로슈머가 더 강력해지는 경향이다. 송보경은 소비자운동의 새로운 형태가 한국에서 시작되고 있다면서 불매운동의 "주체가 시민이자 소비자로서 시민권과 구매권을 동시에 활용하는 더욱 진전되고 발전된 형식의 소비자운동"이라고 말한다. 이것은 20세기 초 미국 목화밭에서 어린이노동을 착취하는 것을 반대하고자 어린이를 점원으로 고용한 상점들에게 노란딱지를 붙여 불매운동을 하고, 최근의 공정무역이나 안티 스웨트샵이 유사한 형태이다(『한겨레』 2008.6.23).

5) 디지털공동체와 네트워크 효과

세계화는 노동자에게 역기능과 순기능을 동시에 발휘한다. 역기능은 세계화에 따라 빈부 격차가 초국적 차원으로 벌어진다. 반대로 노동자가 세계를 거시적으로 한 눈에 보며 IT기술의 도움을 받아 네트워크를 조직하여 대응책을 마련하는 순기능이 있다. 세계화는 전통 공동체를 위협하지만 반대로 세계 공동체의 모색을 촉구한다. 공동체 자기고용의 경우도 마찬가지다.

네트워크 (조직은 조건이 맞을 경우) 영향의 확산 속도가 폭굉 현상처럼 빠르다. 자본처럼 운동도 자기증식을 하는데 그 속도가 매우 빠르다. 지금은 인터넷의 모든 데이터나 정보가 퍼블릭(public, 공공성), 오픈(open, 개방), 프리(free, 무료 자유 익명성)를 바탕으로 소수의 전문가들이 아닌 수많은 사용자들이 만들어가는 웹 2.0시대로 접어들었다.

객관적 조건으로 한국은 인터넷이 발달했다. 생산자와 소비자 사이에 상호 정보를 알리고 접속을 용이하게 한다. 비용이 비교적 적게 들어가고 신속하다. 특히 소비자의 의견을 생산에 반영하는데 효과적이다.

미군이 탱크로 여중생을 깔아 죽인 효순 · 미선 양 사건의 경우 인터넷과 결합하면서 시민들의 오프라인 촛불시위와 인터넷 시위를 일으켜 미군이 한국 국민에게 사과하게 하고 이는 다시 한반도에서 전쟁 발생을 억제하고 노무현 정부를 출범시키는 원동력으로 작용했다. 이는 기존의 수직적 조직에 대해 생태, 제3세계 지원, 인권, 다문화 존중 등과 같은 수평적 시민운동의 모습이다.

2008년 광우병을 우려하는 '미국산 쇠고기 수입 반대 촛불 집회'는 인터넷 누리꾼들이 서울에서 70만 명, 전국에서 100만 명이 집회를 주도했다. 이 시위는 과거 호헌 철폐(1987년)나 탄핵 · 파병 반대 등과 달리 쇠고기라는 '생활' 문제에서 시작했다. 이명박 정권의 신자유주의적 개혁에 명백한 반대 메시지로 확대되었다. 이명박 정부에 들어와 인터넷을 통제하는데 이것은 시대를 역행하는 정책이다. 시민 개개인의 자발성들이 네트워크를 엮어서 만들어내는 수많은 촛불은 조직문화에 익숙한 낡은 진보진영에도 커다란 충격을 주었다.

이들은 인터넷을 이용해 집합적 지성이 형성되는 신경망을 형성하고 무정형의 조직으로 저항한다(이진경, 2008.5.3). 예전의 기준으로 보자면 조직 혹은 '배후'가 없으면 불가능하다. 그러나 인터넷과 휴대전화 등 새로운 사회적 도구를 이용한 네트워크조직은 조직 없이 조직된 상태를 유지할 수 있는 다중(개성적 다수)이라는 새로운 형태의 조직이다. 이제 대중은 쉽게 공유하고 협력하며 나아가 집단행동을 한다. 소비자도 말없이 상품과 서비스를 구매하는 예전의 소비자가 아니다. 기업의 말을 되받아치고 불만을 밝힌다(클레이 서키, 2008).

박세길은 현대를 '창조적 다수의 시대, 시민이 영웅인 시대'라고 한다. 과거 혁명은 주로 소수의 집단 혹은 영웅을 통해 이른바 '창조적 소수'의 시대이다. 이들은 수평적 소통을 통해 맺어진, 연대하는 시민으로 정의된다. 창조적 다수는 좌파 혁명가들이 중시했던 선진대중과는 다르다. 선진대중은 전위집단이 생성한 메시지를 대중에게 충실하게 전달하는 집단이지만 창조적 다수는 독자적으로 메시지를 생성하고 유포한다. 창조적 다수는 촛불집회를 주도하는 네티즌을 연상시킨다. 촛불집회는 창조적 다수의 힘이 분출되는 역사적 장면인 셈이다(박세길, 2008).

네트워크 효과는 디지털 경제의 주요한 특징 중의 하나이다. 네트워크 효과는 기본적으로 사용가치와 관련한 문제이며 가치와는 무관하다. 그러나 네트워크 효과는 (잉여)가치론의 관점에서 다시 한 번 음미할 필요가 있다. 흔히 정치경제학에서 잉여가치는 노동력의 가치를 초과하여 생산된 가치로 정의하며, 그 발생과정 또한 일종의 대표적 노동자를 설정해 자신의 노동력을 재생산하는 데 필요한 노동시간이 4시간이지만 자본가의 감독 아래 그 이상을 일해 예컨대 8시간 일하게 되므로 그 초과분 4시간이 잉여가치라는 식으로 설명한다. 물론 이러한 방식은 맑스 자신이 자본론 1권에서 채택한 설명 방식으로 직관적 이해는 제공하지만 설득력이 떨어진다. 오히려 자본론 1권의 다른 곳이나 자본론 3권에서 채택하는, 사회적 생산력이 자본의 생산력으로 전환하는 것을 설명하는 방식을 주목할 필요가 있다. 협업은 결합된 노동의 사회적 생산력을 발생시켜 "함께 일하는 12명은……12명의 고립된 노동자들보다……더 많이 생산"(Marx, 김수행 역, 『자본론』, 비봉, 1989, 416쪽)하지만, 이것은 자본가의 생산력으로 전환되어 자본가에게 귀속된다는 것이다. 이제 네트워크 효과를 소비자가 직접 제품의 생산과정에 참여하는(이른바 '생산－소비자(prosumer)') 디지털 경제에 적용하면 잉여가치의 원천도 좁은 의미에서 직접적 생산과정뿐 아니라 소비자까지 참여하는 넓은 의미의 생산과정에서 찾을 수 있다. 물론 이 부분을 맑스적인 의미의 잉여가치로 볼 것이냐, 아니면 지대(rent)의 변형된 형태로 볼 것이냐 등의 논의가 더 있어야 한다. 그러나 적어도 앞서 지적한 주류경제학의 가격차별 이해방식에 중요한 대안적 설명 틀을 제공할 수 있다. 정보자본주의 시대에는 노동이 아니라 정보가 새로운 가치의 원천이 된다는 주장(Harris, 1995)도 이러한 맥락에서 파악하면 노동가치론의 틀 속으로 편입할 수 있다(류동민, 2000: 190~191).

이런 기초 위에 노동이 부문과 지역, 도시와 농촌, 국가와 국가를 입체적으로 관통하는 네트워크 효과도 지식정보재화의 중요성이 증대되는 경향과 연결해 생각할 수 있다. 이런 현상은 인터넷에서 온라인과 오프라인이 결합하면서 커졌다. '촛불' 기간에 이룩한 생협 조합원의 비약적 증가가 이를 뒷받침한다. 또 인터넷과 이를 이용한 국제연대가 가능해지면서 범위가 커졌다. 강상중은 이런 흐름이 일본, 중국 등 동아시아 여러 나라에 파급될 가능성이 있다고 말한다.

6) 공기업의 공공성

상수도, 전기, 철도, 건강보험 등의 공공서비스는 서민들의 삶에서 필수적인 요소다. 공기업 서비스의 질이 불만스럽고 경영 상태가 나쁜 경우도 많고, 대중은 공공성 강화를 요구한다. 그렇다고 공기업을 민영화할 경우 서비스의 질이 떨어지고 가격이 폭등하는 것을 IMF 이후 민영화한 통신,

가스 등의 분야에서 경험했다. 외국의 경우도 공기업을 민영화했지만 민생을 어렵게 해 다시 공영화한 사례가 있다.

공기업 하면 떠올리는 것이 '철밥통', '비효율'이지만 그 대안이 시장에 맡기는 것이 아니라는 인식이 높아지고 있다. 공기업을 경영을 민영화할 것이 아니라 혁신해야 하고 '철밥통'에 안주하고 대중보다 사기업의 이익을 우선하는 경우가 허다한 공기업 운영에서 공기업 노동자의 책임성도 높여야 한다. 또 공기업은 서비스의 제공뿐 아니라 고용율을 안정되게 유지하는 효과가 있다. 공기업이 이런 흐름에 어긋나는 것을 KTX 여 승무원의 정식고용 약속 이행 요구 투쟁과 직접 고용을 요구하는 코스콤 노동자의 투쟁에서 본다.

7) 실업사회와 시민소득

한국은 실업자가 유업자보다 다수인 실업사회로 상당히 다가왔다. 15살 이상 생산가능 인구에서 취업자가 차지하는 비율인 고용은 58.6%로 2006년 동기 58.5%와 비슷하다. 또 취업할 의사도 없고 구직활동도 하지 않는 15~24살 청년층이 1년 사이에 10만 명이 늘었다. 한국의 경제활동 참가율은 51% 정도다. 실업률이 상승하는 추세로 보면 이 수치는 더욱 낮아질 것이다. 체감 실업률은 IMF 당시 6 : 4이던 것이 5 : 5 정도로 다가왔다. 이것은 한국 사회가 고실업사회에 이미 진입했다는 지표이다.

실업사회의 도래를 선언하기 이전에도 실업대책으로 제3섹터, 자원봉사, 기초노령연금의 지급, 공동체 자기고용의 대안이 있다. 노동의 입장에서 실업사회의 대비책으로 공동체 자기고용이 의의가 있다.

유럽에서 제기한 시민노동(Bürge Arbeit), 공공노동(öffentliche Arbeit) 그리고 시민소득의 개념이 있다. 이것은 시민이면 시민노동을 하고 세금을 내어 소득을 제공받아 시민으로 생활을 영위할 수 있게 하려는 구상이다. 과거 노동은 직업노동을 의미했다. 그러나 사회에서 그동안 봉사활동만으로 취급했던 노인, 장애자, 에이즈환자, 문맹자, 행려병자를 돕는 노동과 생태 참여 활동과 이와 유사한 노동에 경제적 보수를 지불하자는 주장이 있다. 예를 들면 시민기금의 형태를 취하면서 생활보조비에 상응하는 액수를 지급한다. 시민노동은 기본적 경제 안정에 필요한 직업노동, 육아나 자아실현에 필요한 자기노동과 더불어 노동의 세 가지 범주를 구성할 것이다.

시민노동은 국민국가의 테두리에 얽매일 필요가 없고 초국민적인 사회와 네트워크로 풍요롭게 할 수 있다. 예를 들면 그린피스나 국제사면위원회 같은 활동을 확장해서 실현할 수 있다. 시민노동의 두 가지 원칙은 자발성 혹은 자발적인 조직화와 시민세와 같은 공공재정이다. 실업자는 실업자로 남아 장기간 생활보조금에 의존하든가 아니면 공공노동 분야에서 근로활동을 하든가 선택해야 한다.

울리히 벡은 시민노동은 실업자를 쓸어 담는 그릇이 아니라 직업노동을 보완하는 별도의 형태로, 기존의 자본과 노동 사이의 제1사회협약과 구분해 사회적 · 민주적 실체를 담보하는 제2사회계약이라고 한다. 시민노동이 정당과 의회 안에서 대의정치를 놓고 고비용의 전문가들의 직업적 활동과 항구적으로 경쟁할 것이라고 보았다(울리히 벡, 2000: 266).

제레미 리프킨은 "일자리가 줄어든 현실을 필연적 추세로 받아들이되 사회적 부를 나눠 갖는 새로운 분배 패러다임이 필요하다"며 "일 안 해도 빵 먹을 권리 있다"고 주장했다. 다시 말해 시민들에게 일자리가 있건 없건 간에 생존권을 되돌려주어야 한다(제레미 리프킨, 2001).

프랑스는 전력, 수도, 가스 사업을 민영화했지만 기초생활 필수품인 전기, 수도, 가스 등 에너지를 누릴 자유를 기본권으로 보장한다.

곽노완은 사회 전체 성원에게 기본생활비를 조건 없이 지불하는 '기본소득(Basic Income)' 담론을 확장시킨 '사회연대소득 모델'을 제시한다(곽노완, 2008). 그는 자본과 임대 소득을 폐기한 뒤 확충된 재원으로 사회구성원 모두에게 균등 분배할 경우 삶의 질 향상은 물론 소비가 늘어나면서 국내총생산도 증가할 것이라고 예측했다. 2009년 민주노총은 모든 국민에게 기본소득(basic income, 무조건적 기본소득)을 지불하자고 주장한다(강남훈 외, 2009). 기본소득은 무조건적인 것으로 시민노동을 전제로 하는 시민소득과 차이가 있다.

현재 기본소득을 실시하는 나라로서는 브라질, 나미비아 등이 있고, 리비아에서도 2009년부터 실시하려 한다. 브라질에서는 룰라가 2003년 1기 집권과 함께 볼사 파밀리아(Bolsa familia, 빈곤층 생계수당지급 프로그램) 정책을 실시하였다. 각 가정에 매달 평균 85레알(약 5만 원)을 지급하는데, 이 금액은 가구 수입의 40%에 해당된다고 한다. 국민 1억 9천만 명 가운데 약 4분의 1이 혜택을 받고 있고, 2009년 200만 가구에 추가로 지급할 예정이다. 미국의 알래스카 주는 석유 자원을 바탕으로 알래스카 영구 기금(Alaska Permanent Fund)을 만들어서 주민들에게 배당(dividend)이라는 이름으로 기본소득을 지급하고 있다.

한국에서도 헌법이 규정한 교육 받을 권리(제31조), 근로의 권리(제32조), 인간다운 생활권(제34조), 환경권(제35조), 보건에 관하여 국가의 보호를 받을 권리(제36조 3항) 등의 '사회적 기본권'을 실업사회에 맞게 재해석할 필요가 있다. 현재 국민기초생활보장법에 따라 수급자를 지원하며 정부는 최저생계비를 산출해 적용하고, 노인에게는 기초노령연금을 지급한다.

8) 노동조직 능력의 향상

1987년 노동자 대투쟁 이후 독립적인 노동조합과 변혁적인 노동운동 사회운동이 발전하면서 단결권 보장, 임금인상과 같은 근로조건의 향상을 이룩했다. 전통적인 기업별 노조의 한계를 벗어나 산별노조로 전환하려는 노력이 있었다. 그러나 산별노조 내부에서도 정규직과 비정규직 노동자 사이의 격차를 축소하자는 요구가 있다.

노동운동 발전과 조합주의의 한계는 공동체 자기고용을 가능하게 하는 주체적 조건을 제공한다. 그러나 격차가 심해졌다. 수십 년을 노력해 쌓은 노동자 삶의 기초가 무너져 내린다. 노동3권이 무너진다. 2007년 입법한 '비정규 노동자 보호법'은 2년을 초과한 비정규 노동자의 정규직 전환과 같은 노동 같은 임금을 규정하지만 이것의 보장 방안을 규정하지 않으면서 비정규직 노동자를 법체계 아래 인정한 점에서 근로기준법의 후퇴이다.

노동조합 조직율은 20년 동안 크게 줄었다. 노조 조직율도 하락한다. 노동부에 따르면 1989년 19.8%를 정점으로 내림세를 보인다. 1997~2001년 12%대, 2002~2004년 11%대, 2004년 이후는 10%대로, 2008년은 10.5%이다. 조성재는 "외환위기 이후 조합원 수는 150~160만 명으로 큰 변화가 없지만, 노동운동의 조직화 전략이 임금근로자 수의 증가를 따라잡지 못했다"고 분석했다. 노조 조직 현황에서 차지하는 산업별 비중도 제조업이 43.1%에서 27.6%로 줄어든 반면, 보건복지 · 음식숙박업 등 서비스업은 11.9%에서 30.4%로 크게 늘었다(『경향신문』 2007.9.20).

2007년 김동배 · 오계택의 노사관계 국민 의식 조사에 따르면, 국민 4명 중 3명은 "기업은 주주의 이익보다 근로자의 이익을 우선시해야 한다"고 대답했다. 국민들은 1989년(최명 · 홍두승)과 2007년 조사에서 공히 우리나라 노사관계를 "나쁘다"고 평가했다. 1989년의 경우 나쁘다는 59.9%에 비해 좋다는 의견은 5.2%에 불과했다. 향후 노사관계의 개선에 대해서도 1989년 조사에 비하여 2007년 조사는 훨씬 더 부정적으로 예측했다. 근로자들의 요구 내용이 과도하다는 의견이 1989년 32.4%에 비해 57.1%로 크게 증가했다. 근로자 행동방식에 대해서는 국민 10명 중 8명이 과격하다고 평가했는데 이 평가는 1989년과 2007년에 큰 차이가 없다. 가장 신뢰하는 기관으로 노조는 5.4%, 시민 단체 41%, 언론 15.2%, 종교 단체 12.2%, 정부 11.9%, 기업 7.2%에 비해 뒤진다. 이것은 노동조합이 조합원의 이해에 치중하면서 발생한 결과다. 그런데도 국민은 여전히 노조에 기대를 걸고 있다. 응답자의 35.4%는 '정치적 민주화'에, 40.2%는 '사회불평등 개선'에 노조의 '긍정적 구실을 바란다'. 현재의 경제주의적 노동조합에게 실망이 크지만 정치민주화와 사회불평등 해소에 대해 영향력이 증대될 것이라고 예측하였다(김동배 · 오계택, 2008).

한국 사회가 1970년대 이후 40여 년 동안 민주주의를 발전시킨 전통이 강점이다. 그러나 WTO, FTA의 영향으로 민중의 생활 상태가 더욱 악화되는 가운데 빈농, 저임노동 등의 고용조건은 더욱 악화됐다. 노동자가 고용주에게 제공하는 노동을 제공하는 데 많은 시간과 비용을 들여 준비한 것이지만 노동의 유연화 속에서 이것의 가치는 고용주가 필요한 노동을 제공하는 노동자를 단기간 고용한다. 노동의 유연화 속에서 노동자는 공무원 교사 대기업 노동자 같은 정규직이나 스스로 고용주가 될 수 있는 의사, 약사, 변호사 같은 개인적 자기고용을 선호한다. 그러나 모두가 이런 형태의 고용을 획득할 수 없는 만큼 공동체 자기고용의 발전이 필요하다.

노사관계에 기초한 노동운동이나 이와 유사하게 정부 의회를 대상으로 투쟁하는 농민운동 등에 기초하는 진보정당의 한계를 넘은 방안이 필요하다. 이것은 노동과정에서 노사관계의 한 축인 피용자의 입장을 강조하던 것에서 생산－소비자의 주체로 역할 이동을 의미한다. 사회적으로 노동이 노동과정을 조직할 수 있는 범위 안에서 노동과 경영을 일체화할 수 있다.

반면 주체적 조건으로 노동자가 세상을 보는 눈과 노동을 조직하는 노동자 민중의 사회경제적 조직 능력은 향상됐다. 공동체 자기고용의 모색은 노사관계를 넘으려는 새로운 흐름이다.

1987년 노동자 대투쟁에서 노동자는 계급적으로 각성했다. 노동조합의 전국조직, 민중의 전국적 연대조직, 노동자 서민의 진보정당을 조직했다. 동시에 1970년대 이후 공동체 자기고용을 작지만 다양하게 조직했다. 다수의 노동이 협력하고 조화하는 공동체가 개인의 노력보다 낫다는 신뢰이다.

역사적 사회주의가 무너졌지만 사회주의 체제의 운영 경험은 인류의 보편적인 자산이라는 점을 부정할 수 없다. 사회주의 체제에서 부족한 민주주의, 대중의 참여를 높이는 방안으로 공동체 자기고용을 설정한다.

노동자는 생산자로 생산한 물건을 공동으로 팔고, 소비자로 공동으로 소비재를 구매하고 또 부도기업을 인수해 경영하면서 분업과 협업을 사회적으로 일치시키고 스스로 노동의 조직을 구상하는 창조적인 노동, 이윤을 자기 것으로 하는 즐거운 노동을 몸에 익히기 시작했다. 이것은 노동자가 원래 분업과 협업을 사회적으로 결합하였던 노동 본능을 회복하는 것이다. 나아가 노동, 소유, 경영을 일치시키는 흐름이다. 이것은 1987년 이후 전노협, 민주노총, 민주노동당 등의 노동자 조직을 운영하면서 가능성이 더 커졌다. 이런 흐름은 유럽에서 1840년대 나타난 협동조합, 1968년 이후 나타난 신사회운동 당시의 흐름과 흡사하다. 지구화와 IMF 통치 이후 이런 흐름이 더욱 뚜렷해졌다. 소수의 창의적인 기업가들이 노동을 조직하던 데서 '다수가 창의적으로 노동을 조직하는' 형태로 전환하는 단계다. IMF 사태 이후 노동자들이 부도기업을 자주관리하고, 독립언론이 발달했다. 공기업의 민영화를 반대하며 공공 부문의 민주적 · 효율적 운영을 요구한다. 최근 대학생들의 창업 활동도 이런 흐름을 반영한다.

이상에서 살펴본 바와 같이 한국 사회에서 공동체 자기고용의 필요성과 실현 가능성이 커졌다.

3. 공동체 자기고용의 성격

공동체 자기고용은 노동자 주체의 노동조직이며 지속가능성을 가진다.

1) 필요의 충족과 생애순소득 향상

삶의 수요에는 식 · 의 · 주, 교육, 건강, 생태환경, 문화, 평화 등이 있다. 한국 사회에서는 일반적으로 교육에 거는 기대와 투자가 건강, 주택 등보다 우선이다. 이런 필요를 충족할 때 삶의 질은 향상한다.

이런 수요는 노동자 자신이 노동해 얻은 소득으로 충족하는 방법이 있다. 이것은 노동자가 임금소득으로 받은 화폐를 매개로 자신이 필요로 하는 상품이나 서비스를 구입할 때 이것을 제공하는 노동 조직에게 중간 이윤을 제공하고 공급받는 것을 의미한다.

그러나 공동체 자기고용의 체계에서는 노동자가 다른 노동자나 공동체 즉 도시, 농촌, 국제 간에 상대방이 생산하는 상품 서비스를 입체적으로 상호 교환해 협력하는 방식으로 공급 받을 때 자본주의적 이윤 매개가 없거나 작은 상태로 교환할 수 있다. 이때 공동체 자기고용을 확산하는 시너지 효과가 발생한다.

대중이 생활에서 합리적인 소비로 소비를 줄이고, 생태환경을 보호하고, 부를 이웃과 나누거나 유산을 덜 상속하는 것도 시너지 효과를 크게 한다.

이런 방식의 필요 충족은 노동의 개념이 임금의 취득에서 생활에 필요한 상품과 서비스를 노동자 상호간에 충족한다는 원래의 노동 개념으로 환원을 의미한다. 이 과정에서 노동시간도 줄여 일자리를 늘리며 노동자는 여가시간이 늘어나고 따라서 문화를 누릴 수 있다.

상품 서비스가 이윤을 매개로 제공될 경우 이것을 확보하는 인프라를 구성하는데 많은 자본이 들어간다. 그러나 노동자들이 필요한 상품 서비스를 상호 제공하는 과정에서 소유의 문제도 상당히 해결할 수 있다.

공동체 자기고용에서는 생산뿐 아니라 소비자의 수요를 충족하는 측면에서도 본다. 그럴 경우 임금을 받아 지출해 구매한 상품뿐 아니라 공동체에서 건강, 교육, 생태환경, 문화, 평화 등의 수요를 충족할 경우를 포함한다. 후자는 바로 생활에서 지출의 감소를 초래하고 따라서 생애순소득을 높일 수 있다. 생태환경과 공공성에 간접적으로 기여한다.

20세기에 새무얼 쿠즈네츠가 개정한 GNP(국민총생산)과 GDP(국내총생산)는 한 경제권에서 생산된 전체 재화와 용역의 총합을 돈으로 계산한 것이다. 제2차 대전 당시 영국은 나치 독일과 싸울 때 생산한 전쟁 물자를 측정하는 수단으로 GP를 사용했다. 1945년 UN 세계은행 국제통화기금이 창설되고, UN은 GNP와 GDP를 평화적 개념으로 도입해 UN 국가 회계 시스템(UNSNA)으로 받아들였다. 경제학자들은 GNP에 순수 GNP와 숨겨진 사회와 환경 손실인 '외부효과(externalities)'를 포함시킨다. 그러나 GNP와 GDP는 한 사회 안에서 생산된 재화와 용역을 돈으로 계산한 것이기 때문에 열대림이나 생물종 다양성, 교육의 질, 행복(건강관리), 빈부 격차와 같은 진정한 가치를 계산하지 못한다. 이런 질문은 경제학자들 사이에 논쟁거리가 되었고, 단순히 경제학을 넘어 건강관리와 삶의 질을 나타내는 다양한 지표들을 낳았다.

새로운 지표 가운데 널리 사용하는 1990년 시작한 UN 인간개발지수(Human Development Index, HDI)는 국가 순위를 삶의 질에 따라 매겼다. 또한 평균 수명, 교육 정도, 군사비용이나 빈부 격차 같은 기준을 포함시켰다. 이 지수에서 눈에 띄는 것은 바로 오래도록 건강한 삶을 살 수 있는 기호인 평균 수명과, 정보에 근거한 선택을 할 수 있도록 기회를 주는 교육이다. 일정한 수입을 갖고 있다는 것은 적절하게 옷을 입고 집을 소유하고 더 안정적인 삶을 영위할 수단을 갖고 있는 것이다.

미국에서 '캘버트－헨더슨의 삶의 질 지수'는 삶의 질에 열두 가지 다양한 요소를 측정한다. 고용 · 수입 · 교육 · 건강 · 인권 · 인프라 · 공공안녕 · 국가안전보장 · 피난처 · 환경 · 에너지 그리고 여가생활과 문화이다.

심리학자 로버트 비스워스－디너와 데드 디너가 만든 '주관적 웰빙'에 대한 연구 조사에 따르면 라틴 아메리카 사람들이 지구상에서 가장 행복하고, 가장 불행한 사람은 러시아인, 리투아니아인, 일본인, 중국인 그리고 한국인들이다(헤이즐 헨더슨, 2006: 36). 5년마다 하는 '세계가치조사'의 1990~2000년대 초반 행복도 조사결과를 보면 필리핀, 베트남의 행복지수는 한국보다 높기는 하지만 큰 차이는 없다. 그러나 '매우 행복하다'는 답변은 한국은 10% 내외인데 이들 나라는 30~40%에 달한다. 이런 결과를 보면 GDP와 개인이나 사회의 행복 사이의 연관성은 도드라지지 않는다(『경향신문』 2008.3.5).

부탄은 1972년부터 사회경제적 발전, 환경 및 문화보존 등을 토대로 한 생산과 소비의 크기를 GDP가 아니라 국민총행복량(Gross National Happiness)으로 잰다. 여기에는 정의롭고 지속가능한 사회, 경제의 발전, 문화가치의 보존, 자연 환경의 보존, 바른 정치 운영의 네 가지 원칙이 있다. GNH는 부탄의 지그메 싱계 왕축 왕이 만들어 낸 개념이다. 이것은 부탄의 정신문화와 현대문명의 균형에 국가의 진로가 있다고 생각한다. 히말라야 산맥 남쪽에 위치한 국토의 좋은 산수를 손상하지 않고 보존하는 나라다. 예상되는 막대한 관광 개발을 최소화한다. 부탄은 2007년 세계 처음으로 담배의 판매와 공공장소에서 금연을 금지하는 법을 제정했다. 태국도 정부 차원에서 국민총행복지수를 개발하고, OECD 역시 'GDP를 넘어서'라는 주제로 행복지수를 논의하고 있다. 프랑스 사르코지 대통령도 행복지수를 만들 계획을 밝혔다.

2008년 초 『경향신문』의 '지속가능사회를 위한 경제연구소(ERISS)'와 (주)라이프디비, 'YESS(지속가능사회를 위한 젊은 기업가들)'는 한국인 1만 2,000명을 상대로 행복지속가능지수를 조사했다. '행복지수'라 부르는 행복지속가능지수(HSI, Happiness Sustainability Index)는 개인이 느끼는 행복수준을 지수화한 것이다. 이에 따르면 한국인들은 남성(70.8%)보다 여성(71.4%)이 더 행복하다고 느끼고 있다. 소득이 높을수록 행복점수도 높아 "돈으로 행복을 살 수는 없다"는 '이스털린의 역설'과는 다른 모습을 보였다. 그러나 동메달 수상자보다 은메달 수상자가 덜 행복감을 느낀다는 '은메달 스트레스'는 확인됐다. 나이와 행복의 상관관계는 U자형을 그리는 세계적인 조사와 달리 나이가 들수록 행복도가 떨어졌다. 또 기혼자가 미혼자보다, 종교를 가진 사람이 그렇지 않는 사람보다 더 행복해 했다. 한국인 모두가 꼽은 행복 키워드는 '건강', '돈', '가족' 순이었다(안치용, 2008).

실업, 고용 불안, 빈곤, 부채에 시달리는 사람에게 행복은 누가 뭐래도 돈이 우선이다. 그러나 돈 만으로 행복할 수는 없다. 최근에는 리처드 이스터린, 마크 아니엘스키, 부르노 프레이 등 경제학자들이 행복을 연구한다. 이들에 따르면 돈은 행복을 결정하는 인간자본, 사회자본, 자연자본, 환경자본, 재정자본 가운데 하나일 뿐이다. 로버트 푸트남은 '웰빙'이 돈의 문제가 아니라 시민적 덕목, 연결망, 공동체의 안전과 같은 무형의 사회자본에 따라 결정된다고 주장한다.

이런 점에서 공동체 자기고용의 잠재력은 공동체의 행복을 추구하는 마음과 노동 그리고 이들의 네트워크라고 할 수 있다.

따라서 공동체 자기고용의 범주는 〈그림 2〉처럼 공동체 자기고용을 중심으로 생산-소비자가 협력하고, 공공 부문이 직접적으로 공동체 자기고용과 협력하거나 지원한다. 또 지속가능성의 요구는 공동체 자기고용의 넓은 의미의 외연을 구성한다.

〈그림 2〉 공동체 자기고용의 범주

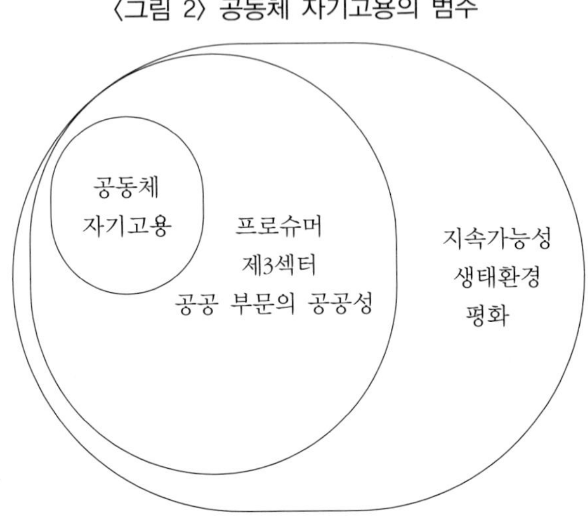

2) 노동, 자본의 소유, 경영의 일치

노동을 조직하고 자본을 소유하고 경영하는 사람이 일치한다. 생산-고용-소득이 일치하는 시스템이다. 협동조합, 노동자기업, 지역공동체 등에서 일어나는 공동체 자기고용은 공동체의 경제와 노동의 표현이다. 비영리조직(non-profit organization, NPO)의 영역이다. 수익성을 추구하지만 지속가능성 공익성을 지향하는 점에서 영리조직(profit organization, PO)과 차이가 있다.

글의 주제가 말하는 것처럼 한국의 자본주의 사회 현실을 분석하는 것이므로 다른 자본주의 국가에서 진행하는 공동체 자기고용과 사회주의 국가의 노동자 자주관리나 집단농장이 비교대상이다. 이것은 노사관계의 한계를 넘으며 사회주의 체제 이전에 존재하는 자율 또는 미시 사회주의의 영역으로, 사회주의 영역과 호응할 수 있다. 또 상호 체제가 다른 남북이 통일을 전제로 하는 설정 가능한 생산방식이다.

자기고용 가운데 자영업, 프리랜서, 의사, 약사, 변호사 같은 개인적 자기고용(personal employment)을 넘는 것이 공동체 자기고용(communal self-employed)이다. 일본의 '일하는 사람들의 집단 또는 모임'을 의미하는 '워커즈 컬렉티브'(worker's collective), 인도의 여성노동자기업인 SEWA(Self-Employed Women's Association, 자가고용여성연합)가 있다.

자영업 형태의 자기고용은 동종 업계에서 그 비중이 너무 커서 수익성이 떨어진다. 노동자 성격의 자기고용이다. 유럽에서 이와 비슷한 자치경영의 개념이 있으나 국영화의 속도를 늦춘다는 비판을 받는다(콜린 워드, 2004: 19~21).

노동자 경영참여나 사회 친화적 기업을 말하는 것이 아니다. 노동자가 스스로 노동을 조직해 노동의 주인이 되어 노동생산물에서 소외되지 말자는 것이다. 노동조직에서 노동과 자본의 소유 그리고 경영이 일치하는 경우를 우선으로 한다. 공동체 자기고용의 발전은 피고용자가 스스로를 고용해 노동자의 자율성을 높이고, 내수를 늘리고 높은 대외의존을 낮추는 점에서 개발독재의 패러다임을 벗어난다.

3) 공동체 자기고용의 재생산

노동이 창출하는 부가가치의 귀속 형태는 〈그림 3〉에서 보듯이 3가지이다. ① 노동자에게서 분리해 이윤이 된다. 착취다. ② 이제는 이것을 노동자 자신에게 귀속하게 한다. 노동자 자산의 증가다. ③ 생태환경은 부가가치를 생산한다. 노동자가 제공하는 노동과 생태환경의 가치를 동등하게 인정한다. 이것은 생태환경의 지속가능성을 보장한다.

〈그림 3〉 공동체 자기고용의 재생산 양식

① 자본(죽은 노동)의 노동과정 조직(기업)
자본(죽은 노동) … 생산 → 부가가치 → 임금
↳ 감가상각
↳ 이윤 → 자본의 축적

② 공동체 자기고용의 노동과정
노동자의 노동 … 생산 → 부가가치 → 생활임금
↳ 감가상각
↳ 잉여 → 공동체 자기고용의 확대

③ 임노동+생태환경 → 부가가치 생산 → 지속가능성의 실현

생산성 향상이 생산관계의 모순을 시정하지 못한다. 오히려 모순을 심화시킨다. 이를 고치려는 현실적인 노력이 있어야 한다.

기업은 자본의 재생산양식을 매개로 노동에게서 노동의 결과물을 자본에게 이전시킨다. 죽은 노동의 원천→노동→노동을 양분으로 크는 자본은 생산 유통 소비과정에서 중간 이윤을 취한다. 노동은 2중, 3중으로 가치를 빼앗긴다. 이런 경우 GDP의 증가는 착취의 증가와 격차의 심화를 초래하는 역설이다.

산업화 이후 노동자 특히 상층 관리자의 노동조직 능력이 높아지면서 기업 내의 이익분배도 기업주에게 이윤을 분배하고 노동자에게 임금만을 주던 것에서 노동자 상층 관리자에게 스톡옵션(stock option, 주식매입 선택권)의 형태로 이윤의 일부를 나누는 쪽으로 변화했다. 마이크로소프트사나 삼성 같은 대기업에서 임원이나 상급 노동자에게 제공하는 스톡옵션은 착취의 노동과정을 부분적으로 해체해 노동을 조직할 능력이 있는 이 사들에게 제공한다. 기업의 수익을 올리고 이윤실현의 노동과정 전체의 해체를 방지한다. 최근까지 매년 미국의 10대 부자 가운데 서너 명은 스톡옵션을 받는 미국 마이크로소프트(MS) 출신이었다.

그러나 스톡옵션은 애초 경영을 잘해 기업가치 상승을 목표로 했으나 경영자들을 단기 성과에만 매달리게 해 회사와 주주의 장기적 이익에 손실을 줄 수 있다. AIG는 2009년 1,800억 달러의 구제 금융을 받고도 1억 6,500만 달러의 보너스잔치를 벌였다. 1998년 김정태 주택은행장이 은행을 잘 키우겠다는 약속과 함께 연봉은 1원을 받는 대신 40만 주의 스톡옵션을 받았다. 주가가 오르면서 110억 원대의 차익을 실현했지만 사회 문제가 되어 그 절반을 사회복지 시설에 기부했다.

노동조직의 수익 분배는 〈그림 4〉의 ①에서 ②로 이행했다. 동시에 ③으로 이행할 가능성을 높였다. ①에서 이윤은 자본에게 귀속하지만 이런 방식을 지양하는 ③에서 이윤은 사내유보, 재투자, 노동조직의 전 구성원에게 배분하는 등으로 노동자의 몫으로 존속한다.

공동체 자기고용의 시스템은 〈그림 4〉에서 보듯이 덜 착취당하는 구조이다. 생산자의 공동생산, 소비자의 공동구매, 서비스 수요의 공동 충족, 도농 국가 간의 직거래의 구상과 실현과정이다.

〈그림 4〉 노동조직의 변화에 따른 노동성과의 배분

① 자본주의 기업의 이익 분배	② 후기 자본주의 기업의 이익 분배	③ 공동체 자기고용의 수익배분
임금	임금	공동체임금
감가상각비	감가상각비	감가상각비
이윤	스톡옵션	재투자
	이윤	

4) 노동시간 줄이기와 창조적 노동

호모 루덴스(Homo ludens, 유희적 인간)는 놀이인 또는 유희인으로 해석할 수 있다. 호모루덴스는 우리의 삶을 놀이의 장으로 본다. 학문, 정치,

종교 심지어 전쟁 등 인간의 활동 중에서 놀이의 정신을 표현하지 않는 것은 없다. 생산력이 커진 만큼 오히려 이제는 일과 자신을 일치시키는 호모 루덴스가 필요한 세상이다. 일하려고 쉬는 것이 아니라 놀려고 일하는 세상을 꿈꾼다. 보다 자연적인 시간주기, 보다 인간적인 리듬을 다시 찾고 싶어 한다. 노동이 신성한 것이 아니라 놀이가 더 신의 속성을 닮았다. 놀이는 일상적이고 자발적이며 사소하며 창의적인 새로운 세계로 가는 몸짓이다(호이징하, 2003).

과거 두레는 고통스런 노동을 신바람 나는 노동으로 전환시켜 '즐거움 속에서 노동능률을 높이려고' 공동노동과 공동오락을 결합했다. 두레의 하루 총 작업시간은 약 12시간이었는데, 그 가운데 실제 공동노동시간은 약 8시간이고 나머지 4시간은 공동식사, 공동휴식, 공동오락시간이었다. 두레의 놀이가 유흥이나 오락을 넘어 재창조라고 적극적으로 해석할 수 있다(강수돌, 2002: 209).

놀이의 전통을 상실한 우리의 노동을 노동시간 단축과 더불어 즐기는 창조적 노동으로 전환이 바람직하다.

인간이 자연을 가공하는 행위를 노동이라고 한다. 노동시간은 농업사회보다 공업사회, 공업사회보다 지식사회에서 더 짧아진다. 프랑스는 현재 주 35시간을 적용한다. 하지만 19세기 프랑스 농노의 하루 노동시간은 무려 13시간이었다. 일요일과 축제일도 없이 연간 3,900시간이나 노동했다.

프랑스의 경제학자 프라스티에는 머지않아 주 30시간 노동을 실현할 것이라고 한다. 연간 40주를 일한다고 할 때 연간 노동시간은 1,200시간에 불과하다. 현재 노동현장에서 일할 수 있는 세월이 35년이라고 가정하면 노동시간은 약 4만 시간이다. 평균수명이 80세를 넘긴 오늘날, 인간에게 주어진 시간은 70만 시간이다. 이 중 생애 노동시간은 고작 4만 시간이다. 노동시간을 제외하고 66만 시간이 남는다. 인간은 생물적 존재이므로 수면 같은 생리현상이 반드시 필요하다. 생리현상에 필요한 시간을 하루 약 10시간에 해당하는 약 30만 시간을 빼면 그래도 36만 시간이 남는다. 이 시간은 노동을 하려고 준비하고 기다리는 시간이 아니다. 자유시간은 인간이 인간으로 행복을 맛보는 시간이다. 인간다운 능력을 원한다면 사회는 인간에게 인간의 시간을 돌려주어야 한다(진노 나오히코, 2007: 245).

노동시간을 줄여 일자리는 나누는 것은 지속가능한 삶에서 가장 중요한 사항이다. 또 여가의 시작이다. 여가는 노동의 피로에서 벗어나 노동과정을 반추하고 새로운 활력소를 창출하는 창조성의 원천이다. 메이데이에 노동자들은 인간의 시간을 노동·휴식·여가(학습)를 8·8·8로 표현했다. 우리나라에서 조선노동총연맹이 1923년 처음으로 약 2,000명의 노동자가 모인 가운데 메이데이 행사를 하며 "8시간 노동, 8시간 휴식, 8시간 교육", "노동시간 단축, 임금인상, 실업방지" 등을 주장했다. 한국(2004년부터 시행), 중국(1997년 전면 시행), 일본(1987), 대만은 법정노동시간이 주 40시간이다. 유럽은 대체로 주 35시간이며, 베네수엘라는 하루 노동시간을 8시간에서 6시간으로 줄이려 한다.

강내희는 2007년 문화연대 첫 번째 문화포럼에서 "문화운동이 신자유주의 포섭 전략에 제대로 대응하지 못했다고 하면서 진보적 문화운동의 목표는 임금노동이 중심인 '노동사회'에서 벗어나 개인들에게 '가처분 시간'을 주는 문화사회로 이전해야 한다. 자유시간 확보는 임금노동시간을 줄여야 하기 때문에 자본주의 사회를 넘어야 가능하다. 임금은 반드시 돈이어야 한다는 생각을 바꾸어야 한다. 시간이나 서비스도 임금이 될 수 있다"면서 "이런 인식은 노동운동이 노동시간 단축 투쟁에 집중할 수 있는 토대가 된다"고 한다(『한겨레』 2007.4.30).

안드레아스 아른트는 "자본을 구조화하는 노동은 생산성 향상이라는 논리로 비노동시간을 노동시간에 종속시킨다. 자유시간조차도 노동이나 업적을 위해 쓰이는 휴식이 되었다. 또 여가나 소비산업을 위해 휘둘린다. 자유시간을 쓸 수 있는 방법을 다시 배워야 한다. 행복하고 좋은 삶이 뭔지 근본적으로 고찰해야 한다. 생의 다른 대안이 무엇인지를 물어야 한다. 거기서 출발해 정치적 대안을 찾아야 한다. 출발점은 노동시간의 단축이다"라면서 "가치증식 요구라는 '자본의 시간'에서 해방되어 '사회적 통제' 아래서 최대의 비노동시간을 확보하고 그것을 사용하는 법을 익히는 것"

이 긴요하다고 강조했다(안드레아스 아른트, 2007).

국제노동기구(ILO)의 「노동시장 핵심 지표」 보고서에 따르면 2006년 한국의 1인당 연간 노동시간이 2,200시간을 웃돌아 세계 최장이다. 한국에 이어 방글라데시와 스리랑카, 홍콩과 말레이시아, 태국 등이 노동시간이 긴 그룹에 포진했다. 이에 반해 벨기에와 덴마크, 프랑스, 독일 등은 연간 노동시간이 1,600시간에 미치지 못해 최단 노동시간 국가그룹으로 분류됐다. 노르웨이는 연 1,411시간이다.

현재 약 2,300만여 명이 연평균 2,500시간을 일하는 데 이를 선진국 가운데서도 가장 많은 노동시간인 2,000시간 일하는 것에만 노사정이 합의해도 일자리가 500만개 가까이 늘어난다.

기획재정부와 통계청의 통계에 따르면 '사실상 백수'는 2003년 217만 7천 명, 2003년 268만 1천 명, 2005년 308만 9천 명, 2006년 320만 1천 명, 2007년 323만 9천 명, 2008년 319만 7천 명, 2009년 346만 명이다. 2009년 1월에는 실업자 84만 8천 명, '쉬었음' 176만 6천 명, 취업준비자 52만 9천 명, 구직단념자 16만 5천 명, 주당 18시간 미만 취업자 중 추가 취업희망자 15만 2천 명이다. 여기에 66만 4천 명의 일시휴직자를 더하면 '사실상 백수'는 350만 명 이상일 것으로 추산한다. 현대경제연구원에 따르면 아르바이트로 전전하는 프리터족은 2003년 380만 9천 명에서 2008년 8월 478만 명으로 늘어 전체 생산가능 인구의 12.1%를 차지했다. 이들은 30대 후반에도 안정된 직장을 얻지 못해 40대의 중장년층도 79만 3천 명으로 늘었다.

1998년 외환위기 때 노동계가 먼저 해고 대신 일자리 나누기를 제안했다. 민주노동당은 2006년 말 정규직 노동자가 자신의 소득을 비정규직 노동자에게 나누어주는 소득 나누기를 제안했다. 진보신당은 노동시간 상한제를 제안했다.

1989~1991년 주 48시간에서 주 44시간으로, 2004~2007년 주 44시간에서 주 40시간으로 법정 노동시간을 단축했다. 법정근로시간이 10% 줄어들 때 취업자 수는 8.5%, 노동자 수는 13.3% 늘어나는 등 일자리가 늘어났다. 또 실질 근로시간은 8%, 월 근로일수는 3% 줄었다. 하지만 '임금 삭감 없는

노동시간 단축'의 원칙이 작용한 결과 법정근로시간이 10% 줄어들 때 시간당 임금은 12.1~13.3% 올라갔을 뿐 월 임금총액에는 별다른 영향이 없었다(김유선, 2008). 독일 폴크스바겐은 급격한 생산수요 감소를 주 4일제(주 28.8시간) 도입으로 대처하면서 임금 삭감을 보너스로 보전해주었다. 일자리 나누기에서 사회전체의 임금총액이 줄지 않아야 내수회복 효과가 있다.

2009년 민주노총 금속산별노조는 현재 노동자 1인당 평균 2,537시간인 노동시간을 2,200시간 이하로 제한하자고 정부와 재계에 제안했다. 노동시간 감축에 따른 임금은 기본 생활을 보장하기 위해 기본급 등 고정 임금 비중을 늘리거나 필요한 고용안정기금을 노사가 공동으로 조성하자고 한다.

노동계도 현실적으로 임금축소가 불가피한 상황에서 정규직－비정규직 사이의 임금연대 등으로 접근할 필요가 있다. 노동계는 임금동결 의사가 있지만 선뜻 나서지 못한다. 2009년에 정부와 기업이 비정규직 사용기간 연장, 해고 유연화와 동시에 임금삭감과 고용보장을 맞바꾸자고 말하기 때문이다.

타타대우자동차는 매년 사내하청 노동자 10%를 정규직으로 전환한다. 노조는 2003년부터 비정규직의 정규직화를 포함해 모두 205명을 정규직으로 전환했다. 노조는 비정규직 노동자에게 문호를 개방하고 기본급의 경우 정규직과 비정규직의 동일한 인상을 추진한다. 대구 삼우정밀은 2009년 일자리 나누기를 실행에 옮겼다. 이 회사는 2008년 말 매출이 전년 대비 30% 줄자 이주노동자를 내보내야겠다고 했다. 그러자 노조는 정규직 44명이 석 달 동안 2주일씩 휴업을 하고 비정규직인 18명의 이주노동자 해고를 막았다. 삼우정밀지회는 금속노조가 비정규직을 껴안으려는 같은 사업장의 노동자들은 하나의 노조에 가입하도록 한 '1사 1조직' 원칙에 따라 2007년 이주노동자들을 노조원으로 받아들였다.

일본에서는 장기 불황의 끝 무렵인 2002년 렌고 · 게이단렌 · 후생노동성이 노 · 사 · 정 대표로 워크 쉐어링 제도의 도입에 합의했다. 이에 따라 생산 감축으로 잉여 인력이 발생할 경우 고용 유지 방안의 하나로 노동시간 단축과 급여 삭감을 실시할 수 있다고 명시했다. 이후 히타치와 샤프 등 일부 대기업이 일시적으로 워크 셰어링을 도입했지만 경기가 회복하면서 현재는 실시하는 기업이 없다.

산업사회에서 강도 높은 노동은 물질적 이익으로 연계되고 멋진 중독으로 추앙 받았다. 자본주의가 계속되는 한 어느 정도의 일중독은 어느 정도 필요하다. 그러나 2000년대 이후에는 일과 여가의 경계가 희미해진 황폐해진 삶을 벗어나야 한다. 일중독은 사람을 가정과 사회 어느 쪽에서도 자리 잡기 힘들게 한다. 일중독(work addiction)에서 벗어나는 것은 과거의 '일을 위해 일하는' 것에 벗어나 '일의 과정과 결과를 즐기는' 것으로 전환해야 한다. 일반 노동자에게 분업과 협업이 작업장뿐 아니라 사회적으로 결합하고 주거와 직장이 가까워지는 공동체의 발전과 맞물려 있다. 느림의 사회로 전환하여 노동시간을 줄이고 일자리를 늘려야 한다.[1)]

필요노동시간을 줄여 여가시간을 늘릴 수 있다. 지속가능한 삶으로 질병을 줄일 경우 거기에 들어가는 만큼의 소득을 줄여 여가시간을 늘릴 수 있다. 유기농산물의 소비는 공동체의 소득수준을 높일 뿐 아니라 질병을 줄여준다. 금연은 담배 값 절약과 폐암 발병 가능성의 상승으로 인한 병원비 지출 가능성을 낮춰 생애순소득 수요를 5% 정도 줄일 수 있다.

5) 마이너스(0, —) 성장의 지속가능성

공동체 자기고용의 지속가능성을 구성하는 내용에는 자연 생태환경, 인간 생태환경의 유지 개선이 있다. 인간 생태환경의 지속가능성을 구성하는 요소는 일자리을 갖는 것, 출산과 생산기술을 가진 노동세대를 잇는 조건 등이다. 일자리와 실업대책, 경제 성장과정에서 생긴 대기오염이나 수질악화, 지구온난화에 따른 기상이변, 한반도를 둘러싼 지정학적 불안, 전세계적으로 종교 문화를 둘러싼 종족 사이, 인종 사이, 국가 사이의 갈등과 전쟁 위협 등이 인류와 생태의 지속가능성을 위협한다.

---

1) 강수돌의 말, 2008.3.6, 조치원에서.

생태보호의 지속가능한 사회는 노동자만의 관심이 아니다. 정부는 사회적 통합을 위해 빈부 격차를 줄이는 정책을 쓴다든지, 자본은 기업의 사회적 책임을 요구하는 여론을 외면하지 못한다. 지속가능한 생산 소비, 윤리적 소비가 중요한 의미를 갖는다.

로마클럽은 1972년 『성장의 한계(The Limits to Growth)』를 냈다. 이 책은 제목에서 알 수 있듯이 세계의 경제 성장을 곧 멈추지 않으면 안 된다는 연구였다. 제로 성장, 지속가능성을 말한다. 제로 성장은 소극적 정책이 아니라 적극적 정책인데, 제로 성장의 추구를 대항발전이라고 한다. 대항발전의 첫 번째 목표는 곧 '줄이는 발전'이다. 에너지 소비를 줄이고 각자가 경제활동에 쓰는 시간을 줄이자는 것이다. 가격이 불어나는 것을 줄이자는 것이다. 두 번째 목표는 경제 이외의 것을 발전시키자는 것이다. 경제 이외의 가치, 경제활동 이외의 인간 활동, 시장 이외의 모든 즐거움, 행동, 문화 그런 것을 발전시킨다는 뜻이다. 교환가치가 높은 것을 줄이고 사용가치가 높은 것을 늘리는 과정이다. 경제 성장이 안 되도 풍요로울 수 있다(더글러스 러미스, 2002: 100).

10년 뒤인 1982년 유엔환경계획(UNEP) 회의에서 '지속가능 발전'을 채택했다. 지속가능 발전의 정의는 '현재의 필요를 충족시키면서 미래 세대가 필요를 충족시킬 능력을 저해하지 않을 것'이다. 그 뒤 지속가능 발전 개념은 지구생태 위기가 심각해지면서 경제사회적 영역으로 확대하고 우리 생활 밑바닥까지 파고들었다. 특히 팀 플래너리는 대기오염의 방지를 강조하면서 "하늘은 커 보이지만 대기를 압축해 액체로 만들면 바다의 500분의 1에 지나지 않는다. 전기 스위치를 서서히 올리면 어느 순간에 갑자기 불이 들어오듯이 지구의 기후체계는 급격한 변화를 보여준다. 우주에서 티끌 같은 존재인 지구가 수십억 년 동안 생명체를 키워 올 수 있었던 것은 자연이 이룬 기적인데, 이제 지구를 유지할 임무가 인류에게 넘어왔다. 그래서 기후 변화에 맞서는 것은 인류가 짊어진 엄청난 책임이며 특권"이라고 한다(마쓰우라 고이치로, 2008.3.1).

1987년의 부룬트란트 보고서에서는 지속가능성은 "미래 세대의 가능성을 제약하지 않고, 현 세대의 필요와 미래 세대의 필요가 만나는 것"이라고 정의했다. 마쓰우라 고이치로 유네스코 사무총장은 "로마클럽이 『성장의 한계』를 발표하던 1972년 인류의 자원 소비는 지구가 견뎌낼 수 있는 수준의 85%였지만 이제는 125%에 이르렀다. 인류는 사회계약을 통해 인간이 묶여 살듯이 인류는 지속가능한 발전을 위해 자연의 권리를 인정하고 자연과 새로운 평화협정을 맺어야 한다"고 주장한다.[2] 톰 아타나시오 외는 기후협약에서 선진부국과 개도국 사이의 형평성을 반영한 새로운 해법으로 탄소배출량을 1인당 할당하는 1인당 기후협약을 제안한다(톰 아타나시오 외, 2005: 107).

국제연합계획(UNEP)은 2008년 녹색일자리와 녹색뉴딜을 포함하는 녹색경제제안을 제시했다. 파반 수크데브는 『생태계와 생물다양성의 경제학』(UNEP, 2008)에서 녹색경제가 인적자본과 사회자본을 넘어서 자연자본으로 확대되는 과정과, 자연의 가치가 경제학적 개념으로 평가할 수 있게 하려는 시도에서 나온 것을 본다. 그리고 습지보호구역을 비롯한 전 세계의 다양한 보호구역의 자연과 서비스는 연간 4조 4,000~5조 2,000억 달러의 새로운 경제적 가치로 내다본다(『경향신문』 2009.2.2).

지속가능한 성장에 대해 인구증가 만큼의 성장이 필요하다는 반론이 있다. 백낙청은 "생명의 발전에는 일정한 물질적 여건이 필수적이며, 어떤 영역에서는 물질생활의 지속적 향상이 요구될 수도 있고 이런 필요에 부응할 적극적인 개발도 있어야 한다. 현 시점에서 한국경제가 일정한 성장동력을 유지하는 것은 민주주의 진전을 위해서도 필요하다"며 '적당한 경제 성장'을 주장한다(백낙청, 2008).

이에 김종철은 "자본주의 논리에 근거한 경제 성장이란 언제나 가동 가능한 모든 인적 · 물적 에너지를 전면 투입할 것을 요구하므로 '적당한 경제 성장'이란 성립할 수 없다. 정말 필요한 것은 성장 없이는 존속할 수 없는 근대적 방식에 대해 '적응'을 말할 게 아니라 성장 논리와 무관한 질적

2) 「탄소 안 쓰는 녹색경제만 살아남을 것」, 『한겨레』 2008.2.29.

으로 다른 방향을 전환하려는 급진적인 노력"이라고 한다. 그는 "근대주의적 발전사관을 벗어나 토양과 인간, 인간과 인간의 상호 그물망 같은 호혜적 관계가 복원된 소농과 그 공동체를 기반으로 한 생태적 순환사회를 이뤄야 한다"고 주장한다(김종철, 2008).

김수행 · 신정완은 "생태주의적 · 공동체주의적 이념 조류가 직면하는 최대의 시험대는 이런 이념을 소수 뜻있는 시민들의 국지적 실험을 넘어 60억 인구를 부양하도록 사회 전체적으로 확산시킬 수 있는 경로를 어떻게 발견할 것이냐? 또 만일 거대 기술, 거대 산업의 활용을 피할 수 없다면, 이러한 기술과 산업을 운영하면서 어떻게 근대 국가와 같은 거대 조직을 우회할 수 있겠느냐"고 말한다(김수행 · 신정완, 2002: 323).

생태환경과 결합하는 노동에서 가장 중요한 요소는 노동자가 자신의 일자리를 갖는 것이다. 일자리를 가지면 노동자 자신이 실업자가 되지 않고 빈곤에서 벗어나게 되면서 자연스러운 인간의 존재를 실현할 수 있다. 이런 인식은 내포적 경제라는 개념과 연결된다. 국가나 세계 경제가 지속가능하게 선 순환하는 출발점이다. 이것은 개발독재나 신자유주의가 추구하는 수출 중심의 외향적 공업화와 배치된다.

실업률이 높은 나라에서 가족의 일부가 나머지 가족의 생계비를 벌려고 어쩔 수 없이 다른 나라로 이주노동을 하러간다. 이런 경우 자국의 생태환경은 모노컬춰(monoculture, 단일 재배, 단작), 농약의 과다 사용 등 때문에 파괴되고 반대로 이민을 받아들이는 나라에서 생산량의 증가에 따른 공해, 인구 증가에 따른 주택, 교육, 노후대책의 문제가 증가한다. 만약 이주노동자가 자신의 나라에서 일자리를 찾는다면 이런 문제들은 상당히 줄 수 있다.

이런 나라에서 공업, 농업 등이 합리적으로 발전할 수 있다면 이주노동의 발생 가능성은 상당히 줄 것이다. 그러나 서유럽 나라나 일본 등은 제3세계 국가에서 자원을 약탈하고 농업을 파괴하고 거기서 밀려나는 실업을 이주노동으로 받아들인다. 그러나 OECD는 ODA(공적개발원조)를 '개발도상국의 경제개발과 복지 촉진을 위해 지원되는 공적자금의 흐름'이라고 규정했다. 서유럽 나라나 일본 등이 ODA 자금을 풀어 제3세계 국가를 인도적인 명분으로 지원하는 이면에는 자원을 약탈하고 공해를 일으키고 농촌을 파괴한다는 비판을 덮으려는 의도가 강하다.

공동체 자기고용은 〈그림 5〉처럼 스스로 고용하고 노동하는 노동자 겸 경영자, 생태환경을 포괄해 삼위일체를 이루며 지속가능성을 실현한다. 이런 삶을 실현할 경우 한국 사회는 제로(0) 성장 또는 마이너스(−) 성장 상태에서도 대중의 삶의 질을 유지할 수 있다.

〈그림 5〉 공동체 자기고용의 지속가능성을 충족하는 구조

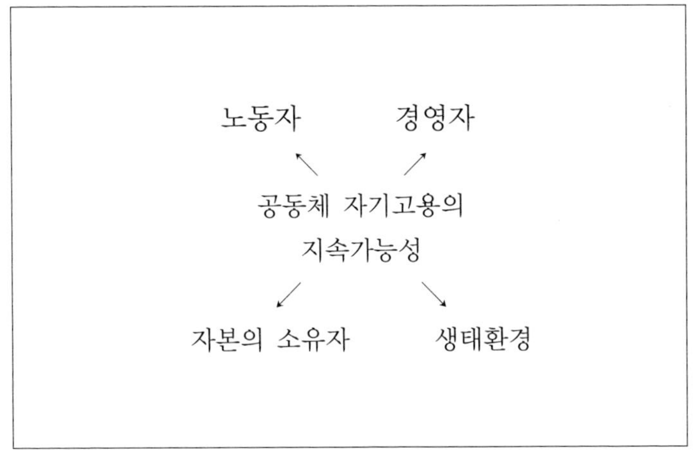

6) 공동체 자기고용의 공공성과 시장의 공존

사회주의는 계획과 집중을 강조한 나머지 조절기능을 상실했다. 반면 자본주의 시장을 강조하고 경쟁력을 우선한다. 사회주의의 계획과 자본주의의 경쟁은 서로 조우해 현 단계에서는 동유럽 현실사회주의의 붕괴에서 보았듯이 경쟁의 승리로 귀결했다. 그러나 사회주의권에서도 중국의 사회주의 시장경제, 북한과 쿠바의 제한적인 시장경제의 도입처럼 시장을 인정하는 것과 아울러 공동체를 살리려는 노력이 있다.

시장을 기준으로 보면 하이에크(Friedrich August von Hayek, 1989~1992)는 시장이 스스로 혁신을 만들어 낸다고 한다. 그는 『노예의 길』에서 국가가 개입하는 계획경제는 국민들을 노예의 길로 이끈다고 주장한다. 마거릿 대처 전 영국총리는 하이에크에게서 시장에 모든 것을 맡기자는 영감을 얻은 뒤 "당신이 없었다면 영국병을 치유하기 어려웠을 것"이라고 했다.

노동조직 형태 가운데에서 현재는 기업이 우세하다. 기업은 공공 부문을 위축시킨다. 공동체 자기고용 부문은 아직 맹아 상태에 불과하다. 공동체 자기고용과 공공 부문 그리고 기업 부문은 공존한다.

그러나 현실은 지속가능성이라는 절대적 가치, 공공성 증대와 가치를 제도화하는 대안을 요구한다. 공동체 자기고용은 공동체에 기초하되 시장의 조절능력을 수용하며 동시에 시장에 공동체 자기고용의 의지가 더할 수 있다.

7) 개발독재를 넘는 패러다임

한국경제는 1960년대 개발독재 방식의 산업화 전략을 취하였다. 한국경제는 규모가 세계 12~13위권에 속하지만 속은 허약하다. 개발독재의 산업화는 소득과 일자리를 늘린 반면 여러 가지 부정적인 현상을 초래했다. 도시산업화가 농촌 농업을 희생시키고, 새마을운동은 농촌의 전통공동체를 파괴했다. 농민은 정부의 고수익 보장 약속에 따라 작물을 재배하지만 수요가 뒤따르지 않아 농가 부채가 급증한다. 이농민의 발생은 도시에 저임 노동력을 공급하는 역할을 한다. 생산 단위에 비해 에너지 소비량이 많아 지구의 생태환경을 파괴한다. 규모의 생산은 낭비를 낳는다. 대표적인 것 것이 발전소이다. 산업화에 필요한 자본, 기술, 시장을 다른 나라에 의존하므로 선진국에게는 수탈당하고 제3국을 다시 수탈하는 고리를 형성한다. 자본의 규모가 커서 민중의 접근을 어렵게 한다.

이런 체제는 초국적 자본이나 제국주의 국가에게 수탈당하지 말고 제3세계 민중을 수탈하지 말자는 민중의 각성에 따라 노동조직 성격의 변화를 요구한다. 지식사회의 도래라는 조건도 작용한다.

IMF 이후 우리나라 금융시장은 월가의 금융자본이 한국 민중들이 피땀 흘려 생산한 부가가치를 퍼내가 외국자본이 전체 시가 총액의 30% 이상을 차지해 배당금과 시가 차익을 챙긴다. 한국 경제는 미국식 금융자본주의에 종속적인 경제체질을 구조적으로 혁파해야 한다. 시장만능의 신자유주의정책에서 벗어나 민중이 통제 가능한 경제정책을 수립해야 한다. 경제체제를 재벌과 부유층 중심에서 서민대중 중심으로 바꾸어나가야 한다. 수출 확대가 더 이상 서민경제의 활성화나 내수 확대로 연결되지 않는다. 내수 활성화는 대중의 구매력 확대와 중소기업의 육성에 있다. 재벌중심 경제와 서민경제 활성화 전략은 공존할 수 없다. 이런 조건을 충족할 경제 시스템을 장기적인 안목을 갖고 만들어야 한다(박경순, 2009: 16).

8) 공동체의 자율성과 사회변혁

공동체의 자율성과 사회변혁을 조화시키는 흐름으로 아나키즘, 자율주의, 공동체주의를 살펴본다. 공동체주의, 아나키즘, 사회적 협의기구 등이 국가 기능을 일부 대체할 수 있다.

최근 노사관계의 역할이 후퇴하면서 공동체 이론의 발전과 함께 노동자의 자율성을 강조하는 아나키즘을 다시 주목한다. 아나키(anarchy)는 정부의 부재, 권위의 부재를 의미한다. 여기서 정부는 법률을 제정하고 집행해 '가진 자'가 '없는 자'를 배제하고 사회적 자산을 통제하는 조직이다. 여기서 권위는 사람들이 평생 동안 남을 위해 일하게 만드는 원칙, 일을 좋아하거나 일을 관리할 수 있기 때문에 일하는 것이 아니라 일하지 않으면 먹고 살 수 없기 때문에 일하게 만드는 원칙이다. 사실 정부는 전쟁을 준비하고 수행하는 조직이다. 아나키스트는 사람들이 원래 상호이익을 위해 자발적으로 결집하는 성향을 가진 사실을 토대로 사회적 · 정치적 철학을 이끌어 내는 사람들이다.

근대 아나키즘은 선구자 피에르-조제프 프루동(Pierre-Joseph Proudhon,

1809~1865)은 생산자와 소비자로 이루어진 협동조합 체계 즉, '상호부조조합'이 자본주의 체제를 대신하고, 이러한 '자유로운 상호부조조합'이 국가를 대신하여 미래의 아나키 사회를 이끌 것이라고 주장했다. 프루동을 계승한 바쿠닌(Mikhail Bakunin, 1814~1876)은 국가의 억압을 없애려면 국가와 종교를 모두 폭력으로 폐지시켜야 하며 모든 정치적 행동을 거부하고 노동조합도 폭동을 목표로 해야 하고, 특히 재산상속권을 폐지해야 한다고 주장했다. 바쿠닌은 정치적 개량을 위한 투쟁을 거부하고 개인 코뮨 지역 민족들의 자유로운 연합체가 국가를 대신할 것이라 주장하여, 자본주의의 붕괴 뒤 프롤레탈리아 독재의 도래를 설정한 맑스와 견해를 달리했다. 20세기에 들어와 아나키즘은 ML주의와의 경쟁에 밀려 소강상태를 유지했으나 소련의 국가사회주의를 비판하고 자율성을 강조했다.

전통적인 혁명의 도식에 따르면 혁명세력은 당을 중심으로 뭉칠 수밖에 없다. 그런데 아나키스트는 어떤 형태의 당도 인정하지 않는다. 그렇다면 어떻게 혁명을 이룰 것인가 문제가 불거졌다(고명섭, 2007.3.2).

그러나 현재의 관점에서 볼 때 아나키즘운동이 사상의 공상성 때문에 실패했다고 잘라 말하는 것은 다분히 결과론적인 해석이다. 맑시스트가 과학적 사회주의라는 이름 아래 중앙 집권적 혁명정당 정립을 주장한 데 반해 아나키스트는 자유연합과 분권적인 조직 원리를 제시했다. 그들의 볼셰비즘에 내재한 권위주의적 일당독재의 출현을 예견했다. 또 일부 엘리트가 주도하는 프롤레타리아 독재는 '인민을 위한' 사회주의가 아니라 '인민의' 사회주의를 제창했다(조세현, 2001: 145).

소련 사회주의가 무너진 뒤 아나키즘이 다시 조명을 받는다. 68혁명 이후 자율주의의 모습으로 재탄생했다. 공동체주의와 자율주의는 새로운 모습의 사회주의의 가능성을 열 수 있다.

동아시아에서 아나키즘은 개인의 절대자유를 주장하는 서양의 아나키스트들과 달리 사회문제에 더 관심을 가졌다. 그들은 민족주의자나 볼셰비키처럼 일부 엘리트의 지도나 일부 정치집단의 음모로는 이상사회를 만들 수 없으며, 오직 민중의 자발적인 참여를 통해 이룩할 수 있다고 믿었다. 그래서 그들은 선거를 통한 혁명이나 공산당과 같은 전위조직을 부정하고, 오직 민중 스스로 테러와 총파업, 또는 교육운동이나 이상촌 건설과 같은 방법을 통해 사회를 변혁시켜야 한다고 주장했다. 그들은 정치혁명을 부정하고 사회혁명을 강조했다. 여기서 사회혁명이란 정치혁명은 물론 경제혁명과 문화혁명을 포괄하는 총체적인 것으로 전통문화에 대한 변혁도 포함하는 전방위 투쟁을 의미한다(조세현, 2001: 155).

아나키즘이 과거 자주관리, 최소정부주의라는 이상을 가졌으나 노사관계의 강력한 사용자에게 대응하는 강력한 노동운동이나 ML주의에 비교해 현실 문제에 대응하는 청사진을 제시하지 못했다. 그러다보니 지배자나 독재, 군국주의 심지어 제국주의 침략자에 편승하는 경향이 있어 오히려 중국, 일본에서 개량적 경향을 띠었다.

19세기 유럽에서 정형화한 아나키즘은 1920년대 사회주의 사상과 함께 한국에 소개되었다. 조선노동공제회의 기관지 『공제』, 사회주의 잡지 『신생활』이 아나키즘을 소개했다. 아나키스트들은 볼쉐비키에 대응해 1929년 결성한 조선공산무정부주의자연맹은 결의문에서 “현재의 국가 제도를 폐지하고 코뮌을 기초로 한 자유연합적 사회제도를 건설할 것, 현재의 사유재산제도를 폐지하고 지방 분산적 산업 조직으로 개혁 할 것” 등을 주장했다(구승회, 2004: 161).

해방 뒤 아나키스트들은 공산주의도 자본주의도 아닌 생산방식을 추구했다. 이들은 1947년 설립한 국민문화연구소를 중심으로 1960년대에 4 · 19세대의 브나르도운동, 국민수산(授産)운동, 1970~1980년대에 농촌자위자치운동, 도시생활협동조합운동을 전개했다(국민문화연구소 50년사 간행위원회, 1998: 11). 이들은 뒤에 생협의 발전으로 수렴됐다.

자율주의, 아우또노미아는 이탈리아의 안또니오 그람시(Antonio Gramsci, 1891~1937), 안또니오 네그리(Antonio Negri, 1933~) 등 자율주의 공산주의자들이 주장했다. 아우또미아는 노조 좌익정당 중심의 사고를 벗어나고 좌파권력에 대항하는 흐름이다. 자율노동 또는 아우또미아(autonomia)는 1962년 피아뜨 노동자들과 그들의 조합 간부들 간의 대립이 헌법광장

(Piazza Statuto)에서 있은 이후로, '자율'은 당들이나 조합들의 매개 외부에서 일어나는 독립적인 '직접 행동' 형태를 가리키기 위해 노동자 계급이 일반적으로 받아들인 용어이다(안또니오 네그리, 2000: 271). 이것은 자본 국가는 물론 노동과 배치하는 좌파의 권력에서 자율을 의미한다.

이탈리아의 자율주의나 일본의 대리인운동 등은 기존의 권력을 점차 구성 권력을 대체해 나가는 사회운동 전반의 흐름을 반영한다(윤수종, 2005: 337). 이탈리아에서는 '민중의 집(Casa Del Popolo)'운동을 일으켜 1천여 곳을 열었다. 한국에서도 마포에서 이를 도입해 운영 중이다.

8·15해방 뒤 전평, 전농 등의 조직은 정치대립과 전쟁을 거치며 파괴됐다. 1957년 이승만 정권이 조직한 농협은 개발독재과정에서 공산품을 농촌에 배급하는 역할을 하고 농민을 대변하지 못했다. 1997년 IMF 사태 뒤 실업자가 다수 발생했는데, 정부는 실업자 구제정책을 펴며 실업자의 독자적 조직화를 법으로 금지하거나 제한했다. 실업자노동운동의 부재는 실업자 문제를 사회 구조적으로 접근하기 어렵게 했다. 현재의 제3섹터, 사회적 일자리의 운영도 정부·기업의 재정지원에 노동자의 자기조직화를 종속시키려는 경향이 있다.

이렇게 공동체 자기고용의 모습과 비슷한 자율노동이 대두했다. 정부와 기업에 저항만 하거나 반대로 의존만 하던 태도의 중간에 만드는 새로운 영역이다. 생산력이 충분한 상태에서 노동이 자율적으로 노동을 조직하고 자본을 소유하고 경영할 가능성이 큰 분야로 넓어졌기 때문이다.

임금노동자, 농민, 도시빈민, 이주노동자가 지역 내, 도시와 농촌, 국제간에 입체적으로 교직하며 협력하는 데 공동체 자기고용이 매개가 될 수 있다. 이와 비슷한 개념으로 질 들뢰즈가 말하는 위계적 질서에 따른 운동이 아니라 중심 없이 서로 그물처럼 얽히는 '리좀(rhizome, 망사조직)'운동, 그리고 멕시코 사파티스타가 신자유주의 세계 체제의 조직을 해먹(hammock)과 같은 그물망 조직으로 표현한 것과 유사한 조직방식이다(해리 클레버, 1998). 이 조직 방법은 폐쇄적으로 자기 완결적으로 운영하지 않고 개방적으로 운영한다(김영곤, 2007: 297).

그러나 노동의 상호관계를 통합적 유기적으로 보는 관점이 약하다. 노동을 타율적으로 조직하던 데서 스스로 조직하는 관점의 전환이 필요하다.

공동체주의는 이전에 맑스 등 노동의 소외에서 벗어나려는 노력으로 나타났다. 노동과정에서 분업과 협업의 사회적 분리를 극복하고 서로 결합해 노동이 노동과정의 주인이 되는 것이다. 노동해방의 진전된 모습이다.

베트남전쟁 뒤 신사회운동이 나왔다. 1960~1970년대의 뉴 레프트, 1970~1980년대의 신사회운동이 대안운동으로 나왔다. 역사적 사회주의가 쇠퇴하는 가운데 이것의 대안으로 또 이것의 약점을 극복·보완하는 방안으로 공동체주의, 생태주의, 여성주의, 자율주의 등이 대두했고, 지역공동체를 중시한다. 신사회운동은 환경, 반핵, 인권, 소비자, 여성운동, 전문직업인 운동, 지역주민운동, 청년운동 등 생산현장은 물론 소비 영역 등 생활현장의 문제와 대안 전반을 포괄하고 세분화하고 구체화했다. 조직방식도 네트워크 방식으로 변화했다.

20세기 후반 현대사회의 여러 문제를 해결하는 데 국가주도적인 권위주의적 시도와 시장주도적인 개인주의적 시도가 모두 적절치 못하다는 인식이 확대되면서 기존의 다양한 공동체주의 사상들이 사회와 정치개혁을 위한 하나의 통합된 논의 속으로 수렴됐다.

예를 들어 영국에서는 권위주의적인 사회주의의 결점을 극복하기 위해 사회 민주주의를 발전시키는데 국가와 사회가 공동체 생활의 발전을 위해 어떻게 서로 상호작용을 해야 하는가를 재고하는 출발점을 제공했다. 미국에서는 개인주의적 자유주의의 개념이 사회정의의 토대로서 부적당하다는 인식이 싹트면서 강한 공동체주의의 도전을 낳았다. 공동체주의 운동은 전통적인 형태의 소규모, 자급자족적인 공동체를 재생하려는 것으로 오해되기도 하지만, 사실 이 운동의 초점은 개인주의의 해악을 극복하고 권위주의의 위협에서 모든 시민을 보호하기 위해 사회적·정치적으로 훨씬 민주적이고 포용적이며 자주적인 형태의 공동체를 수립하려는 것이다.

에치오니(Etzioni)는 공동체주의의 목적이 “도덕과 양심의 소리를 지속적으로 유지하는 사회적 유대를 제공하는 것이며 동시에 다원주의와 반대의견을 억압하는 엄격한 사회적 네트워크를 피하는 것"이라고 했다. 이러한 목적 달성을 위해 민주적이고 포용적인 기반 위에서 각각 작동하면서도 서로 연관된 다양한 공동체들의 필요성을 역설하는 왈저(Walzer)는 모든 시민들이 공동의 복지와 안녕에 영향을 미치는 다양한 조직체와 과정에 적극적으로 참여할 것을 재촉했다(설한, 2003: 33).

앞에서 살펴본 바와 같이 한국에서는 1987년 이후 공동체주의가 발전했다. 2007년 제3회 맑스코뮤날레는 코뮨주의, 자율주의, 지역코뮨, 네트워크에 관심을 돌렸다(맑스코뮤날레조직위원회, 2007). 코뮨주의는 국내에서 하나의 대안 이념으로 자리 잡았다. 유사한 문제 제기로, 한국사회포럼은 통합적 사회운동이 필요하다고 했다.

지구 국가사회의 큰 혁명과 마을 등 작은 공동체의 작은 혁명은 〈그림 6〉처럼 조화할 수 있다. 상향식 공동체 자기고용은 인간의 얼굴을 한 자본주의나 새로운 사회주의를 향한 초석이 될 수 있다. 공동체 자기고용은 작은 혁명으로 민주주의 혁명, 사회주의 혁명 등과 같은 큰 혁명과 보완관계를 갖는 작은 혁명이다.

〈그림 6〉 큰 혁명과 작은 혁명의 조화

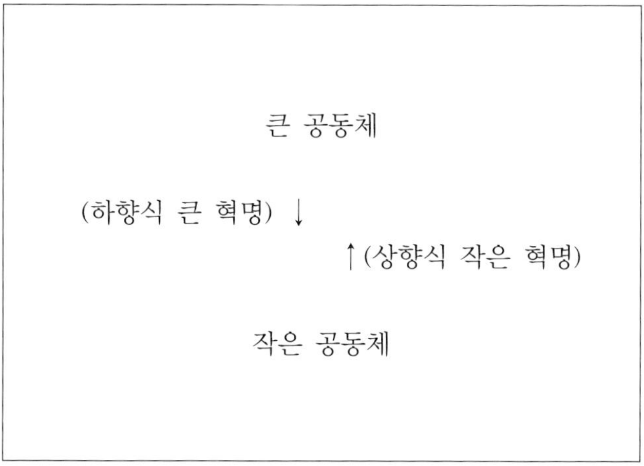

큰 공동체

(하향식 큰 혁명) ↓

↑ (상향식 작은 혁명)

작은 공동체

소련식의 사회주의가 하향식의 공동체 자기고용의 과정이었다면 이 글에서 말하는 공동체 자기고용의 과정은 상향식이다. 역사적 사회주의는 실현과정에서 노동자의 주체성을 살리지 못했다. ML주의는 NEP 등에서 보듯이 협동과 민주주의를 강조했다. 그러나 스탈린주의는 국가 파시즘과 결합해 노동자를 강제해 노동자를 사회 운영의 민주적 주체로 세우지 못했다. 트로츠키에 이어 서유럽 사민주의자들이 이러한 한계를 비판했다. 유로코뮤니즘이다. 이후 자율주의, 68혁명이 등장했다. 유럽식 사회복지제도가 정착하는 계기였다.

비시장적이거나 시장의존도가 낮은 체제로 가는 과정에서, 민주적 자본주의는 복지제도 정도를 말한다. 생산적 복지는 노동자가 노력 없이 복지에만 기대는 것을 경계해 노동의욕의 상승과 복지를 연계하는 정책이다. 조희연 · 신영복은 "20세기 사민주의는 서 · 동유럽에서 모두 국가권력의 담지 세력으로 존재하면서 생동력을 상실했다. 따라서 급진적 변혁 전망을 품은 19세기의 사민주의 정신으로 돌아가야 한다. 새 사민주의 논의의 핵심 뼈대는 생태주의와 평화주의다. 반환경적 논리가 지속가능성을 확보할 수 없기 때문에 진보주의가 급진적 생태적 전환을 선도해야 한다. 또 20세기 사민주의와 군사주의의 결합도 해체해야 한다. 대안적 국가모델은 신자유주의의 세계화라는 조건 때문에 일국적 차원을 넘어설 수밖에 없다"고 한다.[3)]

공동체 자기고용은 독자성을 갖지만 이후의 노동조직을 준비하는 점에서 과도적이다. 공동체 자기고용은 시장에 의존하며 또 대립하는 이중성을 가지고 있다. 시장은 조절기능을 가지지만 시장에게만 맡기는 것이 아니다. 협동조합이 개량화이냐는 논쟁의 여지가 있다. 협동조합에도 여러 가지 성격과 주장이 있다. 협동조합과 같은 자치경영이 국유화의 속도, 사회주의의 전망을 포기하는 것이 아니냐고 비판한다(콜린 워드, 2004: 19~21). 정성진은 옛 소련 · 동유럽 진영의 붕괴는 특정한 계획경제인 '관리명령경

3) 「생산적 복지 구축할 증세 의제화해야」, 『한겨레』 2007.5.1.

제'의 실패 사례일 뿐이라면서 맑스가 추구했던 '아래로부터의 사회주의'로서 참여계획경제와 아무런 공통점이 없다면서 노동자 자주관리와 시장의 양립을 추구하는 시장사회주의를 거부한다(정성진, 2007: 319).

9) 국제주의의 심화

국가가 중심이 되어 이해관계의 조화를 꾀하는 국제주의와 달리 세계주의는 사고 기반을 세계시민(cosmopolitan)에 둔다. 지구적으로 사고하고 지역적으로 실천하는 동시에 지역적으로 사고하고 지구적으로 실천한다. 세계시민성과 주체성이 양립해야 한다.

과거에는 국제연대를 국내 문제를 해결하는 수단으로 활용하거나 제3세계를 지원하는 것으로 이해하는 경향이 강했다. 그러나 지구화의 정도가 심화하면서 생태환경, 지구세, 지구정부 수립 문제는 국내의 실천만으로 풀 수 없다. 지구라는 큰 공동체의 문제를 풀어가는 과정에서 국내 문제를 풀 수 있다. 역발상이 필요하다.

각 분야의 세계화 추세는 전화료 수입 중 국제전화가 5%를 약간 넘는다. 세계화의 상징인 자본이동 특히 자산투자의 경우도 국경을 넘는 경우는 15% 미만이다. 통상이 가장 진전해 20%를 넘는다. 평균 10%이다. 지금의 세계화 조류는 제1차 세계대전 이후 세계화 조류(1870~1914)와 견주어 결코 높은 수준이 아니다. 1900년의 인구이동은 전 세계 인구의 3%였으나 2005년 현재 2.9%이다(『한겨레』 2007.3.17).

한국에서도 안병욱 등은 저항적 민족주의에서 초국적 자본을 견제할 동력을 찾는데, 박노자 등은 계급모순을 호도하는 민족주의의 맹점이라고 비판한다. 이것은 민족주의 일변도에서 국제주의로 이념 지형이 이동한 것을 표현한다.[4)]

6·25전쟁 때 맥아더는 UN군이 중국군에게 밀리자 만주에 원자폭탄 폭격을 추진했다. 아인슈타인 등은 이에 반대하여 전 세계에서 1천만 명, 일

4) 「지식사회 '사상 논쟁' 말문을 트다」, 『한겨레』 2008.6.14.

본에서 250만 명이 서명하는 스톡홀름 어필을 전개했다. 이런 여론 때문에 트루먼 미국 대통령은 맥아더를 해임하여 원폭 계획을 중단시켰다. 한국은 민중이 이런 사실조차 모를 때 국제주의 노력으로 원폭 피해를 벗어날 수 있었다.

실례로 중국과 몽골 지방에서 발생하는 황사는 동아시아 여러 나라가 협력해야 해결할 수 있다. 아프리카에서 창궐하는 에이즈는 아프리카자체만으로 해결할 수 없다. 남태평양 섬들은 해수면의 수위가 올라가 국토가 침몰해 더 이상 섬에서 살 수 없는데, 이것도 섬 주민만의 노력으로 해결하기 어려운 과제다.

평화시대에 군비를 줄이고 대외 원조를 늘리고 상대방의 지속가능성을 고려해야 제공한다. 장기적으로 북유럽처럼 이웃나라와 평화공동체 구성할 수 있다. 네덜란드는 가난 퇴치를 국제사회가 지속가능하게 발전하는 데 필요한 전제조건으로 보고 아시아 아프리카의 빈국 지원에 힘쓴다. 이는 "빈곤을 줄여야 국가 사이의 교류와 교역을 늘릴 수 있다"는 판단에 기초한다. 2002년 3월 멕시코 몬테레이에서 열린 개발재원정상회의에서 선진국들은 빈국 지원에 자기 나라 국내총생산의 0.7%를 쓰기로 했다. 네덜란드는 목표치를 넘어 0.8%를 쓰고, 한국은 0.06%를 쓴다. 반기문 UN사무총장은 "한국이 국제적 책임을 지지 못해 솔직히 말해 창피하다"고 했다.

4. 한국의 공동체 자기고용 전통

공동체 자기고용의 개념은 1987년 노동자 대투쟁 이후 본격적으로 등장했는데 이것은 비슷한 개념이 1820~1840년대에 발생한 유럽과 150여 년의 시차가 있다. 〈표 5〉는 공동체 자기고용이 한국과 세계 역사에서 어떻게 전개되었는가를 비교한 것이다.

〈표 5〉 공동체 자기고용 역사의 전개

한국			국제	
시기	민간	정부 공공	시기	내용
자본주의 맹아기	두레, 동계, 향약, 여전제, 마을자산, 집강소		1820~19C	협동조합, 공상적 사회주의, 공산주의
식민자본주의 시기	동향계, 협동조합, 형평사			
8·15 해방 국면	노동자·농민의 적산, 자주관리, 독립미디어, 지역교육기관	국유화(북한) 농지개혁(북한·남한)	21C 전반기	소비자 생산 농업 신용협동조합/현실 사회주의
개발독재 시기	농협, 신협, 생협 경영참여, 종업원지주제, 독립미디어	국영기업, 공기업	1968~21C	공동체주의, 생태주의, 여성주의, 프로슈머
지구화 시기	노동자자주관리기업, 사회금융, 지역통화, 독립미디어, 사이버공동체(UCC) 공정무역	민영화 제3섹터		지구적 사고, 지역적 실천, 공정무역

1) 자본주의 맹아기

한국 사회에서 공동체의 전통은 오래되었다. 조선시대에는 자급자족의 농업사회의 성격을 반영하여 마을의 자치조직인 향회(鄕會), 마을의 경제적 토대를 이룩한 동계(洞契), 두레에 마을공동재산이 있었다. 두레는 고된 농사를 여러 사람이 힘을 모아 함께 해내려고 만든 조직이다. 이것이 마을단위로 이루어져 부락공동체 농촌에서 나왔다. 두레는 고대에는 사냥어로에서 외적방비와 자연재해 방비 역할도 했다. 조선 후기에는 마을의 공동 의견을 모아 관권에 대항하는 농민봉기나 의병봉기에 참여하는 일도 향회와 같은 성격을 띠면서 참여하는 조직으로 활용했다.

조선시대의 향촌사회는 다양한 형태의 촌락기구들이 지속적으로 존재하면서 변화를 거듭했다. 향도(鄕徒)가 분화하면서 조선 초기의 봉건지배계층은 촌에 대한 지배를 강화하기 위해 향약을 실시했다. 조선 후기 이후에는 동계가 차츰 민간으로 분화하고 민중적 성격을 띠는 마을단위의 자치조직으로 변해갔다. 18세기에 이르러 지배층은 효과적인 수세행정의 일환으로 기존의 동계를 하나의 납세단위 조직으로 개편하고 그 내부의 구성 원리를 온존시킨 채 공동납세를 강화했다. 그 과정에서 기존 동계의 성격은 바뀌었으며, 동민들의 움직임 또한 크게 변했다. 이는 지배계급의 통치조직이 민중조직으로의 전환과정을 보여주며, 민중조직자체의 연대과정으로서 민의 자치기구가 강화되었음을 의미한다. 특히 마을의 공동재산관리, 나라에 내는 세금의 공동납, 공동노동, 규율 등의 요구로 마을 자치회의는 더욱 분화되었다.

두레는 노동의 생활 네트워크이다. 두레는 과거 벼슬아치와 지주들이 그들의 귀족의식 때문에 여기에 참여하지 않아 발달에 장애가 되었다. 일제시기 농민의 단결을 못마땅하게 여긴 조선총독부가 이를 음성적으로 방해해 이것이 노동해방을 지향하는 현대적 농민조직으로 발달하지 못했다. 또 새마을운동도 독재와 공산품을 농촌에 배급 소비시키는 의도가 강해 두레의 의미를 수용하지 못했다(이이화, 1993: 134).

현재 대동회, 장례 등의 전통이 남아 있다. 전남 영암 구림리에는 400년 된 대동계가 남아 있다.[5] 의림은 하천 범람이나 바람 피해를 막으려는 공공의 목적으로 만든 공공 숲을 말한다. 숲의 정의는 실천공간이기에 '의림'이며, 또 빼어난 풍광의 일부가 됨으로써 아름다움을 창출했다(강내희, 2008).

우리 역사에서 자유, 평등, 자치, 상호부조 등의 개념은 고대부터 존재해왔으나 문헌상으로는 유형원, 이익, 정약용 등의 실학사상에서 나타나기 시작한다. 정약용의 여전제는 조선 후기 향촌 사회상을 반영한다. 정약용의 여전제는 동학농민혁명 당시의 집강소와 연결할 수 있다. 집강소에서는 모두가 자유롭고 모두가 평등했는데, 이것은 우리 민인들이 자유와 평등을 실현하는 자치기구를 수립한 역사적 경험이다(구승회, 2004: 152).

5) 이한방(지리학), 2008.2.16, 서울 여의도에서.

갑오농민혁명 당시 농민군은 신분제 철폐, 민중의 수탈자와 억압자 처단, 고리대의 무효화, 토지를 고루 경작할 것, 일본의 침략에 반대하는 개혁안을 제시했다. 농민들은 상업 문제에서 관과 결탁해 특정 물건을 독점하는 도시 상인 도고의 철폐, 지배층의 여세 상인 수탈 금지, 농촌의 영세 상인이 보부상과 외국 상인의 횡포에서 벗어나는 활동 보장, 외국 상인들의 개항장 밖 활동 금지와 내륙 상권 확대 억제 등의 개선을 요구했다(신순철 · 이진영, 1998: 179).

농민군은 전주화약을 맺고 농민군이 각 지방으로 철수하고 전라도 53주에 농민적 가치기관인 집강소를 설치해 농민대표가 지방자치에 참여했다. 집강소는 백성권을 강화한 공동체이며 권력체계였다. 집강소는 노비문서를 불태우고, 묵은 빚을 무효로 했고, 악질 지주와 부정부패한 관리를 처단했다.

또 갑오농민전쟁은 조선왕조 정부에게 갑오개혁을 단행하게 했다. 비록 농민군이 요구한 '토지의 평균적 분작'인 획기적인 농민적 토지소유의 진전에는 효과가 없었지만 갑오개혁에서 노비제도의 전면적 폐지, 무명잡세의 정리 등에 상당한 진전을 보였다.

1910~1918년 사이에 시행한 일제의 '토지조사' 사업으로 지역공동체의 공동재산 제도가 무너졌다. 일제는 토지소유권 조사에서 수조권자의 소유권 신고만 인정하고 경작농민의 부분소유권인 도지권이나 경작권은 인정하지 않아 농민들의 토지가 '국유지'로 편입되어 총독부 소유가 됐다. 궁장토 · 역둔토 · 목장토 등을 총독부 소유로 했다. 그리고 마을이나 씨족의 공유지 등이 유력자의 신고로 사유지화 했다. 이어 일제는 토지조사사업을 완료하고 즉시 임업조사를 실시하여 종래 무주공산(無主公山)으로 불린 마을 공유림 100만 정보와 분묘림지 약 3백만 정보를 국유림에 편입시켰다.

그러나 우리나라 농촌의 공동체적인 관행과 낮은 생산력으로 협업의 필요성은 여전히 마을 자치조직으로 마을회의를 요구했다. 현재도 마을회의는 마을 단위 의사결정 수단으로서는 가장 중요한 장치이다.

부두에서 화물을 하역 운송하는 항만노조는 인력 공급 독점권을 가졌다. 1898년 함북 성진에서 국내 최초의 부두노조를 결성한 이후 항만노조가 노무공급 독점권(클로즈드 숍, Closed-Shop)을 가졌다. 이것은 전근대적인 공동체 자기고용의 형태이다. 이에 따라 항만노조는 부두를 신설할 때 노무공급권 · 손실보상금을 주장하고 부도 현대화나 자동화 도입 때도 실업보상금을 요구했다. 부산 항만노조는 2005년 대규모 취업 비리와 노조공금 횡령 등으로 간부들이 형사 처벌받았다.

그러다가 부두노조 상층의 부패와 관료주의가 사회 문제가 되면서 해양수산부는 항만노조의 노무 공급 독점권을 없애고 항만노조원을 물류업체가 정식 직원(오픈 숍, open-shop)으로 채용해 인력 투입을 회사가 결정하는 상용화 조치를 취했다. 2007년 부산, 평택, 인천 부두에서 이 제도를 110년 만에 폐지했다. 임금지급 방식은 도급제 아래 항만노조가 분배하던 데서 개별기업이 월급제도로 임금을 지급한다. 항만노동자들도 상용화에 불안을 느껴 인천항의 경우 전체 조합원 1,741명 가운데 834명(47.9%)이 희망퇴직을 신청했다. 부산 항만노조는 29%가 희망퇴직을 신청했다(itimes.co.kr, 2007.8.14). 이것은 반봉건적인 공동체 자기고용 전통의 퇴출을 의미한다.

2) 식민자본주의 시기

일제 강점기 협동조합은 3 · 1운동과 러시아 혁명 뒤 사회주의 사상 전파의 영향을 받고 민족해방운동의 성격을 가졌다. 일제의 토지조사사업으로 한국 농민이 광범하게 소작화하고 일제가 금융조합(1907), 산업조합(1926~1941), 농회(1926)의 관변 조직을 만들면서 이에 대응해 일본 유학생, 천도교, 기독교 등이 협동조합을 조직했다.

1920년 지식인들을 중심으로 조선인의 경제적 자립을 목표로 한 경성소비조합과 목포소비조합을 설립했다. 전진한 · 김원석 · 이선근 · 함상훈 등 140여 명의 유학생이 1926년 도쿄에서 협동조합운동사를 조직했다. 협동조합운동사는 중간이윤의 철폐, 고리대 구축, 경제적 단결, 자주적 훈련을 표어로 하고, 그 강령을 "우리는 협동 자율적 정신으로 민중적 산업 관리와 민중적 교양을 기함", "우리는 이상의 목적을 실천하기 위하여 조합 정신의 고취와 실지경제를 기한다"로 했다. 1928년 전진한의 귀국과 함께 본부를 서울로 옮긴 협동조합운동사(위원장 전진한)는 "대중의 경제적 단결", "대중 본위의 자주적 조합을 조직"한다는 강령을 내걸었다. 1927년 함창협동조합, 1928년 상주협동조합, 중모협동조합, 청성협동조합, 풍산협동조합, 예안협동조합 등을 조직했다(임송자, 2007: 138~149). 협동조합운동사는 1925년 발족해 1933년 해산했는데 조합 수가 많을 때는 200여 개 조합에 이르렀다(곽창렬, 1989: 190).

천도교 계통으로 1925년 설립한 조선농민사는 소속군사가 170여 개, 사원이 20만 명에 달했다. 조선농민사는 '농민의 협동생활을 실현'하게 하는 농민공생조합을 설립했고, 농민고무공장을 평양에 설치했다(곽창렬, 1989: 194). 기독교 계통의 YMCA는 덴마크에 다녀온 홍병선 목사가 『농촌협동조합과 조직법』이라는 책자를 발간하고, 1925년 서울근교에 농촌협동조합 8개를 설립했다. 전성기에는 조합 수가 720개였다.

신디칼리즘의 노동조합운동은 어느 정도 민족자본이 형성된 서울, 부산, 대구, 평양 등에서 고용주에 대항하고 해고 조합원과 실업조합원을 고용하려고 작업부를 설치했다. 1927년 11월 설립한 대구 제봉직공조합 작업부는 고용한 조합원과 실직자 전원에게 일감을 동일하게 배분하고, 실직상태에서 복직된 조합원의 경우 본봉의 4%를 매월 실직자 구제자금으로 납입하게 했다(장원봉, 2006: 238).

조선노동공제회는 1921년 소비자협동조합을 설립해 쌀, 채소, 숯을 비롯한 일용품을 도매가격으로 구입해 시가보다 싸게 공급했다. 이 조합은 1922년 노동공제회의 해산으로 활동을 중단했다.

1927년 원산 노동자들이 소비조합을 설립했다. 이 조합은 1인당 20원씩의 출자금(10회 분할납입)과 지방유지 18명의 연서로 은행융자금 8천 원을 자본으로 사업을 시작했다. 이 조합은 조합원의 생활에 필요한 잡화와 미곡만 시가보다 2할 내지 4할 정도 싸게 공급했다. 1929년 한 달 거래액은 적어도 1만 2천 원에 달했고 조합의 운영자금은 3~4만 원을 확보했다. 이

조합은 원산총파업 탄압으로 중단했다(곽창렬, 1989: 197). 원산파업 때 노조와 소비조합, 학교, 병원, 이발소 등의 지역공동체가 연대했다. 도농교류와 공산당 조직과 국제공산당 조직의 도움을 받아 신조류로 국제연대를 했다. 시너지 효과를 누렸다. 민족해방과 사회주의의 이데올로기를 가졌다. 이것은 러시아혁명의 성공 아래 전개한 세계적인 공동체운동의 르네상스가 준 영향이다.

일제는 이들이 확산될 것을 우려하여 사회주의운동으로 규정하고 1933년 해산시켰다. 일본에 이주한 조선인노동자 사이에 협동조합 활동이 활발했다.

3) 8 · 15해방 국면

8 · 15 뒤 해방과 독립으로 민중의 기대는 컸으며, 노동자 농민은 노동조합, 협동조합 재건운동을 전개했다. 노동자 농민은 일제나 기업주가 남기고 간 공장과 농장을 자주관리 하는 공장자주관리와 농민의 농장자주관리를 전개했다. 그러나 남로당과 전평이 미군을 해방군으로 인식하면서 적산의 자주관리를 억제했으나 또 미군이 본격으로 탄압하면서 이 시기의 자주관리는 시행한지 1년 만에 무너졌다.

1945년 12월 아직 조선은행권이 유통되고 있어 일본인들의 재산은 매각하거나 개인에게 위임하거나 노동자들의 자치위원회가 관리했다. 군정청 법령 33조 '재조선 일본인 소유 재산의 관리 위촉에 관한 건'은 일본인 재산의 군정청 귀속을 위한 것이 아니라 조선인 개인이 매입하거나 관리를 위임받은 재산 특히 노동자 자주관리 재산을 미군정청에 귀속시키기 위한 것이다. 따라서 법령 33조는 적산기업에서 노동자 자주관리를 위축시켰다(강만길, 1994: 307).

전남 지역의 조선대학은 8 · 15해방 뒤 지역사회의 자녀들을 키우고 지역사회에서 필요한 노동자를 양성하려고 지역주민 7만 명이 한 푼 두 푼 모아 만든 학교이다. 학교 운영자인 박철웅 총장이 사유화했다가 박씨 일가의 학교 재산의 유용, 학생 교직원의 부정 선발 채용 등 비리가 적발되어 1987년 이후 다시 공영화로 바꾸었다. 인천대학은 선인재단의 백인엽이 사적으로 운영하던 것을 인천 시민의 요구로 시립대학, 다시 국립대학으로 바꾸었다.

1948년 여순사건 탄압의 근거로 제정한 국가보안법은 이후 국민이 타자를 배려하고 공동체를 섬기는 사고를 억누르는 역할을 했다. 6·25전쟁은 한국 사회공동체를 크게 변화시켰다. 기업 부문은 사적 자본이나 국유화로 갈래짓고, 농민 부문은 지주의 재생산과 1957년 설립한 관제 어용 농협으로 나타났다.

1946년 총파업 뒤 미군정은 전평, 전농을 해체하고, 그 자리에 어용 대한노총(1946)과 농업협동조합(1957)을 들어앉혔다. 1957년 농업협동조합법, 1962년 수산업협동조합법, 신용협동조합법, 중소기업협동조합법을 제정했다.

1958년 정부는 농업은행과 농업협동조합을 설립해 병립하도록 했다. 농업협동조합은 신용사업을 하지 못하도록 했다. 그러나 5·16 뒤 군사정권은 기존의 농업협동조합과 농업은행을 폐지하고, 새로운 농협법을 제정해 이들을 통합하는 종합농협을 발족시켰다. 이에 따라 농협은 구매·판매·이용·가공과 같은 경제사업뿐만 아니라 신용사업을 겸했다. 농협은 새마을운동이라는 이름 아래 공산품을 농촌에 배급하고 관행농업에 필요한 농약과 화학비료를 공급하는 역할을 맡았다. 그리고 정부가 농협의 주요 관리층 인사를 임명해 농협을 실질적으로 공사화 했다. 이런 상황은 농협이 자발적인 조직이 되지 못하게 했다. 출판인들은 1950년대에 출판협동조합을 구성했다.

4) 개발독재 산업화 시기

이 시기에 전개된 산업화는 독재와 결합하여 전통적인 공동체의 생산구조를 파괴하고 민중의 공동체 의식도 옮아졌다. 1960~1970년대 농촌의 붕괴에 직면해 생태농업을 하는 농민들 중심으로 도시 소비자와 직거래하는 협동조합을 추진했으나 단결 결사를 금지하는 군사독재의 탄압 때문에 발전이 부진했다. 한국 사회에서 민주적 협동조합의 부활은 1987년 민주항쟁과 노동자 대투쟁 뒤에 본격화했다.

지역공동체 문제에 대한 관심은 1950년대 후반에서 1960년대를 지나면서부터 나타나기 시작했다. 농촌공동체 해체에 대한 대응이다. 근대적 산업화의 결과인 빈민문제와 계층갈등의 문제를 치유하는데서 출발한 공동체운동은 1970년대 이후 생명농업운동과 생활협동조합으로 꾸준히 확장했다. 1990년대 이후에는 대안교육운동, 공동주거운동, 대안자공동체운동 등이 활발하게 전개되었다.

국민문화연구소를 중심으로 4·19민주혁명 이후 청년학생들은 농촌으로 들어가 "농촌을 살리고, 작은 마을 작은 지역사회를 쌓아올리는" 브나르도운동을 전개했다. 5·16쿠데타 이후 프랑스를 여행한 손우성의 제안에 따라 "수출과 직결되는 경공업 일자리를 찾아 기술을 연마하고 총가동하는" 수산 활동을 전개하기로 하고, 1965년 남양주에 진건수산센터, 금곡수산기술훈련원을 설립하여 쉐터 편직 공업을 경영했다. 1974년 과거 학생시절 농촌봉사활동에 참여했던 도시회원들이 유기농산물을 도시에서 공동구매하는 '실험소비조합'을 운영했다. 1980년대에는 '소비자 생활협동운동'을 전개하여 강남 지역의 아파트단지 주민을 중심으로 1천여 세대를 5~20세대 단위의 반을 구성해 쌀, 계란, 채소 직거래운동을 비롯한 생활협동을 전개했다(국민문화연구소 50년사 간행위원회, 1998: 15).

평안북도 정주의 이찬갑(1904~1974)은 1928년 9월부터 1년간 일본 생협의 대부로 불리는 카가오 토요히코(賀川豊彦)를 찾아 도쿄에서 빈민활동과 생협을 경험하고 돌아와 1930년대 정주에서 협동조합운동을 벌인다. 그는 해방이 되고나서 함석헌 등과 교류하던 중 만난 홍동 토박이 주옥로(1918~2001)와 의기투합하여 1958년 홍성군 홍동면에 풀무고등공민학교를 설립해 교사 2명, 학생 18명으로 출발했다. 이 학교의 졸업생들이 홍성 여러 마을의 이장이 되고 풀무생활협동조합운동을 벌여 홍성이 환경농업 지역이 됐다. 풀무학교를 설립한 그해 교실 한 귀퉁이에 구판대를 만들어서 학용품 등을 팔았는데, 이것이 풀무조합의 시작이었다. 구판대는 작은 구판장의 형태였지만 단순한 학용품 판매만이 아니라 사회개혁의 큰 목표로 협동조합 원칙에 충실히 운영했다. 1959년 소비자협동조합을 만들었는데, 교사와 학생이 참여하는 조합의 형태였다. 1969년 공산품 외에 비료를 취급하면서 농민들에게 학교의 조합 이용을 허용했다.

풀무원농업학교는 채규철(1937~2006)이 1986년 경기도 가평에 지역 '두밀리자연학교', 마을도서관 등을 세운 것과 함께 개발독재 시기 시작한 지역공동체운동의 선구이다. 풀무학교는 교사 2명, 학생 18명으로 설립한지 50여 년이 되는 지금도 초창기와 같이 한 학년에 25명씩 뽑아 전체 학생이 80여 명을 넘지 않는 작은 학교를 지향한다. 학교 일은 교사와 학생에 의논해서 결정한다. 교과과정도 유기재배, 농산물 가공, 농업과 환경, 생명현상과 유전, 산림농업, 유기축산 등을 배운다.

문당리 환경농업 마을은 초창기 풀무학교 출신이 중심이 되어 농약과 비료를 쓰지 않는 오리농법으로 생태농업을 실천한다. 1977년에 시작한 유기농업은 1999년 오리농업을 도입했다. 현재 지역공동체 주민 1,000여 가구가 260만 평을 경작하며 야채, 축산, 쌀을 생산하며, 풀무생협을 통해 취급하는 유기재배 농산품은 150개 품목이며 1백억 원 이상 매출한다. 풀무학교 근처의 갓골 거리에는 자연식품, 재생비누제조공장, 신용조합, 소비자생활협동조합, 『홍성신문』 등이 모여 지역공동체 생활을 형성한다. 1970년 풀무학교 교직원과 졸업생 18명으로 시작한 풀무신용협동조합은 현재 조합원이 2,500여 명이며, 자산으로 농민에게 대출하고 마을공동체 일을 공동으로 벌여나간다.

2003년 유기축산으로 확대해, 무항생제 육계인 청정닭 가공사업을 시작했으며 청정우 축산도 시작했다. 마을에서는 유기농업에서 나온 볏짚을 사료로 쓰고 거기서 나온 거름을 유기농사에 쓰는 순환형 유기농업-축산을 운영한다. 유기축산은 경종-축산 순환농법이라고 한다. 대규모 축산가는 수입 사료를 쓰며 농사를 짓지 않는다. 농업과 축산을 겸하는 일은 소농만 가능하다. 정부나 지자체가 농축산 교합 시스템에 관심을 가져야 한다(박기호, 2008.8.2).

풀무생협은 1960년 풀무학교 학생들의 무인구판장에서 시작해 1980년 5월 한국에서 처음으로 풀무소비자협동조합을 만들었으며 1981년 마을 아이들을 공동 육아하는 갓골어린이집을 만들었다. 그밖에 식품가공사업장, 월간 『홍동소식』 발행 등을 운영한다.

대안에너지를 만드는 노력으로 1978년 풀무학교에서는 태양열로 기숙사에 물을 데워 난방을 실시했고, 1997년에는 학교 옥상에 0.3kW 풍력발전기를 설치하고, 1998년에는 순간 최대용량 12kW의 태양광 발전시스템을 설치해 전력을 학교 건물에 공급한다. 또한 정미소에서 나오는 왕겨는 황토찜질방의 보일러 주연료로 사용하고 음식찌꺼기로 바이오 가스를 생산한다.

농민들과 풀무생협은 홍성군의 지원을 기반으로 지역어린이집, 초등학교, 중학교 급식으로 유기농 음식재료를 공급한다. 나아가 풀무생협과 풀무학교, 신용협동조합 등은 협의체를 만들어 우선 지역생산물의 5%를 지역화폐로 지급한다.

2000년 세운 환경농업교육관은 타 지역농민에게 환경농업을 교육하고, 아시아 세계 사람들도 홍성을 방문해 시대의 고민을 나누며 국내 국제포럼을 연다. 홍동 지역공동체는 교육, 생태농업, 협동조합, 공동육아, 대안화폐, 국내외 연대의 여러 측면에 걸쳐 사업을 전개하며 도농간에 교류한다.

1960년대 산업이 농림어업에서 도시 제조업 중심으로 바뀌면서 기존의 직장과 주거가 일치했던 직주일체가 무너지면서 전통 공동체는 해체됐다. 도시에서는 육아를 시작으로 생활과 주민운동을 중심으로 하는 새로운 공동체 건설의 요구가 발생했다.

군사정권은 농협을 강화하고 구매조합을 만들었다. 이것은 외형적으로는 소비자협동조합의 형태를 띠었으나 내용적으로는 공산품의 유통 구조였다. 5·16군사쿠데타 뒤 신생활운동과 연계해 노동, 농민, 도시빈민의 민중 속으로 들어갔다. 신생활운동이 민족주의를 내건 군부의 신사회운동

슬로건과 처음부터 대립각을 세운 것은 아니었다. 그러나 이들은 농촌의 붕괴를 지켜보면서 개발 독재의 농촌 인식을 비판적으로 보고 이후 한살림, 생활협동조합, 도농직거래 활동으로 발전했다.

1960년대 최고 연리 50%에 이르는 고리대의 피해를 피하여 목돈 마련 차원의 신용협동조합(신협)운동이 일어났다. 1970년대에는 '목돈이 없어 가난하다'며 노동자, 농민 등 서민이 작은 돈을 저축해 조합원들에게 목돈을 대출하는 신용협동조합을 설립했다.

전쟁을 겪으며 피난민이 대거 몰려 인구가 갑자기 팽창한 부산은 전통 공동체는 무지고 전국 각지에서 모인 주민의 혼합으로 공동체 성격이 약하다. 이런 영향이 지금까지 미쳐 공동체운동이나 공동체 자기고용이 다른 지역보다 덜 발달했다.[6] 1961년 부산에서 처음 생긴 신협은 고리채에 대응해 목돈 마련 차원에서 조직한 것으로 1992년 전국에 조합원이 200만 명으로 늘었다. 1971년 조직한 부산 양서클럽과 뿌리가 같다.

1960년 5월 1일 부산 피난민 지역에서 선교활동을 하던 메리가별 수녀를 중심으로 캐나다 코디연구소와 세계신용협동조합협의회의 도움을 받아 '성가신용협동조합'을 설립했다. 1972년 8월 신용협동조합법이 통과되면서 1973년 277개 조합 대표가 모여 신협법에 의한 특별법인인 '신용협동조합연합회'를 공식 발족했다. 그러나 이후 정부의 지원을 받는 새마을금고와 경쟁하고 정부의 감독으로 자율성을 유지하기 어려웠다. 1987년 이후 서민의 금융 수요는 지역통화, 사회연대은행과 같은 새로운 형태의 금융제도를 창출한다.

원주의 장일순(1928~1994)은 1968년 피폐해진 농촌과 광산촌을 살리고자 강원도 일대에서 장상순, 박재일과 함께 신용협동조합운동을 시작하고, 1977년 공생의 논리에 입각한 생명운동으로 전환하고, 1983년 도농직거래조합인 '한살림'을 창립했다. 박정희 정권은 새마을운동을 하면서 장부처리와 운영 방식을 모방하고는 신협을 없애려고 했다. 신협은 상향식

6) 이동환(2007.10.7, 부산에서) ; 김인걸(2007.12.3, 서울 여의도에서)의 말.

조직방식을 썼는데, 일제 강점기에도 협동조합을 몇 번 시도했지만 일제가 다 깨버렸고 북한에서 하는 소비조합운동도 당 조직을 통해서 하는 하향식이었다(장일순, 1997: 171).

성남 주민교회의 이해학과 주민들은 주민신용협동조합(1979)을 만들고 고리채 안 쓰기와 월세를 전세로 바꾸기운동을 폈다. 주민신협은 1990년 생활협동조합을 만들고 대안학교인 창조학교를 운영한다. 영등포산업선교회는 1974년 노동자들을 중심으로 신용협동조합을 결성했다. 영등포산업선교회는 노동자들이 조합원인 신용협동조합 다람쥐를 운영했다.

1970년대 빈민운동이 청계천 판자촌 등에 학생, 종교인 등이 들어가면서 일어났다. 빈민 지역에서 전개한 지역 의료사업은 도시 지역 의료보험조합으로 제도화했다. 탁아소 사업은 '탁아소 입법'으로 법제화했고, 공부방 사업은 지방자치단체의 주요 현안 사업이 되었다(허병섭 · 이정진, 2001: 112). 판잣집 철거에 반대하던 운동은 남양 두레마을(김진홍), 복음자리(제정구) 등의 주거공동체운동으로 발전했다. 철거민조직은 1987년 이후 발전하여 전국철거민연합회(전철연)를 조직했다.

1960년대 말 산업공해에 반대하는 생태환경운동이 사회운동과 결합하기 시작했다.

1980년대 초반부터 신용조합 활동가들을 중심으로 소비자협동조합 활동을 시작하여 1983년 소비자협동조합 중앙회를 창립했다. 장일순은 1983년 대구의 천규석 등과 도시-농촌이 직거래하는 자립 자치두레를 되살리는 한살림운동을 시작했다. 이것은 독재에게 탄압받았고 1987년 이후 제도적으로 합법화되었다. 1988년 한살림공동체, 소비자협동조합을 설립하고, 여성민우회, 소비자협동조합 등 여러 개의 소협을 조직하면서 본격적인 생활협동조합운동이 시작되었다. 1994년 소비자생활협동조합중앙회와 대학생활협동조합이 통합하면서 유기농산물직거래, 공동구매를 포함하여 보육, 의료, 보건 등 다양한 영역에서 생활협동조합 활동이 이루어졌다. 이런 활동은 1999년 8월부터 시행된 소비자생활협동조합법으로 법적 지위를 부여받는다.

한살림운동은 생활협동운동의 가능성에서 한 발 더 나아가 도시와 농촌을 결합시켜 유기농산물 생산-소비를 장려한다는 데 그 선진성이 있다(김종철, 2000: 86). 사회의 이런 인식은 낮아 청와대는 2003년 처음으로 한살림에서 친환경 먹을거리를 구매했다고 한다. 한살림은 도시 소비자와 농촌 생산자가 함께 조합원인 것이 특징이며, 소비자생활협동조합과 농업협동조합의 두 가지 성격을 함께 지닌다.

이와 비슷한 발상에서 비롯한 것으로 도농직거래운동과 같은 '공동체가 지원하는 농업(community-supported agriculture)'이 있다(김종철, 2000: 165). 유기농산물의 생산이 있는 사람만 좋은 농사라는 비판이 있다. 그러나 친환경 유기농업이 농산물시장 개방의 대안이면서 미래 노동의 모델이다(이철수, 2007.1.12).

정농회는 우리나라 최초의 유기농생산자 단체로 1976년 일본 애농회(愛農會)의 고다니 준이치의 강연을 들은 오재길, 원경선 등 기독교 신자들이 결성했다. 현재 450여 생산농가가 가입해 농약과 화학비료를 전혀 사용하지 않고 농사짓는다. 1991년 정농생활협동조합을 설립했다.

1984년 여섯 가정이 재산을 털어서 경기도 화성에 땅을 구입하고 닭장도 짓고 자연농법으로 계란을 생산하여 야마기시농장을 본떠 야마기시(山岸)농장을 운영한다. 야마기시공동체는 공유자산을 바탕으로 하여 "행복이라는 기준을 그냥 막연하게 두지 않고 소유가 없는 상태를 행복으로 두고 있다(김재원 외, 2008: 56)." 일본의 야마기시가이(山岸會)는 농업 생산 자체를 목표로 1953년 설립한 일본식 협동농장공동체이다. 돼지, 닭, 소 등의 가축을 공동체가 과학적인 판단 아래 사육한다. 1만여 평의 초지에서 거둔 풀을 닭에게 먹이는 것이 특징이다. 야마기시공동체는 일본의 여러 곳으로 퍼져 1,500여 명의 상주 구성원과 3만여 명의 지원자를 두었다(올리버 포피노 외, 1993: 299).

노동자기업 혹은 노동조합협동조합은 발전이 더디었다. 그것은 노동자의 인식부족과 독립적인 노동자기업이 아직 합법화하지 못했기 때문이다. 1987년 노동자 대투쟁을 계기로 노동자가 노동과 사회의 주인이라는 인식이 높아졌다. 노동조합의 전국조직을 결성하고 노동자가 노동, 자본의 소유, 경영이 일치하는 공동체 자기고용을 실현하기 시작했다.

또 노동자들이 사회경제적으로 각성하면서 노동자기업을 만들었다. 몬드라곤의 경험이 자극했다. 허병섭은 월곡동에서 동월교회를 중심으로 일용노동자를 조직해 막노동꾼공동체 '건축일꾼 두레'(1990~1994)를 만들고 탁아방 '똘배의 집'을 운영했다(허병섭 · 이정진, 2001). 청계피복노조는 옷 공장을 만들어 운영했다. 노동자들은 부도기업을 인수해 운영하기도 했다.

한편 1980년대에 노사협의회, 종업원지주제, 경영참가 등의 개념이 등장했다. 전두환 정부가 앞장서서 노사관계의 대립을 완충시키려는 의도 아래 독일의 노사협의제의 노사의견 존중의 내용을 빼고 형식만 도입했다. 종업원지주제의 경우 단기적으로 노동자의 참여의식을 높이지만 주가가 오르면 주식을 팔아버려 기업의 안정성을 해친다.

1987년 이후 공동육아, 골목도서실, 의료생협, 지역통화와 같은 생활 속의 공동체 자기고용의 움직임이 일어났다. 1991년 농협 1,500개, 신협 1,300개, 그리고 수산협동조합, 축산협동조합, 소비협동조합 등 모두 3,000개이다. 이들이 경제물동량과 서비스 가운데 차지하는 비중은 10% 정도이다. 관제의 성격을 벗지 못한다.

5) 지구화 지식사회 시기

1987년 이후 절차적 민주주의가 자리 잡아 노동자의 단결권이 인정되고 근로조건이 향상되어 노동자의 생활이 향상되었다. 그러나 세계화의 흐름과 IMF 통치의 노동 유연화와 농업개방정책에 따라 비정규직 노동자와 빈농, 도시빈민의 생활은 생활을 할 수 없을 정도로 나빠지고 실업자가 늘었다.

한국 사회는 자본과 생산력의 획득이 전보다 쉽고 노동자의 사회경제적 조직능력이 커지고 공동체 의식도 회복되면서 새로운 공동체를 모색하였다. 그 대안의 하나로 공동체 자기고용의 고민이 활발해졌다. 전통적 두레의 현대화를 가능하게 하는 조건의 변화이다. 정치의 민주화와 인터넷의 활용이 도움을 주었다.

일반적으로 프로슈머의 개념이 널리 퍼졌다. 생태환경, 에너지, 공해대책을 중시했다. 2008년 광우병 쇠고기 수입 반대 촛불시위 이후 생협의 회원 수와 매출이 크게 늘었다. 국제공정무역과 같은 국제 연대 활동이 활발해졌다.

생태를 중시하는 흐름은 도농의 협력을 넓혔다. 생활협동조합처럼 생태환경, 건강, 소비를 매개로 도시의 소비자와 농촌의 생산자를 결합한 사례가 늘었다.

IMF 통치 뒤 부도기업을 인수하는 사례가 늘었다. 경영환경의 악화뿐 아니라 부채구조도 문제였다.

여성 분야에서 육아협동조합, 협동조합, 지역공동체 활동을 전개했다. 성미산 마을공동체는 1994년 공동육아에서 시작해 자란 학생들의 학년이 올라가면서 지역을 세우고 성미산 지키기, 소비자생협의 조직, 카센터, 마포FM방송 개국, 지역신문의 발행, 지역의 도시계획, 마을극장 개관 등 마포클러스터로 발전했다. 홍성 홍동면 문당리의 생태농업 지역공동체와 더불어 한국의 대표적인 지역공동체로 발돋움했다.

민중운동이 경영체로 변한 경우로 독립미디어 부문을 들 수 있다. 대중의 지지 아래 경영이 기초를 다졌다. 교육의 전통에 이어 대안교육이 활발해졌다. 지식사회에 대중이 자구책을 구하는 흐름이다.

국제 관계에서 일본 생협이 한국의 도농직거래가 생협으로 발전하는 데 지원했다. 한국은 방글라데시의 그라민은행 방식을 배웠고, 2006년 그라민은행의 유누스 총재가 방한했다. 지구 차원에서 지속가능성의 문제가 커지면서 한국도 국제적 협력을 주목하면서 공정무역 등과 관계를 교류하고 지원을 받았다. 또 지구화의 전진에 따라 국제 부문은 국내 사정에 기인하는 연대의 필요성뿐 아니라 국제적 또는 지구적 성격이라는 독자성을 가지고 발전했다.

5. 세계의 공동체 자기고용 경험

서유럽에서는 산업화가 종료하고 자본주의 모순이 심각해지면서 1820~1840년대부터 노동계급의 단결, 협동조합, 사회주의, 맑스주의, 아나키즘이 발생했다. 이것은 1917년 러시아혁명이 이루어지면서 두 갈래로 나뉘었다. 서유럽은 1945년에 사회보장제도를 확대 개선해 복지국가를 건설하며 협동조합 사회적 경제를 모색했다. 그리고 사회주의 국가에서는 국유화 계획경제를 시행했다. 그러다가 서유럽에서는 1968년 파리혁명을 계기로 좌파 개념을 비롯한 모든 권위를 벗기고 신사회운동이 나타나고 지속가능성을 추구했다. 동유럽에서는 1989년 사회주의가 무너졌다.

지구화가 심화하면서 자본은 제국주의 지배, IMF, WTO, FTA 등의 제도와 협상을 이용해 노동과 제3세계를 초과 수탈했다. 이를 극복하려는 대안으로 사회적 경제, 공동체주의, 생태주의, 여성주의, 사회적 경제의 개념이 대두했다. 최근 지구적 사고와 지역적 실천의 이념 아래 지역공동체와 아울러 지구공동체를 살리려는 경향이 강하다.

근대 협동조합운동이 유럽에서 시작한 것은 유럽 사람들이 산업혁명의 영향을 가장 먼저 느꼈기 때문이다. 1840년대 유럽에서 나타난 격차, 빈곤, 실업 등의 현상이 1960년대에 일본에서 나타나고 한국에서는 1990년대에 들어와 심각하게 재현되고 있어(박기호, 2008: 15) 유럽을 비롯한 여러 나라의 경험은 한국 문제를 푸는 데 도움을 줄 것이다.

협동조합은 노동운동이 실업문제 등을 해결하지 못하는 한계에서 노동자들이 공동구매, 공동생산을 전개하면서 발달했다. 협동조합운동은 곳곳에서, 나라, 세계의 사정에 따라 다양하다. 협동조합도 자본주의냐 사회주의냐 라는 체제에 따라 의미가 상이하다. 서유럽에서 협동조합이 발달하고, 스페인 몬드라곤은 지역 분리, 종교를 배경으로 노동자기업, 협동조합의 성격을 지녔다. 초반에 소비자생활협동조합이 발달하였다. 그러나 뒤로 가면서 약화한다. 원인은 주택 부문, 의료 케어 부문 등의 공공 부문이 발달하거나 사회주의정책을 실시했기 때문이다. 사회주의 사회에서 맑스주의, ML주의와 결합한 협동조합은 국영 부문에 밀려 취약하다.

인도는 간디의 마을 스와라지 사상을 배경으로 협동조합을 발전시켰고, 방글라데시의 그라민은행이 유명하다. 일본은 1960년대에 생협을 발전시켰다. 남미의 무토지점거운동(MST)은 원주민의 주인의식에 기인한다.

1) 서유럽

(1) 서유럽의 경험

칼 폴라니가 서술한 바와 같이 산업혁명 이전에는 시장이 사회의 부속물이었으나 이제는 사회가 시장의 부속물이다. 19세기 초 영국에서 생산량이 크게 증가했으나 노동자 계급의 생활수준은 실제로 하락했다. 약 100년 사이에 임금률이 서서히 감소하여 이제는 이전의 3분의 1 수준으로 하락했다. 임금은 노동자가 가족을 부양할 수 없을 때까지 감소했다. 자신의 집에서 일하던 자긍심 높은 면직공과 모직공은 임금이 주당 30실링에서 4~5실링으로까지 하락하는 것을 경험했다. 급격한 도시화로 도시와 읍내는 위험한 전염병의 온상이 되었고, 식량의 소비 수준은 하락했으며, 1848년 로치데일(Rochdale)에서 평균수명은 약 21세였다. 자본을 소유한 자와 노동력을 판매할 수밖에 없는 자 사이에 벌어진 간격은 1세대 내에서 뛰어넘기 어려울 정도로 벌어졌다. 농업경영자는 농업노동자에게 식량을 재배할 토지를 임차하지 않고, 임차한 집 담장 주변에 기르는 과일을 먹는 것을 허용하지 않았다. 공장소유자는 성인은 물론 아동까지 하루 12시간씩 노동시켰으며, 작업대 옆에서 잠든 아동들을 매질했다. 광산소유자와 공장소유자는 노동자와 사용인에게 그 일터에서만 바꿀 수 있는 티켓으로 임금을 지불했는데, 소유자가 경영하는 트럭 숍(truck shop)에서 높은 가격이나 조악한 품질의 상품을 구입하는 것이 문제였다. 19세기에 나쁜 식료품, 조잡한 의류나 구두는 정부의 규제가 효과를 발휘하기 전까지는 일상생활에서 흔히 볼 수 있는 현실이었다.

그러나 협동조합의 사업은 이물질을 섞지 않은 고품질의 물건을 거래하고 현금거래를 고수했기 때문에 평판이 좋았고, 비교적 생활이 안정된 노동자계급에게만 호소력이 한정되었다(존스턴 버챌, 2003: 22).

로버트 오웬과 윌리엄 킹은 자립적 공동체를 구상했다. 오웬은 1821년 『빈궁원인론(An Explanation of the Cause of the Distress)』에서 사회의 정당한 목적은 인간의 육체적 · 도덕적 · 지적인 성격의 개선을, 욕망충족을 최대로 만드는 방법을 가져오는 것이라고 주장했다. 현재의 사회가 이 목적과 달리 가난한 사람이 많은 것은 이윤추구의 경쟁제도가 존재하기 때문이라고 하며 노동자계급이 협동조합을 만들어 이에 대항해야 한다고 제언했다. 노동자계급은 각자가 평등한 권리를 가지고 서로 책임 있는 태도로 힘을 합친다면 자조는 가능하다는 오웬의 협동조합 사상은 1844년 영국의 랭커셔에 설립한 로치데일 공정개척자조합에서 실행에 옮겼다. 그것은 노동자계급의 궁핍을 악용하는 소매상인의 착취를 방지하고 장차 실직했을 경우에도 자신이 일할 수 있는 자리를 자신들의 힘으로 만들겠다는 28명의 가난한 노동자가 힘겹게 자금을 모아 만든 일용품구입사업이었다. 로치데일에는 1833~1835년 동안 존속한 점포가 있었으나 지나친 외상판매 때문에 파산했다. 이 때 내건 목표는 점포의 개설, 조합원을 위한 주택 건설, 실업상태에 놓인 조합원과 임금이 삭감된 조합원을 조합의 공장과 일자리에 고용하는 것이었다. 이들이 목표하는 모든 것을 실행했지만 거주자가 임대료를 내지 못해 토지건축회사를 어렵게 하고 제조협동조합은 외부의 주주에게 넘어갔다. 로치데일의 경험은 소비자 주권과 상업적 성공이라는 쌍방을 보증하는 로치데일 8대 원칙을 낳았다.

1844년 12월 영국에서 격렬한 파업에 실패한 직포공들은 노동조합에 지불했던 주당 2펜스를 협동조합 설립 자금으로 전환해 협동조합을 만들었다. 이어 소비자협동조합, 생산협동조합, 농업협동조합, 신용협동조합 등을 다양하게 조직했다. 그 뒤 개방된 조합원제도와 이용액 배당제를 결합하면서 협동조합운동은 급속히 발전했다. 조합 민주주의와 출자에 지급하는 이자를 제한하면서 협동조합은 외부의 주주가 지배하지 못하는 소비자운동으로 자리 잡았다.

이런 흐름은 노동운동의 발전과 궤를 같이한다. 영국에서 1800년대에 노동자 단결을 제한하는 단결법이 생기고, 1870년대에 노동자의 기본권을 보장하는 노동조합법을 제정했다.

19세기 중엽 후진국인 독일에서 공업화로 몰락하는 수공업자나 농민 등 소독립생산자들 사이에 협동조합운동이 일어났다. F. H. 슐체-델리치가 설립한 소목공을 위한 원료구입조합은 생산조합의 모범이 되었으며, F. W. 라이파이젠은 농민에게 저축 장려와 자본의 공급을 목적으로 설립한 신용협동조합은 농촌신용조합의 선구가 되었다.

프랑스는 생산조합, 미국은 농업조합을 중심으로 협동조합이 발달했다. 이 공동체는 노동자 자신의 필요만을 충족하는 것이 아니라 실업 상태에 놓인 노동자들에게 일자리 마련에 필요한 토지를 구입하고 질병수당을 제공해 필요를 충족했다. 이 비전의 대부분은 뒤에 스페인 바스크지방에서 설립한 몬드라곤협동조합 복합체가 실현했다.

그 뒤 신용협동조합, 농업협동조합, 노동자협동조합, 주택협동조합, 보건협동조합을 창립했다. 소비자신용, 농업, 주택 그리고 의료라는 협동조합의 기본 형태는 그 뒤 더욱 세분화해 보험협동조합, 산림협동조합, 어업협동조합, 전력협동조합, 의료협동조합 그리고 최근에는 사회적 서비스협동조합, 대학생활협동조합까지 넓어졌다.

유럽 선진국들은 1945년 이후 사회보장제도를 확대 개선해 복지국가를 건설했다. 소비자협동조합은 1960년대 최고 전성기를 거쳐 거의 모든 나라에서 쇠퇴 추세를 보였다. 2차 세계대전 뒤 소비자협동조합은 기술혁명, 경쟁의 격화, 인구의 근본적인 대량 이동, 경제 성장의 불안정화, 그리고 소비자 기호의 급격한 변화에 직면했다. 전쟁으로 파괴되지 않은 나라에서 소비자협동조합은 시대에 뒤떨어진 점포, 창고, 공장 체제와 구식 문화 규범과 기대에 대응하여 변화해야 했다. 이런 소비자협동조합은 대부분 살아났고 몇몇 협동조합은 소비자소유기업 미래의 전망을 제시했다.

스위스는 생협인 미그로와 코프가 전체 유통시장의 70%를 차지하며, 미그로는 스위스 최대의 고용 규모를 자랑한다. 이탈리아 제2의 도시 볼로냐는 생협의 도시답게, 시민의 절반이 조합원이고 볼로냐시에만 400개가 넘는 조합이 있다. 볼로냐는 로버트 푸트남의 연구처럼 오래 전에 축구 클럽과 상인 길드가 정착되어 사회적 신용을 조장하는 데 기여한 북부 이탈리아 지방의 중심도시이다(리들리, 2001: 345). 프로슈토 육가공협동조합에서 생산되는 볼로냐 대표음식 살라미는 이탈리아 전역뿐 아니라 세계 50개국에 수출되고 연 매출액은 5백만 유로이나 그 수익은 고스란히 지역민들에게 남는다. 또 1934년에 설립된 볼로냐 건설협동조합은 연간 3천 200억 원대의 사업을 맡아 5천 명의 조합원에게 안정적인 일자리를 제공하고 있다. 이탈리아 생협은 지역에 밀착하여 운영한다. 주로 유통을 담당하는 대형 생협들이 지역에서 생산을 담당하는 중소생협을 지원한다. 생협에서 파는 상품의 70%는 지역에서 생산하는 것이다. 따라서 조합원들이 지출한 돈은 자연스럽게 지역에 재투자되고, 조합원 조직은 강력하다. 조합원 조직의 운영은 선거로 선출한 조합위원회가 담당하는데, 이 위원회는 교육, 리크리에이션, 지역 내 문화 볼룬티어(자원봉사) 활동 등을 하며, 생협의 기초 조직으로 이사 선출이 바탕이다. 볼로냐 대학 경제학과의 스테파노 잠마니 교수는 "많은 사람들이 협동조합이 열등한 형태의 기업이라고 생각하는데, 세계의 유명한 경제학자들은 미래를 내다보면 우리가 추구해야 할 경제 모델은 협동조합이라고 말해왔다"고 말한다.[7]

농협과 신용협동조합은 농업경제를 보호하는 정부의 결정으로 안정되었다. 그러나 보호가 줄어든 지금 세계시장에 진입한 농협은 외부환경의 충격을 최소화하여야 한다.

노동자협동조합은 노동자의 자주관리라는 비전을 간직하고 있다. 몬드라곤 시스템을 다른 곳에서도 적용할 수 있기를 희망한다. 주택협동조합은 선진국에서 점차 확산되는 공공주택 문제를 해결하는 데 유력한 대안이다. 새로운 건강 및 사회적 케어협동조합의 모델은 유럽의 공공서비스의 구조 개혁에 크게 공헌하고 있다(존스턴 버챌, 2003: 191).

---

7) 「위기의 부산 경제 그 해법을 찾아서……」, 『부산일보』 2008.8.30.

세계노동운동에는 사회주의 이전에도 독일혁명(1848), 파리코뮨(1872)과 같은 공동체 자기고용의 전통이 있다. 초기 노동운동이 이것을 충실하게 계승했다. 그러나 산업주의가 들어오면서 노동운동이나 좌파운동은 조직 노동자의 이익만 대변하고 비조직 노동자나 학생의 어려움을 외면했다. 이런 문제가 폭발한 것이 68혁명, 또는 파리 5월혁명이다. 노동운동 좌파가 대중과 분절된 것의 폭발이다.

68혁명 전후에 뉴 레프트(New Left), 신사회운동, 아우또노미아(1962)가 발생했다. 신사회운동의 구성은 생태환경, 여성, 소수자, 코뮨, 사회적 은행, 반전 평화, 풀뿌리 민주주의, 녹색당 등 다양하다. 68혁명 세대들은 1980년 독일에서 녹색당을 결성해 그해 지방의회 선거에서 풀뿌리 정치의 발판을 마련하고, 1983년 연방의회 선거에서 5.6%의 득표율로 27명을 의회에 진출시키고 1996년 총선에서 6.7%를 득표해 1당인 사민당과 적(노동)−녹(환경) 연정을 출범시켰다. 그 뒤 지구온난화, 수평적 착취구조와 양극화, 자원 약탈과 국제분쟁 등의 문제를 생산력 발달과 계급독재만으로 해결할 수 없으므로 적녹연대는 대세가 되었다.

노동운동·농민운동 등 생산현장을 중심으로 하는 구사회운동을 대체하는 흐름이 나타났다. 1960~1970년대의 뉴 레프트, 1970~1980년대의 신사회운동이 대안운동으로 나왔다. 신사회운동은 환경, 반핵, 인권, 소비자, 여성운동, 전문직업인운동, 지역주민운동, 청년운동 등 생산현장은 물론 소비 영역 등 생활현장의 문제와 대안 전반을 포괄하고 세분화하고 구체화했다.

1960년대에 영국의 좌파진영은 노동자 자치경영의 요구가 단합을 저해하는 지엽적 문제라고 생각하는 경향이 있었다. '국유화'라는 만병통치약에 비하면 모든 문제가 지엽적이었다. 1970년대에 와서야 분위기가 바뀌기 시작했다. 당장 문을 닫게 된 많은 사업체에서 노동자들은, 입 다물고 없어져주는 대신, "노동자 경영 체제 아래 공장을 돌릴 수 있도록 도와 달라"며 장기간 '연좌시위'에 돌입했다. 또 영국의 노동조합 간부들과 지방의회 의원들은 바스크 지방에서 몬드라곤 협동조합을 발견하고 이의 성공

비밀을 찾아 스페인으로 순례 길에 올랐다. 그러나 1970년대 영국의 실험은 대부분 실패했다(콜린 워드, 2004: 19~21).

영국의 데본지방의 자연주의 마을 토트네스(Totnes)는 나병 환자를 치유하는 영험한 샘물이 있어 16세기부터 치유의 땅으로 유명한 곳이다. 이곳은 단순하게 농사짓는 귀농 도시가 아니라 자연주의 산업을 발전시켜 지역경제를 지탱한다. 300년 넘게 만드는 그린슈즈 등은 세계적인 지역 브랜드를 만들고, 지역은 많은 장인을 키웠다. 영국의 대표적인 유기농 농장 리버포드도 위치해 있다. 슈타이너학교는 닭을 키우며 시작해 빵 굽는 일로 수업을 마친다. 4학년 전까지는 무엇을 가르치는 것이 아니라 경험하는 것으로 충분하다는 것이 교육 철학이다.

1990년대 이후 유럽의 신좌파는 생태, 여성, 인권을 중심을 활동했다. 생태환경이 중요해지고 유럽연합은 GMO를 규제한다. 환경수도라고 부르는 독일의 프라이부르크는 유기농업을 바탕으로 환경을 살리는 지속가능한 경제를 운영한다. 유기농업을 하는 사람들은 비오란트(Bioland)나 비오파르크(Biopark) 등의 유기농 단체 회원이다. 비오란트는 '생물의 대지'라는 뜻이며, 식물학자이며, 농업경영학자 뮬러(Muller)가 1971년 창립했다. 비오란트는 검사관을 파견해 전국의 2천 6백여 회원농장을 수시로 방문해 토양상태나 사육방법 등을 체크한다. 비오란트에는 농가뿐 아니라 300여 식품가공업자도 참여한다. 독일에는 비오란트 외에도 8개의 유기농 단체가 있으며 이들은 연합체로 AGOL(생태농업학회)을 결성했다.

프라이부르크에는 1992년 친환경적인 프로젝트나 기업에만 융자하거나 투자하는 독일 최초의 환경은행 에코(Öko Bank)와 1997년에 창립한 환경은행(Umwelt Bank)이 있다. 에코은행은 에코비전이라는 펀드도 취급하고 기업컨설턴트회사도 운영한다. 에코비전은 투자처인 캐나다의 연료전지 원동기회사가 벤츠사의 자회사와 합병했다는 사실을 들어 투자대상에서 제외했다. 벤츠사가 무기생산에 관여한다는 이유에서였다. 1996년 독일 최초로 부금 전체를 생태적인 프로젝트에 투자하는 보험회사 에코 캐피털, 에코라이프를 설립했다(김해창, 2003: 86~94).

북유럽은 협동조합이 발달했다. 북유럽 복지국가들은 복지제도 수립에 앞서 이를 뒷받침해줄 경제적 능력을 확보하는데 우선적인 관심을 기울였다. 높은 경쟁력을 바탕으로 개방적인 세계시장에서보다 많은 경제 잉여를 추출할 수 있었고, 이를 통해 복지체계 유지에 필요한 자금을 조달했다. 예를 들어 인구 500만 명의 소국 핀란드가 높은 수준의 복지를 유지하는 것은 휴대전화 제조업인 노키아가 세계 1위의 시장점유율을 확보할 수 있었기 때문이다. 스웨덴은 재벌 발렌베리(Wallenberg)가의 존재를 인정하는 조건으로 재벌이 출연하는 자금을 사회적 경제에 활용한다. 스웨덴은 1936년 사민당과 농민당의 연합정부가 집권하여 1976년까지 장기 집권했다. 1938년 노조와 사용자 단체 사이에 찰쥐바덴 협약을 체결하여 국가의 개입 없이 노사 협의로 노동문제를 평화적으로 해결하는 관행을 만들었다. 노동시간을 줄여 일자리를 늘려 실업자에게 일자리를 제공하고 여성 경제활동 참여율을 높이고 출산율을 높인다. 탄탄한 복지시스템을 바탕으로 육아휴직이나 재교육 확대 등으로 일자리를 늘려 남는 노동력을 흡수한다.

이런 북유럽의 복지모델은 토대가 매우 불안정하다. 세계 시장이 나날이 불안하며 경제 잉여 추출이 난관에 봉착하는 순간 북유럽의 복지모델은 곧바로 무너질 수 있다. 또 이 모델은 재화와 서비스의 소비 주체로 개인을 상정하고 국가가 소비 능력을 보충해주는 데 초점을 맞추었다. 그 결과 복지국가는 사람과 사람 사이의 공동체적 관계를 통해 삶의 양식을 질적으로 변화시키는 것을 소홀히 했다(박세길, 2008, 441).

(2) 노동자기업

스페인의 몬드라곤이 노동자 협동조합 경영의 대표적 경우다. 노동자기업, 지역의 독립성, 종교적 배경을 가지고 있다. 몬드라곤은 1954년 예수회 신부 돈 호세 마리아 아리즈멘디아레타(돈 호세)와 다섯 명의 젊은이가 스페인의 퇴락한 광산촌락에서 시작했다. 1941년 프랑코 독재의 엄혹한 환경에서 임지에 도착한 돈 호세는 그 지역의 높은 실업률, 낮은 교육수준, 미래에 대한 절망감을 보았다. 그는 대안으로 1940년대 말 공업훈련학교를 출범했으나 1955년 36만 1,604달러를 모금해 다섯 명의 청년 실업자와 함께 알라딘(Aladdin) 석유 히터를 만드는 조그만 제조회사를 사들였다. 1년 뒤 그들은 회사를 몬드라곤으로 이전했는데 이것이 협동조합의 시초다. 그들은 회사 이름을 자신들의 성을 따서 ULGOP라고 지었다. 종업원이 1956년 24명, 1958년 149명으로 늘었다. 1990년 몬드라곤 협동조합 단지(Mondragon Cooperative Complex)의 종업원 수는 2만 1,241명이었다. 몬드라곤 단지는 100여 개 기업으로 구성한 복합단지로 자산규모는 26억 달러를 넘는다. 스페인 내 연간 매출규모 8위, 일자리 창출규모 3위의 대기업이다.

종업원들이 회사를 소유해 자본과 노동의 관계가 반전했다. 몬드라곤 시의 노동가능 인구 3분의 2가량이 그룹의 조합원이다. 몬드라곤 그룹은 1인 1표 주의라는 민주적 방식에 의해 노동자들이 경영에 직접 참여하는 '노동자자주관리기업'이다. 조합원들은 임기 4년의 조합장과 경영진을 선출한다.

20세기 후반 몬드라곤은 독특한 '노동자 민주주의'를 개발해 성장시켰다. 믿을 수 없을 정도로 높은 일자리 창출능력과 공동체 유지 능력은 다섯 가지 지도원칙을 형성했다.

몬드라곤의 원칙은 첫째, 협동조합의 민주주의 원칙이다. 그러므로 모든 노동자는 하나의 투표권을 가진다. 노동자는 이사회를 선출하고, 이사회는 경영자를 채용한다. 노동자들은 경영자가 하는 일이 마땅치 않으면 그들은 언제나 그 사실을 이사회에 제출할 수 있다. 민주주의적 조직구조의 한 부분은 노동자 총회인데, 여기서는 모든 노동자가 투표할 수 있다. 거기에는 또한 상급경영자를 감시하는 '감시위원회(watchdog council)'와 20~50명으로 구성한 팀의 대표자들로 구성한 '사회위원회(social council)'가 있다. 협동조합 안에 노동조합도 있지만 경영자와 노동자 사이의 높은 수준의 의사소통 그리고 이미 자리 잡은 권력 균형에 힘입어 그들은 대부분의 여느 조합들과 달리 매우 다른 역할을 한다. 다시 말해 민주주의 원칙은 노동자들이 원하면 몬드라곤 협동조합의 어떤 또는 모든 조합을 근본적으로 재조직할 수 있도록 한다.

둘째 원칙은 재무구조의 독창성이다. 모든 노동자는 분담금을 조합에 출연해야 한다. 이 돈을 퇴직할 때 찾아갈 수 있다. 조합조직 안에 은행조합을 만들고, 은행은 새로운 일자리 창출에 자금을 대출한다. 몬드라곤에서 일하고자 하는 모든 사람에게 새로운 일자리 창출에 자금을 대출해 일하도록 해준다. 이 사명은 투자수익을 올리는 것보다 더욱 중요하다. 따라서 이는 지금까지 은행이 가졌던 패러다임을 거부한다. 몬드라곤의 은행조합은 공동체 사회의 직업기반을 마련하려고 그 자본을 위험상황으로 내몬다.

반대로 모든 노동자와 몬드라곤의 협동조합은 이 은행을 이용해야만 한다. 이 은행은 노동자의 저축과 연금기금을 수탁하고 그 자금을 몬드라곤의 모든 기업에 대출한다. 이처럼 독점적 자금운영을 하는 대신에 조합 은행은 이 세상 어느 은행도 하지 않는 서비스를 조합원들에게 제공한다. 신규 사업의 전략 정보와 지침을 제공한다. 그 지역과 유럽 전역에서 필요한 제품과 서비스로 최신의 마케팅 정보를 제공한다. 나이 많은 간부들이 새로운 협동조합의 운영을 지도한다. 지역 안에 새로운 일자리를 창출하는 데 창업자금을 제공한다. 창업을 촉진하는 몬드라곤의 태도와 훌륭한 기술 때문에 이 지역의 창업 성공률은 무려 80%에 이른다. 1980년대까지 100개 이상의 신규조합에 대출했지만 실패한 것은 세 곳뿐이었다.

셋째 원칙은 교육과 연결되어 있다. 1940년 설립한 기술학교는 조합들과 같이 성장했다. 또한 협동조합에는 언제나 많은 학생들이 일하기 때문에 그들은 자신의 창업계획과 실제의 업무 사이에 직접적인 연관이 있음을 알았다. 조합들이 성장하면서 필요해지면 학교의 교과목으로 채택했다. 나중에는 경영학부와 마케팅학부를 추가했는데, 이들 학부는 지금 유럽 전역에서 최고의 경영대학으로 평가받는다. 마케팅학부는 은행이 예비조합 창업자를 위해 개설한 것이다. 1990년 기준으로 6,500여 명이 학위과정에 다니고 3,500여 명이 여러 가지 훈련과정에 다녔다. 구체적인 사업,

직무와 직접 연관된 프로그램은 미국에서도 일리노이스주 샤움버그에 있는 모토롤라대학교(Motorola University)가 실시 중인 몇몇 프로그램을 제외하고는 비교가 되지 않는다.

넷째 원칙은 공정한 보상 개념이다. 몬드라곤의 조합단지는 몬드라곤 문화의 공정성, 명백히 기독교적 성향의 기업윤리, 바스크족의 검약정신을 바탕으로 독특한 급료시스템을 가졌다. 구체적인 급료 비율은 1955년 책정해 1980년대까지 유지했다. 최고 직위의 임금은 최하위 직급이 받는 월급의 여섯 배를 넘지 못한다. 만약 사장이 월급을 올리려면 모두 올려주어야 한다. 1996년 미국의 경우 주요 기업들의 급료 차이는 115대 1이었다. 최근 몬드라곤의 비율은 15대 1로 높아졌는데, 이 이유는 스페인의 타 지역에서 몬드라곤의 경영자들은 더 높은 급료를 제공하는 조건으로 그들을 빼가기 때문이다.

승급에서 '인간관계 기술(relational skill)'이 평가의 20%를 차지한다. 퇴직자는 그들의 연금기금에서 축적한 누적 이익에서 30%까지 벌과금으로 공제처분을 받는다. 직업을 잃을 경우 노동자는 매월 급료의 80%를 받는다. 그러나 실업은 거의 일어나지 않는다. 그 이전 단계에 여러 가지 조치를 취하기 때문이다. 예를 들어 어느 노동자가 정리해고되기 전에 해당 조합에서 그동안 축적된 이익이 있다면 그것을 급료로 지급한다. 만약 그 금액이 충분하지 않다면 그 조합의 모든 급료수준을 평균 85% 수준으로 삭감할 수 있다. 만약 그러고도 일자리를 유지하기 어렵다면 그 노동자는 몬드라곤 안의 다른 조합으로 전출된다. 옮겨간 조합의 급료가 그 전보다 낮은 경우 실업기금이 그 차이를 보충한다. 마지막으로 이렇게 하고도 해결하지 못하면 그 노동자는 실직하는데, 가능한 빨리 새로운 기술을 배우는 교육을 받기 시작한다.

이 제도는 매우 효과적이다. 1980년대 초 세계적 경기 불황 시기에 바스크 지역에서 15만 명이 직업을 잃었는데 몬드라곤 조합 단지는 오히려 4,300개의 일자리를 늘렸다. 최종 경과는 104명으로 60분의 1%만이 일자리를 잃었을 뿐이다.

다섯째 원칙은 은퇴 계획이다. 몬드라곤 조합단지는 자체의 퇴직연금을 스스로 마련하고 완전히 지급한다. 노동자는 수익의 32%를 적립하고, 최종 급료의 60%를 연금으로 받는다. 조합은 또한 1980년대 말까지 건강보험을 지급했고 그 이후는 바스크정부가 그 재원을 조달했다. 은퇴계획 가운데 훌륭한 하나는 퇴직자가 원하면 채소를 가꿀 수 있는 정원 한 구역을 배당한다(조엘 A. 바커, 1998: 147~157).

몬드라곤의 경우를 포함해 최근까지 생활협동운동은 대체로 생태학적 전망을 결여했다. 특히 몬드라곤의 경우는 노동자의 생산수단 공유라는 사회주의의 이상을 실현했다고 하지만 대외적으로 자본주의적 시장논리를 철저히 존중하는 틀 안에서 경쟁능력을 높였고, 이제는 로봇까지 생산하는 기술공동체로 발전했다. 그러나 김종철은 지구의 생명지원체계자체가 파손 직전에 도달한 오늘의 상황에서 이와 같은 몬드라곤 방식의 생산공동체운동이 과연 진정한 대안인지 의문을 제기한다(김종철, 2000: 86).

1969년 영국의 루카스 항공(Lucas Aerospace) 노동자들은 비용 감축을 위해 일부 공장을 폐쇄하고 노동자를 정리해고하려는 경영진에 맞서 그때까지 없었던 전혀 새로운 시도를 계획하고 실행에 옮긴다. 이들은 지역사회의 주민들과 협력해 그때까지 그들이 만들었던 전투기 엔진이 아닌 150개의 혁신적 제품을 설계하고 그중 일부를 시제품으로 내놓았다. 여기에는 저렴한 의료기구, 저연료 엔진, 도로 · 철도 겸용 버스, 태양 집열장비 등 인권, 환경, 지역사회의 필요를 고려한 제품들이 다수 포함되어 있었다. 1970년대 10여 년 동안 진행된 이 계획은 경영진이 거부하였고, 결국 노동조합의 지도자들이 해고당함으로써 실패로 끝나고 만다(강양구, 2005). 2009년 공장을 폐쇄한 쌍용자동차와 GM 본사의 파산으로 위기에 몰린 GM 대우자동차 노동자가 이 사례에 관심을 가진다.

(3) 금융, 교육, 문화공동체

이탈리아 Banca Ethica(윤리은행)는 '이윤보다 이웃에 투자'를 주장한다. 자신의 돈을 사회적 이익에 쓰고 싶은 사람은 누구나 윤리은행과 거래하는 이탈리아 금융기관의 창구를 통해 계좌를 개설할 수 있다. 대출의 주요 목적은 실업자나 사회적 소외 계층의 일자리 창출과 저소득층 창업자에게 자금을 지원하는 것이다. 투자분야는 사회적 협동조합이나 사회적 일자리, 환경연합과 영농 조직, 제3세계 협동조합 발전과 공정무역, 문화 교육적 활동 등이다. 이탈리아의 22개 윤리은행은 은행 설립에 필요한 자금 650만 유로를 모았고, 이탈리아 중앙은행이 1998년 윤리은행을 은행으로 승인했다. 대안금융 활동만을 목적으로 하는 제도권 은행이 세계에서 처음으로 탄생했다.

(4) 지역공동체

이스라엘의 키부츠(kibbutzim)는 시장 대신 공동체에 헌신하는 개인들이 집합체요 이상이 지배하는 공동체였다. 키부츠의 대다수는 원래 농업을 위한 협업 기업체로 출발했다. 1909년 최초의 키부츠인 '데가니아'를 건설했다. 이스라엘에는 약 240개 이상의 키부츠가 있고 회원은 10만 명 정도다. 키부츠 하나의 구성원은 50~2,000명이다. 키부츠에서 육아는 일개 가족의 관건이 아니라 공동체의 책임이며 키부츠가 기른다는 급진적 사고에서 출발해 어린이는 주중에는 공동 어린이집에서 기거하고 주말에는 부모에게 간다. 그러나 오늘날에는 아동시설을 폭넓게 제공하는 쪽으로 변화했다(앤터니 기든스, 1999: 190).

키부츠는 이스라엘 건국과정에서 군사목적에 의한 건설과 구성원들의 참전으로 중요한 몫을 했다. 인구는 이스라엘 전체의 7%를 넘긴 적이 없지만, 많은 정치 군사 지도자를 배출했다. 그러나 자급자족적 농업공동체로 출발한 키부츠는 공업화에 따른 외부 노동력 유입으로 변질했다. 현재는 키부츠 인구의 15%만이 농업에 종사하고 노동력의 40% 가까이가 타이인과 아랍인들이다. "착취하지도 않고 착취당하지도 않는" 유대인들만의 공동체 유지가 구조적으로 힘들게 됐다. 소비주의와 개인주의, 세속주의를 조장하는 유대교의 침투도 키부츠의 사회주의적 전통을 무너뜨리는 데 한몫했다.

지역공동체협동조합은 호주 퀸즈랜드의 말레니(Maleny) 지역공동체와 캐나다 동부 지역의 농촌공동체가 유명하며, 협동조합기업들이 모여 지역협동조합경제를 형성했다.

의료보험은 1883년 프러시아에서 사회보험으로 처음 실시했다. 이후에 오스트리아 영국에 이어 소련 · 일본 등에 파급되고, 1930년의 세계공황 뒤에는 미국 · 캐나다를 비롯하여 라틴 아메리카로 확산되었다. 이스라엘에서 히스트라덧(Histradut) 노동조합이 설립한 의료협동조합은 1926년 출발해 1995년 국유화할 때까지 전 국민의 70%에게 훌륭한 의료서비스를 제공했다.

자본과 서구 근대화를 통한 공간의 지나친 사유화와 불평등 구조는 공간점거운동, 빈집점거운동, 주택점거운동 등으로 불리는 '스쿼트(squat, 쪼그리고 앉는다는 뜻)운동'을 탄생시켰다. 스쿼트운동은 초기에는 공간을 둘러싼 사회적 소수자들의 생존권 투쟁으로 시작하였으나, 시간이 흐를수록 "공간에 대한 사회적 불평등과 거주권 · 생활권 박탈", "공간의 일방적인 사유화에 따른 사회적 공공성 훼손 및 비효율성 가중(빈공간의 방치)" 등 공간을 둘러 싼 사회적 공공성과 권리의 문제를 제기해왔다. 네덜란드, 덴마크 등을 중심으로 유럽에서 시작된 스쿼트운동은 현재 유럽의 '점거 아틀리에운동', 미국의 '주택점거운동', 브라질의 '땅 없는 사람들 운동' 등 세계적으로 확산되어 전개되고 있다. 스쿼트운동은 1990년대로 들어서면서 "생존권에 근거한 단순 점거 행위"를 넘어 "몇 십 년 동안 비어있는 건물을 살아 있는 공간으로 만드는 행위는 경제적인 가치를 창조하는 일인 동시에 정치적 · 문화적으로도 올바른 일"이라는 입장을 제시하였고, 이는 각종 언론과 시민사회를 통해 긍정적인 평가와 지지를 이끌어내었다. 스쿼트운동은 독일이나 이탈리아의 아우또노미아운동에서도 볼 수 있듯이 '공간－거주－생활－공동체'의 관계를 통해 자연스럽게 문화운동과 연계하는 '점거 아틀리에'운동의 형태로 확대되었다. 파리의 '로베르네 집'은 프랑스의 대표적인 점거 아틀리에다.

2) 아프리카

전통적인 아프리카문화에는 두 가지 기본적인 형태, 즉 돌아가면서 서로 일해 주는 노동집단과, 차례를 정해놓고 공동화된 신용과 저축을 찾아 쓰는 연합체가 있었다. 이 둘은 근대 이전의 협동조합이라고 할 수 있다. 예를 들어 보츠와나와 잠비아의 장례모임은 서유럽의 장례모임과 비슷하며, 짐바브웨의 저축모임은 신용조합과 유사하다. 그러나 아프리카의 협동조합은 이런 전통을 기반으로 하기보다는 식민지정부나 독재적인 민족주의 정부에 의해 강제로 도입되었다.

이런 배경 아래 현재까지 아프리카 협동조합운동의 발전과정에는 세 가지 특징 국면이 존재했다. 첫 번째 국면은 서유럽 국가가 경제개발의 도구로 협동조합을 아프리카에 소개했던 식민지 국면이다. 두 번째는 아프리카인들이 만든 정부에 의한 협동조합의 개발과정과 협동조합의 구조는 이전의 것을 답습한 채 협동조합의 이데올로기만을 변형시킨 독재적 민족주의 국면이다. 마지막으로 협동조합이 기존의 틀과 관행에서 해방되도록 강요받는 조정국면이다. 이 세 번째 국면은 마치 현실 사회주의 붕괴 이후 동유럽의 협동조합 부문과 비슷한 성격을 갖는다. 즉 사회주의 정권이 몰락하자 정부에게 보호받던 협동조합이 시장에서 살아남으려고 몸부림치는 상황에 놓였다(존스턴 버챌, 2003: 202).

아프리카 협동조합이 발전하려면 일정한 기본조건이 필요하다. 국제무역이 제3세계에는 불공정하고 국제은행이 높은 이자율로 채무를 상환하라고 계속 주장한다면 가장 효율적인 기업조차 살아남을 수 없다. 불평등이 심화되고 더욱 비참해지는 압박 아래 새로운 민주사회는 지속할 수 없고 일당 독재와 시민전쟁 속으로 후퇴할 것이다. 이는 결국 협동조합이 민주적 조직체로 발전하는 기회를 훼손할 것이다.

현재 아프리카는 물, 상하수도, 전기, 도로 등 애로가 많다. 석유자원 식물자원도 서유럽 나라들에 수탈당한다. 서유럽의 제약회사는 에이즈 치료제를 아프리카의 약용식물을 이용해 만들어 비싼 값에 되판다. 찢긴 상처를 치유해야 한다.

3) 아메리카

북미의 협동조합은 일본의 소비자협동조합, 북부 이탈리아의 노동자협동조합, 스위스의 신용협동조합과 배경이 비슷하다.

캐나다는 협동조합 경제가 발전해 1,200만 명이 협동조합에 가입했다. 유명한 퀘벡 등 불어권 협동조합은 '외국' 자본의 지배에 대해 대안을 찾으려 국민주의적 감정과 결합했다. 퀘벡에서 인민금고(caisses populaires)가 몬드라곤 카자노동은행처럼 발전해, 신협 점포 수가 일반은행의 점포보다 많다. 이들은 지역투자기금의 조성, 지방기업에 대한 지원, 퀘벡에서 소유해야만 한다고 생각하는 대규모 기업에 대한 투자 등을 담당하는 자회사를 설립해 경제 발전을 도모했다(존스턴 버첼, 2003: 307).

미국은 협동조합이 파편화한 모습을 보인다. 그러나 인구가 많고 산업생산이 매우 높아 비록 작은 협동조합 부문들도 세계적인 차원에서 보면 중요한 의미를 지닌다. 미국의 협동조합은 자본주의 독과점 시장을 견제하는 기능을 갖는다. 이런 점 때문에 주 및 연방정부의 지지를 받는다.

토크빌(Alexis de Toqueville)은 1830년대 미국을 방문하고 지은 『미국의 민주주의(Democracy in America)』(한길사, 1997)에서 "미국인들은 연령에 상관없이, 인생의 어느 지점에서건, 어떤 성향의 사람이든지 간에, 항상 결사체를 조직하고 있다. 여기에는 모든 이들이 참여하는 상업 단체와 산업 단체뿐 아니라, 수없이 많은 다른 유형의 조직들도 포함된다"고 한다(토크빌, 1983: 507).

주민투표로 재선이 결정되는 선출직 공무원은 주민 다수의 수요를 중심으로 공공재의 공급을 결정하여 최대 득표를 얻고자 하므로, 다양한 구성원이 다양한 수요를 가진 미국에서 NGO는 준공공재의 생산을 담당한다. 개인은 세금을 내고 원하지 않는 서비스를 제공받는 대신, 본인이 원하는 서비스를 제공하는 NGO에 기부금을 내고 그만큼 소득공제를 받는다. 미국의 NGO 수는 1970년대 70여만 개에서 1995년 160여만 개로 급증했고, 전체 GDP의 8.8%, 전체 고용의 11.9%를 차지한다. 재정위기 기간에 NGO의 공공서비스 제공이 늘었다.

S. D. 알린스키(1909~1972)의 영향을 받은 주민공동체운동(community organization)으로 미국의 ACORN, 브라질의 주민운동, 필리핀의 빈민공동체운동(LOCOA)이 있다.[8] ACORN은 노동운동과 주민운동의 결합 속에서 사회운동의 방향을 찾으며 AFL-CIO로 대표하는 미국의 노동운동이 조직노동자만을 위하는 것에 대응한 주민공동체 조직(CO)으로, 가가호호를 방문해(door knocking) 주민의 애로를 듣고 문제화해 싸워 해결하거나 낡은 주택은 스스로 재개발하는 조직 방식을 쓴다. 버락 오바마 미국 대통령은 청년시절에 호별방문을 경험하며 대중과 접촉했다고 한다.

필리핀은 도시빈민을 조직하고 수도, 전기, 화장실과 같은 생활시설을 확보하는 데 뛰어난 능력을 보였다. 그러나 주민운동은 지주와 정치권의 야합과 사회의 부패를 넘어 사회적 부를 재생산하지 못한다. 2006년 필리핀 섬 지방에서 주민 1,500명이 산사태로 깔려 죽었다. 그런데 이 사건도 지역의 부패한 토호들이 원시림을 베어낸 자리에 나무를 심지 않고 이상기후 때문에 건기에 때 아닌 호우가 쏟아져 발생했다. 필리핀 주민운동의 조직가인 데니스 머피는 빈민당을 조직해 필리핀 사회가 지닌 문제를 극복하려 한다.

알린스키의 방식에 따라 화이트 박사가 1970년대 연세대학교에서 빈곤문제연구소를 만들어서 젊은 목사들이나 전도사들을 훈련하여 청계천에서 조직했는데, 중앙정보부가 주민운동 팀을 모두 감옥에 보내고 해산시켰다. 결국 화이트는 필리핀에 가서 주민운동을 했다.[9]

라틴 아메리카의 5천여 년을 이어온 전통 공동체가 15세기 유럽 제국주의의 침략으로 무너졌다. 자본과 토지가 일부 기업가와 지주에게 집중되

---

8) 쿠바의 유기농업과 미국의 주민운동을 견학한 양재덕의 말, 2007.3.28, 인천에서.

9) 양재덕의 말(2006.2.28, 인천).

고 빈부 격차가 크다. 도시와 농촌에서 빈민이 독자의 계급을 형성하고 또 이들 자신이 토지공유를 신봉하는 토착민의 후예라는 점이 결합해 사회주의가 발달했다. 남미 거의 대부분 국가에서 사회주의 정당이 집권했다.

1994년 1월 멕시코의 치아빠스주에서 봉기한 사빠띠스따 농민군 등은 공동체의 복원을 위해 500년의 투쟁을 계승한다.

1980년대 제정한 브라질 헌법에는 대지주의 미경작지를 정부가 수용해 땅 없는 농민들에게 분배하도록 하는 조항이 있다. 광활한 국토를 가졌으면서도 토지 소유의 모순 때문에 수많은 이농민이 도시 빈민가로 흘러들어오는 브라질 현실을 고치려는 노력이다. 그러나 카르도수 정권은 IMF와 미국의 농업 예산 삭감 요구로 이를 실행하지 못했다. 이농은 더욱 늘고 실업난이 심해져 일자리를 얻을 수 없는 이농이 대도시에 거대한 빈민층을 형성했다. 무토지농업노동자운동(MST)은 헌법과 현실의 괴리 사이에 빈농 도시빈민들이 대지주의 광대한 미경작지를 무단 점거하는 운동을 벌였다. 일단의 토지를 점거한 민중은 그곳에서 농사를 지으면서 자신들의 생산협동조합을 건설하고 공동체를 일구어 신자유주의와는 다른 발전 모델을 만들었다. 그 결과 MST는 한동안 민중운동에 등을 돌린 중산층과 가톨릭교회를 비롯한 광범한 민중의 지지를 얻었다(최규엽, 2002: 257). 브라질노동자정당 PT(Partido dos Trabalhadores, the Worker's Party)는 사웅 파울로에 집결한 자동차 공장 노동자, 가톨릭 해방신학의 세례를 받은 농민들, 독재에 항거했던 도시 인텔리의 세 축으로 구성했다.

브라질은 의료전달자가 소유하는 의료시스템이 가장 발달했다. 의료 체제의 기본적인 하부구조에 대한 정부의 태만으로 의사들이 일자리를 찾기 어렵게 되자 1967년 유니메드(Unimed)라는 의료협동조합을 설립했다. 1997년 현재 304개의 1차 의료협동조합을 거의 모든 주에 설립했다. 소속된 의사가 7만 3천 명으로 브라질 전체 의사의 30% 이상이다. 약 800만 명의 이용자들은 그들의 소유인 유시메드(Usimed)를 통해 의료비를 지급한다(존스턴 버챌, 2003: 321).

볼리비아에서 인구의 70%를 차지하는 원주민은 대부분 농촌이나 산악

지방에 사는데 도로, 전기, 수도 시설도 없이 산다. '사회주의를 향한 운동(MAS)'이라는 정치 단체를 기반으로 출범한 볼리비아의 에보 모랄레스 정부는 농지개혁, 천연자원 국유화, 헌법 개정을 공약했다. 정부는 2006년 토지개혁법에 서명하고 볼리비아인과 브라질인이 소유한 개발하지 않는 토지를 몰수해 무토지 농민에게 재분배했다. 볼리비아는 1953년 혁명 뒤 토지개혁을 실시했지만 토지는 다시 소수의 손에 집중했고 원주민의 빈곤문제를 해결하지 못했다. 그 전에는 인구의 6%가 전체 농지의 93%를 독점했다. 토지 재분배는 개인이 아니라 공동체에 분배하기 때문에 개인에게 매매·양도할 수 없다. 토지재분배의 목적은 근본적으로 농민들의 가난을 몰아내자는 것이다(이영식, 2007: 13).

베네수엘라의 차베스 대통령은 2005년 제5회 세계사회포럼에서 "자본주의는 자본주의자체에서 초월될 수 없다. 사회주의, 평등과 정의를 지닌 진실한 사회주의에서 우리는 사회주의를 다시 발견해야 한다. 소련에서 보았던 그런 사회주의일 수는 없다. (새로운 사회주의는) 경쟁이 아닌 협조를 기반으로 새로운 체계를 발전시킬 때 출현할 것이다"라고 했다.

사회주의적 지향을 담은 새로운 기업은 '사회적 생산기업'으로 표현되었다. 이는 개인 간의 경쟁이 아닌 사회적 연대를 기초로 기업을 운영해야 하고, 이익은 개인의 치부가 아닌 사회를 위해 사용해야 한다. 정부는 사회적 생산기업으로 등록되면 낮은 이자율로 자금을 대출해주고 정부기관에서 발주하는 구매계약에 우선적으로 참여할 수 있다. 그 대신 사회적 생산기업은 이익의 10%를 지역공동체에 환원하는 등 사회적 연대를 제도화했다. 이를 위해 이사회에 지역공동체 대표가 반드시 참여하도록 했다. 사회적 생산기업에는 기존의 국유기업과 공동경영기업 그리고 협동조합기업의 세 가지가 존재한다. 공동경영기업은 국가와 노동자가 소유와 경영에서 책임과 권한을 공유하는 기업이다. 협동조합기업은 사용자와 피고용자 구분 없이 구성원 모두가 동등한 자격을 갖고 참여하는, 자본 축적보다 집단적 후생을 우선하는 기업 모형이다. 공동경영이 주요 산업에 종사하는 비교적 규모 있는 기존 기업에서 이루어졌다면 협동조합기업은 비교적 규모가 작은 농업, 서비스 등 상대적으로 생산성이 낮은 분야에서 새롭게 창출되었다. 직업교육을 이수한 학생들의 협동조합기업 선호가 커 평균 25~30명의 학생들이 한 개를 설립했다. 협동조합기업은 독자적 생존 능력이 낮아 '내생적 발전지대'라는 협동조합 클러스터를 만들어 대처한다. 여러 협동조합기업들이 한 공간에 모여 토지, 공장, 설비 등을 집약적으로 이용하고 정보, 기술, 판로, 개척을 공동으로 해결한다(박세길, 2008: 456). 사회경제 프로그램인 미시온 부엘반 카라스(Mision Vuelvan Caras)는 협동조합 설립에 필요한 자금을 지원하고 국영 석유회사(PDVSA)는 건물과 장비 구입을 지원한다.

1998년 차베스가 집권하기 전 200여 개에 불과했던 협동조합 수는 2006년 현재 전국에 10만 개가 넘는다. 베네수엘라 성인 인구 10% 이상이 협동조합에서 일한다. 현재 협동조합을 18만개 이상 만들어 150만 개 이상의 일자리를 창출했다. 폭발적인 협동조합의 증가로 실업률이 1999년 16.6%에서 2007년 1월 현재 11.1%로 줄었다. 협동조합이 늘어난 대신 기업 수는 차베스 집권 뒤 1만 7천 개에서 8천 개로 줄었다.

공동경영제도는 2002년 12월 자본파업을 거치면서 정착했다. 이 제도는 소련 사회주의에서 나타난 상부의 관료주의와 하부의 수동성을 극복하고, 유고슬라비아의 노동자 자주관리가 노동자들의 창의성과 자발성은 높였지만 기업이기주의를 피할 수 없었던 약점을 극복하고자 도입하였다. 곧 노동자들의 경영참여를 통해 관료주의를 억제하고 아래에서부터 창의성과 자발성을 고취시키면서도 정부 파견 이사를 통해 국가 경제 일반의 요구에 부응하도록 제도화한 것이다. 또 다른 카드로 '공장 속으로'라는 이름의 민간기업이 참여할 수 있는 공동경영프로그램을 운영한다.

2007년 제기한 개헌안은 하루 법정 노동시간을 8시간에서 6시간을 줄이는 내용이 들어있다. 정규적이고 생산적인 고용을 늘리고 비공식 부문 경제와 실업률을 줄이는 데 기여하는 것이 법 개정의 목적이다.

베네수엘라는 2009년 국민투표로 대통령의 연임제한을 철폐하여 차베스의 종신 집권의 길을 열고, 콜롬비아와 니카라과도 뒤따르려 한다. 이런 제도는 단기적으로 정책의 안정성을 가져올 수 있지만, 동유럽 사회주의처럼 민중의 자율성과 사회주의 토대를 약화시킬 수 있다.

남미 지역공동체의 흐름으로, 차베스 베네수엘라 대통령의 주도 아래 석유 재원을 바탕으로 라틴 아메리카 국가 사이의 지역 연대체계를 형성했다. 베네수엘라는 IMF에서 탈퇴하고 남미은행 설립을 주도했다. 베네수엘라의 막대한 석유수입이 재정적 바탕이다. 남미 12개 국가는 2008년 남미국가연합(UNASUL)을 결성했다. 남미국가연합은 EU와 마찬가지로 의회, 단일통화, 중앙은행 그리고 지역안보기구 설립을 준비한다.

남미공동체는 러시아혁명 이후의 역사적 사회주의, 유럽연합의 넓은 의미의 지역공동체와 더불어 세계 공동체를 지향하는 흐름이다. 이들은 부유한 이들의 잔치인 세계경제포럼에 대응해 세계사회포럼을 2009년 9회째 연다.

남미에서 대안으로 추진되고 있는 ALBA(미주대륙 볼리바르 대안)는 상호보완적 협약이지 자유 무역이 아니다. 각각의 국가는 국가적 필요에 따라서 각각의 강점을 유지해주면서 공동의 힘을 모으는 것이다. 베네수엘라는 에너지 기술이 있고, 쿠바는 의료가 있어 서로 협력한다.

2002~2007년 사이에 중남미와 카리브해 연안국들의 외환 보유고는 1,570억 달러에서 3,500억 달러로 늘었다. 이를 바탕으로 2006년 차베스는 인도주의적인 국제기금인 남미은행 창설을 제안했다. 아르헨티나, 베네수엘라, 볼리비아, 에콰도르, 파라과이, 브라질 등 7개국이 초기 자본 50~70억 달러를 들여 2008년 정식으로 가동한다. 남미은행은 세계은행의 외채를 갚고, 세계은행의 돈을 빌리고 사유화를 하고 예산 삭감할 필요 없이 인프라를 구축할 수 있도록 하는 프로그램이다. 남미은행은 중남미의 개발을 지원하는 역할을 맡는다. 이와 더불어 통화안정기금을 창설해 회원국의 외환 보유고 일부를 투기세력의 시장 교란과 다른 외부의 충격에 대처하는 것이다. 결국 기금의 목적은 국제통화기금에 의존하지 않고 IMF, IBRD나 기존의 미주개발은행보다 더 좋은 조건으로 대출한다는 계획이다. 그리고 다음으로 공동통화를 준비한다.

4) 아시아

아시아 지역에서 협동조합은 일본, 호주, 뉴질랜드, 이스라엘이 서유럽의 협동조합과 비슷하게 발전했다.

일본은 농협과 소비자협동조합이 발달했는데, 소비자협동조합은 사업이 효율적이고 조합원과 밀착해 서유럽 협동조합이 배울 점이 많다. 일본 생협은 대형소매점이 늘어나고 조합원을 몇 집씩 묶는 반(班) 체제가 무너지고 관료화한다.

일본 농협은 전체 농민의 91%를 차지하는 800만 명 이상의 조합원, 거의 30만 명의 조합원, 농산물판매와 구매, 신용, 공제 등에서 엄청난 매출액, 그리고 8천개 이상의 점포를 지닌다. 연간 매출액은 약 900억 달러로 한국의 농협보다 10배나 많으며, 미국의 농협과 거의 비슷하다.

일본 농협의 성공 요인은 무엇일까? 일본은 1900년 농협법을 제정하고 농민이 농지를 잃지 않도록 입법하였다. 중앙정부가 지방자치단체를 통해 보조금을 지원해 소규모 농협의 합병을 촉진했다. 또 일본은 협동조합에 친숙한 문화를 갖고 있다. 봉건영주 통치시대에 경제적 불안정성을 경험해 자체적으로 작은 마을에서 함께 그룹을 형성했다. 여섯 가구가 '조(組)'를 형성해 영농에서 상부상조했다. 영농기계화는 상부상조의 필요성을 감퇴시켰으나 그룹에 속하는 문화는 여전하다. 1960년대 이후 '삶의 질 향상 프로그램'을 운영했으며 여성과 젊은 층이 농협에 참여했다. 최근에는 무역장벽의 완화와 외국식품의 수입에 대응해 조직구조를 단순화하여 중간 단계의 농협사업연합회를 폐지했다.

일본·싱가포르·한국 등의 소비자협동조합은 효율성, 경영기법, 시장 지향성 그리고 상호성(이 조합은 물품을 조합원에게만 공급할 수 있다.)이 특징이다. 일본은 670개의 소비자협동조합이 1,400만 명의 조합원을 보유하고 연간 330억 달러 이상의 매출을 올린다. 싱가포르는 다른 나라에 기술을 지원할 정도로 자신감에 차 있다. 한국은 시장의 압력과 정치적 압력에 견딜 수 있을 정도로 강한 소비자협동조합을 보유하고 있다(존스턴 버첼, 2003: 263).

일본은 2차 세계대전에서 패배한 뒤 생필품 부족 문제를 해결하면서 소비자 생활협동조합이 정착했다. 일본은 1960년대 이후 소비를 크게 확대하면서 고도 경제 성장의 발판을 마련하고 소비행동은 공급자 측의 재생산기구를 유지·발전시키는 데 기여했다. 1961년 결성한 '일본소비자협회'는 소비자 개인을 대신해 중립적이고 공정한 입장에서 상품을 검사하고 그 결과를 공개해 소비자의 상품선택에 도움을 주었다. 이 협회는 소비자를 위한 교육과 상담 활동을 펴면서 소비자를 대표해 생산자, 유통업계, 행정부 등에 영향력을 행사했다.

1966년 일본 정부가 나리타공항 건설을 발표하자 일본의 학생운동 사회운동은 주일미군의 전폭기가 베트남으로 발진할 것이라며 나리타시 산리즈카(三里塚)에서 나리타공항을 반대하며 경찰과 충돌해 경찰 3명 죽었다. 이들은 1972년부터 도호(東峰)에서 토지수용을 반대하는 농민과 함께 유기농업을 시작하고, 이것을 가나가와 생활클럽생협이나 도쿄의 자매결연 지역으로 보냈다(박원순, 2001: 417). 나리타공항 반대 싸움은 아직도 끝나지 않았으며, 반전운동, 농민, 생협이 협력하는 방식이 전국으로 퍼졌다.

소비자운동 단체의 하나인 '생활클럽 생활협동조합'은 1965년 이와네 쿠니오(岩根邦雄) 부부는 주부가 중심이 되어 생활자를 조직한다는 명분을 가지고 조직했다. 소비자운동에서 시작한 '생활클럽생협'운동은 정치적인 자기표현과 생산자로서 자기를 조직해 '또 하나의 삶의 방식'을 실험한다. 다시 말해 소비자가 수동적으로 경제과정을 구성하는 톱니바퀴가 되는 것을 부정하고 생활자의 입장에서 생산과 유통의 주체가 되려는 운동이다.

시민이 거대한 정치 체제나 경제 체제에 일방적으로 종속되지 않아야 하며, 단순한 소비자를 넘어 생활자의 입장에서 정치와 경제를 바라보고 스스로 생활양식을 조직하는 "또 하나의(alternative) 삶의 방식"을 실천했다. '생활클럽생협'은 1996년 현재 전국에 23만 세대의 가입자를 가지고 전국 10개현에서 활동했다. 또 1980년대 말부터 생활자 대표가 의회에 진출하기 시작했다. 이는 식품이나 생활재를 공동 구입하는 것과 마찬가지로 정치적인 대표자를 '공동 구입'하는 것이다. '생활클럽생협'운동의 특징은 직접참가의 원칙, 개체의 자립 자유를 전제로 한 사회적 공동성의 추구, 생활자의 시점 중시, 네트워크형 조직이다(이시재 외, 2005: 255~259).

일본의 소비자운동에서 주부가 스스로 고용을 창출하고 사회활동에 필요한 수입을 얻기 위해 워커즈 컬렉티브(worker's collective, 집단적 자기고용)라는 생산자협동조합을 만들었다. 워커즈 컬렉티브는 일하는 사람들끼리 공동 출자하여 조직하며, 구성원 모두가 사업주로서 대등하게 일하는 협동조합이다. 일본의 생산자협동조합은 1982년 탄생해 2002년 현재 약 400개의 조직에서 약 1만 5천 명이 활동한다. 워커즈 컬렉티브의 주요 사업 영역은 음식관련(외식업, 도시락 제조, 식품 가공), 자원재활용, 생활관련(자원재활용, 리스, 렌털업), 정보통신 관련(편집, 출판, 통역), 문화관련(학습시설, 결혼상담), 복지 관련(가사 원조 서비스 등) 등이다(이시재 외, 2005: 259).

워커즈 컬렉티브의 과제는 법인자격의 획득이다. 현재 일본에서 주식회사나 다른 협동조합처럼 등기가 불가능하다. '일하는 사람들의 자주관리 공동체'라는 개념자체가 법적으로 인지되지 않아 현재 편의상 개인기업이나 사단법인, 기업조합으로 등록한다. 이럴 경우 워커즈 컬렉티브의 본래 목적에 어긋나고 사회보장이나 세금 등의 문제가 발생한다. 운동과 사업의 적절한 결합이다. 운동의 측면을 지나치게 강조할 경우 이익을 내는데 실패할 수 있다. 시장경쟁의 격화 속에서 경영의 문제, 회원들 간의 조화 · 축적 · 분배의 문제가 있다. 사업으로 성립하기 위한 규모의 적절성을 유지하면서 회원들 사이의 조화와 자주관리의 이상을 유지해야 하는 문제다. 현재 참가자가 15~20명 정도이다. 참가자가 많으면 이사회 등의 조직 분화가 불가피하며 평등 분배가 어려워진다. 참여의 확대이다. 워커즈 컬렉티브는 주부운동의 한 형태로 출발하여 가사노동을 겸하며 사업 영역도 자원재활용이나 개호 관련 노동이 많다. 조직노동은 주로 남성이 차지한다. 여성이 불리한 영역의 노동력을 운동의 이름 아래 국가 및 기존의 체제유지에 값싸게 활용될 위험이 있다. 여성이나 주부만이 아니라 관리받기를 싫어하는 현대사회의 젊은이들이나 고령자 · 은퇴자 등 남성을 포괄하는 운동으로 확대해야 한다(이시재 외, 2001: 494).

니가타 지역에서 지역생산물을 지역에서 소비하는 지산지소(地産地消) 운동을 시작해 일본 전역으로 퍼졌다. 오사카, 고베 지역에서는 그날 생산한 물량을 직접 점포에 진열하고 남은 물량도 직접 처리하는 새로운 방식을 도입했다. 글로벌 푸드(global food)에 대응하는 로컬 푸드(local food)이다. 이런 방식은 지역공동체의 지속가능성을 높였다.

교토 지역의 비영리법인인 '네트워크 교토 21'은 2007년 사사키주조의 협력을 얻어 '일본술 9조'를 만들었다. 이들은 평화 헌법 9조를 개정해 일본 자위대를 군대로 바꾸고 전쟁을 명문화하려는 움직임에 반대해 이런 술을 만들었다(『한겨레』 2007.5.14).

신용협동조합과 협동조합은행은 아시아에서 빠르게 성장했다. 이 지역에서 신협의 유형은 베트남의 휴이그룹이라 불리는 비공식 신용동아리에서 방글라데시의 그라민은행, 호주의 근대적인 신협에 이르기까지 다양하다. 신용협동조합은 베트남의 휴이그룹이 농촌 지역 대출의 40%, 도시 지역 대출의 60%를 제공하며, 방글라데시의 그라민은행이 유명하다. 말레이시아, 싱가포르 등의 정부가 생협 조직에 적극적이다. 말레이시아 협동조합의 특징은 학교생협과 군대협동조합이다. 2002년에는 전국에 1,194개의 학교생협을 만들었고, 그 조합원은 100만 명이었다. NTUC 훼어프라이스 생협은 싱가포르 최대의 소매업으로 국내에 68개의 점포가 있다. 1983년 5월 1일 싱가포르 노동총동맹(NTUC)이 기초식품의 가격수준을 설정하여 주민의 생활비를 안정시킬 목적으로 설립하였다.

아시아에서 노동자협동조합은 그다지 발전하지 못했다. 인도 중국 베트남 스리랑카 등에서 수공업협동조합의 네트워크가 존재한다.

방글라데시의 무하마드 유누스(1940~)는 무담보로 소액을 대출하는 Grameen Bank('그라민'은 방글라데시어로 '마을'이라는 뜻)를 설립해 농촌 빈곤여성의 자립기반을 마련하는 데 기여했다. 미국 밴더빌트대에서 경제학박사 학위를 받은 유누스는 경제학 이론만으론 빈곤타파에 한계가 있다고 느껴 방글라데시 치타공대 교수직을 그만두고 1978년 빈민을 대상으로 소집단에게 무담보로 소액을 대출하는 제도(마이크로 크레디트)를 창안해 사회적 기업을 발전시켰다. 이를 통해 빈민들은 고리채를 쓰지 않고 생산 활동에 종사하며 가난에서 벗어날 수 있었다. 상환율은 99%이다. 그라민은행은 4만 6,600개 마을에 은행을 세웠고, 1만 2천 명을 고용하고, 1,200만 명의 고객에게 54억 달러 이상을 대출했는데 그 가운데 여성이 98%다. 그라민은행은 금융을 넘어 그라민텔레콤을 세워 전화가 없는 빈민들에게 모바일 폰을 빌려주는 이동전화 사업을 하는데 이것은 경제성과 공익성을 함께 갖추었다. 유누스는 전기가 안 들어오는 지역에 사는 70%의 방글라데시인들에게 태양열판 설비를 마련해주었다. 이 설비는 재봉틀 수도펌프을 가동시키는데 필요한 전기를 공급한다(실벵 다르니 외, 2006: 113~122).

그라민은행은 한 대출자가 상환하지 못하면 같은 그룹의 모든 구성원이 대출받을 수 없다. 그라민은행은 그룹 구성원에게 순차적으로 돈을 빌려줘 대출자들이 집단적으로 상환하지 않는 상황이 되지 않도록 했다. 이렇게 좋은 대출자를 선별하고 그들의 사업 진행 상황을 곁에서 지켜보는 업무를 대출자들이 직접 하도록 유도했다. 전통적으로 은행이 맡았던 업무를 대출자들이 그룹을 이뤄 스스로 하도록 했다. 그런데 유누스는 2008년 식료품값이 급등해 "빈민들이 가진 돈의 대부분을 식료품을 사는 데 쓰고 있어, 대출금을 갚거나 이자를 낼 여력이 없다"며 "식량 가격 상승은 아주 심각한 위기이고 일시적 현상이 아니라"라고 했다. 유누스는 2006년 노벨 평화상을 수상하고, 한국을 방문해 무담보 소액대출제도를 한국인들에게 널리 알렸다. 그라민은행은 2009년 서브프라임 모기지 사태로 인한 세계 경제 위기 속에서도 큰 영향을 받지 않았다. 뉴욕 지점만 약간의 영향을 받았을 뿐이다.

현재 이 모델은 2000년대 들어 세계적으로 퍼져 중국과 남아프리카 지역뿐 아니라 선진국인 미국과 프랑스에 이르기까지 세계 57개 이상의 국가에 적용한다. 미국의 ACCION, 라틴 아메리카의 FINCA, 캐나다의 Calmeadow, 프랑스의 ADIE, 인도네시아의 Rakyat, 영국의 Charity Bank, 이탈리아의

Banca Ethica 등이 있다. 2006년 마이크로크레딧 정상회의 보고서는 2005년 말 기준 전 세계에는 3,133개의 마이크로크레딧이 있으며, 이를 통해 대출받은 바람은 1억 1,326만 명으로 집계했다. 이들 가운데 극빈층이 8,194만 명으로 전체 이용자의 72%다(『내일신문』 2008.1.28).

미국의 마이크로 크레디트 단체는 1992년 84개에서 2002년 554개로 늘었다. 악시온(ACCION USA)은 대중 자금을 시중은행에서 0~3%의 저리로 대출받아 이민자 저신용자에게 10~16.5%에 무담보 대출해주며 상환율은 95%다. 금리 수준이 제3세계의 마이크로 크레디트보다 높지만 미국 내 고금리 대출업자보다는 낮다. 악시온 인터내셔널(www.accion.org), 키바(www.kiva.org), 빌리지뱅킹은 비영리 사이트로 원금만 돌려준다. 반면 이베이(www.ebay.com)는 마이크로플레이스 펀드를 개설해 캄보디아 에쿠아도르 가나 타지키스탄 등의 극빈층에 무담보로 소액 대출해준다. 마이크로플레이스는 대출이 상환되면 투자자는 원금과 1.5~3%의 이자를 받는다. 기부와 투자의 중간쯤에 해당한다.

인도는 네루를 중심으로 사회주의 국가로 계획경제정책을 오랫동안 실시했지만, 간디를 중심으로 한 협동조합운동의 전통 역시 150여 년으로 상당히 오래다. 간디는 산업사회의 파괴적인 미래를 예측하고 진정한 민주주의와 개인들의 완전한 성장은 작은 마을단위에서만 가능하다고 했다. 농업과 수공업에 기반을 둔 자치적인 소규모 농촌마을에서 인도의 미래를 위한 희망을 발견했다.

간디의 마을 스와라지 계획은 마을들을 농업과 수공업을 통해 독립적이고 자급자족하도록 조직하며, 마을사람들에게는 보건과 위생을 교육하고 질병과 불건강을 예방하고 나이탈림(국민교육)의 노선에 따라 마을 사람의 출생에서 죽음에 이르는 교육을 마련하는 것이다. 스와라지는 진정한 민주주의 즉 자기통치와 자기억제를 의미한다. 스와라지는 진정한 시스템의 궁극적인 원동력을 개인의 완전한 자유와 성장을 위해 일한다(마하트마 간디, 2006: 14~27).

인도의 실업률은 40%로 실업이 20%, 저고용(underemployment)이 20%이

다. 인도는 공산당과 협동조합이 발달했다. 실업자 가운데 일자리를 구할 수 있는 사람들은 노사관계에 편입되지만 그렇지 못한 사람들은 스스로 일자리를 만드는(self-employed) 방법이 발달했다. 노동자나 농민이 스스로 생산한 것은 도시 소비자와 협력해 소비하는 사회주의적 협동조합이다. 이 방법은 마하트마 간디가 앞장서서 옷감을 직접 짜고 소금을 직접 생산하면서 실천한 방법으로 약 1세기의 역사를 가졌다.

인도의 여성노동자기업인 SEWA(Self-Employed Women's Association, 자가고용여성연합)는 세계적으로 널리 알려져 있는 사례이다(한국여성노동자협의회, 2003). SEWA는 인종, 문화, 언어, 업종이 다른 빈곤층 여성들로 구성되어 있으며, 협동조합, 노동조합, 은행, 서비스의 네 가지로 활동한다. 1972년 조직해 인도노총에서 분리했다. 회원 수는 약 18만여 명이다. SEWA의 구성원은 야채, 생선, 달걀 등의 기본식료품, 가내용품, 의류를 판매하는 소규모 행상인이나 소상인, 직조공이나 도예공, 담배 제조공, 우유 생산자, 의복제조, 농업이나 수공예품을 생산하는 가내노동자, 손수레 끄는 사람, 세탁부, 요리사, 청소부 등 자신들의 서비스나 노동을 판매하는 사람 이렇게 세 부류로 나눈다.

처음에 SEWA는 노동조합과 같은 일을 하였다. 공장에서 일하는 여성들은 기업주에게 임금인상을 요구하였고, 노점상 여성들은 경찰의 폭력과 뇌물요구에 맞서 주정부에 노점상 허가증을 요구하였으며, 용역 노동자들은 공정한 임금과 고용안정을 보장받기 위해 싸웠다. 그러나 하루하루의 생계가 어려운 가난한 여성들이 해고를 무릅쓰고 투쟁에 참여하는 것은 너무나 어려운 일이었다. 일자리는 없고, 기술수준은 낮고, 개선을 요구하기도 힘든 상황에서 기존의 노조운동에 대한 대안의 필요를 이렇게 말했다.

"이들이 빈곤을 벗어날 수 있는 길은 일정한 수입이 있어야 하고, 먹을 양식이 있어야 하며, 사회보장을 통해 이들의 경제활동이 보장되어야 합니다. 일반기업의 노조에서처럼 노조원들만의 임금인상이나 복지증진 투쟁으로는 해결될 수 없는 일이지요. 가난한 여성들의 완전고용만이 이것을 가능하게 할 것입니다."

SEWA의 이 노조원들을 다시 협동조합원으로 조직하였다. 이러한 새로운 시도를 통하여 생산자협동조합(수공예품 생산자, 농업노동자, 낙농), 용역노동자협동조합(서비스, 보건, 탁아, 청소), 노점상협동조합 등 여러 형태의 협동조합이 만들어졌고, 이러한 협동조합으로 사람들이 조직되었다. 경제적인 목적을 위한 것 외에도 서비스 분야에서도 협동조합을 조직했는데, 보건요원협동조합, 육아협동조합 등이 존재한다. 특히 육아협동조합의 경우 80여 개가 조직되어 있으며, 이는 일하는 여성들의 육아문제를 해결하기 위한 SEWA의 노력이 보였다.

협동조합 창립 2년 후에 이것만으로 해결하기 어려운 문제가 생겨나고 이를 지원하기 위해 은행이 필요하다고 생각했다. 당시, 정부은행의 문턱은 가난한 여성들에게 매우 높아서, 돈이 필요한 여성들은 고리채를 많이 사용하고 있었다. SEWA는 일하는 사람들의 실정에 맞게 은행을 운영하는 방법을 사용하였다. 예를 들어 직접 집이나 작업장에 가서 예금을 받아오는 '움직이는 은행'을 운영한다.

이렇듯 SEWA는 노조, 협동조합, 은행의 조직망을 통하여 완전고용을 위해 노력한다. "MY HOME, MY WORKPLACE!"라는 슬로건처럼 조합원들이 만든 공예품, 옷 등을 판매하여 재정을 마련하고 이것으로 빈곤여성들을 지원한다. SEWA의 조합원으로 하여금 스스로 프로그램을 만들어 고용을 창출하고 중간상인을 없애며, 직거래를 통하여 보다 많은 이익을 얻도록 한다. 또한 노조를 통하여 최저임금을 보장받고, 은행을 통하여 저축, 대출, 생명보험, 재산권확보 등의 혜택을 받을 수 있다(cafe.daum.net/2001gsy, 2007.10.20).

필자가 2004년 인도를 방문하여 들은 바에 따르면, 서북부에 위치한 구자라트 주와 라자스탄 주는 주내에서 생산하는 우유, 설탕, 가축을 협동조합 방식으로 소비한다. 도시의 소비자는 농민에게 씨앗을 보내준다. 라자스탄의 한 협동조합은 지방자치단체와 1,100개의 거리를 위탁관리하기로 계약했는데 이 조합은 수백만 그루의 과일나무를 가로수로 심는다. 한국의 경우 실질 실업률이 중년주부를 포함할 경우 40%에 달하고 청년은 4분의 1이 실업자인데 장차 더욱 높아질 것으로 예상한다. 인도의 자기고용 사례는 한국에서 실업자 문제 해결의 대안이 될 수 있다.

인도 전체 인구 10억 명 가운데 80%를 차지하는 농민의 80%가 자기의 토지를 가지지 못한 농업노동자이다. 이들은 일거리가 없는 농한기에 도시로 몰려오는데 이들은 도시에 와서 걸인이 되거나 저고용을 감수할 수밖에 없다.

일본의 의료생협은 소비생활협동조합법에 기초해 처음에는 공산당원들이 주도해 설립했으나 나중에는 일반인이 주도했다. 진료소, 침구원, 한방클리닉, 방문간호스테이션 등을 운영한다. 조합원들은 금연운동, 식사운동, 평화운동을 벌이고 자원봉사자로 건강한 조합원이 환자인 조합원이나 고령자를 돕는다(박원순, 2001: 335). 이스라엘의 의료생협은 지구상에서 가장 종합적인 협동조합 의료체계라고 평가받는다. 1926년 출발해 1995년 국유화할 때까지 운영한 의료협동조합은 히스트라덧(Histradut) 노동조합이 전 국민의 70%에게 의료보험과 서비스를 제공했다. 한때 8천 명 이상의 의사를 고용하고 14개의 병원을 소유했다.

이러한 예는 국가적 방식과 협동조합적 방식의 장점에 대한 논쟁을 제공한다. 전자는 영국의 국민의료서비스(National Health Service)를 지지하는 논리다. 이스라엘 방식은 특히 지역의료센터 차원에서 이용자가 보다 잘 참여할 수 있는 장점이 있다(존스턴 버챌, 2003: 267).

아시아에서 주택협동조합은 가장 덜 발달했다. 그런 가운데 터키는 유명한 주택협동조합의 사례를 보여준다. 앙카라 외곽의 바티켄트의 새로운 도시를 개발과정에서 켄트주택협동조합(Kent Co-op)은 1979년 설립해 3만 명의 조합원을 보유한 105개 협동조합으로 발전했다. 앙카라 지방자치단체와 켄트주택협동조합이 잘 협조하여 전자는 주택 부지를 제공하고 인프라와 상업 지역을 건설해주는 역할을 하고 후자는 주택건설과 분양을 담당했다. 이 모델은 터키의 다른 지역에도 적용되어 20만 이상의 주택을 건설해 80만 명이 거주한다(존스턴 버챌, 2003: 274).

5) 사회주의 사회

역사적 사회주의는 노동자의 권력 장악, 재산의 소유, 경영의 길을 열었다. 그러나 생산의 민주화와 생산성 향상의 한계, 농업의 후퇴, 지속가능성의 후퇴 때문에 무너졌다. 전위당 중앙집권제는 사회주의 혁명을 제도로 정착하는 데는 유용했지만 이것을 운영하는 데는 한계로 작용했다. 사회주의 이념을 실현하는 대안이 필요하다. 레닌 트로츠키의 주장과 NEP(신경제정책)를 비판한 스탈린주의의 한계, 중소 이념분쟁, 북한과 쿠바의 대안 경험이 있다. 북한과 쿠바는 미국의 경제봉쇄 아래 경제를 운영하는 독특한 경험이다.

그러나 사회주의 체제 안에는 풍부한 자기고용의 경험이 담겨있는데, 그 가운데 하나가 협동조합이다. 옛 소련의 콜호즈와 중국의 인민공사와 같은 집단농장이다. 이 경험의 정수를 뽑고 거기에 민주주의 요소를 더해 한국 사회에 적용할 필요가 있다. 현재 대중의 민주주의가 발달하고 인터넷이 발달하고 네트워크가 가능한 점과 결합하면 가능성이 커진다. 현재 러시아 중국은 국가자본주의 형태를 띠지만, 앞으로 민주주의 발달과 더불어 공동체 자기고용이 늘어날 것으로 예상한다.

동부유럽에서 단지 몇 년 동안 협동조합은 국영기업의 아류로 비춰진 것에서 투자자소유기업의 아류로 전환했다. 자본주의와 공산주의라는 양대 이념 사이에서 협동조합의 특징을 원칙 면에서 옹호해야 하고 실천면에서 제시해야 한다(존스턴 버챌, 2003: 192).

러시아에서는 협동조합의 발전에 비옥한 토양을 갖고 있었다. 마을공동체인 미르(mir)는 농민들의 평등과 공동체 정신을 뿌리 깊게 발전시켜왔고 노동자들은 자신들의 노동자의 조합인 아르텔(artels)을 조직해왔다. 크로포트킨(Kropotkin)에게 아르텔은 러시아 농민 생활자체를 이루는 것이었기 때문에 협동은 중세시대에서부터 내려는 당연한 결과였다. 러시아 최초의 소비자협동조합은 1865년 발트해 지방에서 조직하고, 1913년 러시아협동조합전국조직을 만들었다. 1917년 시베리아 전세대의 절반 이상이 낙농협동조합 · 신용협동조합 · 소비자협동조합 조합원이었고, 1920년에는 러시아 전 영토를 협동조합의 네트워크로 엮었고 협동조합의 조합원이 아닌 사람이 없었다(존스턴 버챌, 2003: 86).

맑스는 협동조합을 자본주의와 사회주의 간의 과도기적 형태로 그 자체가 완전한 사회주의적인 것은 아니라 사회주의 경제를 준비하는 수단으로 간주했다. 소련을 포함하는 동유럽에서 레닌은 협동조합의 가치를 관료주의를 피하고 효율성과 개인의 적극성을 촉진할 수 있는 자주관리기업이라는 관점에서 보았다. 레닌은 협동조합을 '집단적 자본주의 제도(collective capitalist institution)'로 생각하고 그 이사회에 거부권을 가진 정부의 대표를 파견하고 협동조합인민은행을 국영은행에 합병했다. 1919년까지 소협 · 농협 · 신협은 그 지역의 모든 시민들로 구성한 소비자코뮨으로 전환했다. 그리하여 소비자협동조합이 주요한 배급기구가 되었으나 자율성은 완전히 상실했다. 레닌은 곧바로 자신의 과오를 깨닫고 협동조합의 관점을 잃어버려 신경제정책(NEP)이 너무 과도하게 진행되었으며, 사회적 소유제에서는 협동조합은 거의 어느 때나 사회주의와 완전히 이해를 같이 한다고 했다. 그는 만년에 협동조합으로 전환하려 했으나 공산당은 협동조합 통제를 포기하자 않으려 했다(존스턴 버챌, 2003: 87).

그러나 스탈린은 1920년대 후반과 1930년대 후반에 이를 왜곡했다. 1935년 도시의 소비자협동조합을 폐지하고 1천만 명의 조합원에게 보상도 없이 그들의 자산을 몰수했다. 그때 많은 협동조합 부문이 국유화하고 협동조합 부문이 차지하는 비중은 작았다.

버챌은 유고슬라비아의 자주관리기업을 부정적으로 평가한다. 서유럽의 지식인들이 주목했던 유고의 독립적인 노동자관리기업들의 자주관리경제조차 실패했으며, 사실상 엉터리였다. 그것은 '분권화되고 민주적인 의사결정이라는 외견의 배후에 공산당의 지속적인 지배를 합법화하기 위한 장치'에 불과했다. 국가에서 독립된 성숙한 시민사회 없이는 자발적인 협동조합운동이 발전할 수 없다는 점을 의미한다(존스턴 버챌, 2003: 183).

고르바초프가 일당 지배국가에 협동조합 경제를 접목시키려고 했는데 이것 역시 실패할 운명이었다. 그의 경제자유화와 자주관리를 목표로 한 페레스트로이카 캠페인의 일부로서 소련에 새로운 협동조합을 제정한 시점에 나왔다. 그는 레닌의 저작을 재해석했으며, 그의 관점에서 보면 레닌은 협동조합의 가치를 관료주의를 피해가 효율성과 개인의 적극성을 촉진할 수 있는 자주관리기업이라는 관점에서 보았다.

다음으로 공산주의 몰락 이후 몇몇 국가에서 민영화가 무계획적이고 혼란스럽게 강행되었다. 정치인들은 협동조합을 단지 국가자산으로 간주했고, 협동조합의 해체를 협동조합 내에서 여전히 자리를 차지하고 있는 당원들인 노멘클라투라(nomenklautra)를 제거하는 유일한 방법으로 보았다. 그러나 점차 시간이 지나면서 협동조합을 유지하려는 노력이 있었다. 1990년에서 1992년에 거의 모든 나라에서 협동조합법을 제정했다. 협동조합에 대한 정부의 간섭과 국영기업에 우대조치가 사라진 뒤 협동조합은 조합원의 참여가 필요해졌다.

자산의 반환과정은 협동조합에서 개인으로, 국가에서 협동조합이라는 두 가지 이전이다. 전자보다 후자가 달성하기 어려웠다. 조합원이 자산을 청구할 경우 실질적인 조합원 지분이 창출될 수 있었다. 농협이 소유한 협동농장을 해산하는 경우 개인으로의 토지반환은 생산협동조합의 해체로 이어졌다. 해산의 경우 파렴치한 경영진이나 정치인들이 자산을 사취하여 사유기업으로 바꿀 수 있었지만, 일반적으로 조합원으로의 실질적인 출자금 반환을 의미했다.

협동조합들은 실업, 복지 체제의 붕괴, 빈곤 인구의 증가, 보다 높은 이자율, 서유럽 식품의 수입, 사기업과의 경쟁, 상담서비스의 부재, 러시아연방에서 동유럽 시장의 폐쇄, 그리고 시장경제의 작동에 관한 지식의 기본적인 결여라는 어려움을 겪고 있다.

소비자협동조합은 가장 강력한 사업으로 대부분 나라에서 20~30%의 시장점유율을 나타낸다. 집단농장이 해체된 나라에서 농업생산협동조합은 거의 붕괴되었다. 주택협동조합은 거주자 조합원에게 주택을 매각하라는 압력을 받는다. 구체제에서는 임차료를 인위적으로 낮추었기 때문에 주택

수요는 항상 수요초과 상태였다. 노동자협동조합은 시장에 노출되고, 원료의 공급이나 제품의 효과적인 판매를 위해 다른 협동조합과 제휴의 여지가 있다. 신용협동조합이 빠르게 성장한다면 다른 부문에 자금을 조달해주는 중심역할을 담당할 것이다(존스턴 버챌, 2003: 191).

현실 사회주의에서, 쿠바는 소련이 무너지고 소련의 경제 지원이 없어지고 미국이 무역금수 조치의 경제봉쇄 조치를 취하면서, 그 대안으로 인민의 주택 의료 교육 등 기본수요를 충족하는 방향으로 선회했다. 쿠바는 경제는 낙후됐지만, 교육 · 보건의료 인프라는 선진국 수준이며, 문자 해독율은 중남미 다른 나라보다 훨씬 높다. 위의 정책은 다른 산업분야의 투자를 어렵게 해 반대 여론도 높았지만, 쿠바정부는 국민투표를 실시해 국민 다수의 동의로 이 정책을 계속 유지한다. 노년층들은 '바티스타 시절의 쿠바는 모든 것을 미국에 내다 판 나라였다'고 믿는다.

소련이 무너지기 전에 쿠바는 에너지를 소련이 제공하는 석유에 의존해 200만 인구가 도시에 집중해 살았다. 많은 사람들 역시, 작은 국가들은 식량을 자금할 능력이 없어 지역농업으로 해결 못하는 부족분을 수입으로 충당해야 한다고 믿는다. 그러나 소련 붕괴 뒤 원유 공급이 끊어지면서 쿠바는 식량위기를 자급자족과 소농, 생태학적 농업 기술을 통해 극복했다. 1995년 쿠바인들은 세계 농산물가격 변동과 장거리 수송, 거대 권력의 '호의'와 상관없이 식량 부족 문제를 극복했다. 이는 대안적 방법만으로도 국가 전체를 부양할 수 있음을 입증한다.

농약 대신 미생물 농약, 곤충 · 미생물 천적, 내성품종의 지배, 돌려짓기(윤작), 피복 작물 재배 등을 제시했다. 화학비료는 생물비료, 지렁이, 퇴비와 가축 분뇨 등으로 대체했다. 석유와 타이어, 부품을 조달할 방법이 없는 트랙터 대신 가축을 사용하는 경우가 급격히 늘었다. 도시 지역의 농업을 장려하여 도시와 근교 지역은 먹을거리를 자급하고 환경도 미화되고 고용 기회 또한 증가하며 도시공동체가 살아났다. 농민들은 농산물 가격 인상에 따라 생산량을 점차 늘렸다. 일반적으로 농산물 가격을 인위적으로 낮추면 농민의 생산의욕은 떨어진다. 그러나 장려금을 지급하면 생산

환경이 어떻든 간에 농민들은 증산을 실현해낸다. 쿠바 정부는 '농민－농지 연계(linking people with the land)' 사업을 실시해 생산성이 즉각 임금에 반영되도록 했다.

1993년 쿠바 정부는 효과적인 유기농에 필수적인 소규모 경영 단위를 조직하기 위해 생산체계를 근본적으로 개편했다. 쿠바 정부는 전 국토의 80%이던 국영 농장을 폐지하면서 2000년 이후 국가 직영농장 20%, 협동농장(CPA)과 개인농장 20%, 여러 가족농이 구성한 협동생산기초농장(UBPC)의 60%를 차지하는 구조로 바뀌었다. UBPC는 농민 집단에 정부의 농지를 무상으로 임대해준다. UBPC 회원들은 업무를 분담하고, 어떤 작물을 어떤 위치에 심어야 하며, 농자재를 구입하는 데 소요될 자금 등을 결정하는 경영 팀을 선출한다. 정부가 농장의 소유권을 갖지만 UBPC는 정부의 의무적으로 주작목 가운데 일정량을 납부하면 나머지 농산물은 농민들의 몫이다(프레드 맥도프 외, 2005: 315).

쿠바의 의료체계에서 국민건강은 국가의 책임이다. 소련 붕괴 이후 의약품 부족으로 기존 의료시스템은 정상 가동이 불가능해졌다. 결국 전통의약을 바탕으로 한 녹색약품의 적극적인 활용에서 돌파구를 찾았다. 또 쿠바는 라틴 아메리카 학생들이 쿠바의 의과대학에서 의술을 배운 뒤 귀국시켜 각기 자국에서 의술을 펴게 하고, 많은 라틴 아메리카 사람들에게 개안수술을 해 시력을 회복하게 했다.

중국은 소련식 경제모델을 도입하고 국민 동원 성격의 대약진운동을 전개했으나 실패했다. 이에 반대 편향으로 진행한 개혁개방정책에서 지속적인 경제 성장의 실현은 사회주의적 요소와 시장경제의 결합이 있어 가능했다. 토지공유제는 토지임대료에서 부담을 최대한 낮추었으며, 시간이 흐르면서 약화되기는 했지만 주택, 교육, 의료 등 분야에서 국가의 지원은 임금을 낮은 수준에 묶어둘 수 있도록 했다. 그 결과 중국은 개혁개방 이후 연평균 7~10% 성장을 거듭했다. 이런 정책은 중국인에게 부를 가져다주지만 빈부 격차 생태환경의 파괴를 불러오고 중국 혁명이 추구했던 공동체적 요소를 후퇴시켰다.

중국은 공산주의 정부가 집권한 가운데 1950년대 등장한 협동조합들이 중요한 역할을 담당하지만 아직 자율적인 협동조합으로 나가지는 못했다(존스턴 버챌, 2003: 276). 농협이 영농자재의 구매와 농산물 판매 측면에서 시장의 70~80%를 지배하며 90억 달러 이상의 매출을 올리고 있다. 1978년 개혁개방을 시작으로 농촌에서 인민공사를 해체하고 집단농장도 해체 과정에 있다. 도시에서 단위 체제를 해체했다. 2007년 물권법을 시행해 개혁개방과정에서 발생한 사유재산을 제도적으로 정착시켰다. 호구제(戶口制)를 그대로 유지해 1억 5천여만 명의 농민공을 농민 신분으로 그대로 둔 채 도시 민영 부문의 외자기업에 값싼 임금을 주고 주택, 의료, 자녀교육의 복지혜택을 주지 않고 고용한다.

중국은 도시와 농촌의 소득 격차가 크다. 도시의 평균 가처분소득을 농촌의 평균 현금소득으로 나눈 소득 격차 비율은 1980년 2.0대 1에서 2005년 3.3대 1로 올라갔다. 도시에 사는 이들이 누리는 각종 보조금과 사회복지를 고려하면 실제 소득 격차는 6배에 이른다. 중국의 지니계수는 2006년 말 0.5이다. 남미의 경우 브라질 0.54를 비롯해 대부분 나라가 0.5를 넘는다. 개혁개방 이전 중국의 지니계수는 0.16에 그쳤다. 중국이 남미화를 진행한다는 말이 나온다(『한겨레』 2007.5.16).

중국에서 사회주의가 들어설 때 공유제의 기반을 갖지 못해, 국가 소유제가 공유제 대신 들어섰다. 그러나 국가 소유제는 관료 소유제로 타락했다. 이런 현실은 중국 노동자에게 불만스러운 것이며 과거 사회주의에 대한 향수가 컸다. 사회주의 중국에서는 교육, 의료, 거주, 양로가 보장됐고, 모든 이들이 국가가 제공한 시설에서 여유로운 휴가를 즐길 수 있었다.

개혁개방 이후 도시에서는 기존 주택지를 재개발하면서 주택을 주택업자에게 빼앗기고 다시 비싼 값에 분양받아야 하는 모순에 저항하는 시위가 빈발한다. 국가나 지방정부가 소유한 공유지를 기업가에게 넘기는 모순에 농민들은 경자유전의 원칙에 따라 농지 사유화를 요구하며 시위한다.

중국공산당이 대자본의 이익을 대변하는 상황에서 노동자의 권리를 보호하는 노동조합을 결성하고, 다당제를 인정하는 민주주의를 주장한다.[10]

2007년 후자(胡佳, 34)는 중국의 인권상황을 해외에 소개한 혐의로 구속됐다. 1989년 톈안먼 사건에 관여했던 류샤오보 등 변호사, 학자, 언론인 등 60여 명이 후자의 석방 요구에 서명했다.

공동체 자기고용의 요소로서, 국유기업의 민영화 바람 속에서도 남아 있는 국유기업이 중국경제에서 차지하는 비중이 상당히 크다. 중국의 '꿍시아오합작사(供銷合作社)'는 공급판매합작사라는 뜻이다. 이는 중국 인민공화국의 구판 협동조합으로, 처음에는 농민을 상대로 매매하는 업무만을 취급했으나 점차 국영 사업기관의 위탁을 받아 구판업무도 취급하게 되었다. 중국 꿍시아오합작총사(中國供銷合作總社)는 농촌부의 꿍시아오합작사(협동조합)를 총괄하는 전국연합회이다. 그 대상은 주로 농촌지대를 중심으로 하는 농업협동조합이다. 2002년 말 현재 산하조직은 전국 31개 성 레벨(자치구, 직할시)의 연합사, 335개 시 레벨(성의 직할시) 연합사, 2,376개 현(구, 시, 현 레벨) 연합사 그리고 단위 생협인 기층사 2만 5,942개사로 구성되었다. 꿍시아오합작사는 전국 45만 5천개의 점포 사업소 서비스센터를 통해 협동조합 사업을 하고 있다.

중국은 삼농(三農) 문제를 해결하려고 농협동조합인 '농민전업합작사법'을 제정해 2007년부터 시행했다. 농민전업합작사(전업공동생산기업)는 조합원의 합법적 권익을 보호하고 농업·농촌 경제의 발전을 촉진하고 국가는 재정지원, 세금혜택과 함께 금융, 과학기술, 인력지원 및 산업정책 등의 조치를 통해 농민전업합작의 발전을 촉진한다. 5명 이상의 조합원 및 법률의 규정에 부합하는 정관, 조직, 출자하고, 조합원은 민사행위 능력을 지닌 공민, 생산, 경영활동에 종사하는 기업, 사업 단체, 사회 단체 등이다. 농민전업합작사의 조합원 가운데 농민이 최소한 80% 이상을 차지해야 한다. 농민전업합작사는 쌀, 밀, 채소, 과일, 축산, 수산양식업, 운수판매협동조합 등으로 구성한다. 지역특성에 따라 우위의 농산물 위주로 농민전업합작사를 설립했다. 조합원은 총 108만 명으로 시작 단계이다.

---

10) China Labor Watch(www.chinalaborwatch.org), China Labour Bulletin(www.clb.org.hk), Asia Monitor Resource Center(www.amrc.org.hk) 참조.

농촌에서는 향진기업을 되살리려는 움직임이 있다. 향진기업은 설비와 기술면에서 사영기업에 비해 낙후했으나 사기업의 지나친 영리 추구에 대한 반성이다. 문화대혁명 때인 1965년 마오쩌둥 주석의 지시로 일반 농민에게 3개월 정도의 간단한 훈련을 시켜 농민을 진료한 데서 유래한 100만 명이 넘는 향촌의사들의 재교육을 받는다. 향촌의사들은 정식 교육을 받은 도시 의사들이 기피하는 농촌의 주민들에게 의료혜택을 가져다주었다는 의미는 있었지만 지금은 이들의 잘못된 진료와 처방이 중국의 큰 보건 문제다. 이들은 의학교육전문기업인 하오이성(好醫生)과 손잡고 기초의료 재교육을 받는다.

도시 지역에서는 인민공사의 대안으로 사구(社區)를 복원했다. 사구는 주민조직과 행정조직을 더한 조직을 말한다. 상하이는 도시 내 또는 도시 근교 농업을 적극적으로 살리는 모델로 주목받는다(김찬호, 2002: 107).

세계무역기구(WTO)에 가입한 중국이 농업분야의 새로운 돌파구로 유기농업을 적극 확대할 계획이다. 중국에는 유기농업에 접목이 가능한 전통농업이 많이 남아 있다. 또 1980년대 이후 발전한 생태농업기술은 유기농업 발전의 밑거름이다. 이와 함께 화학비료와 농약 사용량이 극히 적은 빈농 경영 지역이 광범위하게 존재해 유기농산물 생산기지로의 전환이 가능하다. 또 농산물의 종류가 다양하고 교잡품종이 아닌 고정품종이 상당수 존재하는 것도 유기농업 발전에 도움이 될 것으로 기대하고 있다. 여기에 중국의 풍부한 노동력은 유기농업 발전에 든든한 버팀목이 될 수 있다는 것이 중국 정부의 판단이다.

미국 등 유기농산물 주요 소비국가들은 주로 개발도상국에서 유기농산물을 수입하고 있으며, 중국 내부적으로는 베이징과 상하이·난징 등 대도시를 중심으로 유기농산물에 관심이 높아지면서 공급부족 현상까지 나타나고 있다. 중국은 지난 1994년 설립된 국가 환경보호국 유기식품발전센터로 중국 내 유기농산물과 식품의 생산·관리를 총괄하고 있다. 중국의 유기농생산 면적은 세계 2위이다. 국제인증기관에서 유기농자재로 인증 받고, 유기농퇴비를 사용하고 윤작을 실천한다. 저항성 품종을 자체적으로 선발하여 유기농포도를 재배하고, 국제인증을 획득한 다양한 유기농 가공제품 등을 생산한다.

홍콩에는 노동자기업을 일구는 홍콩여공합작사가 있다. 홍콩은 1997년 영국이 홍콩을 중국에 반환한 뒤 홍콩의 산업체가 급격히 대륙으로 생산시설을 옮겨 실업자가 대량으로 발생했다. 홍콩의 노동자들은 몬드라곤이나 인도 SEWA의 경험을 받아들여 노동자기업을 조직했다.

6) 국제협동조합운동

협동조합은 세 가지 단계로 연합을 만들었다. 우선 기반이 확실하고 번영하는 협동조합들의 네트워크를 몇몇 국가에서 설립해야 했다. 다음으로 만든 전국연합조직은 경제력을 강화하기 위한 도매조합 · 협동조합중앙은행 등과, 협동조합의 정치적 영향력을 확보하기 위한 협동조합연맹(co-operative unions)의 두 가지 형태로 전개했다. 그다음에 국제적 연맹을 추진했다.

국제협동조합연맹(International Cooperative Alliance, ICA)은 1886년 영국 협동조합대회에 참석한 프랑스의 E. 부아브의 제창으로 주로 영국의 기독교 사회주의자들이 설립했다. 연맹의 초창기에는 생활협동조합의 성격이 강했으나 1904년 대회 이후에는 소비조합이 연맹의 핵심을 이루었다. 그러나 제1차 세계대전 이후에는 농촌협동조합의 중요성도 강조되어 연맹은 세계의 모든 협동조합을 포함하는 연합회로 발전했다.

1850년대 초부터 협동조합의 국제적 연대를 시작하여 1895년 전 세계의 소비자협동조합 · 노동자협동조합 · 농협 · 신협의 대표들이 런던에 모여 국제협동조합연맹을 결성했다. 이 대회에서 '모든 형태의 협동조합과 이윤분배제도를 진흥'하기로 결의했다. 대의원들은 협동조합운동의 정보를 교환할 것, 협동조합 원칙의 본질을 명확하게 규명할 것, 서로 다른 나라 사이에 협동조합 사이에 통상관계를 수립할 것의 세 가지 목표를 결의했다. 1896년 파리 대회에서는 소비자협동조합이 생필품을 구입할 때 품질과 가격이 동일하다면 생산협동조합이나 농협에서 우선 구매할 것을 결의했다. 1902년 맨체스터 대회에서 개인 회원제도를 폐지하여 ICA를 이용해 개인의 이윤을 증진하려는 시도에 종지부를 찍었다.

이 시기에 소비자협동조합과 노동자협동조합 사이의 균형 있는 발전의 이론적 근거를 마련했다. 소비자협동조합은 이전까지 유통과정은 어떠한 가치도 창출하지 않으면서 생산의 주체인 생산자의 상품을 판매하여 이익을 챙기는 '증간상인'이라는 인식에서 벗어나 생산을 유통과 교환에서 분리할 수 없다는 것을 이해했다. 유통업의 노동자도 생산물을 만드는 자와 동일한 노동자라는 것이다. 그리고 노동자와 생산과정의 모든 단계에서 소비자의 통제가 확대되므로 자본과 노동의 대립은 노동자가 소비자로 해방되는 길을 통해 극복할 수 있다고 보았다. 이것은 생산에서 소비자에게 이르는 생산물의 최종 유용성이라는 이론으로 리카르도(Ricardo)의 노동가치이론(labor theory of value)과 차별성을 가졌다. 이로써 소비자협동조합은 '협동조합공화국'이라는 비전을 갖게 되었다. 노동조합을 인정하고 노동자에게 노동시장의 임금율에 비해 상대적으로 후한 임금을 지불하는 것이 자신들의 임무라고 이해했다(존스턴 버챌, 2003: 76).

세계대전을 눈앞에 두고 글래스고대회에서 협동조합과 세계 평화 사이에 특별한 관계에 있다고 밝혔지만 협동조합이 전쟁을 막을 만큼 강하지 않았다. 양차 세계대전 중에 이탈리아에서는 파시스트협동조합이 협동조합을 접수하고, 독일에서는 협동조합을 나치의 독일노동전선에 흡수시켰다.

냉전시기에 ICA에서 동서가 대립했으나 진정한 국제적인 비정부조직으로 분열을 피했다. 소련의 센트로소유즈는 1903년 ICA에 가입했고, 미국의 협동조합연맹은 1917년 가입했다. 제3세계의 독립적인 민주적 형태의 협동조합은 독재정권의 위협을 받았다. UN은 1965년 개도국에서 협동조합의 역할을 인정해 이 해를 국제협동조합의 해로 지정했다. 1982년 UN은 본부를 런던에서 제네바로 이전해 UN, ILO와 이웃해 국제적 사안을 다루는데 중심 역할을 하기로 결의했다. 1995년 ICA 100주년 기념대회는 협동조합을 "협동조합은 공동으로 소유하고 민주적으로 운영되는 사업체를 통하여 공동의 경제 · 사회 · 문화적 필요와 욕구를 충족시키는 사람들이 자발적으로 결성한 자율적인 조직"이라고 정의했다(존스턴 버첼, 2003: 105).

ICA 안에서 노동자협동조합, 장인협동조합, 사회적 협동조합, 서비스협동조합, 노동자소유기업 등 대안적 지배구조를 갖고 노동조합과 협력하는 조직들은 CICOPA(International Organisation of Industrial, Artisanal and Service Producers' Co-operatives)를 구성했다. CICOPA는 유럽(CECOP), 아메리카, 아프리카, 아시아 지역에 회원조직이 분포하며, 몬드라곤 그룹은 스페인 조직을 통해 참여한다. CICOPA 회장은 스페인 몬드라곤 출신의 하비에 살라베리아이며 사무국은 벨기에 브뤼셀에 있다. 아시아 지역에서는 한국노동자협동조합연합회(한국노협), 일본노동자협동조합연합회, 중국 ICCIC (International Committee for the Promotion of Chinese Industrial Cooperatives)가 결합하며, 몽골(CUMIC)이 회원이지만 활발치 않다. 한국 노협은 2003년 CICOPA에 가입하여 현재 아시아 지역 몫의 집행위원으로 참여하며, 교류방문 국제컨퍼런스, 컨설턴트 초청을 기획한다(엄형식, 2007: 26~28).

CICOPA는 전 세계적으로 협동조합의 정체성을 분명히 하고 사회적 지위를 확립하려 한다. 지금까지 협동조합운동에서 노동자기업은 주변적인 것이며 일반기업으로 퇴행가능성이 높거나 구 사회주의 체제의 관료조직 정도로 낮게 평가했다. 그러나 1970년대부터 몬드라곤 사례를 통해 다시 주목받고 1980년대 유럽의 CECOP가 사회적 기업을 활성화하고, 최근 남미에서 좌파정권이 집권하고 협동조합이 증가하면서 다시 주목받는다. 2005년 ICA 총회에서 「협동조합노동자소유에 관한 오슬로 선언」을 발표했다.

선진 자본주의국가 협동조합이 그렇지 못한 나라의 협동조합을 연대 지원한다. 유럽은 생협 수익금의 10%를 내 스페인 등에서 생협 사무소 개설을 지원하며, 공정무역이 발달했다.

한국은 ICA에 농협중앙회, 새마을금고, 삼림조합 등이 가입해 활동하며, 2008년 생협으로는 iCOOP가 처음으로 가입했다.

ILO권고 제127호, 개발도상국의 경제·사회적 개발에서 협동조합이 하는 역할에 관한 권고가 있다. 그러나 이런 권고가 실효성이 있는 것은 아니지만 신자유주의의 공세 속에서 민영화에 대응하는 의미가 있다. 1974년

ILO 아시아·태평양 사무소와 함께 일본의 지원을 받는 ILO/Japan Multi-Bilateral Programme을 발족하였다. 이 프로젝트는 방글라데시, 캄보디아, 중국, 인도네시아, 네팔, 파키스탄, 필리핀, 태국, 베트남 등을 대상 국가로 한다.

먼저 태국과 필리핀 등을 대상으로 한 '고용증대를 위한 전략적인 접근 프로그램'을 들 수 있다. 이 사업은 영세민, 실업자, 불완전고용자 등에 지역사회 단위의 일자리 창출이나 소득증대를 꾀하는 것으로서 성과가 높자 방글라데시와 중국에도 확대 실시되었다. 이를 통해 방글라데시와 파키스탄에서는 4,000여 개의 소기업이 새로 창설되었으며 중국에서는 5,000명이 새로운 직장을 갖게 되었고 1만 3,000명이 소득 증대와 관련한 신기술을 교육받았다.

다음으로는 '여성들의 취업기회 확대를 위한 아시아 지역 프로그램'이 있다. 여성의 고용향상을 지향하는 이 프로그램은 빈곤문제 완화, 남녀평등과 사회적 정의 진작, 여성의 경제·사회적 지위 향상을 위한 국가적 사업들에 대하여 기술적·재정적 지원을 한다(박종길, 2002).

공동체 자기고용의 역사 경험을 요약하면, 사회의 빈부 격차가 커지고 실업자가 늘어나고 대중운동에서 조합주의가 대두해 사회운동의 역할이 침체하는 것은 서유럽과 한국이 시기적으로는 다르나 산업화를 마치는 단계에서 심각하게 나타나는 점에서 일치한다. 서유럽이 오랜 역사 속에서 이 문제를 긍정하고 대안을 전방위적으로 찾았다. 신사회운동, 사회적 경제와 NGO의 공공서비스 그리고 공공 부문의 확대와 사회주의를 통해 대안을 찾았다. 이에 비해 한국은 이전의 전통사회의 공동체 자기고용의 경험을 반추하고 산업화 이후 제기되는 새로운 요구를 결합시켜 공동체를 새로이 구성해야 하는 단계이다.

한국의 공동체 자기고용 현황

※ 한국에서도 노동조합이 강했지만 실업의 증가, 불황기의 소득 저하, 공해물질에서 자유스런 친환경 식품의 수요가 늘어나면서 자기고용 자기재산의 형성 요구가 증가했다. 1987년 이후 자기고용의 사회적 가치를 추구하지만 수익성을 맞추지 못하는 사례가 많았다. 공동체 자기고용을 소비자협동조합, 농업협동조합, 노동자기업, 사회서비스의 공유 경영, 지역공동체, 공공정부 영역, 사이버공동체, 국제공동체 경영 그리고 부문 지역 국가 사이의 입체적 협력으로 구분해 서술한다. 경영상태 분석에 유의한다.

1. 소비자협동조합

소비자협동조합은 협동조합의 출발에서부터 시작해 공동체 자기고용의 기초를 이룬다. 협동조합 일반은 개인 또는 기업의 소유를 기초로 조직한다. 협동조합은 지속가능성을 담보하고 고용을 유지 확대하는 데 유력하다.

1) 생활협동조합

생활협동운동은 산업노동을 중심으로 생각하는 변혁 논리와는 대조적으로 인간 생존의 시초로서 땅이나 농업 문제에 유의했다. 실제로 낭비와 파괴를 구조적으로 강요하는 자본주의 시장 기구에서 가능한 한 독립성을 유지해 자치적 해방구를 만들어보려는 노력이다. 몬드라곤을 포함해 생활협동운동은 대체로 생태학적 전망을 결여했으나 최근 공해문제가 심각해지면서 생태문제와 결합하는 쪽으로 변화했다(장일순, 1997: 165).

2007년 5월 말 전국에는 221개 생협이 존재하며, 인가생협은 125개 생협으로 전체의 56.6%에 이른다. 조합원 수는 400,950명으로 추정되고, 2005년 말 336,909명에서 19%가 증가한 수치이며, 총공급액은 2005년 약 2,696억 원에서 약 3,300억원으로 23.5%가 증가하였고, 2008년 8월 현재는 4천억 원이 넘는 것으로 추산하고 있다. 의료생협의 수는 2005년보다 70.4% 증가한 46개이며, 인가생협 수 또한 63.0% 증가하였다. 조합원 수는 15,078명에서 19,700명으로 30.6%나 증가했으며, 총공급액은 약 93억 원에서 170억 원으로 82.8% 증가한 것으로 나타났다. 직장생협은 1개 생협이 증가하면서 조합원 수가 150명에 이르며, 총공급액이 2005년 약 3억 원에서 2007년에는 약 20억 원으로 가장 큰 증가세를 보였다. 대학생협은 4개 생협이 증가하면서 조합원 수는 15.3% 증가하여 95,700명이며, 총공급액은 약 900억 원에 이르고 있다. 지역생협의 경우 조합원 수는 19.7% 증가하여 285,400명인 반면 총공급액은 2,240억 원으로 18.9%의 증가하여 조합원 수 증가 대비 총공급액 증가율은 다소 낮게 나타났다(장원석, 2008: 13).

소비자생협에는 한살림, 정농회, 두레생협, 한국생협연합회, 여성민우회 생협, 생협전국연합회, 환경운동연합, 경실련, 우리 밀, 천주교 서울대교구 우리농촌살리기운동본부 등 생협이 있다. 부문별로 지역생협, 대학생협, 직장생협(고등기술연구원), 의료생협이 있다(〈그림 7〉 참조).

〈그림 7〉 한국 생활협동조합 조직의 변천

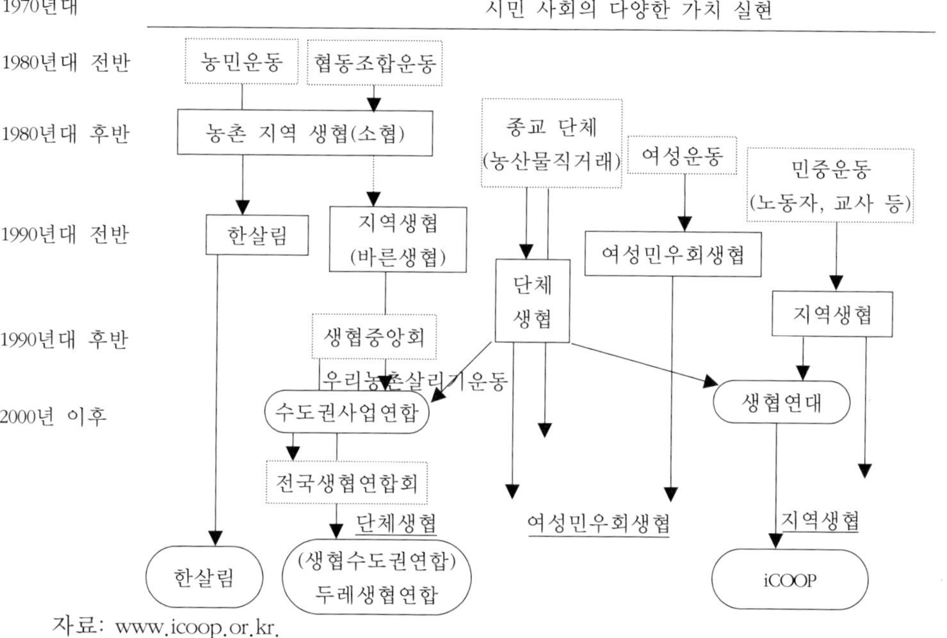

자료: www.icoop.or.kr.

한국 생협은 1972년 남한강 유역의 홍수로 재산을 당한 지역민을 도우려고 천주교 원주교구에서 재해대책사업위원회를 만들어 재해복구에 나섰고 복구가 마무리되면서 지역주민의 자립을 위해 소비조합을 설립하면서 시작했다. 1980년대 후반 1990년대 초반 노동운동이 확장하면서 지역운동 차원에서 널리 조직했다. 1999년 8월부터 시행된 소비자생활협동조합법으로 법적 지위를 부여받는다. 생활협동조합은 생산자, 생산자 단체, 문화 단체 등과 공공사업을, 정부 또는 지방자치단체가 위탁하는 사업에 참여할 수 있게 되었다.

1970~1980년대 농촌에 소비조합(마을 구판장), 노조의 소비조합(광산노조, 대공장노조)이 생협의 모태가 되었다. 이러한 소비조합은 농촌의 이농과 피폐화, 노조 소비조합의 어용성 시비로 도태되었다. 초기 생협은 친환경농산물 등 1차 농산물을 농민과 소비자에게 연결하는 농산물 직거래사업으로 시작하여 점차 '안전한 먹을거리' 친환경농산물과 이를 이용한 가공식품을 공급하는 사업으로 정착했다. 이러한 특성은 일반 소비재를 보다 저렴하고 안정적으로 공급하는 일본 등 다른 나라와 다른 점이다. 1990년대에 대학 구성원의 복지향상과 편의를 제공하는 대학생협과 건강한 지역사회를 만드는 의료생협을 만들었다.

한국과 일본, 유럽 생협을 비교해본다. 헨리 핸즈맨은 『기업의 소유』(The Ownership of Enterprise, 1996)에서 기업이 주식회사에서 합영회사, 협동조합, 공제조직, 비영리조직에 이르는 다양한 조직형태를 취하여, 또 나라와 산업에 따라 조직형태에 커다란 차이가 나는 이유를 계약비용(cost)과 소유비용을 분석하여 밝혔다. 시장에서 계약비용은 '시장의 실패'와 맞닿아 있다. 독점으로 효과적인 경쟁이 결여되거나 당사자 한쪽이 정보 교류에서 크게 불리한 경우 소비자가 시장에서 지불해야 하는 계약 비용은 높아진다. 이 비용은 사는 사람이 파는 사람을 소유해 낮출 수 있다. 사는 사람과 파는 사람이 동일한 조직에 속한다면 시장의 불완전성을 이용해 한쪽이 다른 한쪽을 착취하는 인센티브는 저하되기 때문이다. 소비자가 생협을 조직하더라도 정부가 시장을 효과적으로 규제하는 입법을 하면 그 비교우위를 잃게 된다. 이런 이유에서 선진국에서 생협은 마이너(miner)의 존재에 그친다고 결론짓는다. 그러나 스웨덴에서 생협이 예외적으로 높은 시장점유율을 차지하는 것은 독점금지법이 약하고, 산업계에서는 반경쟁적인 관행이 횡행하고, 소비재의 생산이나 수입은 고도로 카르텔화되어 생협 조직의 인센티브가 크기 때문이라고 한다(일본21세기코프연구센터, 2006: 26).

유럽은 내부유보 중심이며 일반 소비자가 주로 이용해 조합원 참가는 미약하며 연합회의 통솔력이 강하게 작용하는 소비자 지향의 소매유통업이다. 일본은 조합원 출자금 중심이며 조합원만 이용할 수 있으며 조합원이 각종 중간조직 활동에 활발하며 단위 조합의 주권이 강하고 연합회의 주권이 약하며 소매유통업+사회운동적 측면을 갖는다.

한국은 유럽보다 일본에 근접하면서도 차이가 있다. 한국의 생협운동은 일본의 조직체계와 원리를 채택하면서도 전후 물자 부족 시대에 경제적 이익도모가 주된 사회적 요구였던 일본과 달리 20세기 후반 삶의 질을 높이려는 방향으로 전개되었다. 유기농산물 직거래를 중심으로 환경문제, 농촌파괴, 식품안전 문제를 해결하려는 한국의 생협운동은 일본에 비해 늦게 시작하고 비가격 분야에 치중하면서 저변 확대가 더디다.

생협은 대부분 소비자가 중심이 되어 조직해 매장을 두거나 인터넷을 통해 생산자와 직거래한다. 한살림은 농촌 생산자와 도시 소비자가 회원으로 함께 만든 조직이다. '한살림'은 생명의 가치관과 세계관으로 모든 생명이 한집 살림하듯 더불어 살자는 취지 아래, 유기농산물과 건강하고 안전한 농수축산물을 생산하고, 도시와 농촌 간 직거래운동을 전개하여 농업과 환경·생태를 살리고, 도농생활공동체운동을 통해 새로운 생산양식과 생활양식을 창출하고 더불어 사회를 지향한다. 1986년 12월 서울에 '한살림농산'이라는 작은 쌀가게에서 사업을 시작해 1989년 한살림을 창립하고, 2002년 한살림 사업연합을 창립하고 2003년 한살림 생산자모임을 창립했다. 2007년 회원이 15만 명이다. 2007년 12월 현재 자산총계 110억 3,600만 원, 매출액은 876억 2,500만 원(2006.12, 755억 7,600만 원, 2005.12, 642억 7,700만 원), 당기순이익 8,700만 원이다. 한살림은 매출액의 75%는 생산지로 돌아가고 24%는 한살림 운영비 또 나머지 1%는 손실에 대비해 적립한다. 원칙적으로 수입물을 사용하지 않으며 광고를 하지 않는다(권오민 외, 2008.12.4). 한살림은 도농공동체로서 생산자에게서 상품을 일정한 가격으로 구입한 다음 이를 분류해 판매하고 판매과정에서 발생한 손실을 자체에서 소화하는 점에서 공동체적이다.[1)]

1) 양정현(참 좋은 생협 배송담당자)의 말, 2007.3.20, 인천에서.

여성민우회생협은 1989년 출범해 친환경농산물 소비를 통합 농업 환경 지역 살리기 활동을 폈다. 2008년 광우병 위험 미국산 쇠고기 수입반대운동에 적극 참여했다. 촛불집회에 참여하고 어린이집 광우병 안전지대 선언식 등 생활운동과 미국산 · 국내산 쇠고기에 대한 전수조사 협약을 이끌어 냈다.

1997년 안양의 바른생협 등 7개의 생협이 모여 생활협동조합 수도권사업연합회(뒤의 두레생협연합회)를 만들고 이들은 1999년 시흥에 물류센터를 만들었다. 2004년부터 필리핀 네그로스 지역에서 유기농산물을 수입판매했다. 거꾸로 한국에서 필리핀에 매실장아찌를 수출한다. 인천 연수구에 위치한 푸른생협은 인천 지역사회운동연합이 해체하며 회원들이 1993년에 만든 생협이다.

환경운동연합은 에코생활협동조합을 운영한다. 에코생협은 2006년 친환경식당 에코밥상을 열었다. 이 식당은 에코생협 이사와 회원 9명이 100만원부터 500만 원까지 출자해서 만들었다. 경영 상태는 아직 월급을 못주기 때문에 적자도 흑자도 아니다(『한겨레』 2007.4.11). 에코생협은 에코라이프라는 자가발전 라디오, 태양광 손목시계, 재생용지로 만든 명함집 등을 판매한다.

대학생협은 학생, 교수, 직원이 주체가 되어 조직하며, 미래의 노동자인 학생에게 공동체 자기고용의 의미를 배우게 한다. 2009년 3월 현재 9개의 국립대와 13개의 사립대, 모두 22개의 대학에 설립했다. 대학생협들은 2001년 생활협동조합전국연합회 산하 특별위원회를 구성하고, 대학생협운동의 활성화를 위해 대학생협연합회를 지향한다(대학생협, www.univcoop.or.kr, 2007.7.14).

2008년 4월 필자의 '노동의 미래' 수강생 김도흥은 유기농산물 파티에 필요한 물품을 구입하러 안양 바른생협에 가서 오승현 상무와 다음과 같이 대화했다.

김도흥: 어떤 점에서 매력을 느끼고 이 일을 시작하게 되었나요?

오승현: 농민, 노동운동만으로는 안 되는 사회이기 때문에 진정한 시민운동의 시발점이 될 수 있다고 생각하여 이 일을 시작하게 되었습니다. 시간이 지나면 모든 운동을 포용할 수 있을 겁니다.

김: 가장 힘들 때는 언제인가요?

오: 2005년에 제일 힘들었고, 물가의 영향을 받을 때가 힘이 듭니다. 마진이 없습니다. 그런데 오히려 물가가 오를 때 힘들고 어려운걸 아니까 생산자나 소비자가 오히려 뭉쳐서 어려움을 극복할 수 있었습니다.

김: 일화 하나만 부탁드립니다.

오: 예전에 호박 파동이 있었을 때가 있었어요. 그때 당시 생산자의 어려움을 알고서 조합원들끼리 뭉쳐 며칠 동안 호박만 먹어 생산자를 살려낼 때가 있었는데 참으로 뿌듯했습니다.

김: 앞으로도 계속 이 일을 하실 겁니까?

오: 앞으로 바른 먹을거리와 공공의 이익을 위해서 생협이 활성화되도록 노력할 것이고요. 공부하기 어려운 아이들을 위해 조합원들끼리 의기투합해서 방과 후 학교 운영을 지역사회와 연대해서 활성화했으면 좋겠고요. 더 나아가 복지사업을 활성화할 수 있는 일들을 하려고 합니다.

김: 저희 학생들을 위해 한 말씀 부탁드립니다.

오: 이거 유기농 녹차 티백입니다. 찬물에 우려먹어도 되고 뜨거운 물에 우려먹어도 됩니다. 서비스로 드릴게요. 맛있게 드시고 생협이 뭔지도 모르는 친구들이 많은 것 같습니다. 많이 알려져서 동참했으면 좋겠습니다.

김: 참, 할인 받으려고 어제 가입했었는데.

오: 일반인은 5%로 더 받는데 가입여부 상관없이 조합원 가격으로 해드렸습니다.

외국에서 100여 년 전에 도입한 생협은 한국에서는 1998년에 법적으로 인정받았다. 생협을 실질적으로 운영했는데도 이렇게 늦게 입법한 것은 주무부처의 이해부족과 이해 당사자의 반대 때문이다. 주무부처인 재경원은 생협 때문에 도·소매상의 매출이 줄어들어 이들의 권익을 저해할 수 있다는 이유로 입법을 반대했다. 도·소매상 등 기존 유통 체제를 보호해야 한다는 재경원의 논리는 WTO 체제에 의해 세계적인 소매 유통업체인 '월마트'의 국내 상륙을 허용해 자가당착임이 드러났다. 오히려 생협은 기존 소매상들을 일부나마 협동조합 체제로 흡수해 편의점이나 할인점 배후에 있는 외국자본이나 대자본의 시장지배를 약화시킬 수 있다. 기득권 업자를 보호하려는 주무부처의 입장은 사업 영역의 제한으로 나타난다. 생협법은 경제적 지위향상으로 사업의 목적을 제한하고, 정치관여를 금지하고, 비조합원이 이용할 수 없고, 사업 영역의 제한을 두었다(iCOOP 생협연대, 2008: 49). 생협법은 생협의 사업을 농·수·축·임산물과 그 가공품, 환경물자와 학생 생활용품에 한정한다. 생협은 생활에 필수적인 공산품을 취급할 수 없으며, 상부상조를 위한 공제사업도 할 수 없다. 또한 이 법에는 현행, 농업 등 8개 협동조합에게 인정하는 세금면제, 지방자치단체의 협력 등 지원책이 빠졌고, 정부의 지원을 단지 농산물 직거래를 위한 장소와 시설 제공에 한정했다. 그리고 공제사업을 금지하는 것은 보험·금융업이 완전 개방된 상태에서 설득력이 없다. 오히려 사업제한, 처벌, 취소 등 가혹한 규제 일변도의 내용으로 생협이 사회적 요구나 소비자·생산자의 여건 변화에 능동적으로 대처할 수 없도록 했다(이가옥·고철기, 2001: 113). 생협법은 법인을 설립해야만 생협 활동을 할 수 있도록 제한했기 때문에 규정된 출자금을 채우려고 출자금 증자도 필요했다. 생협법에 의하면 조합이 설립 인가를 받으려면 창립총회 시까지 설립 동의자의 수가 300인 이상, 설립 동의자의 출자금 납입 확약 총액이 3,000만 원을 충족시켜야 한다.

일본도 마찬가지여서 1995년 이른바 NPO법을 제정할 때 비영리사업에 세제의 특전은 그 비영리적 사업체와 경쟁관계에 있는 영리기업이 불공정 경쟁이라고 불만을 제기했다. 2003년 현재 이 법의 개정을 막고 있다(사토 요시유키, 2004).

1998년 생협법 제정 이래 생협이 이룩한 성과는 ① 고품질 친환경농산물 소비 확대, 환경친화적 생활양식의 확산을 통한 소비자의 건강과 생명의 안정성 확보, ② 생활필수품을 저렴하게 구매 공급하여 물가안정에 기여, ③ 직거래 활성화, 생활물자와 서비스 가격의 안정, 농축수산물의 유통구조 개선과 가격안정을 통한 경제 활성화에 기여, ④ 농산물의 가공을 통한 농업의 2, 3차 산업화, ⑤ WTO·FTA 체제에 따른 농축수산물 개방화에 대응, 도농직거래운동의 확산을 통산 농업 · 농촌 · 농민 문제의 해결 등이다.

그러나 생협의 지위와 역할은 2000년대 들어 웰빙과 로하스 등에 대한 사회적 관심의 증대로 더 이상 유지하기 힘들다. 친환경 유기농식품의 소비가 증대하면서 대형 유통업체나 식품업체에서 유기농식품사업을 대대적으로 추진한다. 비교적 빠르게 증가하는 수입유기농식품이 국내 시장의 잠재수요를 잠식한다. 그리고 생협이 생산자와 소비자의 신뢰관계를 토대로 개발한 친환경 유기농식품도 '또 하나의 상품'으로 변화한다. 소비자의 입장에서 생협이 아니더라도 다양한 상품구색을 갖춘 대형 또는 전문 매장에서 구입할 수 있기 때문이다(장원석, 2008: 12).

우리 농촌에서 친환경 농산물 생산이 증가하지만 소비가 따르지 못한다. 친환경 재배를 하고도 팔 데가 없어 일반시장에 나눠 출하하는 농가가 는다. 농협, 생협, 대형할인점 등과 계약 재배하는 농가는 그래도 사정이 낳은 편이다. 청주 지역 친환경농산물 생산은 5년 사이 472.7%, 면적 504.4%, 재배량 576.6% 등 5배 안팎으로 늘었지만 수요가 공급을 따르지 못한다. 충북도는 2013년까지 5,219억 원을 들여 친환경농업을 육성하기로 했지만 유통 관련 예산은 별도로 세우지 않았다. 생협도 회원 수가 늘지 않아 대처하지 못한다. 쌀, 밀, 마늘 등 대부분 농산물이 과잉생산 상태다. 유기농산물 가공에서 수입 원료가 90%를 차지한다.

강기갑(국회의원)이 농림부에게서 받은 자료에 따르면 최근 3년간 유기가공식품 생산 및 수입현황은 국내생산은 2005년 235톤, 2006년 1,103톤, 2007년 6월까지 2,317톤인데 반해, 수입은 2005년 7,095톤, 2006년 1만 1,228톤, 2007년 9월까지 1만 1,096톤으로 수입이 국내 생산량보다 6~10배 많다. 국가별로는 미국, 중국, 호주 순이고, 품목별로는 과채류가 전체 수입량 가운데 37%인 4,000톤 넘게 수입했고, 설탕, 밀가루, 두류가공품, 곡류가공품, 영유식 등 1,000톤 넘게 수입했다. 그는 대책으로 유기농식품산업을 적극 육성하고, 사각지대에 놓인 수입유기가공식품의 관리방안도 마련하라고 주장한다(『식품환경신문』 2007.11.12).

수입개방에 맞설 수 있는 힘은 생명의 먹을거리를 바탕으로 한 생산자와 소비의 굳건한 연대와 협력에 있다(박종서, 2007.3). 부산 한살림은 회원 수가 늘었지만 개인당 쌀 소비가 줄어 수매한 쌀이 남기 시작하자 '쌀 의무 소비제'를 도입했다. 회원마다 한 해 20kg 이상씩 쌀을 사먹기로 한 것이다. 농민 선종구(전남 보성군 벌교읍)는 "부산 한살림 분들이 우리 쌀과 우리 농업을 지키려고 의무 소비제까지 도입했다는 얘기를 듣고 농사를 짓는 사람으로서 고마움과 함께 책임감을 크게 느꼈다"고 말했다(『한겨레』 2007.7.10).

우리 밀은 1984년 정부가 수매를 중단한 뒤 재배농가가 크게 줄었다. 1989년 우리밀살리기운동을 시작해 1998년 외환위기 때 부도가 났다. 2009년 밀 생산량은 2만 8천 톤으로 전체 밀가루 소비량의 0.84%이다. 우리밀살리기운동분부가 설립한 (주)우리 밀은 2008년 매출액이 100억 원이다. 2000년도 수입 밀에 견줘 4배 이상이던 밀 가격은 국제 곡물가격 상승으로 1.5~2배 수준으로 떨어져 경쟁력을 갖게 됐다.

광우병 쇠고기 수입을 반대하는 촛불시위가 일어난 뒤 생협을 이용하는 조합원이 크게 늘었다. 두레생협에 따르면 산지 직거래로 마련한 추석 한우세트가 2007년 추석에는 54두였던 것이 2008년 추석에는 82두로 늘었다. 아이쿱(iCOOP)생협에서는 조합원 가입자 수가 2008년 1~7월 사이에 전년도 같은 기간에 비해 96%가 늘었고, 광우병 쇠고기 문제가 불거진 5월에 가입 조합원이 급증했고 그달에 실제 이용 조합원도 전년 대비 2,346%로 늘었다(『한겨레』 2008.9.1).

생협의 발전에서 노동자의 사회경제적 조직능력 인식의 향상과 인터넷의 도움이 컸다. 그러나 조합간부의 관료화, 슈퍼마켓처럼 판매 위주로 경영하면서 주민과 결합도가 낮아지는 문제가 등장했다.

생협 사이에 영업구역이 중복되면서 교통체증에 따른 높은 물류비 부담을 안고 있다. 생협의 중간유통비용은 대체로 20% 선이다. 이것은 일반 농산물의 유통비 43%보다 낮다. 생협들이 서로 협력할 경우 중복되는 유통비용을 더 줄일 수 있다. 생협 직원의 임금은 정규직 노동자와 비정규직 노동자의 중간 정도이거나 더 낮은 수준이다. 2007년 '참 좋은 생협'(인천)에서 5년 정도 근무한 배송직원의 연봉은 1,800여만 원이다.

2) 자영업 노점상

독립적인 자기고용의 형태로 자영업, 슈퍼마켓협동조합, 노점상연합 등이 있다.

(1) 자영업자

음식업, 슈퍼마켓, 숙박업, 제과점, 이용업, 미용업, 세탁소, 욕탕업, 노래방, 피시방 등 영세한 도소매 서비스업 종사자인 자영업자는 600여만 명으로 전체 취업자의 33.6%로 선진국의 10%보다 훨씬 높다. 2006년 전체 자영업주에서 40~50대의 비중은 56.8%이다. IMF 사태 이후 40대 중고령 노동자의 임금노동자 재취업이 어려워 자영업 형태의 취업을 많이 선택했기 때문이다.

소상공인진흥원의 「소상공인 경기 동향 모니터링 조사 결과」를 보면 자영업자의 수는 음식점(16.4%), 슈퍼마켓(15.9%)이 많고, 종사자 연령은 여관 · 모텔(52.9살), 목욕탕(52.2살)이다. 경력은 이발소(20.3년), 미용업(10.7년)으로, 월평균 순이익은 여관 · 모텔이 378만 1천 원으로 가장 많다. 슈퍼마켓은 월 매출액 2,418만 2천 원이나 순이익 241만 원, 매출액 순이익율이 9.9%로 가장 낮았다(『한겨레』 2009.2.6).

기획재정부와 통계청에 따르면 2008년 상반기 자영업주(자영업자) 수는 모두 594만 5,000명으로 2007년 상반기보다 7만 3,000명이 감소했다. 종업원을 두고 자신의 사업을 하는 고용주는 2007년 상반기 155만 9,000명에서 2008년 상반기에 153만 9,000명으로 줄었다. 종업원 없이 자신의 사업을 하는 자영업자도 같은 기간 445만 9,000명에서 440만 7,000명으로 감소했다. 자영업자가 줄면서 가족이 운영하는 사업장에서 임금을 받지 않고 일하는 무급 가족종사자도 3만 6,000명 감소해 2008년 상반기 136만 5,000명이었다.

통계청의 「가계수지동향」에 따르면 자영업자들이 주류를 이루는 근로자 외 가구의 2008년 1·4분기 월 소득은 278만 원으로 도시근로자 가구(399만 원)에 비해 100만 원 이상 격차가 벌어졌다. 2007년 자영업자의 소득을 보여주는 자영업자 잉여는 83조 2,700억 원으로 2006년(82조 5,250억 원)보다 0.9% 증가했다(『경향신문』 2008.8.18).

자영업의 대형화로 소득분포도 양극화한다. 삼성경제연구소가 2007년 6월 발표한 「자영업 취업구조의 특징과 시사점」에 따르면, 2006년 월평균 가구총소득 기준, 자영업주 가구총소득 격차는 상대적으로 임금노동자에 비하여 크다. 월평균 가구소득이 750만 원 이상이라고 응답한 사람은 전체 자영업주의 12.1%를 기록해 임금노동자(5.6%)보다 6.5%를 상회했다. 한편 가구소득이 150만 원 이하라고 응답한 사람도 전체 자영업자의 17.5%로 나타나 임금노동자(9.3%)보다 8.2% 상회했다(정웅재, 2008: 69).

동네 '구멍가게'가 백화점, 대형할인점, 대형슈퍼마켓, 편의점의 가격경쟁력에 밀려 어렵다. 1996년 70만 5,000개이던 영세유통점이 2004년까지 62만 5,000개로 한 해 평균 1만개 꼴로 줄었다. 통계청의 「2006년 기준 도·소매업 및 서비스업 통계 조사 결과」에 따르면 '음·식료품 위주 종합소매업'(구멍가게) 업체 수는 2001년 말 10만 7,365곳에서 2006년 말 9만 5,792곳으로 5년 사이에 1만 1,573곳이 줄었다. 하루 평균 6.3개꼴로 동네 구멍가게가 사라진 것이다.

'기타 대형종합소매업'의 대형할인마트(SSM, 슈퍼슈퍼마켓)는 매출액을 당일로 수도권, 재벌로 보내 지역경제를 무너뜨리는 것으로 허가를 까다롭게 하거나 영업시간을 제한하는 등 규제가 필요하다. 우리나라에서 법적으로 3천m^2 이상의 대형 소매점을 일컫는 대형마트는 1996년에 유통시장을 개방하면서 본격적으로 늘었다. 1996년 22곳, 2000년 163곳, 2006년 342곳으로 급증했고, 매출액도 2000년 10조 5천억 원에서 2006년 25조 4천억 원으로 늘었다. 2009년 홈플러스 113개, 롯데마트 110개, GS슈퍼 108개를 운영하며, 업계 1위인 이마트도 진출할 예정이다. 반면 1996년 75만

1,620개이던 중소 유통업체는 2004년 61만 1,741개로 약 14만 곳이 사라졌다. 남아 있는 상인들도 매출 감소로 고통 받는다. 이는 실업자 증가와 경기 후퇴의 원인이 된다(강철구, 2007.6.1).

자영업자들은 각기 협회를 구성하고 입법 등의 권익활동을 한다. 슈퍼마켓협동조합은 슈퍼 운영자들이 상품을 공동 구매하여 대형 마트에 대항한다. 2006년 5만여 동네 소매점들이 한국체인사업협동조합 네트워크를 설립했다. '햇빛촌'이라는 공동상표와 간판을 내걸고 중소기업이 만든 상품을 중심으로 구매해 소매점에 공급한다.

재래시장 상인들은 시설을 개선하고 나름대로 장점을 살리는 홍보와 새로운 영업기법을 도입해 경쟁력을 되찾으려고 노력한다. 이들은 가격 인하, 상품권 발행, 배달, 지역농산물을 직접 팔기, 주차장 개선 등을 실행한다. 한국슈퍼마켓협동조합연합회 등 40여 개 소상공인 단체들이 비상대책위원회를 결성하고 이어 몇몇 지방자치단체도 자체적으로 허가를 내주지 않으며 규제에 나섰다.

부산시는 2008년 6월 화물연대 파업 때 정부가 약속한 불법 다단계 알선 척결책의 하나로 화물차정보화센터 설립을 추진 중이다. 정보화센터는 화물주인이 의뢰한 화물 정보를 화물차 운전자의 네비게이션으로 보내 고시 운송요금을 기준으로 서로 가격을 협상하도록 알선한다. 부산시는 2009년 용달차부터 시작해 컨테이너 운송 트레일러를 비롯해 모든 화물차로 확대할 방침이다. 이럴 경우 알선업자에게 주는 수수료를 아낄 수 있어 30% 이상의 수입 상승효과를 기대할 수 있다.

(2) 노점상

노점상은 공공장소, 특히 거리에서 상행위(상품 및 서비스 판매)를 하는 경제활동을 말한다. 노점상은 소규모 자본을 가지고 손쉽게 시작할 수 있어 도시저소득층들이 생계를 꾸려가는 수단이다. 하지만 노점상이 존재하는 두 가지 조건인 불안정 취업층의 존재와 근대적 유통망의 미성숙 상태가 변하면 노점상의 숫자가 줄어들 것으로 예측한다. 그러나 선진국에도 노점상이 존재하여 공식적인 유통시장이 수용하지 못하는 틈새시장을 노점상이 담당한다. 1980년대 후반 노점상의 주류가 이전과 달리 비교적 젊은 남성으로 바뀌었다. 권리금도 상당한 이른바 '기업형 노점상'이 문제가 되었다. 동시에 생계형 노점상의 비중이 크다. 특히 IMF 통치 뒤 실업자뿐만 아니라 농민까지 노점상으로 변신하면서 노점상은 80~100만 명으로 추산한다.

노점상들은 전국노점상연합(전노련, 1986)을 결성해 단속에 대응하고 안정성을 상당히 확보했다. 노점상의 조직이 비교적 영업이 잘되는 대로변의 노점상으로 구성되고, 이들은 신규 노점상에 배타적인 입장을 취한다.

서울시는 노점상을 위한 합법적인 공간을 자치구마다 마련한다면서, 한편으로는 거리를 점거한 '불법 노점'들을 강력히 단속하는 이중적 태도를 취한다. 빈민해방실천연대 김영철 대표는 "서울시가 전노련 같이 조직된 노점상들은 단속을 쉽게 하지 못하다 보니 정작 더욱 영세하고 작은 노점상들만 심하게 단속 한다"고 했다(『한겨레』 2007.5.28).

노점상은 같은 자리에서 수십 년씩 일해도 합법화되지 않아 안정성이 취약하다. 노점상들은 단속에 걸리면 벌금을 물거나 정기적으로 공무원에게 상납하므로 세원이 샌다. 노점상들에게 합법성 지속성을 부여하고 대신 과세하는 것도 한 가지 대안이다. 생존권과 관련된 노점상을 보호하면서 자치 단체의 특색에 맞는 공간으로 만들 수 있다(김수현, 1996: 122). 인도에서 1998년 SEWA가 주도해 노점상연합을 구성하고 고등법원 판결로 생계형 소규모 노점상이 영업허가와 영업공간을 얻을 권리를 찾았다.

2. 농업협동조합

농민의 협동 영역으로 농업협동조합, 기타 협동조합과 영농조합 등을 설정하여 다룬다.

1) 농업협동조합

일제는 착취의 편의와 화폐개혁을 위해 조선은행, 금융조합(1907)을 설립했다. 금융조합은 외형적으로는 독일의 라이파이젠식 농촌 신협을 모방했다. 그러나 이사는 탁지부에서 임명하고 이사의 급여는 국고에서 전액 지불해 관영적 성격과 행정기관적 성격이 분명했다. 1958년 금융조합은 농업협동조합으로 바뀌었으나 곧 자유당 정부의 어용기구가 되었다. 농협은 해방 정국에서 노동자 농민 자주관리를 탄압하는 과정에서 싹이 잘리고 개발독재 시기에 공산품을 농민에게 소비시키는 과정과 결합해 비극적으로 전개했다.

농업은 1960~1980년대에는 수출 입국을 표방해 부족한 노동력을 농촌에서 징발하고, 1990년대 이후에는 개방정책 아래 휴대전화, 자동차, 반도체의 수출을 위한 농업포기정책으로 회복하기 어려울 정도로 타격받았다(김종현, 2007.12.19).

이 시기에 농협은 스스로 대책을 마련하지 못했다. 그러나 1987년 노동자대투쟁 이후 발전하기 시작했다. 그 이전에 협동조합은 협동이라는 말 때문에 좌익시하고 단체를 저항주체로 보고 탄압하는 군사독재 아래 발전할 수 없었다. 그렇기 때문에 농협은 진정한 협동조합이라고 할 수 없으며,[2] 대중들의 지지를 받지 못한다.

2006년 인구 가운데 농민은 3.6%, 재촌인구는 18.5%이다. 농산물의 공급, 생태환경, 주거 등 삶의 질 향상을 고려할 때 이 수치는 각각 4%, 20%를 넘어야 한다(박해상, 2007.4.1).

농협의 역할, 개선할 점을 살펴본다. 농협(1957)은 1946년 7월 남로당이 미군정에 협조하는 노선을 버리고 싸우면서 전국노동조합총평의회와 전국농민조합총연맹(전농)이 무너진 자리에 대한노총(1946)에 이어 들어선 조직이다. 농협중앙회는 1961년 국가재건최고회의가 농업협동조합과 농업은행을 통합하면서 골격을 갖추었다. 1999년 농협 개혁을 명분으로 농

---

2) 정광훈(전 전농 의장)의 말, 2008.6.29, 서울 종로2가 촛불문화제 현장에서.

업, 축산업 인삼협동조합중앙회를 강제 통합해 중앙회를 만들었다.

2005년 중앙회장의 권한을 줄이려고 농협법을 개정했으나 인사권은 여전히 중앙회장이 쥐고 있다. 이런 권력은 부패를 낳아 지난 20년 동안 역대 농협중앙회장 전원이 비리로 처벌받았다.

농협중앙회는 1,200여 회원조합이 출자해 만든 연합 단체이다. 이 때문에 농협법에 중앙회는 회원조합과 조합원에게 최대한 봉사해야 하고, 회원조합과 경합하는 사업을 해서는 안 된다는 규정을 두고 있다.

중앙회의 역할은 농축산물유통을 지원하는 경제사업, 금융을 다루는 금융산업, 새농법을 가르치는 교육사업의 세 가지이나, 자산의 90% 이상이 경제사업에 몰렸다. 경제사업도 정부사업을 대행하는 형태의 사업이 주류이다.

농협은 조합원이 243만 명이다. 중앙회는 830개 점포의 금융점포를 거느리고 총자산 240조 9,673억 원이다. 한 해 수익은 1조 원이 넘는다. 1,199개 회원조합의 총자산은 180조 원 정도다. 자산규모는 지역조합까지 합치면 400조 원이 넘는다. 세계에서 5번째 규모의 협동조합이다. 국민은행(자산 220조 원)과 삼성전자(140조 원)의 자산을 합친 것보다 많다. 농협의 비정규직 노동자는 2만 6천 명이다.

1988년까지만 해도 농협중앙회장과 지역조합장을 정부가 임명했다. 1989년 노태우 정부는 농협을 농민에게 돌려준다는 명분으로 조합장 직선제와 중앙회장 간선제를 도입했다. 그러나 중앙회장과 조합장 선거 때마다 혼탁타락 양상이 극심해졌다. 김영삼 정부는 1994년 농협의 신용(금융)사업과 경제사업의 분리를 추진했고 김대중 정부도 추진했으나 흐지부지됐고 농림부는 신·경 분리목표 시한을 2017년으로 미뤘다.

농협중앙회가 농민에게 외면당하면서도 지역조합을 장악하는 원인은 돈줄에 있다. 1,199개 지역조합 가운데 70%는 월급을 못줄 형편이다. 2006년 중앙회는 지역조합에 2조 9,000억 원을 무이자·저리 지원금을 대주고 교육지원 사업비로 3,247억 원을 지원했다. 중앙회와 지역조합이 '돈과 표'라는 먹이사슬로 엮인 구도에서 지역조합은 개혁할 수 없다. 최양부 농협 제자리 찾기 국민운동본부 대표는 "농협을 농민을 위한 기관으로 돌리려면 그 첫 실마리는 지역조합을 중앙회의 지배에서 벗어나게 하는 데서 찾을 수 있다"며 지역조합의 독자 생존여건을 마련해주자고 한다(『한겨레』 2007.12.3).

농협은 농림부의 하부조직으로 새마을운동과 함께 두레와 같은 농민공동체를 파괴하고 시멘트, 비료, 플라스틱제품 등 공업제품을 농촌에 배급하는 역할을 했다. 현재 농협이 농민을 대변하지 못하고 또 농업 · 농민 · 농촌의 3농의 구성을 고려하지 못하게 된 출발점이다. 농업 · 농민 · 농촌의 3농에 대해 총체적 책임을 지지 않는다.

농협의 경영 상태가 양호하나 이것이 금융업무 치중에 기인하고 그 결과물을 농협직원이 수혜하면서 원래의 목적을 상실했다. 농민의 부채 문제가 심각하지만 농협은 채권자의 역할만 할뿐이다.

경영의 중점을 금융에 두어 금융논리가 강하다. 돈이 남아 2006년 프로야구단을 인수하려다가 비판여론이 거세지자 포기했다. 농협은 2007년 4월 서울 강남에 프라이빗뱅킹(PB)센터를 열어 거액 자산가의 자산 관리서비스에 나섰다. 전남 강진 도암면의 농민 김창수(36)는 "농협이 농민을 위한 서비스는 하지 않고 엉뚱한 데서 서비스를 한다"며 "한 · 미 자유무역협정으로 농촌이 다 죽게 됐는데 농협이 도시의 잘사는 부자를 위한 사업에 뛰어들 수 있느냐"고 목소리를 높였다(『한겨레』 2007.4.18).

농협무역은 농수산물 수출을 확대하려고 세운 취지와 달리 농협무역은 설립 취지와 달리 2002년 7월부터 쇠고기를 들여왔다. 1990년 축협중앙회가 정부에게서 의무 쿼터 수입 기관으로 지정되어 (주)축산유통에서 다루던 것을 농 · 축협 통합으로 농협무역이 업무를 넘겨받았다. 농협무역이 2004~2006년 사이 수입한 쇠고기 양은 27,848톤, 이를 팔아 1,421억 원의 매출을 올려 132억 원의 이익을 남겼다. 이는 농협무역 전체 매출액 3,326억 원 가운데 42.73%에 이른 것으로 축산 업계의 이익은커녕 외국산 쇠고기 장사로 재미를 보았다는 반증이다. 이런 사실이 알려지면서 축산농가와 농민이 쇠고기 수입 중단을 요구했지만 농협무역은 미국산 쇠고기를 롯데

마트보다 앞서 수입 판매했다. 농협은 수입 쇠고기 가운데 49%는 군납하고 나머지는 국내 유통업체에 공급했다. 이것은 광우병의 우려가 있는 쇠고기를 선택권이 없는 군 병사들에게 공급한 것으로 국민의 건강을 외면했다는 비판을 받았다. 한·미 FTA민간대책위에서도 농협은 빠지라고 요구했다. 그러자 농협은 미국산 쇠고기 수입을 중단하고 이미 계약한 물량 판매에서 얻는 수익은 한우 소비 및 수출 자금으로 지원하기로 했다.

농협은 단순히 직원들의 '안식처'라고 비판받고 조합원들은 조합간부에게 희생당한다고 생각한다. 연간 조수익이 1천만 원을 넘지 못하는 영세농들은 농협 직원이 최소 3천만 원 이상의 연봉을 받는 현실을 보면서 괴리감을 느낀다.[3] 농협중앙회 경북 고령축산물공판장에 도축 일을 하는 비정규 노동자 19명은 2007년 "노동시간과 일이 정규직과 똑같은데도 임금은 정규직(6천만 원 수준)의 절반도 못 미치는 연간 2,700만 원에 불과하고, 학자금 등 복지혜택도 턱없이 열악하다"고 경북지방노동위원회에 구제신청을 냈다. 그러나 사용자가 해고를 위협해 구제신청을 취하했다.

농협을 변화시키려는 노력을 살펴본다. 일각에서는 농협중앙회의 조직성격을 비판하면서 농협이 과연 협동조합인가 의문을 제기한다. 농민들은 농협을 '임직원을 위한 조합'이라고 비판하고, 학자들은 '독점자본을 위해 농민을 수탈하는 파이프라인'이라고 비판했다. 1972년 창립한 가톨릭농민회(가농)는 첫해부터 사업의 목표로 농협의 민주화를 설정했다. 관제농협을 민주화하고 임직원을 위한 농협을 농민조합원을 위한 농협으로 바꾸는 일은 농촌사회를 민주화하고 농업의 경제적 토대를 튼튼히 하는 것으로 농민운동의 일상적, 경제적 과제로 가장 중요했다. 가농은 농협, 임원, 임면에 관한 임시조치법 철폐와 농협사업의 농민화를 핵심으로 하는 농협민주화투쟁을 전개했다. 가농은 1983년 농협조합장 직선제 실시를 촉구하는 100만 서명운동을 전개해 총대회가 조합장 후보 1인을 선출하면 농협중앙회장이 임명하는 것을 확보했다. 그리고 1987년 6월 민주화투쟁을 거

3) 충남 당진군 고대면 슬항2리 주민들의 말, 2006.7.

치면서 임시조치법을 폐기했다(정성헌 · 정재돈, 2007: 370).

농협은 세 차례의 변화 기회를 상실했다. 1970년대 후반 축산진흥에 소홀하고 축협을 분리했다. 1980년대 후반 농진공의 설립과 농지자금을 분리해(1990) 농업구조 개선에 소홀했다. 1990년대 초반 품목별 전문농협을 재설립하고(1995) 영농조합 법인을 설립해 특수농협의 신용사업 개발에 주력했다.

농협은 은행 부문이 비대해지면서 2005년 말 기준 총자산 1,310억 달러로 세계은행 순위 90위다. 농협중앙회 임직원 1만 5,000여 명 가운데 1만 2,000여 명이 은행금융업, 경제사업에 2,000여 명, 그리고 회원을 위한 지도 조사연구 교육훈련에 1,000여 명이 종사한다. 과거 금융업은 상호금융업이 주종을 이뤘으나 현재는 농협금융업이 은행금융업으로 바뀌었다.

농협중앙회의 경제활성화 사업도 중앙회 중심의 유통사업이 많다. 이들은 지역 품목 업종조합들의 유통사업과 경쟁하면서 회원조합의 발전을 견제한다. 이런 운영은 농민을 위한다는 애초의 취지를 벗어난다. 이런 문제의 대책으로 농협의 신용 부문(금융)과 경제 부문(농산물 유통)의 분리 문제가 끊임없이 제기되고 있다.

농산물의 가공 판매와 관련해 농협은 구판농협에서 가공농협으로 나가야 한다. 공동구매 공동판매 기술협력 분야에서 협동이 있어야 한다. 지역 농업 사회의 재건과 농민 주민의 실익을 증대시켜야 한다(김교은, 1998: 115).

일부 단위 농협은 조합원의 요구로 스스로 해체했다. 교하농협(초대 조합장 류근만)의 전신인 파주농협은 중앙회 지원금에만 의존하다 2005년 파산 위기에 몰렸다. 방만한 조합경영에 노조와 조합원간의 갈등으로 해산됐던 교하농협이 기존 조합원을 주축으로 새로운 조합을 결성해 '신교하농협'이란 이름으로 다시 태어났다. 지역농협 노조에서 탈퇴하고 직원 상여금 삭감과 조합원 복지비 증액 등이 그것이다. 신교하농협은 선거 때마다 심한 후유증을 앓고 있는 조합장 선거를 직선제로 대의원총회에서 선출하는 간선제로 바꿨다. 임기는 단임, 비상근명예제로 급여 없이 판공비로 기존 조합장 급여의 50%선으로 하기로 규정했다. 조합장 임기를 4년 단임의 명예직으로 바꾸었다. 1억 원이던 조합장 연봉을 3,000여만 원으로 줄였다. 또 기존 농협의 '전무'제도 대신 전문경영인을 영입하는 상임이사 제도를 도입, 조합운영 전반을 책임지도록 했고 직원 급여도 기존 농협직원의 70% 수준으로 낮추었다.[4] 황영진 전 대의원협의회장은 "조합 경비를 줄이고 조합장의 임기를 단임으로 바꾸니 중앙회 눈치를 볼 필요가 없어져 농민조합다운 운영이 가능해졌다"고 했다(『중앙일보』 2007.12.3).

지역조합 가운데는 경영상태가 양호한 사례를 본다. 서울우유협동조합은 70년 동안 우유를 만들었다. 1937년 서울 지역 낙농인 21명이 모여 만든 경성우유협동조합이 시작이다. 이 조합은 목장주 조합원들의 높은 조합원 의식을 바탕으로 원유의 97%를 최상급 '1A'로 만든다. 세계적으로도 조합기업이 일반 사기업과 경쟁에서 압도적 1위 자리를 지켜온 경우는 드물다. 서울우유는 국내 낙농인 9,000명의 25%에 달하는 2,491명의 조합원이 매일 200톤의 우유를 생산해 2006년 1조 800억 원의 매출을 올렸는데, 순이익은 29억 원이다. 총생산량의 4분의 1을 학교급식 군납 등으로 적정이윤을 붙여 처리한다. 2000년 이후 매출은 매년 5% 정도씩 성장했지만 순이익은 50억 원에 못 미친다. 영업이익이 생기면 대부분 낙농가의 시설개선 등에 재투자한다. 사기업의 공격적인 경영 방식을 택하지 않았다. 이익이 적은 것은 질 높은 제품을 만드는데 조합과 사회에 재투자한 결과다. 2006년에도 시설 투자에 400억 원을 썼다(『중앙일보』 2007.4.19).

이천 양돈농가 13가구가 만든 축협인 도드람은 1994년 일본의 검역을 통과해 일본에 수출했다. 1998년 국내에서 처음으로 농장 실명제를 도입해 농협을 능가했다.

다른 나라 예를 들어본다. 일본 농협은 시장점유율이 높다. 쌀 66.2%(1982), 야채 52.9%(1987), 과실 53.2%(1989), 육우 53.7%(1988), 사료 42.5%(1982) 등이다. 그러나 1990년대에 경제사업의 규모가 줄고, 공제사업이 금융자유화에 대처하지 못해 부실이 가속화하고 농민의 농협 이탈을 촉진했다. 농

4) 「신교하농협 초대 조합장 류근만」(프레스 파주, www.presspaju.co.kr, 2004.10.4).

협은 인력의 소수 정예화, 농가의 생산협동체와 지역생활공동체를 결합을 통한 지역농업과 사회재건, 농협 조직개편과 대규모 합병을 시도했다.

덴마크농협은 농업 여건변화에 적극 대응과 환경변화에 적기의 변화 시도해 성공했다. 경종에서 낙농업 발전을 주도했다. 낙농농협은 낙농업, 양돈농협은 양돈업 발전을 주도했다. 소비자와 노동자 협동조합이 협동했다. 영국농협은 농업구조 개선에 소극적으로 참여해 정부와 대립해 변화의 적기를 상실했다(김교은, 1998: 94~107).

네덜란드는 유럽에서 자국 농산물이 쇠퇴하자 1996년 9개 경매조합을 합병해 그리너리를 만들었다. 판매는 자회사인 그리너리BV가 맡는다. 세계 골드키위 시장의 20%를 차지한 뉴질랜드의 제스프리는 1980~1990년대 초반 경쟁이 심해져 농가의 수익이 급감하자 농민들이 스스로 조합을 결한 것이다. 이 회사는 농민이 지분 100%를 갖고 있다. 하지만 농민은 키위만 생산할 뿐 전문경영인을 영입해 마케팅과 연구개발을 맡겼다. 이사회는 3년마다 경영진을 평가해 재신임을 묻는다. 오렌지의 대명사 미국 선키스트는 1990년대 호주 남아공의 저가 공세를 피해 전문경영인을 영입해 조직을 혁신한 결과다. 네덜란드 최대 청과 유통업체인 그리너리도 소유와 경영을 분리한 경우다.

2) 영농조합

영농조합은 정부의 기업농 육성정책에 따라 규모화한 것, 지역공동체의 의사를 반영하는 것, 오래 전부터 공동체의 성격을 갖기고 형성한 것 등으로 서로 편차가 크다.

영농조합은 기업농을 육성하려는 정부정책과 연결되어 있다. 영농조합은 산업사회에서 주식회사와 비슷하다. 영농조합은 마을공동체가 아니라 조합원의 조직이다. 경기로 양평 도원리의 사례를 보면 영농조합은 재산권이 있으나 마을공동체는 재산권이 없어 마을단위의 새마을회의의 재산권 행사를 원용했다(박동진, 2006). 대안농업의 주체이기에는 취약하다.

농협 등이 운영하는 쌀가공 체계인 RPC(rice processing complex)도 자산 주체로서 기업농을 육성한다. 최근 합병을 통해 규모화해 대형유통업체에 쌀을 공급한다.

기업농을 지향하는 영농조합을 살펴본다. 영농조합의 문제점으로, 애초에 자본, 기술, 인력이 부족하고 경영이 결여된 농민들의 농사는 규모화, 전문화를 염두에 두지 않았다. 시장에서 대외 경쟁력을 갖춘 어엿한 농업경영체로 나아가는 농업 계획과도 거리가 멀다. 소작농, 가족농으로 전락해 식구들의 생계보전에 급급한 경우가 흔하다. 체험마을이니, 테마마을이니, 산촌마을이니, 마을종합개발이니 마을마다 구호의 목청은 드높고 사업의 종류는 많다. 대개 주인인 농민이 아니라 객인 정부가 주도하고 시혜하는 천편일률적 이벤트성이다. 농촌 주민이 마을공동체 단위로 단결하는 것을 역행한다.

동아시아 친환경 농산물 시장에서 일본은 내수에 치중하고 중국은 생산력이 떨어져 한국의 시장성은 밝다. 파프리카와 방울토마토는 일본 수입시장의 100%를 점유했다. 장미와 백합은 일본 시장 점유율 1위이다.

충북 옥천군 이원면은 1930년대 잔뿌리가 잘 뻗어 활착이 뛰어난 사질흙에다 알맞은 햇볕이 드는 남한 중심 지역이라는 지형적 특성을 살려 복숭아 묘목을 기르면서 시작한 이곳의 나무농사는 이제 전국 어린나무 유통의 50%를 차지한다. 이원 묘목 영농조합(대표 김철기)의 농민 40명은 해마다 농가당 평균 4~5억 원의 매출을 올린다. 2001년 57억 원, 2002년 83억 원, 2003년 105억 원, 2005년 146억 원, 2006 · 2007년 150여 억 원의 매출을 올렸다. 꾸준한 품질 관리와 품목 개발로 이원 지역에서 현재 400여 농가가 140헥타르에 나무 1,230여만 그루를 기른다. 2001년 옥천군과 함께 사과 · 배 등 3만 1천여 그루의 묘목을 북한의 남포시와 개성시에 보내고, 2006년 묘목 3만 그루를 개성시에 보냈다.

함평 천지복분자영농조합(대표 조병준)은 출향인사와 농민 7명이 조직했다. 2006년 자본금 14억 원, 종업원 21명이다. 이 조합은 복분자 와인 '레드마운틴'을 선보여 2006년 6 · 15남북통일축전 건배주로 사용했다. 매출액이

2004년 8억 9천만 원, 2005년 27억 3천만 원, 2006년 35억 원이다. 3~4년 안에 매출을 100억 원으로 늘릴 계획이다.

의성 영농법인 '애플리즈'는 사과 밭 12만 평을 재배하는 농민 57명이 설립했다. 사과 등을 가공해 '주지몽', '류몽'이라는 상표의 사과주와 석류주를 만들어 국내외에 판매한다. 애플리즈는 동남아 관광객을 끌어들여 사과꽃따기, 사과 수확, 사과주 만들기를 체험하게 한다. 이전에 비해 매출이 20% 정도 늘었다(『중앙일보』 2007.4.30).

친환경 농업을 하는 영농조합을 살펴본다. 기업농은 원가를 낮추려고 비료, 제초제를 많이 쓴다. 기업형 축산은 생산과정이 제대로 알려지지 않은 사료나 항생제를 쓴다. 소비자의 건강과 자연 생태에 해를 끼친다.

그러나 제주감귤농업협동조합은 친환경적으로 재배한 '불로초 감귤'을 생산한다. 조합은 제초제를 사용하지 않고 화학비료 대신 어분 골분 등을 사용해 재배한 감귤을 '불로초 감귤' 상표로 등록해 높은 가격에 판매한다. 이렇게 해서 나온 불로초 감귤의 1kg당 가격은 2002년 1,530원, 2003년 2,112원, 2004년 2,586원, 2005년 3,182원으로 일반 감귤의 같은 시기 567원, 905원, 1,260원, 1,213원보다 2~2.7배 높다.

흙살림(www.heuk.or.kr)은 1991년 6월 괴산 미생물연구소를 거쳐 1993년 6월 충북 괴산에서 유기농사를 짓던 이태근 회장 등 농민들과 괴산군 소비자협동조합 등이 만든 사단법인이다. 토양 개량용 미생물제인 '흙살림', 광합성 미생물 약제 '빛모음', 음식물 찌꺼기 발효제 '부엌살림' 등을 만들어 농가에 보급하고, 화학비료 농약을 대체한 친환경 유기농산자재를 공급했다. 2000년부터 무항생제 사료 '참여물'을 공급한다. 2002년 민간 친환경 농산물 인증기관으로 지정된 데 이어 2004년 농약 등 공인분석기관으로 지정되어 친환경 인증과 잔류 농약을 분석한다. 그리고 우리종자 지키기와 토종 종자 상용화, 소비자와 직거래운동을 목표로 삼았다. 이태근 회장은 "친환경 농업은 수입 농산물의 대안이 아니라 한반도 전체 생존을 위한 것"이라고 하며, 흙살림은 2004년부터 친환경 농산자재 자재를 북한에 보내는 등 한반도 전체에 환경 농업을 뿌리내리는 통일농업"을 지향한다.

2005년 50억 원에 이어 2006년 60억 원의 매출을 올렸다.

EM센터(이사장 이영민)는 제주 서귀포에 위치했고, 1991년 EM전문가인 일본의 히가 테루오 교수 초청 강연회를 열고 환경보전자연농업연구회 결성하고 보급 단체로 활동 시작했다. EM환경농업학교를 설립해 30년 넘게 EM을 보급했다. EM은 사람과 환경에 유익한 미생물을 배양한 복합미생물 제제다. Effective Microorganism(유용 미생물군)의 약자로 EM에는 인류가 오래 전부터 발효식품에 이용해 왔던 효모, 유산균, 누룩균, 광합성 세균, 방사선균 등을 포함하여 80여 종의 호기성 · 혐기성 미생물이 들어있으며 이들 균들 간의 공존공영 관계가 만들어내는 발효 생성물의 항산화력과 유해물질 생성 억제력이 EM의 효과다. 일본 류큐대학 농학부의 히가 테루오(比賀照夫) 교수가 개발했다(www.emcenter.or.kr, 2008.1.13).

지역공동체와 결합하는 영농조합이다. 영농조합은 농업회사로서 자본, 경영, 기술의 능력을 갖춘 귀농인들을 적정 · 전문 인력으로 활용할 수 있다. 기획, 관리, 생산, 영업, 연구개발 등 사업과 업무 전반에 걸친 제대로 된 농업경영체의 모양과 수준을 갖출 수 있다. 귀농인들이 모여 일하고 사는 농업회사 법인이 앞장서면 차별적이고 창의적인 민간 주도의 마을개발 사업도 추진할 수 있다. 이른바 정부 주도 체험농촌이 아닌, 민간 주도 생활농촌을 설계하고 건설할 수 있다. 이때 농업회사 법인의 궁극적 사업목적은 1차 친환경 농산물 영농, 2차 농식품 가공, 3차 판매 및 유통, 그리고 농촌문화 서비스를 자연스럽게 영농조합의 규모화는 농업을 생태환경과 멀어지게 한다. 지역사회의 노인노동을 흡수하고 젊은 층을 농촌으로 끌어들이는 친환경 영농이 대안이다. 인적 · 기술적 대안을 아우르는 이른바 생활농촌공동체 건설이 되면 좋을 것이다(정기석, 2006.9.12).

생산자조합실상사는 지역인 '실상사 작은 학교'를 열고, 인드라망공동체를 꾸리고 우렁이 농법을 쓰는 유기농 영농조합을 만들어 원주민과 유기적으로 결합했다. 마을에 아이울음소리가 나고 주민이 늘었다. 다른 종교에도 이런 유형들이 있다.

2. 노동자기업

노동자기업은 유럽 일본의 노동자협동조합에 해당한다. 종업원지주제, 노동자의 경영참여, 제3섹터, 기업의 사회적 책임은 노동자기업과 간접적으로 관련이 있는 부분으로 여기서 다룬다.

우리나라에서 노동자생산협동조합, 노동자소유주식회사 등이 출현할 가능성이 더욱 높아질 것이다. 그 이유는 첫째, 노동자들의 각성된 권리는 앞으로 기업의 소유나 경영의 문제로 점차 방향을 맞추게 될 것이다. 이것은 최근 노동운동 일각에서 제기되는 경영참여운동이 그 전조이다. 이것은 노동자가 임금과 작업조건의 개선 요구를 넘어 기업의 주인으로 경영에 참여하고 임금과 작업조건을 결정하는 것을 의미한다. 숙련과 조직의 경험을 가진 중저임 부문과 이주노동이나 타국의 노동으로 대체하기 어려운 공공 부문에서 가능성이 크다. 둘째, 기존의 수직적 기업구조는 점차 자유롭고 활달한 각성된 신세대들을 충분히 포용하지 못했다. 이들이 본격적으로 경제행위의 장에 뛰어들 때 선호할 기업형태는 일의 보람과 즐거움을 느낄 수 있는 곳이 될 것이다. 셋째, 현재 진행되는 다품종 소량생산의 생산방식을 충족시키려면 노동자의 창의성을 추구하는 기업형태가 일반화할 것이다. 이른바 신경영 전략의 핵심은 노동자들의 자율성을 존중하고 기업경영에 참여시켜 이들의 창조적인 에너지를 증폭시키는 것으로, 미국의 모토롤라, 새턴 등에서 채용했다. 넷째, 전 세계적으로 심각해지는 생태환경문제는 생산수단자체의 혁신적 절약을 통한 자원의 효율적 이용을 요구했다. 이 때 생산수단을 절약하려면 노동자가 피고용인이 아닌 주체적 인간으로 자기 기업의 주인이라는 입장에서 일할 때 가능하다(김영곤, 2007: 345).

1) 노동자기업

노동자기업은 노동의 존엄성을 지키고 참여를 높이는 실업 대책이다.

노동과정을 노동자가 소외되던 역사를 돌이켜 노동자가 노동과정을 자주관리해가는 과정이다. 노동자기업(노동자 자주관리기업)은 중저임 영역과 공공 부문에 이점이 있다. 부도기업에서 자주관리를 시작하는 경우가 많다. 여성노동자에게 비중이 크다.

노동자협동조합은 1970년대 초반 수도권특수선교위원회의 빈민선교와 1970년대 중반에 진행된 산업선교의 일환으로 전개된 신용협동조합운동과 노동자협동조합운동을 제외하면 별다른 흐름이 없었다. 이것은 1980년대 마르크스주의적인 인식이 지배적인 상태에서 이 운동이 개량주의적이라고 비판받고 또 노동운동은 산업화 이래 양적으로 성장한 노동자들이 단결권을 확보하는 단계였기 때문이다.

한국 사회에서 생산공동체운동의 불씨를 다시 살려낸 것은 1990년대 초반이다. 한국은 빈민지역운동을 중심으로 진행한 건설, 봉제 업종의 생산공동체운동이 시작되면서부터이다. 1991년 하월곡동의 '건축두레 일꾼', 1993년 상계동의 봉제협동조합 '실과 바늘', 인천 송림동의 전자제품조립공동체 '협성', 1994년 봉천동의 '나섬건설', 인천의 봉제협동조합 '옷누리', 1995년 구로의 봉제협동조합 '한백', 마포의 '마포건설', 행당동의 봉제협동조합 '논골'로 이어지는 생산공동체운동은 1994년부터는 빈민지역운동 진영에서 지역운동 진영으로까지 확장되었다.

김홍일 성공회 신부 등은 상계동 일대 빈민촌에서 1987년 나눔의 집을 열어 인근 공장에 다니는 청소년에게 야학을 하고 방치하다시피 한 아이들에게 탁아소와 방과 후 학교를 운영했다. 그리고 '바늘과 실'을 생산자조합을 만들어 자활을 모색했다. 성공회의 조직적인 지원이 힘이 됐다.

또 다른 축은 진보적 지식인을 중심으로 진행한 노동자협동조합의 연구와 실업이다. 1992년 설립한 '노동자협동경영연구회'를 시작으로 '협동조합연구소'에 이르기까지 진보적인 지식인들은 1992년 8월 『몬드라곤에서 배우자』(나라사랑, 김성오 옮김), 『일하는 사람들의 기업』(나라사랑, 김성오 · 김규태 엮음) 등 노동자협동조합 관련 이론서적을 출판하며 '인텔리서치' 등 컴퓨터 정보업종 등에서 노동자협동기업을 실험했고 연구소 활동을 통해 노동자협동조합의 창업과 운영을 지원했다.

이들은 이후 봉제노동자협동조합협의체 설립 등 지역빈민, 노동운동진영이 설립한 생산공동체들과 긴밀하게 협력하면서 노동운동에서 노동자 경영참여운동을 지원하고 1998년부터 경제 불황으로 도산하는 기업들을 노동조합이나 노동자들이 인수하는 과정과 이후 경영과정을 지원하는 노동자기업 인수 지원 활동을 전개했다. 그러나 경영기획, 마케팅의 전략이 부실하고 경영수지를 맞추지 못해 대부분 문을 닫거나 경영이 부실했다.

당시 이 운동 주체의 고민은 두 가지였다. 하나는 빈곤계층 다수가 봉제와 건설노동에 종사하는 현실을 넘어 참여주체의 노동능력에 걸맞으면서도 시장경쟁력을 가질 수 있는 업종의 발굴이었다. 둘은 시장경쟁과 독점이 본격화하기 이전부터 시작해 토대를 마련하거나 우호적인 정당이나 제도, 기존 협동조합 진영의 지원을 받는 것이다. 한국은 외국과 비교하여 자본의 독점화와 시장경쟁은 치열한데 지원 조건은 열악하다(김홍일, 2007: 29~31).

IMF 통치 이후 상황이 달라져, 부도기업 인수 관리가 증가했다. 이런 추세는 더욱 커질 것이다. 1987년 이후 발전한 노동자의 사회경제 조직능력과 결합한 것이다. 시장에서 일반 기업과 경쟁하여 존속하는 과제가 있다.

노동자 자주관리기업이 치열한 시장 경쟁에서 살아남는 것이 어려운 것은 사실이다. 그러나 지금까지 노동자 경영을 시도한 기업에서 공통적으로 깨달은 교훈은 노동자의 경영 참여가 짧아진 산업주기에 재빠르게 대응하는 데 지장을 초래하지 않을 뿐 아니라 경영 효율을 높이는 데도 기여했다. 생산과 경영에 노동자들의 다양한 참여를 보장해 높은 부가가치 창출한 사례는 많다.

운수 부문에 사례가 많다. 운수 부문은 공공성이 강한 특성을 가졌다. 대구에 국일여객(현 달구벌버스)과 광남자동차(택시)가 있다. 청주의 우진교통(전 영진교통, 택시), 경남 진주에 삼성교통(버스)과 진주시민버스(2006)가 있다. 진주시민버스는 환경친화형 버스를 도입 운영하지만 경영난이다. 청주의 영진교통처럼 오랜 파업 끝에 조직력이 향상된 노동자 노동조합이 경영난의 회사를 인수한 경우가 다수이다.

(주)달구벌버스(전 국일여객)는 2005년 8월 부도가 나고 대표이사가 구속되는 바람에 노동자 120명이 체불임금에 시달렸다. 천막농성으로 맞서던 노조는 버스준공영제를 추진하던 대구시와 협의해 새로운 길을 선택했다. 조합원들은 각자 800만 원씩 회사 회생자금을 내 회사 빚 42억 원을 떠안는 조건으로 시내버스 50여대와 운송사업권을 넘겨받았다. 그 뒤 난방과 냉방 비용을 줄이고 퇴직금과 상여금 600% 가운데 420%씩을 반납했다. 대신 정년은 60살에서 65살로 연장했다. 비 오는 날에는 승객에게 우산을 빌려주는 '양심 우산제'를 도입하는 등 승객을 가족처럼 대했다. 42억 원의 부채는 1년 반 만에 26억 원으로 줄었다. 대구 지역 버스회사 가운데 처음으로 퇴직연금제를 도입하고, 비정규직 직원을 모두 정규직으로 전환했다. 매달 경영설명회를 열어 전 직원에게 재무제표도 공개한다. 2007년 대구시는 29곳 버스회사 가운데 서비스가 가장 좋은 회사로 이 회사를 꼽았다. 버스기사 최욱호는 "'쌀이 떨어져 며칠째 아이들을 라면 먹여 학교에 등교시켰다'며 울먹이는 동료와 부둥켜안고 함께 눈물 흘렸던 기억이 생생하다"며 "전국에서 가장 친절하고 안전한 시내버스를 만들겠다"고 다짐했다(『한겨레』 2007.10.17).

공공노련의 버스자주관리개혁 추진 기획팀은 (이승현의 발제와 토론에서) 버스 자주관리기업에서 주식 전체를 명망가 1인 또는 수인에게 양도(내용적으로는 위탁)하는 형태는 유사시 자주관리기업의 불안정을 가져올 수 있다. 또 삼성, 시민버스, 달구벌버스처럼 이사회 상위에 자주관리위원회를 두는 것은 이사회와 충돌하고, (상)법상으로는 그 권한을 인정받기 어렵다. 자주관리기업의 형태로는 스페인 몬드라곤처럼 노동자협동조합이 이상적이나, 한국 사회의 현행법으로는 노동자협동조합이 불가능하다. 그러므로 주식회사 형태로 하면서도 내용적으로 노동자협동조합의 운영원리를 구현할 수 있도록 정관에도 최대한 반영토록 노력하고, 전 조합원이 동등한 지분을 갖는 주식회사의 최고 의결기구로서의 주주총회(조합원총회와 내용적으로 동일)와 일상적 의결기구인 이사회 산하에 노동자

대표로 구성되는 실질 권한을 갖는 평의회를 둘 것을 제안했다.[5)]

광주의 (합)중앙콜택시는 1992년부터 부도 직전의 회사를 노조가 인수해 노동자 자주경영방식으로 운영했다. 그러나 2000년 회사운영에 의혹을 지적하던 조합원을 집행부 측이 해고하면서 집행부와 조합원간의 갈등이 폭발했고 이후 폭행사태, 노동위원회 제소, 집행부와 일부 조합원 사이 상호 고소고발 사태 등을 겪었다.

1980년대 '손무덤 공장', '산재공화국' 등으로 악명이 높았던 경동산업이 2000년 5월 경영실패로 부도나 법원의 퇴출 명령을 받자 마지막까지 공장을 지키던 노동자 287명이 임금채권 등을 담보로 이를 인수해 키친아트(대표이사 전창협)를 설립했다. 키친아트는 2001년 경동산업(1960년 설립)이 설립한 회사다. 이들은 퇴직금과 생계보전비 대신 회사 자산과 제품 브랜드 '키친아트'를 넘겨받아 상표 이름으로 회사를 설립했다. 열악한 노동조건과 회사 쪽의 탄압에 맞서 노동현장을 지켜온 노동자들은 "우리 스스로 기업을 일궈보자"며 "공동소유, 공동배분, 공동책임" 등 세 가지 목표를 가진 노동자 주식회사를 탄생시켰다. 이들은 설립 첫해인 2001년 매출액이 700~800억 원을 기록하고 21억 원 넘게 순익을 냈다. 그러나 전 대표이사가 공금을 횡령하는 고통을 겪었다. 그러나 키친아트는 2006년 6월 열린 주주총회에서 전 대표이사가 자기 소유로 만들었던 주식 8만여 주(전체 주식의 51%)를 돌려받아 노동자 주주 287명에게 고루 재배당하고 대표이사도 새로 선출했다. 또 시민 단체 인사를 이사와 감사로 선임하고 회사 수익의 일부를 사회에 환원하는 틀을 만들었다. 키친아트의 모든 주주들은 'N분의 1'의 주식을 갖고 있다. 주주들은 상황에 따라 주식을 팔수도 있지만, 주주 한 명이 세 명분 이상의 주식을 가질 수 없다. 일부 주주가 어려운 상황에서 주식을 팔게 되더라도 그 주식이 외부로 새나가 또다시 키친아트가 혼란스러워지는 것을 방지하기 위한 장치다. 이와 함께 인천 지역의 시민사회 단체와 연대해 노동계 등 시민 단체 인사를 사외이사와 감

---

5) 공공노련의 버스자주관리개혁 추진 기획팀의 회의록, 2007.7.16.

사로 선임했다(박유진, 2008: 93). 또 해마다 회사수익의 일부를 사회에 환원하는 제도로 2006년 이익배당금의 10%를 출연해 공익재단을 만들어 비정규직 장학사업 등 이웃을 돕는 사업을 시작했다. 키친아트는 2008년 비정규직 노동자의 정규직 전환을 요구하며 1,100여 일째 투쟁하는 기륭전자를 방문해 93일째 단식 농성하는 김소연 분회장에게 냄비 세트 130여 점을 기증했다. KTX 비정규직 노동자의 농성장에도 밥솥을 전달했다.

참여성복지센터(대표 전순옥)는 섬유여성노동자의 재교육을 하는 기구로 공동 작업훈련장인 수다공방을 운영한다. 수다공방은 2006년 연거푸 '창신동 아줌마 미싱에 날개 달다!', 2007년 '바람나다'라는 패션쇼를 연거푸 열었다. 이들이 연 '참 신나는 옷'(대표 전순옥)은 평화시장 재단사였던 전태일 열사가 꿈꾼 '8시간 노동하며 교사들을 고용해 직공들 교육도 시키는 봉제공장'을 지향한다. 이들은 회사 정관에 이익의 3분의 2는 사회에 환원하고, 나머지 3분의 1 가운데 일부는 재투자, 또 일부는 근로자들에게 분배하도록 못 박았다. 이곳 30여 명 직원들은 주 5일, 하루 8시간 근무를 원칙으로 하고 연봉은 3천여만 원이다.

노동조합이 설립해 운영하는 노동자기업이 있다. 서울의류노동조합은 재정사업부 '이스크라'(1996~현재)를 운영하고 거기서 나오는 수익으로 상근 활동가들에게 생계비를 지급하고 수입금 가운데 5%를 투쟁사업장을 지원한다. 전국언론노동조합 서울 경인 지역 인쇄지부는 현장에서 다져진 경험으로 인쇄재정사업을 진행한다. 포스터 전단지 자료집 등 각종 인쇄물을 제작한다. 2009년 성수동 제화업체와 서울일반노조 제화지부가 노사공동위원회를 구성하여 노사발전재단의 국비 후원을 받아 제화기능훈련원(원장 이해삼)을 열었다.

노동자 투쟁에서 필요한 물품을 생산 판매하고 거기서 남은 돈을 투쟁기금으로 1년 이상 장기 투쟁하는 사업장의 생계를 지원하는 장기투쟁 생계 지원단 '뚝딱이'가 있다. 이들은 2008년 장기 투쟁하는 사업장인 기륭전자 콜트콜텍－하이텍, KTX 코스콤 등에 매월 2천여 만 원, 모두 2억 5천여 만 원을 지원했다. 민주노총 안에서는 이들에게 투쟁하지 않고 경제 사업을 한다는 비판이 있다.[6] 민주노총은 한 때 펀드를 운영했으나 주식투자를 하다가 손실을 입어 문제가 돼 경제 사업을 중단하기로 정했다.

노동자기업의 국제연대 활동으로, 한국노동자협동조합연합회는 2003년 2월 마닐라에서 있었던 ICA 아시아태평양 지역회의에서 일본노동자협동조합연합회와 공식 접촉했다.

2) NGO의 공동체 자기고용

농민들이 생활에서 실천한 공동체 자기고용의 사례를 들어본다.

전국농민회 등에 속한 농민들이 농협이 아닌 상태로 농민주유소, 농민농약점포, 농민정미소 등을 운영한다. 농민들의 건강한 삶과 노동을 목표로 농촌 지역에 들어선 '농민약국'이 전국으로 퍼지고 있다. 1990년 4월 전남 나주에서 처음 문을 연 농민약국은 전남 해남(대표약사 이연임) · 화순, 경북 상주, 강원 홍천, 전북 정읍, 충남부여, 충북 음성 등 9곳으로 늘었다. 농민약국의 약사들은 농민과 소통하며 『농약 중독에 관한 조사 연구』(1990~2003), 『비닐집 증후군 설문조사 분석』(1998), 『농업노동재해 보험법 법제화를 위한 활동』(2005) 등을 해왔다.

나주농민회는 농민 약국 치과에 이어 농민주유소를 운영한다. 농민주유소는 보성군 벌교읍, 춘천 칠전동, 진주, 당진, 화천, 담양 등에 있다. 진주에는 농민 농약점포가 있다. 경북 의성군 농민회는 아름다운 재단에게서 마이크로크레디트로 자금을 빌려 농민주유소를 세웠다. 나주시는 2009년 대중교통이 들어가지 않는 벽지 오지 산간마을에 마을택시를 운영한다. 일반택시가 정기적으로 운행하며 요금은 주민에게 받지 않고 나주시의 지원금으로 대신한다. 홍성군 문당리에서 오리농법 쌀을 생산하는 농민들이 농민정미소를 운영한다.

다산 정약용은 농촌에서 농민 공동의 밥공장 운영을 제안했다. 농민들은 농사철에 공동취사를 한다. 이와 비슷하게 중국의 인민공사와 북한의

---

6) 신동훈(뚝딱이 대표)의 말, 2008.2.29 · 2008.12.28, 여의도에서.

협동농장에서 밥공장을 운영한다. 페루의 수도 리마에서는 주부들이 5,000여 곳의 '공동부엌(community kitchen)'을 운영해 약 50만 명을 먹여 살린다. 1970년대 독재와 테러, 인플레이션에 맞서 시작한 공동부엌은 지역주부들이 함께 모여 식사를 준비해 음식에 드는 비용을 아낀다. 공동부엌에 가입한 회원은 1인당 11구르드(약 600원)를 받고, 비회원에게는 17구르드를 받지만 집에서 식사하는 것보다 훨씬 싸다.

3) 청년학생의 창업

청년학생은 불안한 세대다. 자동화 등의 인력절감 기술과 IMF 외환위기 뒤 기업들이 신규채용을 꺼리면서 청년들이 취업하기 어렵다. 취업해도 상당 부분이 비정규직으로 이들의 임금은 최저임금 88만 원을 넘지 못한다(우석훈 · 박권일, 2007).

OECD의 「한국의 청년고용」 보고서에 따르면 우리 사회 15~24세 청년 취업률은 27%에 그쳐 OECD 회원국 평균 취업률 43%보다 무려 16%나 낮은 것으로 나타났다. 정부 통계에서는 청년실업률이 10%로 OECD 평균 14.7%보다 낮다고 하지만 이것은 구직 포기를 공식 실업률 통계에 포함하지 않기 때문이다.

청년들의 취업준비는 기업이 숙련을 요구하는 새로운 추세에 따라 기업의 요구에 자신의 적성을 맞추는 방식이 일반적이다. 기업이 당장 생산 현장에서 일할 수 있는 능력과 창의성을 원하는 바에 따라 해당 직업에서 필요한 전문 지식이나 기능을 익힌다.

청년학생이 직접 창업할 수 있다. 하자센터는 연세대가 서울시의 위탁을 받아 운영하며 생태주의문화공연 사회적 기업 '노리단'과 요리를 통해 창업한 노하우를 바탕으로 청년 사회적 기업 인큐베이팅 사업 '창(創) 사회적 창업 프로젝트'를 진행한다. 하자센터를 운영하는 조한혜정은 "그간 한국의 많은 청년들은 인디와 언더 문화, 인터넷과 대안교육 영역에서 기존 경제학에서는 노동으로 계산되지 않는 돌봄과 소통과 나눔이 가능한 창의적인 노동을 하면서 사회 이곳저곳에서 새로운 생명의 씨앗을 뿌려왔다. 이들의 비물질 노동의 잠재력을 인지하고 이를 체제 안으로 끌어들여야 한다"고 주장한다.

대학생 때 노동조직의 운영을 배우는 방법이 있다. 대학생협은 학생 교수 교직원이 주체가 되어 학교의 후생복지시설을 맡아 운영하며 일반 생협의 모델을 대학에 적용해 지역사회와 협력한다. 대학생협은 전국에 22개(2009년)를 조직했다. 대학생협은 공동체 자기고용을 대학에서 실현한다. 나아가 학생들이 이런 것을 배울 기회를 제공한다.

미국의 대학들은 사회적 벤처 양성에 힘을 쏟는다. 이전에 미국 클린턴 정부의 노동부 장관인 로버트 라이시는 청년기금을 마련하자고 제안했다. 그는 고용 없는 성장정책을 고수할 경우 초래할 사회적 파탄을 경고하면서 하나의 해결책으로 모든 젊은이가 18세가 될 때 일정한 금융자본금을 주어서 계속 공부를 하건, 벤처를 시작하건, 시민 단체에서 일을 하건, 증권이나 채권을 사건 각자의 생각대로 재투자 하게 하자고 제안했다. 국가의 미래를 청년들과 함께 만들자는 초대장인 셈이다.

세계의 사회적 벤처기업가들이 사업모델을 공모해 최고를 가리는 세계 사회적 벤처기업 대회가 있다. 이 대회는 1999년 미국 캘리포니아 버클리 대학에서 처음 시작해 사회적 가치와 재무성과를 얼마나 균형 있게 달성할 지를 가린다. 한국에서도 2006년 11월 첫 한국 지역 대회를 열었다. 2007년 대회에는 '돈이 되는 이상을 지원합니다(Supporting profitable ideals)'라는 문구 아래 전 세계 스무 나라 80개 대학에서 152개 팀이 참가했다. 레벌루션푸즈(음식혁명)팀은 유기농 슈퍼마켓인 홀푸드마켓과 손잡고 캘리포니아 공립학교들의 급식메뉴를 친환경적으로 개선하며 수익을 내 현실성과 지속가능성이 높다는 평가를 받았다. 스탠퍼드대 경영학석사(MBA) 과정 학생과 공과대학생 5명은 캄보디아나 미얀마 같은 개발도상국에 발광다이오드 램프를 팔겠다면서 20만 달러를 투자해주십시오"라고 했다. 하버드대 MBA 학생들의 '픽처 아르엑스'라는 팀은 의사의 처방전을 환자가 알아보기 쉽게 만들어 약국 등에 팔겠다는 사업모델을 내놓았다. 중국

베이징대학의 씨앗박사(Dr. Seed) 팀은 종자를 개량하는 신기술을 개발해 중국 저소득층 농가에 빌려주고 농가소득 증대에 도움을 주는 동시에 돈을 벌겠다는 모델을 내놨다(『한겨레』 2007.4.17).

필자의 강의를 듣는 학생 가운데 약 5%가 부모의 생업을 승계할 계획이라고 한다. 이런 방식으로 그냥 놔두면 사라져버릴 노동조직의 경험이나 전통기술을 몸에 익히는 것도 방법이다. 최근 일본은 기술을 지닌 노동자인 단카이(團塊) 세대의 퇴진을 앞두고 기술력의 공백을 우려한다. 한국도 산업화가 쇠퇴하면서 사라질 위기에 처한 섬세한 작업을 해내는 노동자의 손재주를 제조업의 보존 속에서 살릴 필요가 있다.

스탠퍼드대가 2001년, 하버드대가 2006년 사회적 기업 강의를 정식 교과로 채택했다. 스탠퍼드대의 사회적 혁신센터, 하버드대의 비영리 단체를 위한 하우저센터가 사회적 기업의 교내 창업보육센터이다. 호서대는 미국 실리콘밸리를 벤치마킹해 대학 안에 재직교수가 창업한 17개 기업과 학생이 창업한 39개사가 입주했다.

4) 종업원지주제

종업원지주제는 주식회사가 대주주 중심으로 운영하는 데서 오는 문제점을 노동자 재산형성을 통해 노동생산성을 향상시키려는 제도이다. 우리나라의 종업원지주제는 1968년 제도화하여 현재까지 지속적으로 확대되었고, 또한 모든 상장사에게 세제지원 등으로 실시하게 해 유상 증자 시에 종업원들에게 주식을 우선 배정하는 방식으로 비상장사들까지 포함하였다. 따라서 외형적으로는 선진국에 비해 손색이 없을 정도다. 그러나 도입시부터 종업원의 복지증진보다 해당기업의 주식시장의 확대나 기업 공개의 촉진방안으로 출발했다. 특히 우리사주의 매입과 구입자금의 차입에서 참여 종업원의 책임 아래 이루어졌기 때문에 종업원지주제도의 위험을 종업원이 전적으로 부담하게 되어 정착할 수 없었다. 종업원지주제는 기업 내에서 노동자의 권리를 강화시켜주는 것보다 자본주의적 소유관계 속에 노동자들을 포섭하여 생산성을 높이는데 더 기여한다. 노동자들은 주식을 보유하는 순간 주가 동향에 민감해지면서 무의식중에 주주의 이익과 자신의 이익을 일치시킨다.

한국에서도 종업원지주제의 일종인 '우리사주'가 경영권에 영향을 미칠 만한 지분을 가진 회사가 크게 늘었다. 대우자동차판매 15.61%, KT&G 5.75%, 포스코 4.53%, 쌍용건설 19.4%, 리바트 13% 등이다. 대한전선은 2005년 자금이 부족하자 임금결정권을 5년 동안 회사에 위임하는 대신 회사가 개인별로 연봉의 50%에 해당하는 자금을 우리사주조합에 출연하는 방식의 종업원소유제(ESOP)를 도입했다. 조선소인 (주)신아도 비슷하다. 우리사주는 노동자의 참여 의식을 높일 수 있고 경영권을 지킬 '백기사' 역할을 하지만 주가가 오를 때 매각하는 경향이 있어 안정적이지 못하다.

쌍용건설 우리사주조합이 쌍용건설의 인수를 추진한다(2006.9.20). 대우조선해양노동조합의 이세종 위원장은 대우조선해양을 산업은행에 매각할 때 우리사주 방식의 매각을 공약해 위원장에 당선되어, 자산관리공사 보유 19.11%를 우리사주조합을 통해 인수를 추진한다. 이석행 전 민주노총 위원장도 "쌍용자동차가 중국 상하이 그룹에 넘어간 뒤 고용불안이 닥쳐왔고 기술이 유출되는 아픔을 겪은 일을 잊어서는 안 된다"고 말했다.

민주노동당 경제민주화운동본부(본부장 이선근)는 전국우리사주조합연합회(집행위원장 박재홍)와 공동으로 "사원소유센터(cafe.naver.com/esopcenter)"를 개설하여 종업원소유제(사원소유제 또는 우리사주제) 운영을 온라인으로 상담한다. '사원소유센터'를 개설한 전국우리사주조합연합회는 기아차우리사주조합, 현대차우리사주조합, 쌍용차우리사주조합, LG화재우리사주조합, 한국가스공사우리사주조합, 대우자판우리사주조합, 한겨레신문우리사주조합 등이 있다. 2003년 4월 노동조합의 적극적 지원을 받아 민주적으로 운영되는 우리사주조합들은 노동자주주들의 권익향상을 위해 발족한 단체이다. 조합원의 권익향상과 우리사주제도 관련 제도개선과 회원조합간의 연대를 위해 힘쓰고 있다.

우리사주조합은 노동조합과 서로 입장이 다르다. 예를 들어 『한겨레』는 창간 때부터 서민 대중의 이익을 대변하는 질 높은 신문을 만드는 것이 목표이기 때문에 높은 월급을 목적으로 하는 노동조합과 입장이 다르다. 우리사주조합은 경영구조를 개선하고 제대로 된 신문을 만들기 위해서라면 합리적인 위계질서를 세우고 때로는 구조조정, 임금동결 등을 주장해야 한다. 반면 노조는 이런 시도를 합리적으로 견제해 조합원들의 노동조건을 개선해야 한다(김형태, 2007.3.21).

기존의 기업 경영자들은 경영참가가 자본의 권한을 침해하며 사회주의 발상이라고 펄쩍 뛴다. 학교법인처럼 설립 목적이나 설립과정 증자 국고보조처럼 운영에서 공공성이 강한 곳에서 노동자인 교직원 학생과 학부모의 참여를 배제한다. 사학법인들은 1998년 전교조를 합법화했을 때 일제히 문을 닫겠다고 했다. 또 2005년 개정한 사립학교법에서 외부추천 이사를 두는 개방형 이사제가 법인의 기본권을 침해한다고 반발했다.

5) 노동자의 경영참여

자본은 기업 경영을 자본의 고유한 권한으로 생각한다. 반면 노동자는 자본이 죽은 노동의 결과물이고 기업에서 생산 노동에 종사하므로 경영에 참여해야 한다고 본다.

노동자 경영참가에는 종업원지주제를 개선한 자본참가, 성과배분제도를 정착시킨 이익참가, 품질관리(TQC)·품질경영(QM)·제안활동과 같은 작업장 참가와 노사공동결정제·노동자 이사제도 등에 의한 전략적 의사결정 참가의 3가지가 있다.

노동 부문에서 노동시장을 유연화하는 정리해고제의 도입, 연봉제 및 성과급 제도의 도입 등의 신자유주의 노동정책을 도입했으나 이것은 노동자의 삶의 질을 떨어뜨렸고 기업경쟁력도 오히려 약화시켰다. 기업수준의 경쟁력 강화와 노동자의 삶의 질 향상을 추구하는 새로운 단체협약의 내용으로 노동자의 경영참여가 주목받는다. 경영참여는 노동자가 기업에서 생산의 주체라는 점을 반영한 제도이다. 이때 노사 간에 고용안정과 작업장 참가, 작업장 참가와 전략적 의사결정 참가, 생산성 및 품질 향상과 노동과정에서 자율성, 생산성 향상과 노동시간 단축을 각기 교환하며, 기능적 유연성과 조정된 수량적 유연성 추구를 합의해야 한다.

노동자는 기업의 구조조정이나 해외투자에서 오는 고용문제에 대처하려면 경영에 참여해야 한다고 주장한다. 현대자동차는 해외투자 계획을 세울 때 노동자의 고용을 최대한 보장하는 방식으로 노동자의 경영참여를 일부 인정한다.

1952년 제정한 독일의 노사공동결정제도는 노동자의 기업경영 참여를 보장하고 노조의 권한을 규정했다. 노조원은 개인적으로 인사문제에 관한 정보권 청취권을 가지며, 노사는 동수로 구성한 운영협의회에서 노동조건과 해고 업무변동 등의 문제를 공동으로 대처한다. 여기서 해결 안 되면 노동재판소에 해당사안만 이관한다. 노사공동결정제도의 기본정신은 기업의 생산축소, 폐업, 이전 등 경영이 어려울 때 노동자에게 피해가 덜 가도록 하는 것이다.

캐나다 퀘벡주에서 노동자들의 연기금과 시민들의 자발적 기여금으로 노동조합이 생산협동조합을 설립하거나, 이러한 자금을 주식 구입에 투자해 민간기업에 노동조합의 소유 참가와 경영 참가를 확대시키는 시도가 성공했다. 미국에서 노동자들의 연기금인 펜션 펀드(pension fund)가 최대의 기관투자가 역할을 했는데, 이 자금의 투자방식은 철저하게 수익성 원리에 입각해 오히려 기업들의 인력절감형 구조조정을 부추긴다. 만일 연기금의 투자 운용에서 노동자 소유기업의 설립이나 이 자금이 투자된 기업에서 노동자 경영 참가 확대 등을 주된 목적의 하나로 고려한다면, 연기금의 활용을 통한 사회주의적 프로젝트도 대안의 하나이다(신정완, 2002: 320).

미국의 500대 기업 안에 드는 사익(종업원이 주식의 96%를 차지), 아일랜드의 최대기업인 이어콤, 스페인의 몬드라곤 그룹 등은 종업원의 경영참여 아래 뛰어난 성과를 냈다.

이런 축적 체제와 조절양식을 결합하면 탈포드주의적 민주적 시장경제로 규정할 수 있는 대안모델을 전망할 수 있다. 이러한 모델은 주주가 의사결정을 하는 기업지배구조를 가진 영미형의 주주자본주의(post-Fordist democratic market economy)가 아니라 고객, 노조, 거래 기업, 채권자, 주주, 경영자, 정부, 사회일반에 이르기까지 이해관계자가 함께 의사를 결정하는 기업지배구조를 갖는 독일·스웨덴형의 이해관계자 자본주의(stakeholder capitalism)를 지향한다(김형기, 1999: 315). 여러 나라에서 수백만의 주주 행동주의자들이 사회 진보와 인간 개발의 지표를 바꾸는데 기여한다. 그런데 노동자 경영권은 현대산업의 규모나 복잡성 때문에 결코 실행될 수 없는 유토피아의 꿈이라는 회의적 견해도 있다(콜린 워드, 2004: 43).

6) 제3섹터

제3섹터는 정부가 주도해 정부와 기업이 협력해 실업대책으로 존재한다. 제3섹터 운영의 목적을 보면 공공 부문의 성격이 짙다. 그러나 노동조직의 성격은 구성 주체가 노동자인 점을 보면 노동자 기업과 비슷하다. 이 점을 고려해 제3섹터를 노동자기업의 영역에서 다룬다.

제3섹터의 출발을 알아본다. 1995년 미국의 제레미 리프킨은 미래 경제를 '일자리 없는 성장(jobless growth)'이라고 특징지었다. 즉 일자리는 더 이상 늘지 않으면서 경제는 성장하는 기현상이 지속된다. 생산 부문에서 기술발전으로 인간의 노동을 기계나 로봇이 대체하는 추세가 급증하고 서비스 부문에서는 컴퓨터와 인터넷이 발전하면서 인간의 노동수요는 과거보다 감소한다. 그는 고용을 증가시키는 대안으로 제3부문인 사적 부문(시장 기업)도 공적 부문(정부·국영기업·공기업)도 아닌 제3영역을 확충해 고용을 흡수하는 것이 바람직하다고 주장했다. 제3부문이란 사회봉사, 보건, 환경, 장애인 복지 분야를 말한다. 주로 시민 단체, 자원봉사 단체와 같은 비정부기구(NGO)가 담당하며 미래에는 비록 임금수준은 1, 2부문보다 낮지만, 사람들에게 일자리를 제공해 고용문제를 해소하는 대안이 될 수 있다고 했다(제레미 리프킨, 2005).

제3섹터는 시장 실패나 복지국가의 한계가 나타나는 접점에 위치한다. 1998년 로마클럽(Club of Rome)은 노동의 미래에 관한 보고서에서 제3계층 모델(Three-shift Model) 이론을 제안했다. 제1계층은 정부가 노동시간과 노동조건을 엄격히 통제하는 계층(주로 공무원과 국영기업 · 공기업 노동자), 제2계층은 민간기업 부문, 제3계층은 임금 보상이 따르지 않는 자원봉사적, 공동체적 노동을 의미한다. 로마클럽 보고서는 미래의 고용문제를 근본적으로 해결하기 위해 민간 부문의 노동시간을 과감히 민간자율에 맡겨 이들이 자율과 창의로 부가가치를 창출해 경제에 활력을 불어넣을 수 있도록 하는 한편, 서비스산업을 확대하고 임노동과 임금보상 없는 봉사적 노동(제3계층)의 가치를 동등케 해 제3계층을 활성화해야 한다고 제안했다. 그리고 정부는 제1계층에 속한 노동자에게는 최소한의 소득보장을, 18세부터 78세까지의 노동인구에 속하는 사람들에게 주당 20시간 정도의 최소한 부분노동을 보장하는 복지정책을 펼 것을 권고했다(김성국, 2007.2.21).

사회적 기업은 수익을 내는 것을 목적으로 하는 일반 기업과 달리 저소득층에게 일자리와 직업훈련의 기회를 제공하는 것을 목적으로 한다. 사회적 기업을 프랑스의 정부 주도 사회적 기업, 미국식의 NGO 주도 사회적 기업, 한국형의 사회적 기업으로 구분하다.

미국은 수익 창출을 목적으로 하는 비영리 조직으로 민간재단이며 이윤분배를 원천적으로 배제한다. 사회적 기업의 전통이 오랜 유럽은 사회적 수혜를 목적으로 하는 협동조합 · 협회 · 회사 형태로 정부 · EU가 주도하여 육성하며 이윤분배를 제한적으로 인정한다(〈표 6〉 참조).

〈표 6〉 미국과 유럽의 사회적 기업 비교

미국	구분	유럽
수익 창출	강조점	사회적 수혜
비영리조직	일반적 조직형태	협동회사·협회·회사
모든 비영리활동	활동의 초점	대인서비스
다수	사회적기업 유형	제한적
제한적	이해관계자 참여	일반적
민간재단	전략적 육성 주도	정부·EU
부족	법적 프레임워크	개발(또는 개발중)
원천배제	이윤분배	제한적 인정

자료: 『경향신문』 2009.2.19.

미국, 유럽 등지에서는 '벤 앤 제리'가 사회취약 계층을 고용하고 수익을 분배한다. 영국에서 가장 대표적인 사회적 기업은 1991년 설립해 현재까지 5,300여 명의 노숙자에게 일자리를 제공한 '빅 이슈'사업이다. 『빅 이슈』라는 잡지를 발행하면서 노숙자들에게 판매 일자리와 자신감, 취업교육, 재취업 지원, 숙소까지 제공했다. 이 사업의 재원은 정부가 38%, 기업이 21%를 제공했고 나머지는 판매·광고 수익으로 충당했다. 영국의 그린웍스는 대기업 정부기관에게서 사용하지 않는 사무용 가구를 수집해 학교 자선기관 지역사회 단체에 저렴한 가격으로 되판다.

그러나 시민운동이 발전한 상태에서 사회적 일자리나 사회적 기업을 국가나 정부를 기업이나 지배자의 전유물로 볼 것은 아니다. 그러나 나중에 비대해지고 관료화하여 사회운동의 자율성을 해치는 위험성이 있다. 앞에서 지적한 것처럼 홍콩의 여공합작사의 우 메이린(Wu Meilin)도 홍콩 정부가 제3섹터에 치중하면서 노동자기업이 위축되고 노동자의 실업대책에서 자율성을 훼손한다고 지적했다.[7)]

한국에서 제3섹터는 고용 증대를 중심으로 운영한다. 공익 부문과 중저임 부문에 고용 증대의 가능성이 크다. 여성노동자에게 비중이 크다. 중저임

7) 우 메이린의 말, 2003.2.7, 홍콩에서.

부문은 제3섹터이다. 공동체 자기고용은 NPO(Non-Profit organization)에 대응해 제한적인 PO(profit organization)이며, 제3섹터는 NGO(Non-Government organization)라고 할 수 있다.

김혜원은 한국과 유럽의 사회적 기업의 의미가 상당히 다르다고 한다. 프랑스 영국 등 유럽 나라들은 사회복지정책을 기본적으로 갖춘 상태에서 미비한 부문을 사회적 기업이 메웠으나 한국은 복지정책이 자리 잡지 못한 상태에서 복지사업과 사회적 기업의 노릇이 명확히 구분되지 않아 혼란스럽다고 한다(『한겨레』 2007.1.11).

사회서비스 일자리는 원론적으로 〈그림 8〉처럼 공공섹터 민간섹터 비영리조직의 접점에 위치한다. 사회 구성원 전체의 삶의 질을 높이기 위해 공공 부문에서 제공하는 모든 서비스 부문 일자리를 말한다. 여기에는 보건 의료 복지뿐 아니라 교육, 문화, 일반 행정까지 모두 포함한다.

〈그림 8〉 사회적 일자리

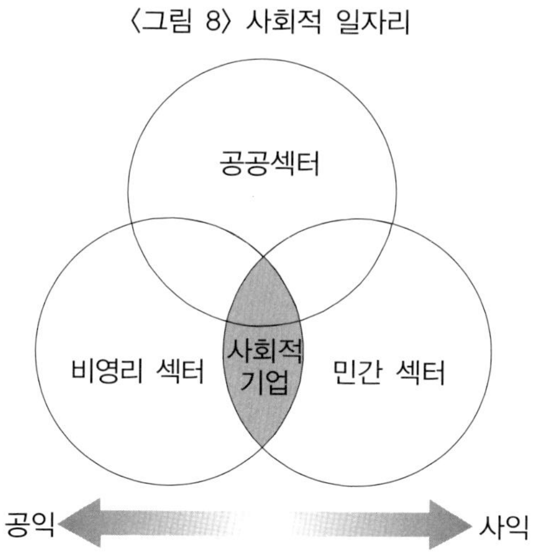

'사회적 일자리'는 한국에서 만든 용어다. 김혜원은 그 기원을 두 가지로 설명한다. 하나는 1997년 외환위기 뒤 정부가 실업과 빈곤 문제를 해결하고자 대규모로 시행한 공공근로다. 다른 하나는 2003년 이후 '고용 없는 성장'과 '사회 양극화' 문제를 해결하려고 제안한 사회서비스 분야의 일자리 확충이다. 사회적 일자리는 사회서비스 일자리의 하나로 빈곤 · 실업, 양극화 문제 해결을 목적으로 하는 일자리다.

1998년 사회안전망의 부재로 많은 실업자들이 노숙자로 전락하거나 생계가 막연해지는 위기 상황을 맞자 정부는 저소득 실업자를 위한 생계보조와 한시적 일자리 제공을 목표로 공공근로사업을 시작했다. 공공근로는 최저임금 수준의 낮은 임금, 퇴직금 발생 사유를 피해 연간 9개월 정도 취업하는 한시적 불안정한 일자리였다. 그리고 연중 8개월 정도만 일시키는 일자리다.

공공근로사업이 시작되던 초기부터 빈민운동 진영에서는 공공근로를 민간에게 위탁해 지역사회에 필요한 새로운 서비스를 발굴해야 한다고 했다. 공공근로사업이 경기가 회복되어도 노동시장 진입이 어려운 중 · 고령 실업자에게 한시적 일자리 제공을 넘어 지속적인 일자리 창출과 연계시킬 것을 요구했다. 그러나 이 같은 요구를 처음에는 받아들이지 않다가 사업 시행 1년이 지난 뒤에야 공공근로 참여자들에 대한 관리 부재, 사업내용의 비생산성, 퍼주기식 사업 등 공공근로에 대한 여론이 악화되면서 부분적인 민간위탁을 시작했다.

그동안 생산공동체운동을 해오던 주체들과 전국의 많은 실업 단체들은 경기회복에도 불구하고 정책적으로 공공근로가 한시적인 일자리 제공이라는 큰 틀에 갇혀 있었다. 주로 노동시장 복귀가 어려운 40~50대 공공근로 참여계층의 실업자들과 실직자 결연사업을 통해 만난 장기 실업자 같은 빈곤계층이다. 민간은 운영을 통해 공공근로가 사회적으로 요구되는 새로운 일자리로 발전할 수 있는 가능성을 모색하고, 실험하고, 요구했다.

1998, 1999년에 걸쳐 생산공동체운동에 참여하던 주체들과 실업운동 진영에서는 행정자치부의 공공근로 민간위탁사업, 복지부의 특별취로사업, 실업극복국민운동본부 제안사업 등을 통해 무료간병인 사업, 숲 가꾸기 사업, 남은 음식물 재활용 사업, 폐자원 재활용 사업 등 '사회적 일자리 창

출'운동을 전개하면서 빈곤계층 생산공동체운동의 새로운 활로를 모색하기 시작했다. 자활공동체로 비교적 성공적인 분야는 간병, 돌봄, 노동 계통이다.

당시 이 같은 운동에 연관된 몇몇 연구자들과 실업운동 주체들은 한국의 실업문제에서 경기가 회복된 이후에도 구조화될 저소득 장기 실업자들을 위한 정책으로 사회안전망의 강화와 함께 사회적 일자리 창출을 주된 요구 사항으로 설정하고, 제도화를 위한 연구를 진행하면서 시민사회의 요구투쟁을 지원했다(김홍일, 2007: 31).

2000년 국민기초생활보장법 제정과 함께 노동 능력이 있는 조건부 수급자들의 자활지원을 목적으로 새로운 자활사업이 제도화하면서 기존의 자활지원센터는 자활후견기관으로 그 명칭이 바뀌었다. 20개 기관에서 2000년에는 70개로, 2001년 상반기에 157개소가 넘는 기관으로 확대했다. 사업 아이템도 그동안 실험했던 사회적 일자리와 연관된 아이템들을 많이 추가했다.

1998년부터 진행한 실업운동에서 사회적 일자리 창출운동의 성과가 국민기초생활보장법의 제도화를 통해 일정하게 반영되었다. 정부정책은 물론이고 민간 단체 사업에서도 자활사업에서 주된 대상을 장기 실업자나 차상위 계층에서 조건부수급자로 그 중심을 이동시켰으며, 이 같은 상황은 많은 실업 관련 단체들이 후견기관을 위탁, 운영하는 과정에서 더욱 가속화했다(김홍일, 2007: 32).

2006년 전국에 242개 자활후견기관이 있었다. 이들 시장진입형 조건부 기초생활 수급자는 3년 동안 정부 지원으로 기술을 배우고 일을 익힌 뒤 자립해야 했다. 자립 첫해에는 일부 급여를 지원받지만, 이후에는 도움 없이 자신의 노력으로 살아야 했다. 한상진은 자활공동체에서 조건부 수급자를 점차 줄여 자립공동체로 나가자고 주장한다(한상진, 2003: 363).

먼저 그동안 취약계층의 실업자들에게 한시적인 일자리 제공을 목적으로 하던 공공근로사업을 '사회적 일자리'라는 개념으로 전환하면서 사회적 일자리 사업이 기존 보건복지부, 노동부에서, 환경부, 교육부, 여성부, 산림청 등 8개 부처로 확대되었다.

사회적 일자리 사업이 다양한 영역으로 확대되면서 다양한 시민사회가 참여했다. 예를 들면 의료생협을 비롯한 협동운동 진영의 관심과 참여 증대는 물론이고, '환경정의'가 환경운동과 사회적 기업을 연계시키고, 장애인 운동 단체가 '장애인 중심기업'에 적극적으로 관심을 갖고 실험을 했다.

자립공동체로 나간 경우로 전북실업자종합지원센터에서 운영하는 '희망사업단'은 비교적 높은 임금을 지불한다. 전주시내 음식물쓰레기 수거 운반사업을 하고 있는 '희망사업단'은 총 15명의 참여자가 업무에 따라 월평균 200~250만 원의 임금을 받는다. 이는 지역 내 동종업계 평균임금에 비해 50만 원가량 높은 수준이다. 참여자의 60% 이상이 3년 이상 근속하고 있어 일자리의 안정성도 높다.

노동부는 기업 형태로 사회적 서비스 일자리를 제공하는 사회적 기업의 육성법을 2007년 7월 1일부터 시행했다. 이에 따라 이윤이 생겼을 때 3분의 2 이상을 당초 설정한 기업의 사회적 목적에 재투자하도록 법에 명시되어 있다. 그러나 형태가 꼭 기업일 필요는 없으며 비영리법인이나 조합 등 다양한 조직이 사회적 기업으로 인정된다. 단 월급을 받는 노동자가 근무하고, 지속적으로 영업활동이 이뤄져야 한다. 법에 따라 인증을 받은 사회적 기업은 218개이다.

기업은 기존 사회공헌 활동에서 '사회적 기업'을 기업이 할 수 있는 새로운 사회공헌의 한 축으로 인식하고 확대했다. 교보는 간병사업, SK는 도시락 사업에 적극적이다.

아름다운재단의 희망가게는 아모레퍼시픽화장품의 창업자인 고 서성환 회장이 2003년 아름다운재단에 기부한 50억 원 상당의 주식을 종자돈으로 삼아 저소득 모자 가정이 자활·자립할 수 있도록 창업을 지원하는 공익사업으로 2004년 7월 1호점의 문을 열었다. 그동안 창업 지원을 받은 23개 가게들에 지원한 돈을 매달 조금씩 반환받아 모은 자금으로 2007년 11월 24호점을 개점했다. 아름다운 세상 기금도 주가 상승에 따라 150억 원 상당으로 늘었다.

아름다운재단은 저소득 모자 가정을 선정해 창업자금을 최대 4천만 원까지 아무런 담보 없이 빌려주고 4개월 뒤부터 7년간 균분 상환받는다. 이자는 나눔을 실천하는 의미에서 1%를 받는다. 초기에는 음식점 창업이 주류이다가 폐기물 재활용, 미용, 자동차 수리, 꽃가게 등 업종이 다양하다. 희망가게 사업은 창업 전후과정에 교육과 컨설팅을 지원한다.

아름다운재단의 고용은 2007년 10월 현재 76개 점포에 직원 185명, 자원봉사자 185명, 기증량은 650만 개, 매출액 80억 원, 수익 20억 원이다. 이 재단을 설립한 박원순 변호사는 "영국의 경우 국민총생산의 20%를 사회적 기업이 담당하고, 난민들을 비즈니스에 참여시키는데 한국도 탈북자나 이주민을 사회적 자원으로 활용해야 한다. 정부는 사회적 기업을 주도하지 말고 시민사회와 파트너십을 이뤄서 하는 게 중요하다"고 한다(『경향신문』 2007.11.16).

에너지 분야에서도 제3섹터를 운영한다. 정부와 지에스칼텍스, 에스케이(주), 에쓰오일 등 정유업체와 한국전력공사, 한국가스공사, 지역난방공사, 광업진흥공단, 지역난방공사 등 에너지 관련 기업이 2006년 12월 에너지재단을 설립했다. 정부와 에너지재단은 10년 안에 에너지 빈곤층을 해소할 목표를 세웠다. 에너지 빈곤층은 에너지 구입에 들어가는 지출이 소득의 10%를 넘는 가구로 현재 약 120만 가구가 이에 해당하는 것으로 추정된다.

삼성, 현대 등은 부정한 상속이 사회문제가 되자, 재산 일부를 사회에 출연해 만든 기금을 이용하는 기업의 사회공헌 사업인 저소득층 산모도우미 · 간병 · 장애인교육 보조원 사업 등을 시행한다. 이 경우 시설은 기업이 마련하지만 운영비는 정부의 지원에 의존해야 한다. 기업의 이미지는 좋아지지만, 기업이 실제로 책임지는 것은 아니다. 기업이 지원을 중단하면 곧 사업은 중단되므로 기업이 실질적으로 책임지는 장치, 제도가 필요하다.[8)]

8) 양재덕(인천실업극복국민운동 본부장)의 말, 2007.3.28, 인천에서.

7) 기업의 사회적 책임

기업의 사회적 책임(CSR)이라는 새로운 주제가 기업 전략과 공공정책의 중요한 의제로 등장하고 있다. 기업이 이익 추구에만 몰두하지 않고 사회에 일정한 책임을 지고, 신뢰성 있는 상품을 만들고, 수익금을 기부하며, 환경정화 활동이나 봉사활동에도 신경 써야함은 물론 정당하게 세금을 납부하고, 노동자의 권리를 향상하는 일 등이 포함된다. 그러나 CSR을 둘러싼 국제사회의 다양한 토론과 실천 활동에 비해 국내의 CSR 논의는 초보적인 수준이다.

윤리적 소비를 지향하는 소비자의 태도는 기업의 태도에도 긍정적인 영향을 미친다. 2007년 다국적 컨설팅업체 매킨지는 '경쟁의 새 규칙 형성'이라는 보고서에서 윤리적 소비자층의 증가세를 보면 기업 이익의 관점에서도 충분히 가치가 있는 시장이라고 했다. 실제로 에티스피어 매거진과 포춘이 공동 조사한 결과에 따르면 세계 500대 기업 가운데 윤리적 경영을 실천하는 기업의 성장세가 평균 스탠더드 앤 푸어스(S&P) 500지수의 성장률보다 더 높았다. 착한 소비의 수요가 공급의 흐름을 바꾸는 셈이다.

기업의 사회적 책임 또는 사회적 책임 경영은 착한 투자 또는 사회책임투자와 결합한다. 국제적으로 ISO 26000 인증이 추진되고, 국내 기업 가운데 윤리경영과 관련한 유엔글로벌콤팩트에 가입하는 기업이 늘고 있다.

그러나 로버트 라이시는 "기업의 사회적 책임과 수익성은 장기적으로 일치한다고 말하지만 이를 입증할 수 없다. 기업의 관점에서 더 중요한 것은 장기적이라는 말은 별로 소용이 없다. 슈퍼자본주의에서 '장기적'이라는 말은 미래 수익의 현재 가치를 의미한다"고 부정적으로 평가한다(라이시, 2008: 246).

한국에서는 이것을 기업의 이미지 관리 차원에서 도입하며, 윤리적 소비자의 힘이 경영의 중요한 변수로 작용하지는 못한다. 은행, 보험, 증권, 카드사 등 금융권 협회장들이 꾸린 금융산업발전협의회는 외환위기 뒤 공적자금을 지원받은 금융권이 부유층 위주의 영업에 치중하면서 서민금융을 외면한다는 사회적 비판을 의식해 사회연대은행과 함께 워크숍을 벌이는 등 사회공헌 활동을 벌이기로 했다. 은행이 사회적 책임을 제공하는 액수는 수익의 1% 미만이다. 생명보험사는 가입자의 납입금으로 재산을 형성하고 수익을 발생시킨다. 따라서 상호계약의 원칙에 따라 이익을 가입자와 나눠야 한다(김상조, 2007.1.7). 그러나 생보사가 옛 계약자를 일일이 찾아 보상하기는 어려운 만큼, 생보사가 계약자 몫을 사회공헌 기금으로 내는 것도 방법이다. 생명보험협회가 2007년 4월 사회공헌사업 기부금으로 1조 5,000억 원을 조성하겠다고 발표했으나, 이는 구속력이 약할 뿐더러 공익기금 출연으로 프로슈머의 쌍방 의무를 기피하려는 의도다.

또 은행연합회의 '은행 사회공헌 협의회'와 생명보험 · 손해보험협의회의 '공익사업 추진위원회'를 통해 회원사들에 사회공헌활동 방향을 제시하기로 했다. 현재 신한은행, 대우증권, 현대해상만이 사회책임보고서 또는 환경보고서를 내놓았다. 2007년 기업, 대구, 하나, 한국시티, SC제일 등 5개 은행이 추가로 사회책임보고서를 발간하기로 했다.

4. 사회금융

사회금융은 공동체 자기고용의 창업 경영에 필요하다. 지역경제를 순환시키고 대기업이 이윤을 타 지역으로 유출시키는 것을 줄일 수 있다. 그 방법 가운데 지역통화 운영이 가장 적극적이다.

1) 계와 신용협동조합

우리 사회는 계(契)의 전통이 있다. 계는 친목과 상부상조를 위한 신용협동조직 또는 경제조직이다. 정동유(鄭東愈: 1744~1808)의 『주영편(晝永編)』에서 계의 어원은 한어(漢語)가 아니라 순수 고유어이며 그 뜻은 결취(結聚) 또는 계합(契合)으로 여러 사람이 같은 목적 아래 모인 집단으로 보고 있다. 계와 같은 뜻의 한역어로는 '회(會) · 도(徒) · 접(接) · 사(社)'가 있다.

이것은 삼국시대부터 있었고 조선 후기에 특히 성행했다. 향약이 구속력이 없는 것과 달리 계는 구속력이 있었다. 만약 어느 계원이 자기 몫을 내지 않으면 자동 탈락되거나 계원의 자격을 박탈당한다. 혼인이나 초상 같은 큰 일이 있을 때에는 계금을 내 부조하기도 하고 사업자금이 넉넉지 못할 때에는 계를 조직해 계금을 타서 사업자금으로 쓰기도 하고 농가에서는 소 같은 비싼 물건을 사기도 했다. 계금을 타는 방법도 처음부터 순서를 매겨 이자율까지 감안하여 순번대로 타기도 하고, 곗날에 이름, 번호를 써서 이를 추첨해 그 시기에 탈 계원을 뽑기도 한다. 이렇게 계산적이고도 조직적이어서 어느 계원도 손해 보지 않도록 공평하게 운영했다.

그래서 은행이나 보험회사가 발달하지 못한 전자본주의 사회에서 이 계는 생활경제에 크게 기여했다. 이는 경제를 토대로 한 인보, 친목을 도모하는 지혜의 산물이었다. 이이화는 "오늘날에도 이를 잘 활용하면 생활경제에 보탬을 줄 것"이라고 한다(이이화, 1993: 129).

새마을금고는 1963년 군사정권의 정당성을 강화하려고 조직한 재건국민운동을 모태로 시작하여 1972년부터는 신협법, 1983년부터는 새마을금고법에 따라 법적 지위를 갖고 있다. 2003년 현재 1,671개의 단위금고에 1,400여 만 명의 회원이 있다.

신용협동조합은 계에 비하여 프라이버시와 비밀성을 보장하고 안정성, 근접성과 이용 편의성, 고리대금업자의 위협에서 보호 기능을 가진다.

1958년 금융조합은 농업협동조합으로 바뀌었으나 곧 자유당 정부의 어용기구가 되었다. 이런 상황에서 1960~1970년대에는 고리채를 피해 목돈 마련을 목표로 신용조합을 조직했다. 신협은 조합원이 예금한 돈을 재원으로 조합원에게 대출한다. 공동 구매, 할인 판매 등의 부대사업을 한다.

1960년 5월 1일 부산 피난민 지역에서 선교활동을 하던 메리가별 수녀를 중심으로 메리놀병원 직원과 가톨릭 구제회 직원들과 부산 중앙 천주교회 신자들이 캐나다 코디연구소, 미국 신협연합회의 카로스 마토스(Carlos Matos), 세계신용협동조합협의회의 도움을 받아 1960년 5월 1일 '성가신용협동조합(이사장, 강정렬)'을 설립했다. 이후 메리가별 수녀를 주축으로 만든 '협동조합교도봉사회'와 서울에서 만든 '가톨릭중앙신용협동조합'의 지원을 받아 여러 개의 신용협동조합을 만들었다. 이런 활동이 1963년 '협동교육연구원'으로 전환하고, 1964년 '신용협동조합연합회'를 설립했다. 1972년 8월 신용협동조합법이 통과되면서 1973년 277개 조합 대표가 모여 신협법에 의한 특별법인인 '신용협동조합연합회'를 공식 발족했다. 그러나 이후 정부의 지원을 받는 새마을금고와 경쟁하고, 정부의 감독으로 자율성을 유지하기 어려웠다(장원봉, 2006: 238). 1987년 이후 서민의 금융 수요는 지역통화, 사회연대은행과 같은 새로운 형태의 금융제도를 창출한다.

신협에는 직장신협, 지역신협, 단체신협(신협 중앙회)이 있다. 부산에서 신용조합, 양서협동조합을 결성했다. 1991년 조합 규모는 조합 1,369개, 조합원 수 2,057,643명, 자산 4조 570억 원이다(신용협동조합연합회, 1980: 186~187). 신협중앙회는 2007년 상반기에 1,062억 원의 순익을 냈다(KBS TV 뉴스, 2007.7.26).

2) 사회은행

2006년 9월 말 가계 부문의 부채는 643.1조 원이며 이자는 40조 원에 달한다. 신용불량이나 담보를 제공 못해 제도권 금융을 이용하지 못하는 사람들이 이용하는 서민금융 이용자는 연 200%를 넘는 고금리와 폭행 · 협박의 불법 채권추심에 시달린다. 정부가 사금융의 이자제산제를 도입해 이자를 66%로 제한했지만 실현성은 의문이다. 서민금융은 업체 4만여 곳, 이용자 450만 명, 시장규모 연 40~45조 원이다.

한국의 차상위 계층은 716만 명을 헤아린다. 이 가운데 신용등급이 낮아 제도권 금융을 이용할 수 없는 사람도 640만 명에 이른다. 사회안전망이 잘되어 있는 선진국에서는 빈곤층이 빈곤을 벗어나는 "패자부활전"이 가능하나 우리나라에서는 한 번 빈곤계층으로 전락하면 헤어나기 힘들다. 이 문제는 빈곤여성의 경우 더욱 심각하다. 빈곤인구를 남녀별로 나누어 보면 3분의 2는 여성이며, 특히 가난한 노년층의 절대다수(80%)가 여성이다. 가계를 책임지는 여성가장은 5명 가운데 1명꼴인 데 반하여 빈곤가구 가운데 여성가장의 비율은 절반 정도나 된다.

IMF 통치 이후 한국의 경제가 외국자본의 공격에 초토화되고 시중은행 가운데 국내 지분이 절반이 넘는 곳이 거의 없다. 증시의 블루칩 '빅5' 가운데 지분 절반 이상의 내국 기업도 하나 없다. 이런 현실에서 담보가 없거나 신용불량인 경우 은행에서 대출받을 수 없고, 사채는 이자율이 아주 높다. 예금 이자율도 낮아 예금이 증권으로 많이 빠져나갔다.

신자유주의 아래 은행이 공공성을 완전히 외면하고 금융소외자가 다수 발생한다. 2006년 국내 은행의 순익은 13조 6천억 원이나 사회공헌 지원 금액은 3,514억 원이다. 그나마 공연 지원 등 마케팅 성격이 강한 사업을 빼고 소외계층을 포함한 지역사회 공익 지원금은 1,231억 원이다. 순익 대비 0.9% 수준이다(『한겨레』 2007.9.18). 또 국내 금융회사 10곳 중 4곳은 외국계로 과거보다 은행의 사회적 책임 수준은 약화됐다. 외국인 지분이 50% 이상인 금융기관의 비율은 은행은 7개 가운데 6개, 증권사는 54개 가운데 19개, 자산운용사는 51개 가운데 16개, 보험사는 49개 가운데 20개, 합계 161개 가운데 61개(37.9%)이다. 시중은행은 우리은행을 뺀 나머지가 모두 외국계이다.

사회금융은 이들을 대상으로 무담보 · 무보증으로 대출한다. 또 사회은행은 몬드라곤의 사례에서 보듯이 직업 창출이 목적인 경우 공동체의 일자리를 장기적으로 창출할 수 있다. 그것은 창업가적 부를 창출할 수 있는 방법이다. 이런 제도 아래 노동자들은 적절한 지원을 받을 수 있다면 스스로 자신의 업무를 재단할 수 있다. 사내 자기자본 조달은 강력한 수단이 될 수 있다(조엘 A. 바커, 1998: 156).

사회은행은 금융소외계층에게 담보나 보증 없이 창업자금과 직업훈련 자금 등을 지원한다. 마이크로 크레디트는 생활비 대출뿐 아니라 창업 및 운영을 도와 빈곤층이 자립할 수 있도록 하는 점에서 일반 은행과 다르다. 빌려준 돈의 원금과 이자를 받는다는 점에서 자선사업과도 다르다. 대안금융기관은 신나는 조합(조합장 소정열), 사회연대은행, 아름다운 기금, 창원 지역사회 복지은행 등 네 곳이 있다. 아직 시작 단계지만 수요자가 아주 많다. 2007년 6월 현재 여신 규모는 120억 원이다.

부스러기 사랑 나눔회는 1986년 가난한 지역의 아동·청소년과 여성에게 사회복지통합서비스를 제공하기 위해 설립했다. 신나는 조합(이사장 정명기)은 전신인 1986년 설립한 부스러기 나눔회가 빈곤여성들의 교육, 훈련 사업을 시행하던 중 1999년 전 세계적인 빈민은행인 그라민은행의 그라민 트러스트(Grameen Trust)에 참가하여, 씨티그룹의 지원금을 토대로 2000년 6월 한국 내 최초로 무담보, 무보증소액대출(Microcredit)을 시작했다. 3인 이상의 공동체, 특히 농어촌 빈곤층을 주로 지원한다. 보건복지부기금은 1억 원 이내에서 지원하며, 민간기금은 3,000만 원 한도 내에서 지원한다. 심사과정이 엄격해 대출승인 비율이 10% 미만이다(『내일신문』 2008.1.28). 2007년 3월까지 81개 공동체를 창업해 317명의 일자리를 창출했다(www.joyfulunion.or.kr, 2008.1.12). 이곳에서 500만 원을 대출받은 경남 거제의 '해 뜨는 바다모임'(5명)은 알로에를 가공 판매한다.

사회연대은행은 2003년 설립해 대출 대상을 차상위 계층까지 확대했으며 대출금은 최대 2,000만 원이다. 개인도 대출이 가능하다. 2007년 2월 현재 146건을 대출했으며 상환율이 90%이다(www.bss.or.kr, 2008.1.12). 2008년 1월까지 100억 원 규모의 소액대출과 100억 원 규모의 창업지원 사업을 진행했다.

아름다운재단은 저소득 모자 가정을 선정해 창업자금을 최대 4천만 원까지 아무런 담보 없이 빌려주고 4개월 뒤부터 7년간 균분 상환받는다. 이자는 나눔을 실천하는 의미에서 1%를 받는다. 이 밖에 신용회복위원회의 소액금융지원 사업은 국민, 우리, 신한 등 7개 은행이 각 20억 원씩 140억 원을 출연했다.

정부는 신용등급이 낮아 제도금융기관을 이용하기 어려운 저신용 계층이 500만 명 이상인 점을 고려해 2007년 8월 사회투자재단을 설립했다. 사회투자재단은 복지부 예산 280억 원을 종자돈으로 해 출발하고 한 해 1,300억 원 정도 쌓이는 휴면예금과 휴면보험금을 이용해 휴면예금관리재단과 사회공헌기금 등 공익재단을 설립해 대안금융기관을 지원할 계획이다. 사회투자재단은 현대자동차·삼성 등 대기업이 사회에 헌납하기로 약속한 기부금도 활용할 계획이다. 그러나 휴면예금관리재단이 정부와 금융권 중심으로만 구성해 마이크로 크레디트 등 현장의 목소리를 제대로 담아내지 못할 가능성이 있다. 마이크로 크레디트(2005년 UN 마이크로 크레디트의 해)의 의미가 1970년대 목돈마련에서 자기고용을 지원하는 것으로 변화했다.

사회 책임 투자(Social Responsible Investment, SRI)는 기업의 수익은 물론 인권, 환경, 노동, 지역사회, 공헌 따위의 다양한 사회적 성과를 종합해 기업에 투자하는 금융 활동을 뜻한다. 사회적·환경적·윤리적 회계감사, 지역공동체 투자, 주주 행동주의 등으로 대표된다. 미국 펀드 시장의 12.5%가 SRI 펀드일 정도로 보편화되어 있다(헨더슨, 2006: 293).

사회적 투자(social fund raising)는 소수의 개인 및 기관투자가에게서 돈을 끌어 모아 기업을 인수해 가치를 높인 뒤 되팔아 차익을 추구하는 헤지펀드, 사모펀드와는 다른 개념이다. 사회적 투자는 노동자에게 저축과 투자를 이루도록 한다. 재생에너지나 온실가스 저감 설비 등은 낮은 금리의 은행 차입이 불가피하다.

미국에서 간접금융투자가 늘면서 노동자, 서민도 스스로 투자자로 여긴다. 한국도 투자자 수가 임금 노동자 수를 추월하고 기존의 계층, 성, 지역 경계를 넘는 새로운 계층으로 떠오른다. 사회보장이 미비하고 개인의 노후를 금융시장에 더욱 의존하면서 나타난 현상이다. 주주자본주의라는 깃발을 들고 경영자에 맞서는 주주들의 움직임이 역사에서 노동운동이 노동자계급의 배타적인 이해만을 추구하는 것을 넘어 보편적 사회운동으로 자리 잡았듯이 투자자운동은 투자기업의 재무 성과에만 휘둘리지 않고 기업과 사회를 큰 틀에서 변화시키려고 한다.

연기금이 발달한 미국에서 사회적 투자포럼(Social Investment Forum, SIF, www.socialinvest.org)은 각 기업체를 지속적으로 감시 평가하고, 주주행동과 시민행동을 조직하고, 사회적·환경적으로 책임 있는 곳에 공동투자한다. 사회에 해가 되는 기업이나 환경파괴 기업에는 투자하지 않는다. 그러나 미국에서 발달한 연기금의 예를 보면 주주자본주의는 돈이 있는 사람만 참여하는 제도라는 점에서 신자유주의의 다른 표현이며, 미국으로 흡인하는 제도라는 비판이 있다.

미국의 인덱스펀드(Index Fund)는 나스닥을 기준으로 투자자에게 수익의 안정성을 제공한다. 이베이(www.ebay.com)는 마이크로플레이스 펀드를 개설해 캄보디아, 에쿠아도르, 가나, 타지키스탄 등의 극빈층에 무담보로 소액 대출해준다. 마이크로플레이스는 대출자가 대출금을 상환하면 투자자는 원금과 1.5~3%의 이자를 받는다. 기부와 투자의 중간쯤에 해당한다. 전미자동차노조(UAW)는 의료보험 펀드를 노조가 맡아 운영할 방침이다.

프랑스의 대안 투자 클럽 '시갈(CIGALES)'은 자신들의 지역에서 자본 참여를 원하는 기업을 발굴해 해당 기업의 지분을 사들이는 방법으로 자본금을 투자한다. 지역별로 개인 투자자들이 의기투합해 사회적으로 믿음이 가는 기업을 골라 밀어주는 방식이다. 2004년에만 100여 개 클럽이 활동했다. 도미니크 칼리 대표는 "저축을 하는 사람은 자신의 돈을 쓰는 책임을 은행에 위탁하는데, 우리는 저축자의 책임을 제도권 금융기관이 아니라 개인에게 돌려주는 것"이라고 시갈의 활동을 요약했다. 은행처럼 어느 정도 규모를 갖춘 곳에만 투자하는 것이 아니라 사회적으로 의미가 있는 일을 하는 기업이라면 위험부담이 크더라도 끝까지 믿고 투자한다. 은행과 경쟁하는 것이 아니라 은행이 하지 못하는 일을 한다.

독일에서 민간이 풍력발전·태양력발전에 투자하고 여기서 생산한 에너지를 정부가 좋은 가격에 사주어 재생에너지 생산도 늘었고, 많은 사람들이 주식이나 부동산에 투자하는 것처럼 에너지에 투자했다.

대안에너지운동 단체인 에너지전환(대표 이필렬)은 시민들의 투자로 시민햇빛발전소를 건설해 생산한 전기를 한전에 팔고 거기서 나오는 이익을 투자자에게 배당금으로 준다. 단가 인하와 기술개발의 덕분에 새로 짓는 시민발전소의 수익률은 6%대를 예상한다. 대안 투자라고 보기는 어렵지만 자산 규모 5조 원인 군인공제회가 건설업, 부동산 개발업 등에 투자했다. 자산 규모 12조 원인 교원공제회는 뉴코아, 하이트맥주, 영남제분, 삼양라면 등의 인수에 참여하고 해외투자자의 이런 기업 인수를 막았다.

한국기업지배구조펀드(KCGF, 일명 장하성 펀드)는 남(소액주주)의 주식을 빌려다가 소송 같은 문제를 제기하면서 기업의 지배구조도 개선하고 수익도 올리는 기관투자가의 역할 모델을 제시하려고 펀드를 조성했다. 이 펀드는 국내기업의 지배구조 개선을 목표로 내걸고 국내외 투자자에게서 자금을 모은 사모펀드(PEF)이다. 그러나 장하성, 진대규 등의 사모 펀드는 주주에게 최대의 이익을 안겨주려는 점에서 헤지펀드와 차이가 크지 않다.[9]

3) 지역통화

대안화폐들은 공동체의 의미를 되살리고 사고파는 물건·서비스의 진정한 가치를 되새기자는 취지에서 나왔다. 지역통화는 외부로 흐르기보다 한 공동체 안에 부를 머물게 해 지역경제를 다시 활성화시킨다. 그것은 공동체의 거래수지에 가치 있는 정보를 제공한다. 예를 들어 한 통화가 특정 지역에서만 가치가 있다면, 지역 외부의 재화나 서비스에는 사용할 수 없다. 한국에서 지역경제 순환을 돕는 유력한 대안이다. 지역통화에는 레츠(LETS, Local Exchange and Trading System), 이사카아워, 타임달러 등이 있다.

미국에서는 1930년대 대공황 때 스크립(scrips)이라는 어음 성격의 비공식 화폐가 유통했다. 돈이 없는 실직자 빈곤층은 스크립으로 물건을 산 뒤 돈이 생기면 되갚았다. 2000년대 초 살인적인 물가상승을 겪은 아르헨티나에서도 대안화폐가 인기를 끈 전례가 있다.

지역통화운동은 역사가 오래지만 오늘날 세계적인 현상으로 발전한 이 운동의 선구적인 형태는 1980년대 초 캐나다의 브리티시 컬럼비아 지역의 작은 마을인 코목스에서 '레츠'라는 이름으로 시작했다. 코목스지방은 그 당시 심한 경제적 침체와 높은 실업률로 고통받았다. 이 레츠시스템을 창

9) 정종남(투기자본감시센터 사무장)의 말, 2007.5.22, 서울에서.

시한 마이클 린턴은 사람들이 캐나다 중앙은행이 발행한 돈이 없다는 이유로 곤궁하게 맥없이 지내야 할 필요가 있는가라는 의문에서 출발해 공동체의 독자적 통화를 만들었다.

처음 여섯 명의 가입자로 시작한 이 지역통화는 점차 커져 나중에는 1990년대에 캐나다를 넘어 전 세계로 퍼졌다. 이 운동은 만성적인 고실업률로 시달리는 공동체에서 쉽게 번지지만, 그렇다고 이것이 임시적인 재난구제 수단에 그칠 뿐이다. 대안화폐들은 소규모로만 운용되어 안전성이 떨어진다는 지적이 많았다. 하지만 달러를 비롯한 법정 화폐가 인플레이션이나 투기에 몹시 취약한 것으로 드러나면서 상황은 역전됐다. 대부분 지역에서 소득을 올려도 세금이 없어 인기를 끄는 요인이 되고 있다.

오스트레일리아의 전 총리 키팅은 재임기간에 레츠시스템에 관심이 커 마이클 린턴을 초청해 레츠 조직을 만드는 데 도움을 받았다. 키팅 총리는 이 레츠시스템 때문에 오스트레일리아 경제가 다른 나라보다 생존능력이 높은 것이라고 말했다.

일본에는 지역통화(에코머니)가 900여 개 있으며 일본정부가 적극적으로 지원한다. 지역통화는 지역의 다양한 물적, 인적 자원들과 결합되면서 지역의 사회와 환경, 복지 문제를 지역민이 자립적으로 해결해 지역사회와 공동체를 재건하는 수단으로 활용된다(가토 토시하루, 2006: 376).

레츠와 근본적으로 동일한 발상에서 출발했지만 무형의 통화체계가 갖는 복잡함—예컨대 사무소에 보고하는 번거로움, 중앙관리에 필요한 경비와 인력문제—때문에 아예 지역의 화폐를 독자적으로 고안하고 발행해 레츠의 요체를 살린 지역화폐운동도 다양하게 전개된다. 그 가운데 대표적인 것이 미국 뉴욕주 이타카에서 폴 글로버가 시작한 '이타카 아워'(Ithaca Hours)이다. 이 지역화폐는 이타카 지역의 한 시간당 노임 평균을 기본단위로 해 다양한 액수의 지폐를 발행하는데, 그 지폐들에는 그 지역의 풀뿌리 역사를 대표할 만한 인물의 초상화를 그렸다. 폴 글로버는 지역통화운동이 기업과 자본 중심의 세상을 사람과 공동체 중심의 세상으로 변화시키는 혁명적 잠재력이 있다고 한다.

레츠시스템의 메커니즘은 비교적 단순하다. 간단히 말해 이것은 국가나 은행이 발행한 돈을 사용하지 않고 지역사회의 주민들끼리 물품과 서비스를 주고받는, 연대에 기초한 협동적·자립적 경제활동 방식이다. 이것은 일 대 일의 관계로 물물교환 하는 옛날의 바터시스템과 달리, 지역공동체 속에서 가입회원들 전체 사이에 교류하는 체계이다. 회원들은 가입 때 자기 앞의 계좌를 개설하고 교환망에 참여하면 회원들 사이의 거래 관계를 일일이 보고받아 기록하는 사무소(또는 사무원)를 통해 전체 회원 각자가 제공할 수 있는 서비스나 기술이나 물품이 열거된 목록을 받는다. 가입회원들 개개인의 상세한 계좌현황을 정기적으로 통보받는다. 지역통화라고 하지만 레츠에서는 실제로 돈은 사용하지 않고, 다만 물품이나 서비스를 주고받은 내역을 기록할 뿐이다. 그리하여 어떤 사람이 어떤 물건을 구입하거나 서비스를 받을 필요가 있을 때는 사무소에서 신문형태로 발행한 목록을 보고 그 물건이나 서비스를 제공할 수 있는 회원과 접촉해 정해진 레츠가격으로 거래를 성사시킨다.

레츠는 녹색 달러(Green Dollar)라는 가상의 화폐를 매개로 각 개인의 계정에 대차대조표를 작성하는 형식으로 운영되고 있다. 예를 들어, 김씨의 잔고가 (+)100녹색 달러이고 이씨의 잔고가 (+)10녹색 달러였는데, 이씨가 김씨에게 20녹색 달러를 주고 꽃 10송이를 샀다고 하자. 그러면, 레츠 사무소에서는 김씨의 계정을 (+)120녹색 달러로, 이씨의 계정은 (−)10녹색 달러로 조정한다. 그 후 잔고가 (−)20녹색 달러인 박씨의 아이를 한나절 동안 돌봐준 이씨가 박씨에게서 30녹색 달러를 받았다면, 박씨의 계정은 (−)50녹색 달러가 되고 이씨의 계정은 (+)20녹색 달러가 된다.

레츠에서는 현금이 없다고 해서 좌절할 필요가 없다. 사람들은 누구에게나 어떤 잠재된 기술과 솜씨와 지혜가 있다. 예를 들어 아기나 환자를 돌보거나 텃밭 가꾸기를 대신한다든지 자기 소유의 물건을 다른 사람에게 제공할 수 있다. 이 때문에 현금 속에서 늘 소외된 가난한 사람들이나 실업자들이 레츠 속에서 스스로 쓸모 있는 공동체의 구성원이 되어 인간다운 위엄성을 회복한다(김종철, 2000: 168).

타임달러(Time Dollar)는 급격히 고령화되는 사회에서 노인들이 가진 기술과 경험을 최대한 활용하고 노인들의 존엄성을 유지시킬 수 있도록 방안으로 1986년 미국 워싱턴에서 에드가 칸(Edgar Cahn)이 고안했다. 회원끼리 다른 회원에게 서비스를 봉사하고 타임달러를 받아 저축한 뒤, 나중에 자신이 도움이 필요한 경우 이 저축한 타임달러를 지불하고 제도관리소에 봉사를 요구할 수 있는 제도다(이가옥 · 고철기, 2001: 100).

지역통화운동은 한국에서 1996년 『녹색평론』이 처음으로 소개한 뒤, 1998년 '미래를 내다보는 사람들의 모임'을 통해 국내에 뿌리를 내렸다. 레츠는 성공확률이 낮아 한국에서 100여 곳에서 시도했지만 대부분 실패했다. 현재 대전 한밭레츠(1998), 과천(과천 품앗이), 부산(사하 품앗이), 인천(이웃사랑 품앗이), 대구(늘품) 등 전국에 10여 개가 운영 중이다.

대전 한밭레츠는 '다자간 품앗이'를 표방하며 1999년 시작해 2009년 회원이 600여 명이며 사업 영역은 대전과 외곽의 농촌이다. 이것은 지역경제를 살리는 의미가 크다. 민들레생협, 민들레의료생협, 민들레의원 · 한의원, 12년 과정인 두루학교 · 꽃피는 학교의 대안학교 등을 열어 이들과 함께 공동체를 이룬다. 거래방식은 지폐와 통장을 사용했으나 사라지고 현재는 엑셀을 이용한 인터넷 계정관리 방식을 사용한다.[10)]

김종철은 『녹색평론』 회원들과 함께 필요한 물건을 나눠 쓰기도 하고, 몇 사람이 종자돈 수천만 원을 출자해 만든 '일리치은행'으로 이자 없는 은행을 운영한다. 비슷한 예로 이슬람 은행은 이자를 받지 않는 특별한 대출방식을 활용한다. 대출자와 함께 이익을 나누는 방식을 통해 수익을 올릴 수 있기 때문이다. 만약 돈을 빌린 사람이 투자한 프로젝트가 성공하게 되면 은행은 대출금뿐만 아니라 수익에 따른 이익을 배당금 형태로 함께 받을 수 있기 때문에 이자를 받지 않는다.

10) 한밭레츠(박현숙 사무국장)의 특강, 2009.5.14, 고려대 세종캠퍼스에서.

5. 사회서비스의 공유 경영

사회서비스는 교육, 의료, 문예, 연구서비스 등 생활, 소비와 관련된 것들이다.

교육은 식민지에는 제국주의, 독재 시기에는 정권, 최근에는 대자본의 요구에 따라 왜곡됐다. 사회 분야 가운데 가장 일그러진 부분이다. '개천에서 용 난다'는 말은 이젠 옛말이다. 가난에서 비롯한 우수한 감성은 사장된다. 소득 격차는 수능 점수 차이, 유학 등에 따라 교육 격차를 낳고, 이것은 다시 미래 세대 노동자의 생애소득에 영향을 미쳐 계층화한다. 때문에 민중의 입장에서 '보이지 않는 부'인 교육을 재편성해 격차를 뛰어넘어 공동체 교육을 살리려는 노력이 끊임없이 계속되고 있다.

1) 교육공동체

(1) 한국의 교육공동체 전통

여느 사회와 마찬가지로 한국 사회는 다음 세대 노동자의 교육에 정성을 쏟는 전통이 있다. 마을교육기관으로 전통적인 서당이 있었다. 서당은 마을공동체의 자녀들 소수를 놓고 공동체 교육 방식을 취한다. 개항기에 학교 형태의 교육기관을 세웠다. 여성교육이 등장하고 일반 서민을 대상으로 대학교육을 실시했다. 일제 강점기에는 식민지 교육에 대응해 민족교육기관을 세웠다. 계몽시기의 야학과 마찬가지로, 1980년대 노동야학을 거친 노동자들은 1987년 노동자 대투쟁의 원동력이 되었다. 상록야학은 이문동에서 1976년 시작해 2008년까지 계속했다.

낮은 문맹률, 높은 중·고등교육, 대학진학률 80%가 산업화에 필요한 노동력을 충당했다. 이제 지식사회를 맞이하여 교육 격차를 줄이고 창의력을 높일 교육이 필요하다.

(2) 공동육아

1987년 노동자 대투쟁 뒤에 직장 여성이 출산 뒤에 노동과 육아를 겸하려는 시도에서 공동육아를 시작했다. 공동육아는 공동체 자기고용의 출발점이다. 그러나 지금은 고령화 사회가 된 시점의 저출산 대책으로, 출산 장려를 넘어 질 높은 육아를 향한 움직임에 대응하는 의미가 있다. 공동육아의 자구책과 출산에 대한 사회적 책임에 힘입어 2007년 출생아 수는 49만 7천 명으로 2006년 45만 2천 명보다 4만 5천 명 증가했다.

성미산 마을공동체는 1994년 자녀 양육을 고민하던 젊은 부모 30여 쌍이 각각 400~500만 원을 추렴해 60평대 단독주택을 구입해 어린이집을 열어 공동육아를 시작하면서 이루어졌다. 이 공동체는 학생들의 학년이 올라가면서 대안 초중고교를 세우고, 성미산 지키기, 소비자생협의 조직, 카센터, 마포FM방송 개국, 지역신문의 발행으로 다각도로 발전했다.

동대문구 '품앗이공동체'는 회원이 6개 팀에 40명이다. 2001년 3월 동대문구 답십리에 사는 황아무개가 2살·4살배기를 기르면서 인터넷에 글을 올려 육아에 어려움을 겪는 어머니들과 품앗이 육아팀을 만들었다. 어머니들은 품앗이를 하면서 쌓은 경험을 기록해 『기적의 품앗이 학습』이란 책을 냈다. 2004년에는 어린이도서관인 '꿈틀 도서관'을 만들고, 2005년 9월 초등학교 교과서를 연구하는 모임을 꾸렸다. 아이들을 키우면서 어머니들의 관심이 자연스럽게 넓어졌다.

생태유아교육은 1995년 3월 부산대 부설 어린이집을 열고, 임지택 원장이 생태유아교육프로그램을 개발했다. 생태유아교육은 우리의 전통문화 사상을 반영한 공터놀이식 유아교육, 자연친화적 유아교육, 토종닭식 유아교육 등을 계승했다. 2002년 3월 생산자와 직거래하여 유치원 어린이집 아이들에게 유기농산물을 먹이는 운동을 시작했고, 같은 해 생태유아교육학회를 설립했다. "환경성 질환의 증가와 참살이 바람의 영향으로 부모들 사이에 생태유아교육에 대한 관심이 커져" 부산에서 시작한 생태유아공동체는 수도권 광주·대구·경북 지역 등으로 확산돼 이에 가입한 유아교육기관만 해도 40여 곳이다. 현재 생태유아 교육공동체 회원은 전체 유아교육기관의 2%를 밑돌지만 머지않아 10%로 늘어날 전망이다[(사) 공동육아와 공동체 교육, http://www.gongdong.or.kr 참조].

(3) 공동체 교육

산업사회의 특징인 대량생산체계에 복무하는 교육체계를 지식사회에 맞게 바꾸려는 시도다. 공동체 교육은 의무교육을 반드시 받아야 한다는 개념에 반기를 든다. 의무교육은 민주주의에 도움을 주지만 개인의 창의성을 높이는 데는 장애가 된다.

한국은 교육 때문에 노동생산성을 높인 나라인데, 현재는 교육을 중시하지 않는다. 과거 식민지 분단 독재 아래 지식인은 우리 사회의 부르주아가 취약한 것만큼은 아니지만 지배체제에 선택되어 혜택을 받으며 기여했다. 독재 아래 테크노크라트로 기여했다. 지금은 돈 있는 자가 교육받는 상태이다. 빈부 격차가 커지고 세계화가 진행될수록 교육 격차도 커졌다. 민중의 교육이 필요하다. 창의적인 인간과 이웃과 함께 나누는 교육이 필요하다. 기존의 교육이 산업체 노동력 양성에 주력해 우리의 학교와 사회는 많이 배울수록 농촌을 등지도록 교육했다. 식량을 자급하고 건강한 도농공동체를 살리는 교육이 필요하다(정송남, 2008.12.19). 사교육의 피해가 문제되는 것은 한국뿐만이 아니다. 일본 · 헝가리 · 터키 · 멕시코에서 고비용의 사교육 문제가 논란거리다.

지역에서 학생, 교사, 학부모가 서로 깊은 교류와 연대를 통해 공동체로 거듭날 수 있다. 공동육아에서 발전한 경우도 있다. 학부모들도 이런 공동체과정을 통해 생태적인 삶을 받아들여 자발적으로 자동차를 포기하고 자전거를 타고, 큰 집에서 작은 집으로, 도시에서 농촌으로 생활을 바꾸는 경우가 있다. 그러나 지역공동체의 대안학교는 탄탄한 경제력과 현 교육체제를 넘어서는 교육 철학을 가진 소수의 사람만이 선택할 수 있는 학교라는 비판이 있다. 그것은 그 조직과 운영이 비자본적이며 학생들이 제도교육의 테두리 밖에서 아이들이 자유롭게 창의적으로 자발적으로 자라게 한다는 점에서 진취적이다.

서유럽에서는 68혁명의 여파로 모든 기존의 억압적이고 권위주의적인 질서에 저항과 보편적 해방의 욕구가 전사회적으로 분출하면서 교육 부문에도 영향을 미쳐 대안교육운동이 활발해졌다. 1970년대부터 생겨난 지역의 명칭들은 나라마다 다양하다. 독일에서는 흔히 '자유학교(Freie Schule)', 덴마크에서는 '작은 학교(Lille skoler)', 스위스와 오스트리아에서는 '자유' 및 '대안' 외에 '활동적', '민주주의적－창조적' 또는 '협동적'이라는 수식어를 사용한다(김명신, 2003: 14). 지금까지 명성을 유지하는 대표적인 교육은 프랑스의 프레네 교육, 독일의 발도로프 교육, 이탈리아의 몬테소리교육, 알바니 프리스쿨 등인데 모두 노동자·민중의 주거지를 중심으로 노동자 자녀를 대상으로 한다.

국가 입장에서 공교육을 정상화하려는 특성화 학교는 미국의 마그넷 스쿨, 메트 스쿨, 차터 스쿨 등이 있다. 전통적인 국가주의 공교육의 문제를 지양하고자 하는 학교는 슈타이너학교, 톨스토이학교, 도쿄슈레, 야마부키고등학교 등이 있다.

미국 로드아일랜드 프로비덴스시의 메트 스쿨은 미국 내 15~24세 청소년의 10.9%가 고등학교 과정을 밟지 않는다는 위기감에서 출발했다. 한국의 경우 2002년 통계에 따르면 중등 재학생의 1.9%가 중도에 탈락했다. 그 가운데 품행 및 부적응 사유가 0.7%(2만 4,777명)인 것을 볼 때 남의 일만은 아니다. 메트 스쿨은 1996년 개교하여 2002년까지 150여 명의 졸업생을 배출했다. 운영 원리는 한 번에 한 아이씩 개별화 맞춤교육, 학생의 자기주도 학습, 학생의 관심사에서 출발했다. 학교 밖 현실 세계를 경험하는 체험학습과 인턴십을 통한 학습, 학생·교사·학부모·멘터가 함께 디자인하는 개별학습 프로그램을 운영하는 인턴십을 통한 학습 체제가 특징이다. 차터 스쿨은 관료주의적 통제가 공교육의 발전을 저해했다는 판단 아래 주정부와 교육구의 권한을 단위학교로 이양해 교육의 수월성을 높이고자 했다. 차터 스쿨은 학업성취 수준 개선을 전제로 자율성을 보장받는 학교이다.

프랑스의 초등학교 교사 셀레스탱 프레네(1896~1966)가 공교육을 개혁하려고 창안한 프레네 교육은 공교육 안에서 대안교육을 실시한다. 프레네 교육은 학습에서 학생들의 동기와 자발성을 매우 중시한다. 계획표에 따라 일방적으로 가르치는 것이 아니라, 학생들이 자신의 삶과 경험에 기초해 스스로 학습을 조직하는 방식으로 배운다. 학생들을 능력에 따라 가르치거나 차별하지 않고 각자의 속도와 리듬을 존중하며, 다양한 수준의 능력을 가진 학생들이 한 교실에서 경쟁이 아닌 협동의 원리에 따라 공부한다. 프레네 교육은 교사들이 기존의 공립학교를 프레네 방식으로 바꾸거나 자기들이 맡고 있는 학급에서 프레네 방식을 실천한다. 다른 교사들이 기피하는 열악한 지역의 학교에 프레네 교육을 지향하는 교사들이 집단적으로 전근을 신청해 프레네 학교로 바꾸는 경우도 있다. 전교조가 프레네 교육과 전교조의 참교육이 공통점이 있다고 보고 프레네 교육을 연수하며 도입을 검토 중이다. 경기 광주 남한산초등학교와 충남 아산 거산초등학교, 경북 상주 남부초등학교 등은 전교조 교사들이 폐교 위기에 처한 시골 학교에 한꺼번에 들어가 새로운 학교로 탈바꿈시킨 사례들이다.

루돌프 슈타이너(1861~1925)가 창시한 발도르프 교육은 '자유를 향한 교육'이라고도 부른다. 발도르프 학교는 기존의 학교 체제 밖에 있는 별도의 사립학교 형태로 설립한다(프란스 칼그렌·아르네 클링보르그, 2008). 1991년 대안학교를 처음 도입한 미국은 2007년 현재 전국에 4천 개가 있다.

한국에서는 영국의 서머힐이나 일본의 자유학교 등을 모델로 삼았다. 빛고을 학교(나주)는 초중고 통합형 대안교육기관이다. 미군정 때 생겨 한국에만 있는 6-3-3학제 대신 독일 발도르프 이론에 따라 5-5-2학제를 택했다. 초중고 교육과정을 10년 만에 배운 학생들은 2년 동안 국내외 입시를 준비한다.

한국에서 공동체 교육의 역사는 상당히 길다. 1958년 이찬갑과 주옥로는 홍성의 대장간이 있던 풀무골에 풀무농업학교를 열었다. 이 학교는 성적에 가려 보지 못한 인간의 개성과 능력을 보았다. 처음에는 '똥통학교'라던 이 학교는 농업 지역으로 뿌리를 내렸다. 풀무농업학교가 바탕이 되어 홍성 지역은 친환경 농업 지역의 선구가 되었다. 이찬갑은 오산학교 출신이었다. 이승훈(1864~1930)은 1899년 용촌동에 친인척들을 집단 이주시켰고 1907년 오산학교를 세우면서 학교와 지역문화시설이 어우러져 상생하는 이상촌을 건설했다. 이에 앞서 1883년 원산항에 쏟아져 들어오는 일본 상인을 보고 위기감을 느낀 민중들이 힘을 합쳐 첫 번째 신교육기관인 원산학교를 세웠다. 오산학교가 일제의 제도권 학교로 편입되어 조선역사와 한글 대신 일본 역사와 일본어 과목이 등장하자 이찬갑은 학교를 중퇴했다. 그는 같은 이유로 오산학교의 교사를 그만둔 함석헌의 성서모임에 참석하고 과수원 농사를 지으며 민족을 살릴 꿈을 키웠다.

1980년대 들어와 수도권을 중심으로 상대적 빈부 격차의 심화에 따라 방과 후에 어른에게서 방치된 빈민 지역의 취학아동들을 대상으로 하는 공부방운동을 활발히 전개했다. 공부방의 활동 내용은 숙제와 학습지도 그 외 야외학습, 학예회, 자치를 통해 민주적 훈련 등이었다. 1986년 채규철(1937~2006)은 경기도 가평에 지역 '두밀리자연학교'를 세웠다. 콘크리트 벽에 갇혀 꼼짝없이 입시경쟁에 내몰린 아이들에게 흙을 만지고 별을 세면서 자라도록 하자는 취지였다.

1950~1980년대 대안교육은 공교육이 주도하는 기존 기득권 세력의 주류적 가치를 습득하는 교육정책을 비판하고 교육 본연의 모습으로 돌아가자는 데서 출발했다. 그 중요한 계기는 1989년 발족한 전교조가 한 축이고, 다른 한 축은 생태주의적인 세계관과 공동체적인 삶, 자유와 자율의 추구였다(이철호 외, 2007: 185).

교육인적자원부가 1996년 대안학교(초중등학교법상 특성화학교)를 법제화한 뒤 2006년 현재까지 인가된 학교는 모두 28개교로 고등학교 21개교, 중학교 7개교이다. 운영자는 기독교재단 11곳, 원불교재단 8곳, 천주교재단 1곳이다. 교육공동체와 시민단체 등 민간이 7곳을 운영한다. 서울 지역 미인가 지역 16곳을 포함하면 전국에 100곳이 넘는다. 2007년 대안학교법을 제정해 졸업생은 학력을 인정받는다.

홈스쿨링이나 지역을 통해 공교육을 벗어난 탈학교 학생 숫자가 전국 초중 · 고등학생 400만 명의 3%를 넘어섰다. 이것은 공교육에 문제가 있음을 말해준다. 전에는 일반고에 진학하지 못하는 학생들이 입학했으나 지금은 공교육을 불신하는 고학력 중산층 이상 가정의 학부모와 학생들이 주목한다.

대안교육에는 인가형 지역(특성화 중 · 고등학교), 비인가 지역, 홈스쿨링의 몇 가지가 있다.

첫째, 인가형 지역들은 이른바 '특성화학교'들로 거의 농촌에 있다. 이들은 흔히 말하는 '학교 부적응' 아이들이 주로 다니는 학교(영산성지, 세인, 현산 등)와 일반 아이들이 주로 다니는 학교(간디, 푸른꿈, 이우 등)의 둘로 나뉜다. 대개 폐교를 이용한 기숙사형 학교이며, 학생들은 거의 대도시 출신이다. 대부분 오전에는 교과 수업을 하고 오후에는 다양한 특성화교과를 수업한다. 교과과정은 30여 개를 개설했지만 실제 제대로 운영하는 교과는 몇 개 되지 않는다. 그러나 이들은 대학입시의 틀에 갇혀 온전한 의미의 지역공동체의 대안학교로 보기 어렵다.

산청 간디학교(교장 양희규)는 1997년 특성화고등학교로 출발했다. 2007년 학생 수 120명에 교사 수 29명이다. 간디학교는 주입식이 아닌 창의적인 교육방법, 감성교육과 덕성교육을 위한 교과와 프로그램 운영, 자기주도적 학습모델 개발, 다양한 작업장 운영, 지역사회와 연계하는 마을학교의 추구를 통해 전인교육의 모델을 만든다.

둘째, 비인가 지역은 특성화학교와 다른 모습이다. 대부분 대안교육의 가치에 충실한 교육철학을 표방하며 교육과정도 생태 · 평화 · 영성 · 인권 · 평등 · 공동체 등의 가치를 철학으로 자유롭게 구성한다. 대부분 도시에 있으며 재정을 학부모나 후원에 의존해 일반학교에 비해 수업료가 비싸다.

도시형 비인가 중등학교로 2002년 문을 연 서울시대안교육센터가 지원하는 탈학교 청소년을 위한 대안교육 현장 16곳이 있다. 씨앗학교(서울 은평), 꿈꾸는 아이들의 학교(서울 관악)는 빈민야학이 변화한 곳이며, 경기도 안산의 들꽃 피는 학교는 부모의 이혼이나 가출로 가정이 해체된 아이들을 위한 곳이다. 이들의 사정은 어려워 '꿈꾸는 아이들의 학교'는 14~18

살 학생 13명 가운데 8명이 한 부모 가정이나 저소득 계층 자녀들이다. 긴축재정을 하느라 상근교사 월급은 100만 원에 훨씬 못 미치고, 아이들 점심 값 부담을 덜려고 일주일에 두 차례 '사랑의 밥집'에서 지원을 받는다. 그밖에 지역사회공동체를 기반으로 한 성미산학교(서울 마포), 배움터길(경기 의왕)이 있다.

서울시립 청소년직업체험센터인 하자센터는 학생들이 스스로 일자리를 창출해 자기고용을 하도록 실험한다. 조한혜정 연세대 교수 등과 서울시의 협력 사업이다. 이곳에서는 10대 창업 프로젝트, 알바서바이벌 캠프·게임, 틴즈 이코노미, 인턴십 프로젝트 등 청소년 창업 프로그램을 운영한다. 가장 주목받는 프로그램은 '요리 스튜디오', 요리문화, 이론, 양식 조리법, 커피 만드는 법, 창업과정 등의 과정이다.

지역 미디어스쿨은 미디어와 영상 관련 창업 프로그램을 운영 중이다. 이 학교 졸업생은 '언니네 영상'을 세워 영상물 제작을 대행해 월수입이 300~400만 원은 된다. 국가청소년위원회도 창업 정보를 제공하는 '멘토-멘토' 프로그램을 운영하고, 한국청년정책연구원은 탈북 청소년과 저소득층 청소년을 대상으로 창업 교육을 한다. 빛고을학교(나주)는 공부를 실생활에 활용할 수 있게 하는 '실체화'를 교육 목표로 삼는다. 예를 들어 학생들은 사회 과목에 나오는 수요·공급의 원리를 배운 뒤 여럿이서 시골 장으로 나가 식혜와 국수를 파는 방식으로 공부한다. 이 학교는 매달 한 차례씩 별자리를 관찰하고, 2박 3일의 여행을 보내 조직적으로 놀게 할 정도로 체험을 중시한다.

전원형 중등학교로 간디자유학교(군위), 간디청소년학교(제천), 실상사 작은학교(남원), 꽃피는학교(제천) 등이 있다.

지역에서 산촌유학이 파생했다. 산촌유학은 30여 년 전 일본에서 시작한 것으로, 도시 어린이에게 농촌을 알리며 도시와 농촌의 협력을 가르친다. 전북 완주 고산산촌유학센터, 경북 상주시 화북면 산촌 유학, 경남 함양 마천면 산촌 유학, 충북 단양 한드미마을 산촌 유학 등이 있다. 전국귀농운동본부(refarm.org), 생명의 숲(forest.or.kr), 대안교육 민들레(www.mindle.

org) 등은 산촌유학의 네트워크를 만들고 다양한 산촌유학 모델을 만든다.

최근 수도권에서 문을 열기 시작한 초등학교는 부천 산어린이학교, 광명 볍씨어린이학교, 과천자유학교 등이다. 특히 공동육아조합을 바탕으로 문을 연 학교는 산어린이학교를 시작으로 고양자유학교, 과천무지개학교, 의정부의 꿈틀자유학교 등이 있다. 이들 학교는 아이들이 자라면서 자연스럽게 중고등과정을 만들 것으로 예상한다. 2010년 개교 예정인 광주의 지혜학교(sophiaschool.or.kr)가 철학 대안학교로 입시위주 교육 탈피나 학교 부적응 학생을 대상으로 하는 다른 대안학교와 차이가 있다.

'교육=학교'라는 고정관념을 깨는 홈스쿨링은 미국에서 시작해 전 세계로 퍼졌다. 홈스쿨링은 인류 역사에서 가정이 생겨난 뒤부터 있다가 근대 학교제도가 떠안은 것을 다시 가정이 되찾아 가는 것이라고 볼 수 있다.

2009년 5천여 가정이 홈스쿨링하는 것으로 추정된다. 홈스쿨링은 정형화된 방법이 없다. 아무런 학습을 하지 않고 몇 달을 보내기도 하고, 학교보다 더 빠듯한 시간표를 짜놓기도 한다. 부모가 주도적으로 체험 형식을 구성하기도 하고, 아이가 체험 형식을 구성하고 부모는 지원이나 안내만 하는 방식도 있다. 국내 홈스쿨링 정보는 교육 격월간지 『민들레』(www.mindle.org)에서 찾을 수 있다.

한편 대안교육을 비판하는 견해도 있다. 대안교육은 제도교육에 부적응하는 '부적응아'들에게 하는 교육이라는 인식이 하나이고, 뭔가 자기 자식에게 특별한 교육을 하고 싶은 일부 특권층이 선택하는 엘리트교육이라는 생각이 둘이며, 아이들의 사회성 결여가 그 셋이다. 서민의 입장에서 보면 공교육에서 특목고나 자립형 사립학교에서 배제당하고 대안학교 지역도 대부분 접근하기 어려워 소외감을 준다. 예를 들어 이우학교는 정부의 지원이 없어 수업료는 일반 고교의 3배이다. 이 때문에 '귀족 학교'라고 비판받는다.

그러나 대안교육은 국가가 교육과정을 독점해 지배이데올로기를 재생산하는 것을 거부하고 노동자 민중의 삶과 새로운 세상의 전망을 열어간다. 대안교육은 교사의 자격을 배타적으로 제한하지 않고, 교사와 학생이 서로 배우고 가르친다. 지역은 학생들을 어떤 틀에 묶지 않는데, 이것은 대학입시에서 자유로운 교육이 이루어질 때 진정으로 가능하다. 대안교육은 공교육의 개혁을 전제로 한다. 마지막으로 대안교육은 대안적인 삶과 분가분의 관계에 있다(이치열, 2007: 195).

최근 도시 지역공동체가 여는 대안학교는 기존의 대안학교가 산림형으로 그것이 위치한 지역공동체 주민의 생산 소비과정과 밀착하지 못했다는 비판을 극복하려 한다.

대안교육과 공교육의 보완 관계 형성이 필요하다. 서유럽의 경우 신교육운동의 목표는 새로운 학교의 설립에 있지 않다. 예나플랜의 페터젠이나 프레네 같은 사람들이 자신들의 개혁모델을 실현해 보는 데 사립학교를 설립하기보다 기존의 공립학교를 선호했다. 보다 많은 아동 · 청소년들이 새로운 교육 혜택을 받기를 바랐기 때문이다. 당시 많은 개혁성향의 교사들이 서로 배워가며 공립학교에서 새로운 시도를 하여 신교육운동은 공립학교 개혁에 공헌했다(김명신, 2003: 185).

폐교를 살리려는 노력에서 이런 사례를 발견한다. 교육부는 학교 통폐합 사업 재추진 근거로 농 · 산 · 어촌 학령인구가 급감해 학교 규모가 작아지면서 교육의 질이 하락한 것을 꼽는다. 복식 수업(복수 학년이 1학급 구성), 상치교사(비전공 교사) 배치 등으로 교육의 질이 낮아지고, 학생들의 학업성취도도 도시에 견줘 떨어진다는 것이다. 학생 1인당 교육비도 전국 평균의 2~3배나 든다고 한다. 하지만 전교조 등으로 구성된 교육복지 실현 국민운동본부는 농 · 산 · 어촌 소규모 학교를 살려야 한다고 말한다. 작은 학교가 지역사회의 구심점이 되고 공교육 체제 안의 지역이 될 수 있다며, 남한산초교(경기 광주), 남부초교(경북 상주), 거산초교(충남 아산), 삼우초교(전북 완주), 덕치초교(전북 임실) 등을 보기로 든다. 국민운동본부는 마을 공부방 마련 · 유치원 마련, 미흡한 예체능 교육 지원, 교원 배정과 교부금 우선 지원 등 '농 · 산 · 어촌 지원을 위한 특별법' 제정을 촉구한다.

부산 금정산 속에 자리 잡은 금정초등학교는 학생수가 줄어 폐교 위기에 놓이자 부산시 교육청이 '교육과정 혁신 모델학교'로 지정했다. 지역이 아니면서도 통합 교과형 프로젝트 수업을 한다. 각 교과에서 한 주제와 관련한 단원들을 뽑아 교육과정을 재구성한 뒤 체험 위주로 수업을 진행한다. 금정산성의 문화 유적지와 자연환경을 둘러보는 프로젝트를 운영한다. 학교 운영이 소문나면서 연구학교 시작 당시 46명이던 학생 수가 106명으로 늘고 1학년은 26명이나 돼 전입을 제한할 지경이다.

현재처럼 60세에 은퇴하는 노동자는 평생 많아야 5~6군데의 직장을 다니지만 수명 100세 시대에는 더 늘어날 것이다. 호주 정부는 15년 뒤쯤에는 한 사람이 평생 경험하는 직장이 파트타임을 포함해 30~40군데에 육박할 것으로 전망했다. 이런 점을 고려한다면 평생교육의 개념도 생애교육으로 전환할 필요가 있다. 특히 일체의 자기교육에서 소외당하는 비정규직 노동자의 평생학습 체계 마련이 필요하다.

육아에서 초·중·등, 대학을 넘어 평생교육의 전 교육과정을 포괄하는 교육산별노동조합 아래 교육 부문의 공동체 자기고용의 경영이 가능하다. 교육산별노조는 교육 부문에서 일어나는 과제를 공동투쟁을 거쳐 해결하면서 실행할 수 있다.

(4) 고등교육

대안교육은 중·고등학생들이 성장하고 사회의 요구가 커지면서 상급 교육기관으로 녹색대학을 세웠다. 녹색대학을 설립한 허병섭은 1996년 무주로 귀농해 21가구의 공동체를 만들고 이어 지역 대안학교인 푸른꿈고등학교를 설립했다. 녹색대학은 인간과 자연 사이의 관계를 재정립하고 생태적 삶으로 복귀하는 것을 건학 목표로 2001년 경남 함양의 한 폐교를 사들여 문을 열었다. 개교 당시 녹색문화학, 녹색살림학, 생명농업학, 생태건축학, 풍수풍류학 등 5개 학과에 10여 명의 전임교수 그리고 학생 37명이 모였다. 정규 학위과정이라기보다는 대안문명을 사회에 흘려보내는 수원지 구실을 자임했다. 그러나 녹색대학은 설립 몇 해 만에 어려움을 맞았다. 우선 공부와 학교 운영 방향을 두고 이견이 컸다. 환경생태학을 학문적으로 심화시켜야 한다는 주장과, 공동체적 삶에 주력해야 한다는 의견이 엇갈렸다. 개교 당시의 전임교수 대부분이 떠나고, 학생도 크게 줄고 창립 당시의 빚 2억 원도 갚지 못했다(강도은, 2005: 645). 논란 끝에 녹색대학은 2007년 8월 허병섭을 대표로 해 사단법인 녹색누리를 만들어 녹색대학에 사단법인 부설 평생교육원으로 두고 후원금을 받을 수 있도록 해 재정난을 타개하는 장치를 마련했다. 녹색대학은 개교 초창기의 '문명치료사'를 길러낸다는 목표가 지나치게 광범위하고 산만하다고 평가하고 2007년 9월부터 '인간읽기', '자연읽기', '문명읽기' 등의 통합수업을 기획해 강사들이 번갈아가며 하나의 주제에 대해 커리큘럼을 짜고 수업하는 방식을 도입했다. 2008년 생태문화공간을 창조하는 녹색 배움터 체제로 정비해, 기초과정인 온배움과정과 생태교육 · 생태건축 · 자연의학의 온배움 전문과정으로 나누어 운영한다.

다수 대학에서는 지역 출신자와 홈스쿨링 학습자를 특별전형으로 선발한다. 이런 현상은 교육계에서 대안교육의 체계 형성을 의미한다.

대안대학과 유사한 지식품앗이가 다양하게 존재한다. '수유+너머'(www.transs.pe.kr)는 대중지성 담론을 선도했다. 연세대 조한혜정 교수는 경제학자 우석훈씨와 함께 경제인류학 콜로키움을 기획 · 운영한다. 서울 서교동 '다중지성의 정원(www.daziwon.net)'도 현 사회의 첨예한 이슈를 깊이 있게 살펴본다. 서울 망원동 민중의집(www.jinbohouse.net)은 회원 공모 강좌를 열어, 강의당 1,000원이라는 저렴한 강의료로 진행한다.

프랑스에서는 노동자와 지식인이 만나는 대안대학으로 민중대학(Univeristes populaires), 자유시간대학(Univeristes du temps libre), 나이 제한 없는 대학(Univeristes interages)이 있다. '프랑스민중대학협회'(Association des Univeristes Populaires de France)에 속해있는 이 세 유형의 대학들은 약 70여 개에 이르는데, 현재 십만 명이 넘는 청중들을 불러 모으고 있다. "철학을 민중의 수준으로 끌어내리는 것이 아니라, 민중을 철학이 있는 곳까지 끌어 올리겠다"(Michel Onfray, Hatons-nous de rendre la philosophie populaire, novembre

2002, http://perso.wanadoo.fr/michel.onfray/ UPcaen.htm)고 하는 옹프레이의 민중대학은 다음 기준에 따라 운영한다. 첫째는 무상의 원칙이다. 강사는 보수를 받지 않으며 단지 지식을 제공하는 역할만을 한다. 둘째로 수업 역시 무료이다. 이 대학은 기존의 민중대학들이 학생증을 배부해주던 제도까지 없애버린다. 마지막으로 청중은 전적으로 자유롭다. 미리 등록을 하지 않아도, 나이나 학력 제한 없이 원하는 사람은 누구나 참가할 수 있다. 물론 시험을 치러야 하는 의무도 없다(민들레, http://www.mindle.org, 2009. 4.2).

한국 현대사에서 일제로부터 독립은 정치적 해방만 가져온 게 아니라 교육을 받고 싶은 열망의 표출까지 함께 가져왔다. 하지만 건국 후 재정적으로 열악했던 정부는 국민의 이런 욕구를 수용할 수 없어 사립학교 설립을 허용했다.

해방과 정부 수립 후 1949년 농지개혁이 임박하자 지주들은 토지형태의 재산을 제도적으로 보호받을 수 있는 탈출구로서 '문교재단 특별 보상법'에 따라 사립학교의 설립에 주력했다. 1951년 7월 18일, 법률 제214호 소유농지 특별보상법은 문교재단의 소유농지 평가에서 농지개혁법 제7조 제1항의 15할을 30할로 하여 그 보상을 정하고, 그 보상액 중 15할에 해당하는 액을 귀속재산으로 보상한다는 특전을 부여했다(손인수, 1994: 348). 교육재단에 대한 지주의 토지 기부는 대개 농지개혁과정에서 문교재단에 대한 특별보상을 앞두고 자산관리의 한 방편으로 이루어지는 것이 대부분이었다.

그 결과 오늘날 한국에서 사학이 차지하는 비중은 중학교의 경우 전체의 4분의 1, 고등학교의 경우 전체의 4분의 2, 대학의 경우 전체의 4분의 3(모두 학생 수 기준)에 이르게 됐다. 사학은 더 이상 사사로운 개인 소유기관이 아니라 국가의 공교육을 담당하는 공익기관으로서 구실하는 셈이다(이윤, 2006.12.27).

영남대학교는 경주 최 부잣집과 부산 백산상회가 재산을 기부해 세운 고등교육기관이다. 최 부잣집은 병자호란 때 숨진 정무공 최진립(1568~

1636)의 공신 토지를 기반으로 만석재산을 일구었는데, 일제 때 최준(1884~1970)이 상해임시정부에 자금을 대고 8 · 15해방 뒤에는 남은 재산을 희사하여 대구대(현 영남대)와 계림대를 세웠다. 영남대는 유신독재 시기 박정희가 가로챘다.

인천대의 경우는 부패가 문제돼 시립대학을 거쳐 국립대학으로 전환했다. 이것은 해방 시기의 노력과 1987년 이후 발전한 시민운동이 결합한 결과이다.

비리 때문에 교육부가 임시이사를 파견한 대학은 조선대, 영남대, 세종대, 광운대, 덕성여대 등 전국 4년제 대학 13곳과 전문대 9곳이다. 임시 이사진이 정이사를 선임하고 교육부 승인을 거친 대학은 상지대와 상지대, 한국외국어대, 단국대, 한성대 등 8곳이다. 전국교수노동조합은 부패사학의 국공립화를 요구했다.[11] 그러나 2006년 사학들이 사외이사제, 경영의 공개를 규정한 사립학교법의 입법과 시행을 필사적으로 거부하고 재개정해 원위치로 돌렸다.

그동안 조선대, 상지대 등 사립학교들이 학교 설립자뿐만 아니라 지역사회 구성원의 노력으로 세우고 발전시킨 것인데도 일부 교주가 독점했다. 이것을 바꾸어 학교의 구성원인 주민 등이 참여하는 점에서 경영참여의 일종이다. 이 제도는 영국, 미국, 일본과 비슷한 제도이다. 미국의 프린스턴대는 40명의 이사 가운데 주지사 대학총장은 당연직이고, 13명의 이사는 동문 학생이 선출한다. 프랑스, 독일 등 대륙형은 교사, 학부모, 학생 등이 학교 자치로 스스로 운영하는 방식으로 개방형 이사제가 필요 없다.

2) 지역도서관

마을공동체에는 학생들이 놀며, 공부하고, 주민들의 평생학습을 하는 도서실운동이 있다. 20세기 남미 대표작가의 한 사람인 호르헤 루이 보르

11) 「사학법재개악 반대 및 비리사학 국공립화 촉구 전국교수단체연대 기자회견」, 2007.4.17.

헤스는 '천국'을 상상해보다가 "천국은 필시 도서관처럼 생겼을 것"이라고 말했다. 도서관은 돈 없이도 책은 얼마든지 볼 수 있는 점에서 정보 격차를 줄여주는 민주기구이다. 빈부 골이 깊은 사회에서 교육수준의 대물림을 줄이는 사회의 안전망이다.

브라질 꾸리찌바시는 50개 빈민 지역에 '지혜의 등대'라는 도서실을 설치했다. 고대 이집트 알렉산드리아에 거대한 도서관과 함께 있었다고 전해지는 '파로스 등대'에서 힌트를 얻어 만든 이 공간에 대개 5~7천 권의 책을 비치했다. 이 공간이 생겨나고 거리를 배회하는 청소년이 크게 줄었다. 한 가지 재미있는 것은 이곳의 3층 꼭대기에 경찰관이 밤에 근무할 수 있는 망루와 비상전화를 설치해 치안의 등대로 활용했다는 점이다.

5·16군사쿠데타 뒤 군사정권은 전국에 관이 주도해 새마을문고를 설립해 운영했으나 박정희가 피살당하면서 무너졌다. 현재 작은 도서관이 전국에 2,700여 개가 있는데, 2007년 전체 도서구입 예산이 4천만 원에 불과했다.

채규철은 1980년대 경기 포천 두밀리에 한벗문고를 설립했다. 한편 1987년 6월 항쟁 이후 전국적으로 골목도서관운동이 일어났으나 시혜적 성격과 자금 부족으로 중단됐다. 그 뒤 일어난 도서관운동은 정부 기업에 의존도가 높다.

필자가 참여하는 헌책모아 100호마다 마을도서실 만들기(cafe.daun.net/recyclebook)는 마을도서실을 바탕으로 지역공동체 내 결손가정 어린이 생활, 지역 청소년의 학습 교육, 지역공동체의 정보 대책 등의 문제를 해결한다. 이런 과정을 거치면서 마을공동체에서 진취적인 새로운 세력을 형성해 기존의 부자, 지주, 토건업자, 관료 등 지역 안의 유력자들에 대응해 새로운 세력을 만들었다. 유기농산물의 생산과 소비, 농협·군의원·선거 등에 자신의 의사를 표현하는 쪽으로 접근한다. 부산 반송 지역의 희망세상 마을은 십시일반으로 돈을 모아 마을도서관을 짓고 나중에는 구의원을 배출했다.

이렇게 지역도서관은 단순한 학습공간을 넘어 지역의 교육을 담당하고 생활정보를 제공하는 주민정부센터 역할을 하며 마을공동체를 활성화시킨다.

3) 의료

사람들은 건강하게 오래, 또 다른 사람들에 비해 건강의 격차가 크지 않은 상태를 유지하며 살기 바란다. 한국은 의료보험을 시행하지만 노동자의 입장에서는 그 보장수준이 취약하다. 전체 의료비 대비 공공의료 재정비율(51%)이 공공 병상 비율(18%)로 선진국에 비해 뒤처진다(복지국가소사이어티 정책위원회, 2007).

장기려는 부산복음병원을 바탕으로 채규철, 조광제, 김서민, 김영환 등과 1968년 청십자의료협동조합(이사장 장기려)을 발족했다. 장기려는 북한에서 의료보험조합을 경험했고, 채규철은 덴마크 유학시절 병이 났을 때 무료로 치료받은 경험이 있다. 청십자의료보험협동조합은 목적이 회원의 질병 예방과 치료를 위하여 서로 협동하는 것이고, 회원은 인종이나 정치에 관계없이 위의 목적을 찬동하는 자로 했다. 조합의 재산은 자발적 헌납으로 충당해 재산공유, 즉 유무상통했다(여운학, 1980: 245). 이 조합은 1977년 도입한 국민의료보험제도의 도입에 선구자 역할을 했다.

1970년대 지식청년들이 노동 현장에 들어가는 흐름과 함께 청년의사들이 삶의 현장에 들어가 구로의원, 성수의원 등 지역공동체 병원을 설립했다. 녹색병원은 원진레이온의 이황화탄소 피해 산재 보상금으로 1993년 설립했다.

의료생협은 '건강과 나눔'의 정신으로 지역주민과 의료인이 협동하여 우리 가족과 이웃의 의료, 건강, 생활의 문제를 함께 해결하는 소비생활협동조합법에 근거한 협동조합이다. 소득 하위 20% 계층의 병원 총 진료비가 상위 20% 계층에 견줘 3분의 1일 정도로 소득계층별 의료 이용의 양극화가 심한 상태에서(『한겨레』 2008. 9.11) 의료생협은 가난한 계층에 유용하다.

의료생협은 병원의 문턱이 높고 공공의료 서비스가 턱없이 부족한 조건에서 환자중심의 사고로 기존 의료체계를 개혁하자는 문제의식에서 출발했다. 또 영리병원의 추진은 의료의 빈부 격차를 더 크게 한다. 그래서 치료중심의 거대 병원을 짓는 대신 질병자체를 줄이는 데 관심을 가진다. 주요사업은 가족주치의 사업, 농촌 등 의료소외 지역에서 1차 진료 의료사업, 자연친화적인 자연분만사업, 장애인을 사회 통합하는 의료서비스, 지역사회 재활치료 사업, 자연친화적인 암 예방과 치료서비스, 도시영세사업장 노동자와 농민들의 건강관리 서비스 등이다.

의료생협은 일본에서 일본공산당계의 주도 아래 발달해 조합 수 136개, 조합원 수 170만 명이다. 이스라엘에서 히스트라덧(Histradut) 노동조합이 설립한 의료협동조합은 1926년 출발해 1995년 국유화할 때까지 전 국민의 70%에게 훌륭한 의료서비스를 제공했다.

1987년 안성군 가유리의 연세대 기독학생회의 주말진료활동에서 시작해 1992년 한의원을 개설하고 1994년 주민들이 자신들의 건강문제를 해결하는 데 직접 참여하는 조직형태를 찾아 안성의료생협을 설립했다. 또 인천, 안산이 의료생협 활동을 시작하고, 2003년 원주, 서울, 대전 지역으로 확대했다. 2003년 6월 공식적인 의결구조를 갖추고, 안성의료생협(농촌), 인천평화의료생협(대도시), 안산의료생협(신도시), 전주의료생협(도시), 함께걸음(서울 대도시), 청주의료생협(도시), 원주의료생협(도농통합도시), 대전의료생협(대도시), 서울의료생협(대도시), 울산의료생협(도시)의 10개 단위 회원조합이 활동한다(한국의료생활협동조합연대, 2006: 147). 2007~2008년에는 성남(성남의료생협, 2008), 수원, 청주, 용인에서 창립을 준비했다.

의료생협은 '가족 가운데 의사가 있는 것처럼' 환자의 처지에 서서 진료한다. 과잉진료, 과잉투약을 막는다. 노인케어센터 등을 운영한다. 대체로 의원, 한의원을 운영하며, 가정간호사업소, 치과(안성), 호스피스병동(울산)을 운영한다. 평화의료생협은 평화의원 · 평화한의원 · 가정간호사업소 재가케어복지사업단을 운영한다. 원주의료생협의 밝음의원은 2006년 항생제 처방 비율이 10% 이하로 원주 지역 평균치인 60%보다 아주 낮고, 밝음한의원은 침구나 다양한 치료를 위주로 하고 한약을 지으러 와도 필요하지 않다고 판단되면 그대로 돌려보낸다. 성남의료생협은 의원, 한의원, 치과 의원을 둘 예정에 있다.

2004년부터 자체수익형 기업(이웃과 함께 사랑을 나누는 작은 기업)으로 노동부의 지원을 받아 독거노인 장애인 만성질활 등으로 거동이 불편한 사람들에게 재가케어복지사업을 전개하고 있다(인천, 안성, 안산, 전주, 원주, 대전, 서울).

의료생협이 의료 부문에서 차지하는 비중은 1% 이하다. 이들이 서로 협력하여 2차 진료기관을 설립해 수준 높은 대안의료 체계를 만들 필요가 있다. 가장 어려운 점은 의료생협에 근무하려는 의사를 구하는 일이다. 이 때문에 의료생협이 잘 확산되지 않는다. 이 문제는 쿠바의 실례처럼 의료생협에 근무를 희망하는 학생을 지역공동체가 추천해 의사 학습을 시키는 방법도 있다.[12)]

지역실정에 맞는 대안의료체계를 추진해야 한다(제리 맨더 외, 2001: 497).

지역보건소의 질 향상이 필요하다. 송파구는 2003년부터 감소 추세를 보였던 손상·사망 추이가 증가세로 돌아서자 충격을 받았다. 송파구보건소는 주민의 건강은 물론 안전과 삶을 질 향상을 위해 노력하고, 찾아오는 주민을 위한 보건소가 아니라 주민들을 찾아가서 꼭 필요한 것을 제공하는 보건소로 바뀌었다. 2005년부터 주민 전담주치의, 세이프티 탁더, 다둥이 안심보험, 어린이 안전 교육 등 안전증진 프로그램을 실시했다. 그 결과 송파구는 WHO에서 안전도시로 지정받았다. 이것은 한국에서는 수원과 제주에 이어 처음이고, 세계에서는 141번째다.

푸르메재단(이사장 김성수 성공회 대주교)은 2012년 '국민의 병원' 건립운동으로 민간 재활전문 병원을 경기 화성시에 150병상 규모로 연다. 500억원대의 병원 터는 화성시가, 건립비용 340억 원은 민간 단체가 마련한다. 병원 건립과 운영비용은 월급의 1%를 기부하는 5,000여 명의 시민 후원자

12) 박일남(환경운동연합 생협)의 말, 2007.7.8, 청원군 강외면에서.

와 사회적 기업의 기부로 마련할 계획이다. 국내에서 후천적 장애를 입은 사람은 30여 만 명이지만 전국의 재활병원은 5곳에 병상수는 4천 개에 불과하다. 화성시는 재활전문병원 옆에 200병상 규모의 노인전문 병원과 장애인을 위한 보조공학센터를 건립한다.

동·서 의학과 전통 민중의술이 통합의료시스템으로 보완되고 대체의학으로 확산되는 것이 세계적인 추세이다. 현행 의료법은 민중의술을 하는 사람을 '돌팔이'라고 몰아 민중의 훌륭한 의료 자질, 기막힌 손재주, 기감각, 충분한 약초 등을 이용한 의료의 발전을 가로막는다.

대체요법에 의해 치료를 많이 받고 있는 현실이지만, 정치권과 의료집단의 로비에 대체요법은 법적으로 완전 부인되는 상황이다. 5천년 동안 이어온 우리 민중의술은 일제가 면허제를 도입해 시술자격을 제한하면서 침, 뜸, 부황, 약초재배 등 600여 가지가 넘는 민중의술이 쇠락의 길을 걸어왔다. 5·16 직후 박정희 군사정권은 구습을 타파한다는 명분으로 침구사나 민간요법을 법적으로 말살시키고 1973년 의료법을 제정했다.

민간요법을 정식의료행위로 인정하려다 의사협회와 국회에 의해 좌절되었던 유시민 전 보건복지부 장관은 "실제로 사람한테 이익이 있고, 치료효능이 있는데 의과대학에서 배우거나 인정하지 않는 이유로 폐기되는 것은 문제"라고 지적했다.

〈표 7〉 전국 의료생협 현황(2005년 10월)

	설립동기	최초의 주체	주체의 성격	창립 년도	조합원 수 (2005)
안성의료생협	농촌 지역의료봉사	농민회연대의대 기독학생회	지역주민과 의료인	1994	3,100세대 (2009)
인천평화의료생협	산재와 직업병 해결	기독청년의료인회	의료인→지역주민	1996	1,500세대
안산의료생협	지역 환경보호운동	시민의 모임, 동의학민방연구회	지역주민→의료인	2000	1,423세대
전주의료생협	생협 간의 협동	청년한의사회	지역주민→의료인	2003	398세대
함께걸음	장애우 평등세상	장애우권익 문제연구소	의료인→지역주민	2006 예정	323세대
청주의료생협(준)	복지 네트워크	지역주민	지역주민→의료인	2002 발기	
원주의료생협	생협간의 협동	소비자생협	지역주민→의료인	2002	1,030세대
대전의료생협	지역통화운동	한밭레츠 대전인의협	의료인→지역주민	2002	740세대
서울의료생협	신협운동의 확장	영등포산업선교회	의료인→지역주민	2002	720세대
울산의료생협	호스피스운동 확장	예수교장로회	지역주민→의료인	2002	322명

자료: 한국의료생활협동조합연대, 『노동부 사회적 일자리 창출사업 2005년 자료집』, 2006년 2월, 7쪽.

장두석(한민족생활문화연구회장)은 6 · 25전쟁 때 사경을 헤매다가 민간 요법에 눈을 떠 한의학과 의학을 독학했다. 1973년 자연의학생식회라는 건강강좌를 개설했고, 1975년부터 전국 25곳에 민족생활학교를 열고 전통 의학을 강의한다. 그는 "민족의학은 몸을 스스로 낫게 하는 자연치유에 기반을 두고 있다"며 "밥상이 약상이고 우리 것을 먹고 입으며 탐욕을 버리면 무병장수할 수 있다"고 한다. 『사람을 살리는 단식』(정신세계사, 2003)

을 저술했다.

2008년 102세인 장병두는 전북 지역에서는 화타라 부르며, 실제 그에 의해 불치병을 치료받았다는 사람들도 많았다. 그러나 의료면허가 없는 민간 의술인이다. 때문에 지난 2006년 재판을 받고, 징역 1년 6개월에 집행유예 2년과 벌금 1,000만 원을 선고받아 대법원 상고심 중에 있다.

보완통합의학자 전세일(포천중문의대 대체의학 대학원장)은 "우리나라는 지도층이 아니라 민초들이 지키고 키워온 나라다. 현재 의료인들은 보완대체의학을 검증되지 않은 민간요법으로 폄하하는 게 현실이다. 의료통합도 마찬가지다. 그러나 최근 의사와 한의사가 함께 개업하는 사례도 늘고 차병원이나 경희대, 동국대 병원처럼 양방 병원과 한방 병원을 함께 운영하는 곳도 늘어난다"면서 "보완대체의학에는 치료법뿐 아니라 특산물을 활용한 치료제와 건강식품도 포함된다. 의료 일원화가 되지 않고 있지만 소비자인 환자들은 이미 병원 한의원 민간요법까지 스스로 찾아다닌다. 평균수명이 늘어나지만 이 정도로는 안 된다. 사람이 유일한 자원인 나라이기 때문에 건강은 경쟁력의 핵심이다. 의료계가 중심이 되어 사회적으로 올바른 건강법을 알리고 특히 학교에서 이를 가르쳐야 한다"고 주장한다(『한겨레』 2007.10.23).

4) 보육과 노인의 생활

최근 한국은 전통적인 공동체, 가족이 해체되고 출산율도 감소한다. 저축이나 연금이 없는 노인의 삶은 매우 고통스럽다. 이런 문제를 해결해야 인간다운 노동생애를 누릴 수 있다.

(1) 보육

출산은 노동력 재생산의 출발이며, 공동체 지속가능성의 전제이다. 육아는 사회적 책임이다. 보육 대상인 취학 전 0~5살 283만 명 가운데 어린이집이나 유치원 같은 보육·유아교육시설을 이용하는 아이들은 55%다.

나머지 45%는 어머니, 친정엄마, 입주이모 등 사적인 보육 수단에 의존한다. 이는 보육 인프라가 아이 부모에게 충분한 신뢰를 주지 못하는데다, 맞벌이 부부에게 시간 연장형 보육 서비스를 제대로 제공하지 못하기 때문이다.

여성노동자들에게 가장 큰 문제인 육아는 사업주와 정부의 지원 확대로 직장 내 보육시설 설치, 운영비 지원, 보육시설 교사 인건비 지원, 노동자 거주 지역의 지원으로 해결할 수 있다. 아울러 여성노동자의 생산적 기여를 인정해 주변적 지위에서 벗어나게 하고 근로시간을 단축할 경우 보육 문제도 상당히 완화할 수 있다.

현재 국공립 보육시설의 정원은 전체 보육시설이 받을 수 있는 인원의 9.8%인 13만 6,100명에 불과하고, 교사의 처우도 열악해 하루 10시간 근무에 월 100만 원 남짓하다. 농촌 지역 1,417개 읍 · 면 가운데 33%인 474개 읍 · 면에는 보육시설이 한 곳도 없다. 2009년 민주노총은 국공립 보육 · 유아교육 시설을 대폭 확충하면서 보육비 부담도 줄이고 사회적 돌봄 분야에서 일자리도 늘릴 수 있다고 제안한다. 2004년 정부, 시민, 노동, 여성 단체가 연석회의를 열고 국공립 비중을 30%로 끌어올리자고 사회협약을 맺었으나 실행되지 못하고 있다. 유아교육과 학생들은 초등학교 병설 유치원을 늘리자고 주장한다.

한국 사회는 1987년 이후 육아문제를 공동육아라는 자구책으로 운영한 경험이 있다. 이것은 공동체 자기고용 생활의 출발점이다. 마포두레의 경우 공동육아에서 출발하였다.

(2) 노인의 생활

노인연금인 기초노령연금은 국민연금 사각지대 및 현세대 노후빈곤 해소를 목적으로 2007년 4월 25일 기초노령연금법을 제정 · 공포하면서 2008년부터 도입했다. 다만 65세 이상 노인 전원을 대상으로 일시에 지급하는 대신 2008년 상반기에는 70세 이상, 이후부터는 65세 이상으로 확대키로 했다.

연금은 65세 이상 노인이 전부 다 받는 것이 아니라 전체 노인 가운데 하위 소득 60%만이 지급 대상이다. 70살 이상의 노인은 월 소득 인정액이 홀몸 40만 원, 부부 64만 원 이하면 국민연금 가입자 한 달 소득의 5%(2008년 최대 8만 4천 원)를 달마다 받는다.

한국은행의 「고령친화산업의 현황과 과제」 보고서에 따르면 한국의 고령친화산업의 시장 규모는 2002년 12조 8,000억 원에서 2010년 43조 9,000억 원, 2020년에는 148조 6,000억 원으로 12배 이상 팽창할 전망이다. 이는 2000년 고령화 사회(전체 인구 가운데 65세 이상 인구의 비중 7% 이상)에 들어섰고, 고령화가 빠르게 진행되고 있기 때문이다. 노인 의료 관련 서비스업 역시 높은 성장률을 보인다. 유료 노인요양시설, 노인전문 병원 등 노인의료 관련 업체 수는 2000년 13곳에서 2006년 256곳으로 20배가량 늘었다. 유료 양노시설과 유료 노인복지주택 등 노인주거시설 수도 같은 기간 동안 16곳에서 74곳으로 5배 가까이 증가했다.

노인의 일자리 마련 문제가 있다. 통계청에 따르면 2007년 65세 이상 인구 487만 명 가운데 경제활동인구가 152만 명(31.2%)이다. 노인 경제활동인구는 1997년 87만 명에서 2005년 136만 명, 2006년 152만 명으로 늘었다. 전체 취업자 가운데 노인 비중은 1990년대 후반은 7~9%에 머물렀으나 점차 늘어나 2007년 11%를 넘어섰다. 그러나 노인의 일자리는 임시직이나 단순 노무직 등 보수가 적고 불안정한 일을 하는 것으로 나타났다. 이것은 노인 빈곤이 늘어나는 이유다.

노인 문제가 심각해지는 만큼 노인의료와 주거의 수요가 늘었다. 노인의 일자리 마련은 단순히 생산성만을 고려할 사항이 아니다. 일할 의사가 있는 건강한 노인들에게 일자리를 지속적으로 제공할 필요가 있다.

우리나라 기업들이 장기고용을 기피하는 이면에는 연공서열형 임금체계가 자리 잡고 있다. 연공 방식은 성과와 업적에 관계없이 오래 있을수록 급여를 많이 받는 제도다. 그 대안의 하나로 도입한 것이 임금 피크제다. 일정 연령을 정점으로 임금을 단계적으로 삭감하되 정년까지 근무하게 하는 것인데, 기업은 오히려 이를 빌미로 정년을 줄이기도 한다. 김정한은 "임금 피크제는 연공제에서 직무급이나 성과급 체계로 전환하는 과정에서 도입한 과도기적 제도"라며 "현재의 임금 체계를 바꾼다면 정년 연장에 따른 부담을 줄여주면서 고용을 보장하는 방안으로" 제시한다(『한겨레』 2008.2.11).

저출산 현상에 따른 노동력 부족을 보충하려면 정년을 연장해야 한다. 연장도 불가피하다. 선진국에서는 법률로 정한 정년을 연장하는 추세다. 독일은 퇴직연령을 65세에서 67세로 늘렸다. 영국·독일 정부는 5년 안에 최고 68살까지 정년을 늘릴 방침이다. 일본은 65세에서 70세로 정년 연장을 추진한다.

한국은 1991년 '고령자고용촉진법'에서 60세 정년을 권장하거나, 2004년 정년 연장을 유도하는 쪽으로 법 개정을 하는 게 고작이다. 법적 구속력은 전혀 없다. 대한은퇴자협회의 조사에 따르면 가장 합리적인 은퇴 연령은 65살이다. 정년을 현행 55세에서 65세로 10년을 늘릴 경우 고용이 300만 명 증가하고 국민연금의 재정 부담은 줄어든다.

많은 일손을 필요로 하는 유기농업은 농촌의 노인들에게 많은 일자리를 제공한다. 노인들이 할 수 있는 직업으로 노인 시험감독관, 노인 주유원, 아파트단지 내 택배사업, 해충방역원, 유아원에서 교사가 출근하기 전인 0교시 교사 파견사업, 전철역 자전거 보관 사업 등이 있다. 한국에서 매년 1천만 명이 각종 시험을 보는데, 한국산업인력공단(www. kordi.or.kr)에서 파견한 노인 시험감독관은 2007년의 경우 10월까지 연인원 2,800여 명이며 시간당 임금은 1만 원이다. 택배사와 협약을 맺은 택배사업은 인력이 부족한데, 택배회사들이 일일이 집집마다 배송할 것이 아니라 보건복지부는 지역별로 거점을 정해 단체 배송하고 가구별 배송은 노인에게 맡긴다. 강성추 팀장은 "노인이 하루 4~5시간씩 한 달 20일 일할 경우 40~50만 원의 수입을 올릴 수 있다"고 말했다(『동아일보』 2007.10.30).

노인의료 역시 문제다. 암, 정신질환, 치매 등 가족의 효심으로만 대처하기 어려운 노인성 질환이 큰 문제다. 대책은 노인을 집안이나 양노원에서 주민공동체가 운영하는 공·사립병원으로 옮기는 것이다. 최근 노동부의 공공근로제의 도움을 받고 자활사업을 전개하는 사례가 늘었다.

노인을 보호하는 데이 케어센터(Day Care Center) 등 자활사업이 늘었다. 일본에서 개호(介護: 병구완)는 사회복지의 주요한 영역이다. 일본은 2000년 전국적으로 개호보험을 실시해 적은 비용(본인부담 10%)으로 큰 혜택을 누린다. 이 개호시스템은 사이토 요시오가 니가타에서 고령사회를 대비해 병원 안에 노인복지센터를 만들어 치매 노인 등을 돌보아 의료와 보건, 복지를 일체화한 실험을 확대한 것이다. 병든 노인을 집으로 찾아가 간병하는 수발보험제도를 2000년 도입했으며 2007년 3월 현재 65세 이상 피보험자가 258만 명이다.

노인복지법 시행규칙을 개정해 2008년 7월 1일부터 노인장기요양보험을 실시해 치매와 중풍 등으로 거동이 불편한 노인성 질환자들의 수발을 사회보험으로 지원하기 시작했다.

현재 노인복지 시설은 어린이 양육시설과 분리해 운영한다. 스웨덴 역시 노인과 아동복지를 별개로 한다(박승희 외, 2007). 노인과 청소년, 아동이 부양과 보육을 같은 곳에서 받는다면 공동체 해체의 문제는 더 줄어들 것이다. 노인과 어린이를 함께 돌보는 일본의 개호센터는 한국이 본받을 만하다.

1960년대 이후 새마을운동을 하면서 1972년부터 6년 동안 240만 채의 농가 지붕을 슬레이트로 바꾸었다. 전체 농가 가운데 82%가 이를 사용했다. 슬레이트의 석면이 노후해 농민에게 폐중피종 등 암을 일으킨다. 지붕교체가 필요하지만 비용이 많이 들어가며, 대부분이 노인인 농촌 스스로 해결하기 어렵다. 지붕교체를 강권하다시피한 정부가 책임을 져야 한다.

5) 지속가능한 생산 소비, 재생가능한 에너지 자원

노동 생태환경과 발달한 과학기술은 공동체 자기고용과 결합하면서 녹색생산, 착한 소비, 에너지 자원의 지속가능성을 높인다.

(1) 농업과 생태환경

농민 수와 농업생산이 줄면서 농업의 가치가 상대적으로 줄어든 것은 사실이지만 절대적 가치마저 부정할 수는 없다. 식량자원의 절대적 부족, 생태환경, 농촌의 고용 잠재력 등을 생각하면 농업은 사양 산업으로 폐기할 것이 아니라 자원산업이며 생태환경과 지속가능한 산업이다. 국민에게 건강한 먹을거리를 안정적으로 공급하는 문제, 북한의 식량 부족에 대처하는 과제, 이미 식량이 부족한 중국이 식량자원을 빨아들여 국제 곡물가격이 폭등하는 사태를 예견한다. 또 경제의 대외의존도가 높은데다가 경제가 빈부로 양극화해 내부순환하지 않는 상태에서 내수부분을 늘리는 출발점으로 농업의 발전을 생각할 수 있다.

친환경농업은 작물, 사람, 미생물을 유기적으로 순환(organic circulation)시킬 뿐 아니라 사회에서 생산, 소비, 고용을 유기적으로 결합시킨다. 친환경농법은 사람 손이 많이 가는 농법으로 농촌에서 많은 일자리를 창출한다는 점에서 적극적인 의미가 있다.

대규모 영농을 키우는 정부의 현재 농업정책은 농업을 기계화해 일부의 농민에게 맡기고 다수의 빈농을 소외시키는 정책이다. 대규모 영농을 할 때 화학비료와 제초제의 대량 사용은 불가피하다. 관행농법은 석유·화학농법으로 석유가 없으면 농사를 짓지 못하는 환경파괴 농법이다. 한국은 화학비료와 농약을 많이 쓰는 것으로 유명하다. 어느 전국농민회 회원은 자신과 이웃 소유의 논을 무려 8만 평 경작한다. 유기농업을 하는 한 가족의 경작 한계가 2천여 평인 점을 고려한다면, 가족농을 소외시키는 이런 농업은 도저히 친환경적인 농법을 택할 수가 없고 지속가능한 농업생산이 불가능하다.

쌀농사의 경우 정부는 '6헥타르 7만호 육성'을 목표로 한다. 쌀 전업농가 약 90만 호 가운데 3헥타르 이상 농가가 5만 호로 전체의 5.5%이지만 쌀 생산량은 전체의 30%다. 10헥타르를 넘는 농가가 3천 호를 넘었다. 쌀 전업농의 평균은 4.4헥타르다. 2006년 한 해 쌀 농가의 헥타르당 소득은

543.2만 원, 6헥타르면 3,200만 원이다. 앞으로 쌀 가격이 낮아지면 소득도 낮아질 것이라고 예상한다. 한편 중소농은 소규모 경작의 특성을 살려 특색미, 친환경 쌀 생산 등에 부가가치를 높여야 한다는 여지를 두었다(김경규, 2007.3.31).

그런데 우리나라 친환경 농가의 농가당 친환경 지배면적은 1헥타르 정도다. 제초제와 농약을 사용하는 관행농업에 비해 친환경 농업은 사람 손이 20~30% 더 들어가고, 이런 기술적 문제 때문에 1헥타르 이상 경작하기 어렵다. 쌀은 우렁이와 오리의 도움을 받아 3헥타르 정도까지는 친환경 농업이 가능하다. 중남미에서 미국 자본이 추진하는 유기농업은 현대판 노예 농업이다. 정부가 내세우는 6헥타르는 규모가 너무 크다. 현재 규모농이 3~4헥타르이고, 나머지 대부분은 1헥타르다. 현실적으로 4헥타르는 쌀을 중심으로 한 저농약 농업, 그리고 1헥타르는 밭을 중심으로 한 유기농업의 이중 균형 시장을 전망한다. 현재 유기농 공급은 1%가 안 된다. 당연히 품귀 현상이 생기고 가격이 폭등한다. 1헥타르 영세농을 유기농으로 전환하고, 4헥타르 규모농을 저농약으로 전환하면 결국 부동산업자와 건설업자에게 들어가는 119조 원의 절반 이하의 예산으로도 농업을 살릴 수 있다. 2005년 조사에 관행농가의 89.2%가 친환경 농업으로의 전환을 희망했다(우석훈, 2007.3.15).

최근 농민들은 농약과 비료를 쓰지 않거나 덜 해롭고 적게 쓰는 농업을 개발하고 적용했다. 특히 한미FTA 체결로 미국의 값싸고 유해한 농산물이 범람하게 되자 친환경 농업을 한국 농업의 대안으로 제시한다. 국제유기농업운동연합(FOAM, 1972)은 100여 개국에서 500개 이상의 회원 단체가 참여한다. 전 세계의 생산자와 가공업자, 유통업자가 힘을 모아 유기농업 발전에 기여한다(힐러리 프렌치, 2001: 173).

제초제는 고엽제와 마찬가지로 사람과 동물에게 유해하다. 농약과 함께 국민의 4분의 1을 암으로 죽게 하는 큰 원인이다. 보건복지가족부의 통계에 따르면 2007년 인구 10만 명당 암 사망률은 127.4명이었다. 지역적으로 부산 지역의 간암과 충북 지역의 암 사망률이 다른 지역보다 높았다. 전통적으로 부자 동네인 서울의 강남 서초, 인천 연수구, 대구 수성구, 울산 동구의 암 사망률이 낮았다. 반면 전국에서 연령표준화 암 사망률이 가장 낮은 시·군·구는 강원도 화천, 경기 성남 분당구, 서울 강남구, 충남 당진, 서울 서초구, 서귀포 순이었다.

필자의 조사에 따르면 충남 당진 슬항리의 경우 성인 남자 사망 원인 가운데 80% 이상이 암이다. 이곳 주민들은 중국에서 날아오는 벼멸구를 구제하느라고 규정보다 2~3배 이상의 농약을 살포한 영향으로 본다.

환갑이 넘은 농업경영주가 전체의 60%, 칠순 이상 노인이 23%에 이른다는 점을 고려해 농민정책과 농업정책을 분리하고, 농민정책에서 노인문제를 포괄하고 사회적 약자로 배려해야 한다. 농민들이 평균 2억 4천만 원의 농토를 가진 '자산가'라 해서 각종 사회복지 혜택에서 소외시키는 일은 개선해야 한다. 농민에게 농토는 임노동자의 일터와 마찬가지이기 때문이다.

농림수산식품부에 따르면 2008년 친환경농산물 생산량은 2007년보다 22.5% 증가해 전체 농산물 생산량의 11.9%를 차지했고 친환경농업에 참여한 농가 수는 31.3%가 증가한 17만 3,000호이다. 재배면적도 전체 농경지 면적의 9.9%인 17만 4,000헥타르에 달했다. 이처럼 친환경농업이 성장할 수 있었던 것은 중국산 멜라민 파동 등의 식품사고 발생으로 안전한 농식품에 대한 소비자의 관심과 요구가 많아졌기 때문이다. 안정성이 검증된 친환경농산물의 소비가 도시의 20~30대 젊은 부부층과 40~50대 중산층을 중심으로 급속히 확산되었다. 또한 자녀에게 보다 안전한 먹을거리를 제공하고자 하는 학부모·교사 등의 요구와 지자체의 지원을 바탕으로 친환경 농산물 학교급식에 참여하는 학교가 매년 증가했다. 수도권과 지방 대도시를 중심으로 생협 등을 통한 직거래가 확대되는 등 민간 부문의 역할도 컸던 것으로 풀이된다. 친환경농산물 판매장 수는 2005년 1,266여 개에서 2007년 1,650개, 2008년 2,062개로 늘었다. 친환경농산물 급식 개교 수(미취학 보육시설포함)는 2005년 941개교에서 2007년 5,650개교, 2008년 7,707개교로 늘었다(『메디컬투데이』 2009.4.8).

농약과 화학비료를 전혀 쓰지 않는 유기농가는 전 농가의 0.05%이다.

전체 농산물 생산량 가운데 유기농산물이 차지하는 비중은 0.15% 미만인데, 그것도 80% 이상이 채소류다.

홍성의 홍동면, 장곡면은 유기농업이 생활 가능한 농업으로 자리 잡아서 도시에서 농사를 지으려는 젊은 귀농자가 많이 들어와 한때 유아원에서 어린이들을 모두 받아들일 수없을 정도였다. 이렇게 농촌이 지속가능한 삶을 살아가려는 젊은이들의 요구를 충족할 경우, 농촌이 청년 실업의 한 부분을 해결할 수 있다. 농촌과 환경, 농촌관광, 그리고 농촌학습과 같은 서비스를 결합하는 방식도 대안이다. 이런 구상은 농촌을 식품공급, 일자리 제공, 국토 환경 보전, 전통 문화 계승 등 다원적 가치를 지닌 공간으로 만드는 일이다. 김해 봉하마을로 귀향한 노무현 대통령은 생전에 지속가능한 농업을 시작했다. 봉하마을은 2008년 오리쌀 35톤을 출하하고, 봉화산에 장군차 묘목을 심었다.

오랫동안 한국인이 먹던 쌀을 포기하는 것은 결국 자치의 포기이다. 쌀을 재배하는 논의 유지는 그것이 가진 생태환경의 가치를 보존하는 의미도 있다. 논농업 직불제도와 같은 농민 지원 제도를 확충해 쌀 농가의 소득과 경영 안정을 꾀하며 도시 공해 배출 공장이나 시설에서 거둔 환경세를 친환경 농업을 하며 자연을 살리는 농민들에게 되돌려야 한다.

청년들이 농업을 미래 산업의 하나로서 생각할 수 있다. 곡물 생산뿐 아니라 농산물과 관련한 2, 3차 산업을 도입해야 한다. 대학생의 농촌 이해도 중요한 과제다. 김종철은 대학 영문학 강의에서 학생들 몇 명을 조를 짜서 농촌에 며칠씩 머물게 했다. 농민들도 반겼으며, 학생들은 농촌의 실상을 보고 몹시 마음 아파했다고 한다.

농촌에서 경자유전의 원칙을 최대한 지켜야 한다. 신자유주의는 농업을 환경, 관광, 서비스업으로 본다. 그러나 농촌을 도시투기꾼들이 춤추는 곳으로 만들어 농민이 토지에 접근할 수 없는 것이 현실이다. 농민운동가 정경식은 이런 현실을 두고 토지개혁을 실시해야 한다고 주장한다.

아파트 값 가운데 70%가 토지 값이어서 실수요자가 구매를 하지 못하자 2006년 노무현 정부는 국공유지에 송파 신도시를 건설하면서 건물은 개인이 매입하지만 토지는 개인에게 불하하지 않고 장기 임대하는 방식을 검토했다. 싱가포르, 스톡홀름, 헬싱키, 캔버라, 중국은 토지임대제를 시행한다. 이대환은 시장가치 전액을 임대료로 징수해 투기수요를 없애고 재정부담도 줄이는 '지대시장제'를 실시하고 다만 임대료 부담이 큰 서민에게는 주거비를 보조하자고 제안한다(이대환, 2006.3.31).

(2) 지속가능한 생산

노동이 산출하는 상품이나 서비스는 사회성 등 그 효과가 높아야 한다. 노동자들은 자신이 고민하고 땀을 흘려가며 한 노동의 결과물이 자본가의 이윤동기만 충족시킬 것이 아니라 사회적으로도 유용하기를 바란다. 노동자는 생태환경과 노동과정을 결합시켜 지속가능한 개발에 적극적으로 개입할 수 있다.

공장에서 제품을 지속가능한 방식으로 친환경적인 원료로 생산하고 가공하는 대안기술이 필요하다. 공장의 생산과정에서 생태환경을 현저하게 파괴하는 행위를 노동자가 자제하거나, 공장 안에서 일어나는 해악을 내부 고발해 작업과정에 적극적으로 개입할 필요가 있다.

의료서비스 노동자는 의료서비스의 질을 향상시키고, 연구직 노동자는 스스로 연구할 프로젝트를 선택할 수 있는 권리를 요구하고, 건설노동자는 튼튼하고 살기 좋은 집을 짓고 싶어 한다. 제조업 노동자는 친환경적 산물의 생산을 바라고 건설노동자들은 생태환경을 덜 파괴하기를 바란다. 연구자들은 자본과 정권이 제공하는 용역에 연구 시간의 대부분을 보낼 것이 아니라, 노동의 공공성을 높이는 측면에서 연구 주제 결정의 독자성을 확보할 필요가 있다.

교육과 연구에 우선순위를 두는 지식사회를 만들지 않고서는 지구와 그 손님인 인류를 구할 수 없다. 지속가능하게 발전하려면 미래를 바라보는 인간의 능력을 더 강화해야 한다. 과학기술을 생태환경 보호에 활용해야 한다.

1992년 리우선언에 따라 '지속가능한 발전'이 국제적인 협약과 실천 과제로 구체화하면서 '지속가능한 경영' 또한 대두했다. 1995년 160개 초국적 기업이 '지속가능발전 세계 기업협의회(WBCSD)'를 결성하고, 한국도 이런 흐름에 맞춰 2002년 30여 개 기업이 지속가능발전기업협의회(KBCSD) 를 조직했다. 2007년 지속가능발전 기본법을 제정했다.

국내의 친환경 상품생산도 증가했다. 국내의 친환경 인증을 받은 친환경 제품은 2000년까지 130개 업체의 169개 제품에서 2005년 말 1,038업체 4,420가지 제품으로 늘었다. 절전기능이 없는 브라운관형 모니터는 절전형 LCD 모니터보다 전기 소비량이 50배나 많다. 친환경 에어컨은 보통 제품보다 전기 소비량이 3분의 1이다. 정부는 2006년 공공기관의 친환경 상품 구매를 의무화한 법에 따라 친환경 제품을 구매했다. 이것의 효과가 적지 않아 인구 2만 8,000명이 내보내는 온실가스 방출을 줄였다. 백화점 등 대형 유통매장에 친환경상품 판매장 설치를 의무화했다.

그러나 소비자의 눈으로 보면 기존 상품에 비해 디자인 면에서 선택의 폭이 좁고, 대형 매장 등 일부 설치된 친환경상품 판매 코너도 구색을 제대로 갖추지 못했다. 이는 친환경 상품 시장에 규모의 경제가 실현되지 않기 때문이다. 시장 규모가 작다보니 단위상품의 가격이 높아져 소비자가 선택을 꺼리고 또 이것이 시장 확대에 걸림돌이 된다.

새집증후군으로 친환경 상품의 인식이 높아지고 또 이런 악순환을 막으려고 환경부가 2006년 7월부터 친환경 상품 의무구매제를 만들어 공공기관이 어떤 제품을 구매하려고 할 때 친환경 제품이 있을 경우 의무적으로 구입토록 했다. 삼성전자, 엘지전자, 현대자동차, 포스코, SK텔레콤도 친환경 제품 우선구매제도를 도입했다. 이런 노력에 따라 시장규모는 2005년 3.2조 원에서 2010년 16조 원으로 증가할 것으로 예상된다.

한국은 2002년 대 EU 수출액 207억 원 가운데 70%가 환경규제대상이다. EU는 2006년 7월부터 전기전자 제품의 경우 납, 수은 등 6대 유해물질이 들어가서는 안 된다고 하고, 2007년부터 환경적 요소를 고려하는 에코 디자인을 실시했다. 환경부는 2008년 7월부터 제품에 친환경마크를 붙여주는 온실가스라벨링(CO_2 성적표시) 제도를 시범 실시해 2012년부터 본격 시행할 계획이다. 이 제도는 2007년 영국·스웨덴이 도입했고, 2008년 미국, 2009년 일본이 도입했다. 에너지관리공단도 탄소중립 인증마크제를 도입한다. 앞으로 나무를 심거나 온실가스 배출권을 사 온실가스배출량을 '0'(제로)으로 만든 기업과 자치 단체에 부여할 예정이다.

최근 각 가정과 학교는 쓰레기 재활용 등에 관심을 쏟으며 자족하지만 가정에서 배출하는 쓰레기는 총량의 70분의 1에도 미치지 못한다. 대부분의 쓰레기는 제조업, 광업, 농업, 석유탐사 등 산업공정에서 발생한다. 자연과 타협하는 생태적 균형을 보존하려면 개인의 쓰레기 재활용보다 산업생산 체제를 전반적으로 바꾸는 것이 중요하다(리오 패니치·콜린 레이스, 2007).

(3) 지속가능한 소비

현대의 생활은 소비하려고 사는 것이라고 할 정도로 소비생활에 매여 있다. 소비는 그 행위가 일어날 때마다 생태환경을 파괴하며 그것을 제공하는 자본 기업에게 대가를 지불해 이윤을 발생하게 한다. 자본의 입장에서 보면 소비행위가 일어날 때마다 이윤이 발생하지만 노동자의 입장에서 보면 소비행위가 일어날 때마다 노동의 부담은 커지고 삶의 질은 역설적으로 말해 나빠진다.

이런 현대의 소비 특성을 고려할 때 자본과 기업에게 이윤을 안겨주는 서비스를 덜 이용하고 노동자 스스로 마련하고 해결할 수 있는 물건이나 서비스는 스스로 해결하는 방향으로 나아가야 한다. 근검절약을 넘어 노동자가 주체가 되어 소비를 재조직해 녹색소비자(green consumers)가 되어야 한다. 친환경농산물을 소비하는 것은 질병을 줄이고 농민의 수입을 보장하고 나아가 사회 전체의 생태환경 파괴의 부담을 줄이는 효과가 있다. 자본주의의 합리적 소비를 거부하고 윤리적으로 상품을 선택하는 착한 소비, 윤리적 소비(ethical consumption)이다. 윤리적 시장(Ethical Market)을 형성해야 한다.

일제강점기 우리나라의 물산장려운동이나 영국이 통치하던 인도의 스와데시운동도 반식민주의는 윤리적이라는 공통의 인식이 있었다.

또 노동자를 키우는 교육도 노동자 스스로가 상당 부분을 품앗이 방식이나 공동체 방식으로 하여 교육 수요의 상당 부분을 분담할 수 있다. 이것은 공동체 자기고용을 살리는 의미에서 공동체 소비다. 소비행위는 개인적 활동이지만 자본주의 사회에서 개인이 참여할 수 있는 가장 강력한 사회운동이라는 의미에서 녹색소비는 사회적 소비라고 할 수 있다(박범준, 2008.4.23).

친환경 농산물은 생협 네트워크에서 구매할 수 있다. 소비자는 일반적으로 친환경 농산물이 비싸다고 생각한다. 일반 농산물 가격에 비해 백화점은 2배나 비싸다. 생협은 15~20% 정도 비싸다. 그러나 가정에서 친환경 농산물을 소비할 경우 농약이나 제초제를 사용한 시중 음식점의 음식을 기피하므로 외식이 줄어 월간으로 따질 경우 생협 기준으로 식품비는 늘지 않는다. 연간으로 따질 경우 소화기질환, 감기, 아토피 등에 잘 걸리지 않아 오히려 줄어든다. 생애를 통해 이런 소비를 한다면 암 발생 비율이 현저하게 줄고 이로 인해 암 치료 등에 드는 비용이 줄어 생애순소득이 크게 는다.

한국에서도 로컬 푸드운동이 학교급식을 중심으로 생협, 지자체가 협력하며 등장했다. 신토불이나 100리 안에서 생산하는 먹을거리를 먹는다는 우리 사회의 전통적 개념과 비슷하다. 이전에는 시간적으로 제철 음식 먹기를 강조하고 또 예로부터 백리 밖에서 난 음식을 먹지 말라는 공간 개념의 전통이 있었다.

유기농작 체계만으로는 소농공동체와 농사를 제대로 일구기 어려운 상태에서 학교급식운동이 일어났다. 학교급식 전국네트워크와 전교조, 참교육학부모회 등이 주축으로 구성한 '학교급식법 개정과 조례 제정을 위한 전국운동본부'가 국내산 농·축·수산물을 쓰도록 한 조례제정운동을 이끌었다. 심재옥 민주노동당 학교급식특위 위원장은 "학교급식운동은 학부모들의 생활운동으로 탄탄하게 뿌리내려야 한다"고 했다.[13] 2003년 10월 광역자치 단체로는 처음으로 전남에서 조례를 제정·공포한 이래 2007년 현재 전국 16개 광역 단체 모두 조례를 제정했다. 기초 단체에서는 전남 나주에서 2003년 9월 처음 조례를 제정했다. 전국 234개 자치 단체 가운데 153곳이 조례를 제정했다. 전남(22곳), 경북(23곳), 충남(16곳) 등은 모든 기초자치 단체에서 조례를 제정했다. 서울에서는 2007년 구로구가 처음으로 급식 조례를 제정했다.

그런데 학교급식운동에서 관료와 대기업, 그리고 WTO라는 세 가지 집단이 반대했다. 행정자치부와 교육부 등이 조례 가운데 '국내농산물 사용'을 명시한 것이 세계무역기구 농업협정을 위배했다며 제소했다. 결국 대법원은 2005년 9월 전북 조례에 무효 판결을 내렸다. 전북도와 경기도는 2007년 6월 '지역산'이라는 용어 대신 '우수 식재료'라는 규정을 넣은 새 조례를 제정했다. 학교급식에 가장 많은 예산을 지원하는 지역은 전남으로 2007년 362억 원을 투입해 모든 학교에서 100% 친환경 급식을 한다.

학교급식의 실례로 서울 관악구 당곡중은 가격 인상 없는 친환경 급식을 실현했다. 이빈파 관악·동작학교운영위원협의회(관동학운협) 공동대표는 학교급식네트워크를 설립하며 당곡중 학운위지역위원으로 참여해 '친환경 학교급식 직거래 공동구매 컨소시엄'을 나주시에 제안했다. 앞으로 직영으로 전환하는 인근 학교들을 묶어 직거래 공동구매를 추진할 계획이라며, 대량공급의 발판을 마련하는 셈 치고 싼값에 무농약 쌀을 공급해줄 것을 제안했다. 이에 나주시가 꾸린 나주농협연합 친환경사업단이 동의해 계약을 맺고 관악구 급식 조례를 제정해 지원할 때까지 한시적으로 쌀을 일반미보다 싼 20kg당 4만 3천 원에 공급했다. 김치는 경북 풍산농협에서, 한우는 목우촌에서 공급한다. 봉원중, 남강중·고교가 뒤따랐다. 관악구의회는 관동학운협이 제안하고 민주노동당 이동영 구의원이 발의한 친환경급식 지원 조례를 제출한 상태다. 조례는 국내산 친환경 농산

13) 「위탁급식 '허용'을 막아라」, 『여의도통신』 2007.10.22.

물 사용에 필요한 경비 지원, 생산지 현장 체험학습 및 도농교류 프로그램 지원, 무상급식 확대 등의 내용을 담았다.

전체 학생의 식품소비량은 전체 농업 생산의 5%, 약 2조 원인데, 학교급식은 입찰에 따른 최저가 정책과 맞물려 가공식품, 튀김음식 위주로 식단을 구성했다. 2006년 6월 CJ가 운영하는 위탁급식학교에서 도미노형 식중독사고가 일어난 뒤 학교급식법을 제정했다. 그러나 학교급식법은 정부가 학교급식에서 국내산 농산물의 사용은 WTO 위배라는 피해의식을 극복하지 못한 채 제정해 GMO식품과 수입식품을 규제하지 않았다. 그리고 지역 급식조례를 제정하고 이에 따라 학교급식제도를 운영하도록 했다. 학교급식네트워크는 미국 등처럼 우수하고 안전한 '국산' 농산물 공급을 규정할 것을 요구한다.[14] 적어도 학교급식은 가공식품보다 자연식으로 향토색을 가득 품은 전통식단으로 짜고, 학교급식에 사용하는 다양한 품목은 계약생산과 계획생산으로 품목자급이 가능하도록 해야 한다(이빈파, 2006.11.1).

심재옥 민주노동당 학교급식특위 위원장은 "학교급식운동은 학부모들의 생활운동으로 탄탄하게 뿌리내려야 한다"고 강조했다.[15]

제주시는 2005년 조례를 정해 학교급식에 친환경 농산물을 공급하기 시작했다. 2006년에는 초중등학교의 30%에 공급했다. 이를 2010년까지 100% 실시할 계획이다. 이 활동은 학부모, 영양사, 단체 친환경농업인 제주도가 협력해 전개했다. 전남 영산포초등학교는 지역에서 생산하는 친환경농산물의 40%를 소비한다. 서울시의회는 급식조례를 제정해 2009년부터 서울시내 초중고등학교에서 '유전자 변형이 안 된 우수한 식재료'만 쓰도록 했다.

원주 지역 대부분 초중고 학생은 2008년부터 '청정 치악산 한우'를 맛보았고, 인천시는 미국산 광우병 소고기 파동이 일어나면서 '강화섬 한우' 공급을 추진했다.

세계적으로 수자원 고갈이 두드러지면서 양식 수산물 의존도가 42%다.

---

14) KTV, 「제주의 실험, 학교급식혁명」, 2006.11.29 방송.

15) 「위탁급식 '허용'을 막아라」, 『여의도통신』 2007.10.22.

수산물의 양식은 수질오염과 유전자 다양성을 감소시킨다. 착한 수산물의 소비는 별다른 사료를 투입하지 않아도 되는 해초와 패류의 선택이고 다음이 빨리 자라고 수명이 짧은 생선의 선택이다. 양식 어종 가운데 육식성은 피하고 초식성이나 잡식성, 큰 고기보다 작은 고기를 먹은 편이 친환경적이다. 오메가지방산이 풍부한 등 푸른 생선 가운데 정어리, 전갱이, 고등어, 꽁치가 여기에 포함된다. 채식을 위주로 할 수도 있다.

빠른 생활이 우리의 존재방식을 변화시키고 있고 우리의 환경과 경관을 위협하고 있다. 1980년대부터 시작한 채식주의 생태주의 슬로우 푸드(slow food, 패스트 푸드의 반대말로 생태환경을 강조한 먹을거리)운동이 본격화했고, 이를 바탕으로 개인의 건강뿐만 아니라 지구의 건강도 챙기는 로하스(Lohas, lifestyles of health and sustainable)족도 생겼다. 한국에서도 2005년 웰빙 열풍으로 친환경 먹을거리의 인식이 높아지고, 2008년 광우병 파동으로 생협의 조합원과 매출이 크게 늘었다.

이처럼 슬로우 푸드운동의 궁극적인 목표는 슬로우 라이프(slow life)로, '여유 있는 삶'의 추구이다. 패스트 푸드보다는 좀 시간이 걸리더라도 직접 요리해서 먹는 것, 자동차보다는 자전거를 이용하거나 되도록 걸어 다니는 것 등이다. 슬로우 푸드 운동가로서 일상생활에서부터 자원을 아끼고 자신의 생활 속도를 약간 늦추는 것에서 슬로우 푸드운동을 시작할 수 있다. 어린이부터 김치, 된장과 같은 전통적인 음식에 길들이는 것은 식품첨가물로 훼손된 미각을 되찾는 길이다.

로컬 푸드는 글로벌 푸드(global food)에 대응하는 개념으로 전 세계로 퍼졌다. 글로벌 푸드는 조기 수확하고 방부제를 사용한다. 콩은 3분의 2가 GMO 종이다. 생산지에서 소비지가 멀리 떨어져 푸드 마일(food mile)이 증가해 석유에너지를 많이 소비하고 이산화탄소를 많이 배출한다. 실례로 미국은 농민장터가 4천여 개이고, 지역사회지원농업(CSA) 프로그램 교환소가 1,400여 개이다. 일본은 지산지소운동을 전개하며 음식교육법을 의무화했다. 영국, 프랑스, 캐나다에서도 활발하다.

한국의 전통적인 김치, 된장은 로컬 푸드이며 슬로우 푸드이다. 한국은 일본이나 중국과 달리 1994년부터 식당에서 나무젓가락을 쓰지 못하지만 배달 도시락은 예외다. 여성민우회는 표백제가 묻은 수입 젓가락 대신에 개인 휴대를 권한다.

지속가능한 소비 활동으로 강제노동 없는 '깨끗한 옷 입기 캠페인(clean clothe)', 'anti-sweat shop' 등이 있다. 이들은 아동노동을 착취하는 나이키, 리복의 스포츠용품을 사용하는 월드컵 반대행동을 전개했다. 미국 대학에서는 노동착취에 반대하는 학생운동이 소리 없이 전개되고 있다. 기업 후원을 받는 학술 기관의 태도에 문제를 제기하는 형태로 이루어진다. 관련 장비 산업과 기업 상표의 세계화가 완전히 이루어진 스포츠에서 이런 현상이 극심하다. 나이키는 대학생의 고용문제 비판에 시달리다가 대학 일부 스포츠팀 후원을 철회했다. 이것은 1999년 11월 시애틀에서 대학생과 세계무역기구가 맞닥뜨리면서 세계적인 관심을 불러일으켰다. 클린턴 정부는 기본 노동조건이 WTO 협약의 일부가 되어야 한다고 주장했으나 기업의 이해관계와 묘한 동맹을 맺은 일부 개도국 정부가 거부했다. 이러한 제안이 미국의 일자리를 보호하고 민주당의 선거 지지율을 높이려는 계획된 국가주의적 감정에 냉소적으로 호소하기 때문이다. 유럽연합은 유전자 조작 생명체 문제를 WTO 협약에 넣자고 주장했다(데이비드 랜섬, 2007: 214). 2007년 민주노총과 시민 단체들은 이랜드 비정규 노동자의 투쟁을 지원하는 '이랜드 매출 제로'의 착한 소비를 결의했다. 일본의 경우 편의점에서 구매대금의 일부를 아프카니스탄 어린이의 학교 급식비 등에 사용하는 도시락, 책, 꽃 등의 '사회공헌 상품'을 판매한다. 2008년 게이오대학의 소비자 조사 결과 '사회공헌 상품'을 구매한 경험이 있는 사람은 45.5%였다.

슬로시티는 '전통 보존과 생태주의 등 느림의 철학을 바탕으로 지속가능한 발전을 추구하는 마을'로, 대체에너지를 사용하고 전통 수공업과 조리법을 장려하고 자전거를 타며 패스트 푸드와 GMO 농산물과 식품이 없는 마을이다. 이탈리아에서 슬로우 푸드운동의 연장선에서 시작한 이래 지금까지 세계 100여 곳이 슬로시티로 인증받았다. 국내에서는 신안 증도, 담양 창평 삼지천 마을, 완도 청산도, 장흥 반월마을, 장평 우산마을이 슬로시티로 지정받았다. 전남 담양군 창평면 삼지천 마을은 전통가옥, 돌담길과 한과, 쌀엿, 된장 등 전통음식 등을 높이 평가받았다. 이 마을은 황토에 작은 돌을 층층이 쌓아 키 높이를 살짝 넘긴 흙돌담과 한옥들이 조화를 이룬다. 임진왜란 당시의 의병장 고경명의 후손들이 터를 닦은 마을이다. 창평 지역은 근대교육이 일찍 개화한 곳으로 고정주(1863~1933)가 학숙과 의숙을 세웠다.

여행이 생활화하는 환경에서 지속가능한 착한 여행, 에코 투어가 있다. 2007년 한국인은 1,300만 명이 해외로 여행했다. 공정여행은 나의 즐거움을 위해 자연과 사람을 파괴하지 않고 사람들과 친구가 되고 배우고 나누며 내가 성장하는 여행의 태도와 여행의 방식을 말한다.

(4) 재생가능한 에너지와 자원

에너지 자원은 절약(reduce), 재활용(reuse), 재생(recycle)하여 지속가능성을 높인다.

한국은 GDP 대비 에너지 소비량이 OECD 국가 가운데 최고수준이다. 한국의 1인당 국민소득은 OECD 31개 국가 가운데 30위인데 1인당 에너지 소비량은 9번째로, GDP 대비 에너지 소비량은 OECD 국가 가운데 최고 수준이다. 또 한국은 에너지의 대외의존도가 98%이다. 한국은 온실가스 배출증가율(1990~2000)이 79.1%로 중국 32.3%, 브라질 24.8%, 미국 15.2%, 일본 9.6%, 영국 −10.1%, 독일 −16.7%와 현격하게 차이가 난다. 반면 2005년 환경지속성지수(ESI)와 유엔개발계획(UNDP)의 인간개발지수를 UCLA의 환경경제학자 매슈 칸이 종합해 산출한 '세계에서 제일 깨끗한 나라' 순위에서 환경보전 노력과 수력전기 등 재생에너지 사용정도를 평가한 '에너지효율' 부문에서 한국은 세계 141개 나라 가운데 118위를 기록했다.

이러한 현상의 원인은 개발독재 시기 선진국이 기피하는 에너지를 많이 사용하고 공해를 많이 발생하는 산업시설을 한국이 경제개발과정에서 선택한데 있지만, 이것의 피해와 대책을 세우는 것은 한국 사회의 부담이다.

에너지 문제에서 고려할 사항은 발전의 효율성, 핵폐기물의 위험성, 재생가능한 에너지의 증가와 한국의 투자 등의 문제다.

화석자원의 고갈과 기후 변화의 위협, 핵폐기물의 공포에서 벗어나는 것은 피할 수 없으며, 재생가능 에너지는 새로운 지속가능한 사회를 약속한다. 이런 현실에서 재생가능 에너지와 공동체 자기고용을 결합하는 사례를 찾아본다.

교토의정서(1997)는 2008~2012년 동안의 온실가스 배출량을 1990년도의 90%로 맞추기로 했다. 미국 등 선진 4개국이 협약을 비준하지 않아 구속력은 없다. 그러나 국제사회에서는 2013년 이후의 온실가스 감축 목표를 의논 한다. 한국은 당시는 개도국이었으나 현재는 온실가스 배출량이 세계 10위라서 의무감축 압력이 거세다. 2007년 발리에서 UN과 유럽연합이 제안한 감축 목표는 미국 일본 캐나다와 마찬가지로 한국도 감당하기 어렵다. 2020년까지 온실가스 배출량을 1990년보다 25~40%를 줄이자는 제안 가운데 최소치인 25%를 적용하더라도 한국은 에너지 소비량을 현재보다 60% 이상 줄여야 한다. 한국은 1990년에서 2005년 사이에 온실가스 배출량이 두 배로 늘었기 때문에 절반으로 줄이고도 더 줄여야 한다.

제레미 리프킨은 수소에너지를 대안으로 제시한다. 수소에너지는 물을 분해해 만든 수소를 태우고 거기서 나오는 에너지를 이용하는 시스템인데 그 부산물이 물이라서 공해를 발생하지 않는다는 점을 강조한다(리프킨, 2003: 11). 그러나 김종철, 이필렬은 물에서 수소를 분해하는 과정에서 많은 에너지가 필요하기 때문에 수소에너지 이용이 완벽한 대안에너지는 아니라고 비판한다. 아이슬랜드에서는 지열을 사용하는데 다른 지역 대부분은 화석에너지 사용이 불가피하다.

자동차 부문에서는 친환경차의 모델은 수소연료 전지차다. 2008년 포스코는 연간 50MW 규모의 수소와 공기 중의 산소를 화학 반응시켜 전지를 얻는 연료전지공장을 준공했다. 수소연료 전지차의 전단계로 하이브리드차를 도입하는데, 이것은 휘발유 또는 디젤 엔진과 전기 모터를 함께 단 차다.

메탄 하이드레이트(methane hydrate, 메탄수화물)도 대안 에너지로 상업화를 앞뒀다. 이것은 승화하면서 메탄을 방출해 불태워 에너지를 방출한다. 반대로 고압 아래 응고하면서 이산화탄소를 포획하는 독특한 분자구조를 가지고 있어 지구의 온난화도 막을 수 있다. 이것은 알라스카, 시베리아, 극지방 등의 동토와 수심 500m 이하에 매장되어 있다. 국내의 울릉도와 독도 주변의 심해에도 6억 톤이 매장되어 있는데, 우리나라에서 30년 동안 사용할 수 있는 가스량이다. 어떤 사람은 일본이 독도 영유권을 주장하는 이유를 이것의 자원화 전략에서 찾는다.

다른 나라의 경우로, 스웨덴, 덴마크는 국민의 뜻에 따라 원자력 발전을 폐지했다. 스웨덴은 1999년까지만 해도 발전 전력의 47%를 원자력에 의존했으며, 국민투표 결정에 따라 1999년 11월 30일 바슈베크 원자력발전소 1호기를 정지시켰다(진노 나오히코, 2007: 157). 석유가가 올라 원전을 더 많이 건설하겠다는 것은 지속가능성과 어긋난다.

한국을 방문한 '세계 신재생에너지 협의회' 안젤리나 갈리테바 의장은 햇빛이 희망이라고 한다. 석유 등 화석연료나 원자력에 의존하는 사회는 지속가능한 사회가 될 수 없다. 에너지 안보를 이유로 이라크전과 같은 전쟁이 일어나고 무고한 희생자를 양산한다. 이 때문에 탈원자력, 탈화석연료, 탈중앙집권을 통한 새로운 대안이 필요하다. 지역에서 주민 스스로 이용하는 풍력 태양광 바이오매스(생물자원) 등 신재생에너지를 확산시켜야 한다. 그녀는 특히 태양광(햇빛) 발전의 가능성을 독일의 사례를 들어 설명했다.

독일은 1995년 신재생에너지 의무사용 법률을 통해 기술개발과 보급에서 가장 앞선다. 지난 20년 사이 풍력발전이 100배 증가했다. 전기생산량도 주목하지만 특히 신규 고용창출이 괄목할만하다. 2007년부터 에너지 패스 제도를 시행한다. 집을 팔 때 반드시 채광 단열 공기순환 등 에너지 효율성을 측정하고 연간 전기사용량을 기록한 증명서인 에너지 패스를 첨부토록 하는 제도다. 결국 에너지 효율이 집값에 영향을 미치도록 한다.

영국은 온실가스 배출을 줄이는 방안으로 탄소발자국(Carbon footprint)

을 라벨링형태로 표기한다. 탄소라벨링제도는 영국(2007), 스웨덴, 미국, 캐나다, 일본(2009)에서 시행한다. 한국은 이를 '탄소성적표지'라고 부른다.

프랑스는 의식주 전반을 친환경적으로 바꾸는 '녹색혁명'을 추진하며 대기업 노조 정부 환경 단체가 참여하는 마스터플랜을 세웠다. 자동차 최고속도를 10km 줄여 매연 발생을 줄인다. 도시 안에서는 300m 마다 설치한 자전거 대여소(벨리브)에서 자전거를 빌려 타고 시외로 나갈 때는 전기자동차를 이용하는 시스템을 만들었다. 유기농산물 재배 비중을 현 2%에서 2012년까지 13배 늘리고, 2012년까지 모든 학교 급식의 20%를 유기농식품으로 전환한다. 2020년까지 신설 기존 주택을 태양에너지를 이용한 자립형으로 개조 유도한다.

일본은 에너지 절약법을 개정해 2009년 4월부터 아파트 일반주택 같은 가정집에서도 에너지를 절약하는 건축시공을 의무화한다. 연면적 2,000㎡ 이상인 공동주택, 오피스빌딩, 개별 주택은 이중 새시, 단열재 사용을 의무화한다. 일반 가정집에서 갈수록 늘어나는 이산화탄소 배출을 억제하는 조치다. 기업에는 2013년부터 유럽식 이산화탄소 배출권 거래 제도를 도입한다.

코스타리카는 21세기형 지속가능한 경제 성장의 모델이다. 1990년대부터 산업 활동에 오염의 사회적 비용을 물리는 시스템을 갖추었다. 1997년부터 석유 · 석탄 등 화석연료 사용하는 경제활동에 3.5%의 탄소세를 매기고, 거둬들인 세금으로 산림보호기금을 만들었다. 전기회사와 농부, 식수 공급업자는 거액의 물 이용료를 낸다. 정부는 탄소세와 물 이용료를 환경파괴의 미개발 지역 빈민 삶의 질을 높이는데 주력한다. 유전 시추를 금지해 산유국의 길을 포기하는 대신 수력 · 풍력 · 지열 발전에 투자해 전체 에너지 생산량의 95%를 재생가능에너지에서 얻는다. 전 국토의 25%가 자연보호 구역이며, 숲 면적은 지난 20년 동안 두 배로 늘었다. 코스타리카는 생태관광과 마이크로프로세서 · 의료기 수출을 주된 수입원으로 한다. 중남미 유일한 중립국으로 이룬 정치적 안정도 도움이 됐다.

탄소세와 관련한 사례로, 경기도 광주시가 국내에서 2008년 처음으로

'탄소은행제'를 도입해, 전기료와 가스료를 아낀 비율에 따라 현금으로 보상한다. 한국은 2009년부터 에너지 효율이 높고 온실가스 배출이 적은 제품을 구입하는 소비자에게 현금처럼 쓸 수 있는 포인트를 주는 탄소캐시백 제도를 도입했다.

에너지 자립마을의 주인공은 '재생에너지' 시설자체가 아니라 '주민'이다. 주민들이 '에너지협동조합'이나 '시민발전소', '에너지영농조합'을 만들어 자립마을을 추진한다. 오스트리아 무레크는 인구 1,700명이 사는 시골마을로 에너지 자립도가 무려 170%이다. 농사짓는 사람들이 유채와 폐식용유를 이용한 바이오디젤 생산 공장, 잡목과 돼지 똥을 이용한 열병합발전소를 직접 운영하고 있다. 주민들은 자신들이 투자한 에너지 회사에서 에너지를 구입하고, 일자리도 얻었다. 독일 작센주에 위치한 다르데스하임 마을도 풍력에너지 회사를 설립했다. 주민들이 20%의 출자금을 부담하고, 지방정부가 20%를 지원했다. 나머지는 지역은행에서 대출을 받았다. 현재 풍력발전기는 마을 주민 1,000명이 사용하는 전기의 45배를 생산하고 있고, 전기를 판매해 얻은 수익을 주민들에게 배분하고 있다.

한국은 1960년대 산업화과정에서 선진국에서 기피하는 에너지를 많이 소비하고 공해를 많이 발생하는 석유 화학 철강 시멘트 섬유 등 산업시설을 들여와 생산단위 당 에너지를 최대 소비하는 나라가 됐다. 한국철도기술연구원 자료(2005)에 따르면 화물 1t을 수송하는데 발생하는 탄산가스는 자동차 178g, 항공기 1,483g, 선박 40g, 철도 21g이다. 이런 산업구조의 개편이 필요하다.

또 값싸고 환경적으로 믿을만한 전력을 소비자에게 보내려면 소비자 주변에서 전력을 만들어야 한다. 이른바 '분산 발전'이다. 태양 전지로 전기를 생산하여 남는 것은 전력회사에 파는 방법이다(헤이즐 헨더슨, 2008: 195).

한국은 풍력, 태양력 에너지의 입지가 다른 나라보다 좋으며, 이런 시설들을 세우기 시작했다. 지구전체를 놓고 볼 때 한 겨울에도 햇빛이 잘 비치는 지역은 그다지 흔하지 않다. 우리나라는 한겨울에도 날씨는 춥지만 햇빛은 많다. 에너지 사용을 적당히 조절하면서 햇빛을 제대로 이용하면 난방용 심야전기 설비를 들여놓을 필요도 없어지고, 당연히 송전탑이나 원자력발전소를 많이 건설할 필요가 없어진다(이필렬, 2003: 164). 반도체 공업이 발달한 만큼 태양력 에너지 이용의 잠재력이 높다. 3면이 바다로 둘러싸인 지형을 생각하면 해양에너지의 가능성도 크다. 해양에너지를 이용한 발전시설로 조력발전소를 현재 시화호와 가로림만에 짓고 있고, 이순신 장군이 빠른 해류를 이용해 130여 척의 왜선을 침몰시킨 울돌목에 조류발전소를 지을 예정이다. 한편 가로림만의 어부와 환경 단체는 조력발전이 수익성이 낮은 반면 생태와 어민의 생계를 위협한다고 건설을 반대한다. 제주도는 한경면 용수리 앞바다에 파력발전소 건설을 추진한다.

에너지전환(전 에너지대안센터, 대표 윤순진)은 지속 불가능한 화석연료와 위험한 원자력발전을 극복하고 태양광, 풍력, 바이오 같은 친환경 에너지를 이용하자는 생태적 전환을 촉구한다. 이 단체는 시민태양광발전소 건립에 이어 바이오에너지 활용에 적극적으로 뛰어들기로 했다. 산하 시민기업인 시민발전(대표 박승옥)은 학교 등 공공기관 지붕에 태양광 발전기를 단다는 목표로 교사 농민 주부 건축가들이 세웠다(2005). 시민발전은 흙살림 햇빛발전소, 부천환경교육센터 시민발전소, 요안 원불교 시민발전소를 세우고, 방사성 폐기물 처리장 문제로 싸운 부안(발전량 월 300kwh), 일조각, 변산공동체의 햇빛발전소를 관리한다. 시민발전은 시민들의 투자를 받아 시민발전소를 짓고, 생산한 전기는 정부가 한국전력공사를 통해 높은 가격에 구매한다. 대구시민햇빛발전소는 2009년 7개월 동안 2천만원의 수익을 냈다.

대안에너지기술센터(이동근 소장)는 자전거 발전기, 폐식용유를 이용한 바이오디젤 생산 설비, 태양열 오븐을 개발했다. 이동근은 동런던대학이 대안기술센터(CAT, Center for Alternative Technology)와 함께 진행하는 산학협동과정을 마친 뒤 경남 산청군 갈전마을에서 대안에너지 기술을 접목하고 앞으로 캄보디아 같은 제3세계의 가난한 농촌 마을에 이 기술을 전할 계획이다. 강원 살둔마을 주민 이대철은 외부 에너지 공급 없이 태양열과 지열로 난방하는 패시브 주택을 세웠다.

지자체들도 태양광, 해상풍력(부산 경북), 조력(충남), 지열(제주) 등 지속가능 에너지 사업에 참여한다. 작은 예이지만 독도에서는 2008년 디젤발전을 중단하고 필요전력 110kw를 태양광 풍력으로 충당한다. 미군기지 이전으로 주거지를 옮기는 대추리 주민의 평택 비전동 주거지 300만㎡에 태양광을 도입해 전체 전력수요의 5%를 충당할 예정이다.

한편 대기업들이 신재생 에너지 산업이 수익성이 약하다며 투자나 기술개발을 기피했으나 최근 생태환경과 이윤을 결합해 환경 규제 강화 시대에 대비한다. 삼성은 그린 이코노미(Green Economy) 개념을 도입하고, 신재생에너지 분야를 '신수종 사업'으로 삼는다. 엘지전자는 지열을 이용해 냉난방을 할 수 있는 '하이브리드 지오'를 시판한다. 지오는 땅속의 지열에너지를 이용한 냉난방 설비다. 지열은 항상 섭씨 10~15도의 일정한 온도를 유지하기 때문에 신재생 에너지 가운데 경제성이 높은 편이다. 정부의 적극적인 권장정책과 기술수준이 높은 반도체산업을 바탕으로 하는 기술개발이 필요하다.

자원 환경을 살리는 여러 방법 가운데 가장 효과적인 방법은 자원 재활용이다. 폴리에스테르 옷, 페트병 등을 재활용하는 경우 새 원료를 쓰는 것보다 석유 사용량과 이산화탄소 배출량을 5분의 1로 줄였다. 일본 후지쓰는 생분해성 플라스틱을 채용해 재활용률을 93%로 끌어올리며 PC(개인용 컴퓨터)를 내놨다. 부림제지는 1985년 폐우유팩을 재활용하고 형광증백제를 사용하지 않고 재생휴지를 생산해 생협에 공급한다.

환경부는 폐지 값이 오르자 2004년 공공기관들에 재활용 제품을 비롯한 친환경 상품 우선구매 의무를 지우는 내용의 친환경상품 구매 촉진에 관한 법률을 만들었다. 그러나 공공기관조차 친환경 상품 구매를 외면해 공공기관 친환경 상품 구매 총액은 적용 대상 금액의 57.2%를 넘지 않는다. 이 법률의 규정대로라면 교육부가 친환경 인쇄용지를 교과서 용지로 우선구매해야 하나 아직은 그렇게 하지 않기 때문이다.

미래에는 물의 가치가 높아진다. 물과 관련한 산업이 뭐 그리 대단하냐고 말할 사람도 있겠지만 20세기가 석유가 우리에게 약속해주었던 것을 21세기에는 물이 대신할 정도로 중요해졌다. 지역에 따라서는 물 값이 석유 값보다 비싸다. 물의 격차가 심해 전 세계 40%의 나라가 물 기근에 시달리고, 제3세계 빈민의 상당수는 일부 선진국 소비량의 30분의 1에 불과한 양의 물만으로 살아간다. 사람이 죽어 저승에 가면 자기가 이승에서 쓴 물과 같은 양의 물을 억지로 마셔야 한다는 옛이야기는 이제 현실에서 새겨야 할 이야기가 되었다.

6) 독립미디어

신문, 방송 등 미디어는 주류 언론이 좌우한다. 그러나 독립(independent) 미디어는 민중이 자신의 요구 주창을 선전하고 스스로 고용하는 공간이며 다른 공동체 자기고용 부문에 비해 역사가 비교적 길다. 이 과정에서 언론인들의 수많은 필화사건을 겪으며 언론자유를 신장했다. 인터넷 포탈은 새로운 분야이다. 독립미디어는 앞으로 발전 가능성이 큰 부문이다.

일제 강점기에 부르주아언론은 민족 주체성과 공공성이 취약해 일본 제국주의의 정책을 상당 부분 지지했다. 따라서 지하언론은 대중을 의식화하고 민족해방운동에 참여시키는 역할을 했다.

1961년 4·19민주혁명의 공간에서 민족일보를 창간했으나 조용수 사장은 5·16 뒤 사형 당했다. 그의 형제자매가 제기한 소송에서 서울중앙지법은 국가에게 97억 원의 손해 배상을 판결했다. 장준하는 1953년 4월『사상계』를 창간해 이승만 독재를 비판하였으며, 1975년 5월 김지하의 시「오적」을 실었다는 이유로 폐간되었다.

민주화운동이 진전하면서 재벌과 독재가 독점하던 언론 분야에서 1980년대 이후 대안언론이 크게 발전했다. 월간『말』,『한겨레』,『경향신문』,『오마이뉴스』,『프레시안』등이 있다. 2006년 8월 한국기자협회·한길리서치 공동조사에 따르면 전국기자 300명을 대상으로 한 "가장 신뢰하는 언론사는?"이란 조사에서『한겨레』가 15%,『경향신문』이 5%였다.

월간 『말』은 1985년 9월~1986년 8월까지 전달된 10개월 분량의 보도지침을 폭로해 기자가 구속되었지만 민주화를 촉진시키는 데 기여했다. 그러나 수익상태가 악화해 투자자가 계속 바뀐다. 그 뒤로 국민주 신문인 『한겨레』, 『오마이뉴스』, 『프레시안』, 사원주주 신문인 『경향신문』, 도민주 신문인 '약한 자의 힘 『경남도민일보』(경남 마산)'가 나왔다. 『미디어오늘』, 『레디앙』, 『여의도통신』, 민중의 언론 『참세상』이 각자 독자적인 길을 간다. 『한겨레』나 『경향신문』은 진보적인 언론을 선도할 정도로 발전했다.

1980년대 언론통폐합 때 쫓겨난 기자들은 『한겨레』를 창간했다. 1987년 3월 30일 3,342명의 각계 인사가 창간을 발기하고 1988년 2월 2만 7,000명의 국민들이 50억 원을 출연하여 1988년 5월 민족 민주 통일을 창간 이념으로 창간했다. 다음해까지 계속한 『한겨레』 발전기금 모금에는 모두 3만여 명이 117억 원을 출연했고 2007년 현재 주주는 전원 지분 1% 미만의 주주 6만 1,666명으로 구성되었다. 그 뒤 『한겨레』는 제도언론이 다루지 못한 성역을 과감히 보도해 언론민주화를 향한 사회적 기대에 일정하게 부응했다. 『한겨레』는 편집위원장을 기자들이 선출한다.

신문사 경영에서 기업의 광고가 주요한 수입원이다. 창간 당시 『한겨레』는 엄격한 기준을 세워 그 기준에 맞지 않는 광고를 싣지 않았다. 이 부분은 상당히 완화했지만 보도하는 기사의 내용이 대기업의 잘못에 관한 내용일 경우 대기업은 광고를 제공하지 않는다. 2007년 말 김용철 변호사의 폭로로 삼성의 비자금 조성과 로비 의혹이 불거지자 이 의혹을 적극적으로 보도한 『한겨레』와 『경향신문』 지면에는 삼성의 광고가 20개월째 끊어지고 있다(성한표, 2008.1.16 ; 홍세화, 2009.6.24). 이런 이유에서 독립 언론은 경영상태도 어렵고 기자들도 저임을 감수한다(〈표 8〉 참조).

〈표 8〉 신문사의 경상이익(단위: 백만 원)

신문사	2003년	2004년	2005년	2006년	2007년	누계	2008년
조선일보	23,330	1,914	6,868	22,025	9,908	64,045	18,798
동아일보	-17,179	46,894	7,282	2,973	4,752	44,722	-8,374
중앙일보	6,056	-5,622	4,511	3,221	-11,709	-3,543	-39,700
경향신문	-18,716	-12,700	-27,086	-29,383	45,673	-42,212	
한겨레	-2,809	-2,185	1,904	3,277	·2,086	2,273	-2,589

자료: 금융감독원 기업공시 자료 재구성(2009.4.10 기준).

1946년 창간이래 61년의 역사를 가진 중앙 일간지인 『경향신문』이 '진보매체'로 성장할 수 있었던 '씨앗'은 1987년 6월 18일 『경향신문』 4만 6,000부를 싣고 서울역 광장으로 향하던 트럭을 시위대가 멈춰 세우고 신문을 모두 불태운 사건이다. 권력의 시녀 노릇을 하는 행태에 대한 시민의 분노였다. 이 사건 이후로 기자들은 '권력의 애완견으로서의 『경향신문』은 안 된다'고 자각, 기자협의회 구성, 노동조합 출범으로 나아갈 수 있었다. 1998년 4월 한국화약 그룹이 운영하다가 적자가 누적되자 『경향신문』 사원들이 퇴직금을 당겨 매입해 사원주주가 100%(현재는 중소기업 및 퇴직사우 지분 등으로 87.19%)였다. 신문을 만드는 모든 사람들이 출자하고 경영하는 사원주주회사, 자본과 권력에서 자유로운 '독립언론'으로 출발했다. 그 뒤 『경향신문』은 광고와 권력에서 벗어나 객관적인 논조를 유지해 정론지로 자리 잡고 부수가 크게 늘었다.

외부 간섭이나 압력 없이 사원들의 의지만으로 4년여 동안 독립적으로 신문을 제작해 왔다. 사원주주제 경향신문사에서는 사장을 공개모집하고 편집국장을 직선으로 뽑으며 독자들을 대상으로 인터넷상에 '언론 딴지걸기'와 'e옴부즈맨' 제도를 운영해 사내 언론민주화와 쌍방향 커뮤니케이션을 구현한다. 경향신문은 2002년 기자 200명을 대상으로 벌인 설문조사에서 47%가 '사원주주 회사 포기'에 찬성했지만, 다른 선택의 여지는 없었다.

사원주주제를 통해 소유구조의 변화 이후 보도가 더욱 공정해졌으며, 보도 성향은 진보적으로 변했고, 노동쟁의 등의 갈등적 이슈 보도태도는 노조 옹호적이다. 이 같은 보도경향의 변화는 '사주의 간섭이 소멸됐기 때문'이다. 재벌언론 시절 이윤추구를 목적으로 하는 소유구조상 자본가나 광고주 등 기득권층을 옹호하는 보수적, 친재벌적 시각을 유지할 수밖에 없는 데다 사주의 정치적 · 경제적 이해에 따른 보도통제로 보도내용이 왜곡되어 불공정할 수밖에 없었다(blog.naver.com/invy1004, 2007.7.29).

『경향신문』은 2007년 '민주화 20년, 지식인의 죽음' 등 굵직굵직한 기획을 선보여 좋은 반응을 얻었으며, 특히 2008년 '촛불 정국'에서는 '『조선일보』 · 『중앙일보』 · 『동아일보』'와는 확연히 다른 논조로 보도해 국민 주주 신문인 『한겨레』와 함께 대표적인 진보매체로 자리매김했다. 이것은 조 · 중 · 동 절독과 맞물려 구독부수가 5월에 5천부가 증가했다. 이것은 1974년 『동아일보』 광고 탄압 사태, 1988년 『한겨레』 창간 때에 비견할만하다. 2007년 서울 지역 가판 1위이다. 2008년에는 민주노총이 소속 조합원에게 『한겨레』를 대신하여 『경향신문』 구독을 권했다. 2009년 노무현 전 대통령 서거 뒤에도 구독이 늘었다.

『경향신문』은 손실의 80%가 본지 제작에서 발생하고 있다. '촛불 정국' 때 약 10만 부 가까이 구독자 수가 늘었지만, 광고가 비례해 붙지 않아 재무구조는 더 어려워졌다. 뿐만 아니라 우리나라는 유통, 인쇄, 운송까지 언론사가 개별적으로 하고 있어 큰 고정 지출을 감당해야 한다. 이재국 『경향신문』 미디어팀장은 그러면서 "요즘 '먹고사는 방안'을 찾느라 고민이 많다. 시민 단체나 언론 단체 관계자들을 만나면 '건강한 자본 유치', 시민단체와의 네트워킹을 통한 신문 부수 확장과 광고유치 등을 이야기한다. 『경향신문』이나 『경남도민일보』처럼 '비슷한 길'을 걷는 언론사의 편집국장이나 기획실장들이 자주 만나서 소통했으면 좋겠다"고 한다(이재국, 2008.12.18).

1990년 1월 29일 새로운 신문 창간을 위해 『제주신문』 퇴직 사원 110여 명으로 구성된 제주참언론동지회가 결성되었다. 창간에 앞서 경영 안정을 위하여 안태의를 대표이사 회장으로 영입하였다. 제주도 제주시 이도2동 옛 제주감귤협동조합 제주지소 건물을 임대하여 제주도민일보사를 설립하고, 대표이사 사장 겸 발행인으로 김지훈을 선임하였다. 『제민일보』는 전사원 주주제와 도민주를 공모하여 회원들이 자진 출자한 5억 2,800만 원을 가지고 주식 17억 2,000만 원(응모자 2,753명)을 공모하여 1990년 6월 2일 창간되었다. 여기에는 전국 현역언론인 900명을 비롯 3,500명의 주주가 참여했다. 제민일보는 4·3취재반을 10년 동안 가동해 4·3의 규명에 귀중한 자료를 제공했다(양조훈, 1994: 339).

『오마이뉴스』는 2000년 기자의 문턱 제거 기사 형식 파괴 매체간의 벽 일소 등을 내세우며 창간했다. 시민기자가 기사를 쓰고 대중이 참여하는 미디어이며, 미디어 가운데 영향력 순위가 8위이다. 창간 초기 자본금은 1억 4,000만 원이었다. 2000년 한 해 총매출액도 1억 원이 채 안됐다. 그러나 시민기자들을 앞세운 실시간 인터넷 뉴스의 위력은 놀라웠다. 2003년에는 손익분기점을 넘고, 2005년에는 매출액만 60억 원을 넘어서고 있다. 일본 소프트뱅크의 외자 110억 원을 유치하면서 자본금 규모는 17억 2,600만 원(2005년 기준)에서 19억 8,200만 원으로 늘었다. 이에 따라 실제 자기자본 규모는 60억 원, 총자본 규모는 80억 원이다. 회사 지분 현황은 오연호 대표 24%, 소프트뱅크 12.9%, 생활정보지 '가로수'의 대표이사를 지낸 이의범 현 (주)고려 대표이사 7.9%다. 대부분의 주주는 소액주주로 각각 0.2~0.3% 정도의 지분을 보유 한다. 정규직 채용자는 2006년 77명으로, 계약직 10명이다(『미디어오늘』 2006.3.8). 노무현 정권 아래 정부 지원을 받으면서 독립성이 저하했다. 일본에서 『오마이뉴스』를 벤치마킹해 인터넷신문 『잔잔』(www. janjan.jp)을 발간한다. 『오마이뉴스』는 야후 재팬과 합작해 『오마이뉴스』 일본판을 만들었다.

『프레시안』은 소속 기자나 운영요원, 대부분 보수 없이 글 쓰는 수백 명의 필자, 그리고 독자가 운영 주체다. 『프레시안』 역시 경영상태가 나빠 투자자를 구한다.

주간 시사잡지 『시사IN』은 『시사저널』에 근무하던 기자들이 『시사저널』의 삼성관련 기사의 보도 제한에 항의하다 쫓겨난 뒤 조금씩 출연해 조직한 독립미디어다. 『시사IN』은 광우병 쇠고기 반대 촛불시위 때 거리편집국을 설치해 이를 생중계했다. 『시사IN』의 주주는 사원주주 30여 명을 포함해 700여 명에 달하며 1대 주주의 지분이 17%를 넘지 않는데다 회사 정관에 경영과 편집의 철저한 분리를 명시했다.

독립미디어 부문은 공동체 자기고용 주체들 가운데 가장 선도적인 역할을 했다. 독립미디어는 조·중·동의 보수 언론이 만든 의제를 중화하고 여론 몰아가기를 견제하는데 그치고, 민주화 시대 이후의 대안가치를 찾기에 소홀했다. 다원화한 사회 집단 속으로 들어가 다양한 시각을 체득하고 거기서 비전을 모색해야 한다(김종배, 2008.5.3). 전반적으로 수익이 나빠 이 문제를 개선해야 한다.

사회운동 관련으로 〈노동넷〉, 〈사람들넷〉, 〈진보네트〉, 〈참소리 방송국〉, 〈민중의 소리〉, 〈노동의 소리〉, 이주노동자의 방송국 시민방송 〈아프리카 TV(afreeca.com)〉 등이 있다.

1994년은 인터넷을 활용한 국제운동이 활발하기 전개되기 시작한 해이다. 대표적으로 멕시코 반군인 사파티스타가 본격적으로 인터넷을 이용해 자신들을 세계에 알리기 시작했다. 러시아의 체첸 반군과 반유태 아랍 단체들이 인터넷을 통해 자신들의 활동을 선전하고 조직원을 모집했다. 지금도 많은 전문가들이 인터넷이 없었더라면 사파티스타 같은 소규모 지역조직은 지금까지 살아남기 어려웠을 것이라고 이야기한다.

한국은 1996~1997년 총파업 때 인터넷을 활발하게 이용하기 시작했다. 대우자동차 파업 때(2001) 일어난 공권력의 잔혹한 탄압을 인터넷을 통해 세계에 알렸다. 현재는 이런 방식을 세계적으로 통용한다.

인터넷 포탈 Daum, Naver, Cyworld, Yahoo, Google 등은 정보 소통의 확산에 기여했다. 한국의 네티즌들은 감성과 문화, 상호 소통을 중시하며 인간적인 지식과 지성이 교류하는 인터넷 문화를 형성한다. 그러나 구글(Google)은 오직 가장 빠른 검색 스피드와 기계적인 최적의 접근성 및 소비자들을 속이지 않는 정직성을 중시한다.

이주노동자의 방송(MWTV)은 대부분 신분 불안과 인권 침해, 인종 차별 등 고통을 겪는 이주노동자들을 서로 당겨주고 밀어주며 함께 걸어가는 방송 프로그램이다. 위성케이블 시민방송(RTV)은 2002년 개국한 국내 유일의 시청자참여 전문채널이다. 이 방송에서 「이주노동자 세상」, 「다국어 이주노동자 뉴스」 프로그램으로 이주노동자 등이 직접 제작한다. 이주노동자의 방송 미누(36, 네팔) 공동대표는 "기존 미디어 프로그램에서는 이주노동자를 동등한 사회 구성원으로 보기보다는 불쌍한 사람, 범법자로만 그린다"며 "이런 잘못된 인식을 바꿔나가면서 이주노동자의 다양하고 생생한 목소리를 알리고 직접 참여하는 장으로 키워나갈 것"이라고 한다(『한겨레』 2007.4.19).

〈아프리카 TV〉(나우콤 대표 문용식)는 WIBRO(무선인터넷)와 인터넷 생중계를 결합해 2008년 촛불시위를 현장에서 중계했다. 서울시청 앞에 10만 명이 참가한 촛불집회 참석자를 Afreeca TV 2만여 개 채널을 통해 하루 최대 127만 명이 시청했다.[16] 다음 아고라는 촛불시위와 결합하여 다중의 여론을 형성하는 데 역할을 했다.

독립미디어는 권력과 자본에서 독립하는 공공성이 중요하다. 현재 『한겨레』, 『경향신문』, KBS, MBC가 미디어 공공성의 주축이며 인터넷 언론이 뒷받침한다. KBS, MBC가 사실상 종사자가 경영하는 방송 형태가 된 것은 사회의 민주화와 노동조합의 공공성 요구의 결과이다. 김대중 정권 당시 대통령의 KBS 사장 임면권을 임명권으로 바꾸었다.

현재 한국은 조선 · 중앙 · 동아의 3개 신문 점유율이 80%를 넘는다. 경영상태가 악화된 『한겨레』, 『경향신문』 등 중앙 · 지역 신문사 70여 곳이 김대중 정권 때부터 신문발전기금과 지역발전신문기금을 보조금을 받는다. 『한겨레』는 그 근거로 정부에게서 보조금을 지원받는 유럽의 예를 든다. 프랑스의 진보신문 르몽드, 광고수입이 적은 신문사에 보조금을 지원

---

16) 「'아프리카 TV' 문용식 대표 옥중 인터뷰」, 『한겨레』 2008.6.24.

하고 정부광고를 정책적으로 배정하는 스웨덴, 여론형성에 영향력을 끼치는 신문들을 선별 지원하는 오스트리아를 든다. 그러나 2009년 이명박 정부 아래 감사원이 이들 언론사에게 감사 자료 제출을 요구해 독립성을 훼손당할 우려가 있다.

방송과 통신을 통합하는 추세 속에서 공공성은 더욱 중요하다. 그러나 2008년 이명박 정부는 KBS 정연주 사장을 사실상 해임시켰다. 방송통신위원회를 대통령 직속 기관으로 두어 미디어에 미치는 영향력을 최대화했다. 그리고 날치기 통과한 미디어법은 재벌의 지상파 방송 진출을 허용하고 신문 방송 겸영의 전면 확대하고 방송과 통신을 융합하는 IPTV를 하고 공영방송의 민영화를 담고 있다.

이명박 정부는 1공영 다민영 체제를 주장하는데, 결국 보도채널이나 종합편성 체제, 궁극적으로 지상파까지 민영화하여 재벌 족벌 언론에게 내주려는 것이다. 이것은 조·중·동이 방송분야까지 진출 흡수하여 여론을 독점하는 것을 의미한다. 정영하 MBC노조 사무처장은 우리 사회에 "싫은 소리를 하는 방송 하나는 있어야 한다"고 했다.[17]

KBS의 경우 운영 재원을 수신료와 광고료에 의존한다. 영국의 BBC처럼 재원을 전적으로 수신료에 의존해 광고주에 종속되지 않고 방송의 공공성 공익성을 높여야 한다(김대식, 2007.8.31).

국외에도 영국의 BBC, 프랑스의 『디쁠로마띠크』, 홍콩의 『빈과일보』, 일본의 『JANJAN』 등의 독립적인 미디어가 있다. BBC는 방송의 다원성과 공공성을 지키는 점에서 공영방송의 모범이다. BBC1은 영국 지상파 기간 방송사의 기간채널로 공영방송다운 교양 프로그램을 중심으로 하면서도 기본적인 오락과 교육프로그램을 적절히 배합하여 공공성과 대중성을 살린다(정준희, 2002).

반면 일본의 NHK는 관변화 하여 공공성이 약하며 보수 자민당을 대변하는 경향이 강하다. 시민운동이 대안으로 마련한 『JANJAN』은 '시민의 시

17) 정영하(MBC 노동조합 사무처장)의 강연, 2009.1.3, 평화시국미사에서.

민에 의한 시민을 위한 미디어'를 표방하며 '정의와 신문화를 지향하는' 일본의 온라인 대안뉴스이다. 전 카나카와 카마쿠라시장인 켄 타케우치가 시작했다(www.janjan.jp, 2008.1.12).

영국에서는 1983년 액세스 라디오방송국을 열며 커뮤니티 라디오운동을 시작했다. 미국에서는 공공 라디오가 훨씬 개방적이다. 한국에서는 마포FM 라디오, 이주노동자방송국(네팔어, 태국어, 베트남어, 러시아어, 중국어, 한국어, 영어로 운영)이 있다. 관악 FM, 성서공동체 FM 등 공동체라디오 시범사업자들은 2008년 공동체라디오 협의체를 만들었다. 현재 한국의 공동체라디오의 출력은 1w여서 방송국 반경 1km 정도 안에서만 방송을 들을 수 있어 출력의 증강이 필요하다. 이에 비해 지방자치단체에서 운영하는 영어 FM방송은 출력이 1kw이다. 미국 일본 호주 등에서는 반경 5kw까지 라디오를 들을 수 있다.

언론의 접근권(Public Access)은 '공적 접근의 권리'를 의미한다. 지상파 TV, 케이블 TV, 위성방송, 라디오 등의 일부 시간이나 채널을 개방해 일반 시민들이 매체 제작에 직접 참여하고 이를 보장하는 구조를 의미한다. 이는 장애인, 비정규직, 노숙인, 여성 등 기존 미디어에서 소외된 각 주체들의 목소리를 조직하고 소통하게 하는 데 큰 의미를 지닌다. 미디어가 거대화, 상업화, 권력화하면서 사람과 사람 사이의 의사를 소통시키는 취지를 상실했다.

KBS는 방송법에 따라(2000년 개정) 매월 100분 이상 시청자 제작프로그램을 편성해야 할 의무가 있다. KBS 2개 채널의 연간 방송 시간 1만 5,000시간 가운데 시민들이 목소리를 낼 수 있는 시간은 20시간이다.

유튜브(utube)는 표현의 자유 실태를 보여주는 비공식적인 기준이다. '국경 없는 기자들'과 '프리덤 하우스'는 정기적으로 실태보고서를 내는데, 중국, 북한, 쿠바, 미얀마, 이란 등이 접속을 제한하고 한국이 최근 이 대열에 가담했다. 한국은 인터넷 논객 미네르바를 구속하고, 구글은 정부의 인터넷 실명제 확대 방침에 반발해 한국 서비스를 중단했다. BBC는 'Embrace all!(모든 것을 보듬어 안아라)'이라는 취지 아래 각계각층의 의견을 담는 퍼블릭 액세스(Public Access, 미디어 접근권)를 존중한다.

7) 출판 문화예술

문화예술은 산업화 시대에 임노동자에게 평등과 해방을 알리고, 지식사회에서는 노동자와 자연을 융합하게 한다. 문화예술 분야에서 공동체 문화의 발전을 뒷받침한다. 그러나 문화예술 분야에서 실용주의 문화산업이 아닌 기초예술 분야의 예술가들은 생존을 걱정할 정도다. 경기문화재단의 발표에 따르면 2007년 문화예술인 40%는 실수입이 없고, 100만 원 미만이라는 응답도 67.9%나 됐다. 2007년 한국연극협회의 조사에 따르면 연극인의 81%가 스스로를 저소득층이라고 답했으며 국민연금 가입률도 33%에 불과했다.

산티출판사(공동대표 이홍용 박정은)는 출판공동체를 꿈꾸며 회원제로 운영한다. 10만 원, 30만 원, 100만 원을 내면 산티에서 출간하는 책을 10권, 30권, 100권을 받아볼 수 있는 제도다. 산티는 이런 방식으로 좋은 책을 꾸준히 내고 적은 급료를 받으며 운영한다.

책은 출판비용은 책의 직접 생산비(정가의 36~40%), 판매관리비(30~33%), 유통마진 40%로 구성된다. 합치면 110%인데 출판사는 그 이하로 출고하는 경우가 적지 않다. 책을 펴내는 즉시 10%가 적자인 셈이다. 한기호 한국출판마케팅소장은 출판사들이 협력하여 온라인 직거래서점을 세워 어려움을 풀자고 제안해, 소규모 출판사 80여 곳이 회원사가 돼 위드북(With book)을 설립했다.

서울대 앞의 인문사회과학서점 '그날이 오면'은 1990년 개점해 '비판정신을 공유하는 커뮤니티'를 자처한다. 부산 남천동에 있는 청소년을 위한 인문학서점 인디고서점(대표 허아람)은 인문사회서적만 판매하며 청소년을 위한 독서토론 교실을 운영하고 교양지 『인디고잉』을 낸다. 인디고서점은 자신의 능력 범위 안에서 세상을 변화시키고 부족한 점은 연대를 통해 메운다. 인문학 책방 길담서원(대표 박성준)은 고전을 소리 내어 몸으로 읽는 현대판 서당을 운영한다. 대학로에 '이음책방', 성균관대 정문 근처에 '풀무질' 서점이 있다. 이런 서점은 광장서적(서울대 근처) 등 이전에도 많았으나 영업이 어려워 참고서를 팔거나 서점 운영을 포기했다.

출판사들의 협동조합인 파주출판문화정보산업단지(파주북시티) 사업협동조합과 출판도시문화재단(이사장 이기웅)의 뿌리는 6·25전쟁 뒤 마포에 만든 출판협동조합이라는 공급 기구다. 출판인들은 1988년 인쇄, 재료, 서비스, 서점 문제를 공동으로 고민해 파주 출판단지를 구상했다. 1단계 사업의 화두는 유통이었고 사업을 시작한지 20년만인 2007년 북센(출판물종합유통업체)을 완성했다. 2단계 사업은 도서관인데, 국립급 도서관을 세울 계획이다. 외국 유명 도서관과 다른 아시아적 가치를 보관하는 도서관을 구상하며 동아시아 국가 가운데 한국이 유리한 조건을 갖고 있다.[18)]

한국출판인회의는 현재 출판인 양성기구인 서울북인스티튜트(SBI)에서 연인원 4,000여 명을 교육했고, 서울출판예비학교에서 연간 40~50명의 예비 출판인을 배출한다.

1999년 120여 개 출판사들이 자본금을 모아 전자책 출판사인 '북토피아'를 만들었다. 북토피아는 1,200여 개 공공 및 학교도서관에 전자책을 납품한다. 그러나 종이책을 먼저 팔아야 하는 출판사들이 베스트셀러나 해외저작을 제외하고 철지난 책만 콘텐츠로 내놓아 콘텐트 경쟁력이 없어 경영이 부실하다.

1987년 6월 항쟁에 이어진 민주화의 국면에서 우리의 삶에 보다 밀착된 진실된 노래에 대한 사회적 요구가 높아졌고 '노래를 찾는 사람들'라는 이름의 노래모임을 새롭게 결성해 그 해 가을 첫 공연을 가졌다. 대중예술의 갈래로서 노래가 지니는 사회성과 역사성을 담아내며 어두웠던 시대의 아픔을 표현해 1980년대를 살았던 이들의 정서적 교감을 이끌어내는 중요한 역할을 했다. 노찾사는 노래운동의 대중화가 이루어지는 시기에 선두주자로서 '광야에서', '솔아 푸르른 솔아', '사계', '그날이 오면', '임을 위한 행진

---

18) 「'출판도시' 1단계사업 마무리 이기웅 사장」, 『경향신문』 2007.5.15.

곡' 등 시대를 뛰어 넘어 기억되는 노래들로써 일터와 거리, 대학을 오가며 수많은 공연과 음반을 통해 대중과 만났던 연행집단이다. 그밖에 여러 분야에 많은 연행집단이 있다.

A&B(Art & Business) 오케스트라단은 1999년 공장과 노동자를 위한 음악회라는 취지로 창단해 10년 동안 반월공단 시화공단 등 수도권 공장을 순회하며 매년 20~30차례씩 250여 회의 연주회를 했다. 그러나 2009년 공황으로 활동을 중단, 해체 위기에 있다.

예술가들에게 대안공간은 무척 중요하다. 화가들은 시립미술관이나 백화점에서 전시하던 데서 벗어나 대안공간을 마련했다. 서울에는 이런 곳이 많이 있으며, 부산에는 반디, 스페이스 배, 인천에는 스페이스 빔, 안양에는 스톤앤워터, 안성에는 리트머스 등이 있다. 광주에서는 2008년 공동화한 대인시장 앞에 60평 창고를 개조해 '매개공간 미나리'를 열었다.

소극장들이 지역문화를 만들어 사람들을 모으면 상업적인 발달이 이루어지고 정작 소극장들은 다시 쫓겨나는 일을 반복한다. 소극장의 대명사인 서울 대학로에서 소극장들이 떠나고 있다. 역설적이게도 2004년 대학로가 문화지구로 지정된 여파다. 1960년대 명동, 1960~1970년대 세종로, 1980년대 신촌을 거쳐 1990년대 대학로에서 이런 일이 일어나 이들은 다시 삼선교 일대로 이주했다. 오태석이 운영하는 '아룽구지'는 문을 닫았다. 2007년 7월에는 대학로를 떠나기 위해 가변무대, 극단 76, 우석레퍼토리극장, 연극실험실 혜화동 1번지 등 7개 소극장이 모여 세븐스타(7star)라는 단체를 만들었다. 이들은 다른 곳에 문화촌을 형성할 계획이다.

극단 76의 기국서 연출가는 "신촌의 임대료가 비싸져 대학로로 옮길 수밖에 없었는데, 이곳도 100석 규모의 공연을 올리려면 임대료가 공연비용의 3분의 2를 차지할 정도가 됐다"며 "감동도 크고 연출가와 작가, 배우 등을 발굴해내는 소극장이 내몰리는 현실이 안타깝기만 하다"고 말했다(『한겨레』 2007.9.15).

대학로는 현재 소형 공연장 중심의 '문화의 거리'와 대형 공연장과 상업시설이 넘치는 '상업적 번화가'의 갈림길에 있다. 뉴욕의 브로드웨이는 상업화하면서 고급 상점, 백화점, 뮤지컬 극장, 영화관이 몰린 브로드웨이와 2차대전 뒤 상업연극에 반발해 브로드웨이 외곽에서 일어난 실험적인 소극장운동인 오프 브로드웨이로 나뉘었다.

2007년 대안영상문화발전소 아이공이 홍익대 부근에 대안영상 전용 극장인 '미디어극장 아이공'을 열었다. 재원은 2006년 한국문화예술위원회가 주는 '올해의 예술상' 상금 3천만 원으로 마련했다. 아이공은 1999년부터 여성주의 소수자 비주류를 소재로 실험영상을 소개한 영상문화운동 단체다.

문래동 철재 단지 일대에는 공장 이전 정책과 재개발로 단지 안 업체들이 옮겨가자 2003년부터 홍대 · 대학로에서 급등한 임대료 때문에 밀려난 예술인들이 알음알음 빈사무실에 둥지를 틀며 예술인 창작촌을 형성했다. 2008년만 작업공간만 4곳이며 작가는 150여 명에 이른다. 김정헌 전 한국문화예술위원회 위원장도 이곳에 '예술과 마을 네트워크'를 열고 마을주민이 스스로의 가치를 바탕으로 발전계획을 세우면 문화예술이 지원하고 네트워킹 한다.

인천 배다리에는 70년 넘게 막걸리를 빚은 인천양조장 건물과 한국 최초의 철도공사를 시작한 우각역 등 유적들이 남아 있다. 인천시가 배다리를 관통하는 산업도로 건설을 추진하자 이를 막기 위해 퍼포먼스 반지하 · 스페이스 빔 등 문화예술인들이 자발적으로 모여들어 인천 배다리 예술집단을 형성했다. 대전 중구 대흥동은 관청이 떠난 빈 도심을 예술로 채워 문화 · 예술 공간만 70여 곳이다.

독립영화는 한 해에 30~40편 나오고 그 가운데 10편이 극장에 걸린다. 그런데 편수보다 공공기관이나 극장의 지원을 받지 않고 시장에서 살아남을 수 있는 영화는 극히 드물다.

김동원은 1988년 서울올림픽을 앞두고 강제 철거당한 상계동 주민과 3년 동안 동거동락하며 '상계동 올림픽'을 찍었다. 노동영화는 1990년 '파업전야'를 처음으로 만들었는데, 정부의 상영금지 조치로 공장과 대학에서 비합법 상태로 상영했다. 노동자뉴스제작단은 1989년부터 지금까지 110편의 다큐멘터리를 제작했으며, 2008년에는 금속노조 현대자동차지부와 공동으로 비정규 노동자 문제를 다룬 〈안녕? 허대짜수짜님!〉을 제작했다.

젊은 감독들은 1996년부터 비경쟁 독립영화의 축제인 인디포럼을 연다. 독립영화인들은 1998년 검열을 거부하고 자본을 적게 쓰며 상투적 영화공식을 거부하고 한 사람의 인권, 소수의 자유를 지키기 위해 우리는 권력에서 독립을 선언하며 한국독립영화협회를 만들었다.[19]

독립영화 제작 · 배급사인 인디스토리(대표 곽용수)는 1998년 창립해 이듬해 EBS에 단편영화를 배급하면 본격적으로 활동하고, 비전향 장기수의 삶을 그린 다큐멘터리 〈송환〉의 흥행에 성공했다. 인디스토리는 인터넷 포털 사이트가 활성화하자 VOD판권으로 회사를 운영했다. IT붐이 꺼져 어려움을 겪을 때 KBS에 '독립영화관'이 편성되자 안정적인 상영망을 확보했다. '독립영화관'이 폐지되자 이번에는 디지털 영화 제작 장비의 발달에 힘입어 장편 독립영화가 잇달아 나왔고, 인디스토리의 라인업도 풍부해져 부가판권을 확보했다. 곽 대표는 "영화산업이 일정 수준에 오른 동남아시아 영화계와 함께 아시아 네트워크를 구성하고 싶다"고 한다. 독립영화 전용관으로 인디페이스, 전통 있는 삼일로창고극장, 홍대 앞 시네마상상마당 등이 있다.

이명박 정부는 문화다양성 협약을 비준한 국가와만 자유무역협정을 맺는다는 유럽연합의 요구에 따라 문화다양성 협약 비준을 추진하는 데, 이 협약에는 스크린쿼터의 보호를 포함한다.

짚풀생활사박물관(관장 인병선)은 2008년 비영리재단으로 전환해 수집품에 대한 개인의 권리를 포기하고 공공에 내놓았다. 국내 기업박물관이 아닌 개인의 사립박물관 250여 곳 가운데 세 번째 비영리재단화이다.

지역공동체가 일군 사례다. 성미산공동체는 마을밴드, 극단, 풍물패 등 주민들이 만든 문화예술 동아리가 많아지자 2009년 이들이 공연할 95석 규모의 '마을극장'을 만들었다.

---

19) 「한국독립영화협회 창립선언문」, 1998.9.18.

8) 연구 전문 서비스

연구 전문 서비스는 공동체 자기고용의 장기 전망을 세우고 당면한 대책을 내놓을 수 있다.

공동체를 지향하는 연구 공간들이 있다. 『녹색평론』과 『문화과학』은 학진이나 기업의 지원 없이도 지식인들이 자체적으로 담론 생산을 할 수 있음을 보여주는 사례다.

『녹색평론』(발행인 김종철)은 1991년 10월 창간된 격월간 잡지로 두산전자 구미공장에서 페놀 원액을 낙동강에 유출하는 사건과 농민들이 보리를 거두지 않고 밭 째 불태워버리는 사건을 겪으면서 대구에서 생태환경과 지속가능성을 존중하는 출판을 시작했다. 페놀 유출 사건은 박정희가 자신의 고향인 내륙 구미에 중화학공업단지를 건설하면서 원인을 제공했다. 녹색평론의 창간 목적은 사람과 사람, 사람과 자연 사이의 분열을 치유하고 공생적 문화가 유지될 수 있는 사회의 재건에 이바지하는 것이다. 천규석, 권정생, 이현주, 전우익 등의 글을 소개했다. 2008년 5~6월 100호를 발행했으며, 서울, 대구, 대전 등 전국 각지에 독자모임이 활동 한다(김종철, 2000: 29).

계간 『문화과학』(대표 강명구, 1992 창간)은 지금까지 52호를 발간했다. 『문화과학』은 문화적 측면에서 코뮨주의를 주창한다.

2000년 이진경 고미숙 고병권 등이 만든 연구공간 '수유넘어+공간'은 한국 대학 제도 안에서 전임교수가 되는 것이 요원한 현실에서 지속적으로 공부할 수 있는 공간으로 마련했다. 출신학교 전공 등의 제약 없이 누구든지 소속될 수 있고, 연구부터 생활까지 자급자족적 운영을 지향한다. 쌀이나 특산물은 선물로 보내온 것으로 충당하고 카페나 식당에서 얻은 수익으로 운영비를 충당한다. 집단연구는 미 제국주의와 그 종속국을 포괄하는 '제국'이 세계를 지배한다고 보고 그에 대응하는 공동체를 세워야 한다고 주장한다. 공동체의 최종 목표를 '일상의 변화'에 둔다는 점에서 코뮨주의의 실험이다. 이진경이 주장하는 코뮨주의는 "기계나 인공물까지 포함하는 거대한 자연 속에서 상생 관계를 모색하며, 생산관계뿐 아니라 삶의 방식을 바꾸는 노력이다"(『위클리경향』 2008.9.23).

대안연구소 시민 단체들이 제도권 교육에서 소외되거나 이탈한 시민 청소년을 대상으로 대안적 교육공간, 적극적인 독서운동을 통한 대안적 네트워크 모델을 제공한다. 수유연구소+연구공간 '너머', 공간 플러스, 철학아카데미, 풀뿌리사회학교, 인권실천시민연대, 인디고서원 등이 있다(박찬영, 2008: 61).

『자율평론』은 제도화한 연구를 거부한다. 『자율평론』은 "자율을 '제 멋대로 한다'는 개인주의적 자유주의의 에피스테에서 구출하여 인류의 집단적 소통과 상승적 공생의 맥락 위에서 추구되는 개인성으로 재정의하며", 공부 표현 소통 조직화의 공간 역할을 한다(『자율평론 창간취지문』, jayul.net, 2008.1.12).

대안연구소에는 진보정치연구소, 새로운 사회를 여는 연구원(새사연, 대표 손석춘), 세교연구소, 참여사회연구소, 새로운 코리아구상을 위한 연구원(코리아연구원), 희망제작소, 민주사회정책연구원, 좋은 정책 포럼, 대안연대회의, 민주주의와 사회운동 연구소, 대안포럼 등이 있다. 그러나 이들이 내놓은 대안은 사회 교육정책과 정당 체제를 결합하는 체계적인 대안을 내놓지 못한다. 신정완은 이들 연구소가 스웨덴 독일 덴마크 등 유럽의 경험을 취사선택하는 정도에 머문다고 말했다(『경향신문』 특별취재팀, 2007: 335). 새로운 사회연구소는 회원들이 소득의 10분의 1을 후원금으로 내놔 넉넉하지는 않아도 연구의 독립성을 보장할 수 있는 시스템이다.

산별노조 부설 연구소로 한국노총 계열 금융노조의 금융경제연구소가 독립적으로 운영한다. 민주노총 산하 전국공공서비스노조의 사회공공성연구소가 있고, 전국사무금융연맹이 산업정책연구소, 투기자본감시센터 등과 함께 진보금융네트워크라는 연구소를 준비한다.

법률 부문에서 변호사들의 공익 변론 활동은 오래 전부터 있었다. 가정법률상담소(1956년 설립, 설립자 이태영 변호사, 소장 곽배희)는 여권을 신장시키는 데 기여했다. 특히 가정에서의 남녀평등·부부평등을 통해 민주적이고 건강한 가정을 구현하는데 애쓰고, 민법에 유류분 제도(1988)를 만드는데 기여했다(허도산, 1998: 403). 가정법률상담소는 앞으로 지부를 확대하고, 국제결혼 · 탈북자 가정의 문제 · 통일 뒤 가족정책 연구 등 가사 문제 전문기관으로 활동할 계획이다.

민주사회를 위한 변호사 모임(민변, 1988, 회장 백승헌 변호사) 역시 공익적 역할을 한다. 민변은 구조적으로 행해지는 인권침해에 지속적이고 조직적으로 대응하고, 전체 민주화운동세력 안에서 법률가 단체로서 전문성과 합리성을 살려 우리 사회의 개혁과 진보를 위한 비판과 건설적인 대안을 제시한다. 2000년 이후 미군 장갑차 사망 여중생 사건 변론, 한미FTA반대, 광우병 쇠고기 수입위생조건 고시 무효를 위한 헌법 소원 등을 한다.

법무법인 덕수는 민주주의, 노동, 환경, 국가보안법 위반 사건을 담당해 오랜 동안 공익 부문에서 사법정의를 실현하는 데 기여했고, 현재는 초국적 자본을 대변하는 김&장에 맞선다(임종인 · 장화식, 2008).

녹색연합 소속 환경소송센터(이사장 최병모 변호사)는 수질, 대기 등 환경관련 전문가, 행정학, 공학, 의학 전문가의 도움을 받아 복잡한 환경 소송을 진행한다. 먹을거리 안전을 위한 소송, 국토의 보전을 위한 난개발 소송, 새만금 간척사업의 중지를 위한 소송, 송전탑 송전선로의 문제를 제기하는 소송, 미군기지 환경오염피해 소송 등이다.

공익변호사그룹 '공감'(www.kpil.org)은 여성, 장애인, 이주노동자, 성적 소수자, 사회적 약자의 인권보장을 통한 우리 사회 인권의 경계 확장, 변화를 지향하는 법적 실천, 공익 법 활동의 활성화를 목표로 2004년 1월 설립했다. 7명의 변호사가 상근한다. 재정은 아름다운재단의 공익변호사 기금과 기부금으로 운영한다. 공감은 수많은 개인 또는 단체가 기부한 기금으로 충당한다. 공감은 2009년 도봉구 주민 단체가 "부당하게 인상한 지방의원의 의정비를 환수해야 한다"는 서울행정법원 판결을 이끌어 냈다. 사회공헌 활동에 뜻을 함께하는 여성 공인노무사들이 2001년 여성노동법률지원센터를 만들었다.

6. 지역공동체

도시, 농촌, 산촌, 어촌을 가릴 것 없이 지역공동체는 공동체 지향의 성격이 있다. 지역공동체는 여러 부문이 모이는 곳으로 공동체주의의 근거지이다. 주민의 소득, 의식주, 교육, 의료, 생태환경, 문화 등의 다양한 요구가 개별로 또는 겹쳐 발생한다.

산업화와 더불어 도시로 이주한 노동자들은 노동하는 곳과 주거지가 분리되고, 전통적인 공동체 개념은 사라졌다. 노동운동과 도시빈민운동을 전개했지만 공동체를 복원하지 못했다. 이런 상황에서 주민공동체는 비정규직, 여성, 이주, 특수고용, 노동자는 물론 보수화한 중간계급 등 여러 계층의 구성원이 만나는 곳이다. 그러므로 대기업이나 공공 부문의 정규직 노동자는 주민공동체에서 비정규직 노동자와 도시빈민의 삶을 보고, 대농은 빈농과 이주노동자의 처지를 이해할 수 있다. 계급 계층의 대중운동과 시민운동이 만날 수 있다. 주거와 생산, 분배, 소비 등 경제활동의 일치를 추구한다. 이런 점에서 주민운동은 지구화 지역화의 출발점이다. 세계사회포럼은 지구화에 대응해 '커뮤니티(community)'를 의제로 택했다. 지구가 하나의 이웃이라는 인식과 배려하는 마음이 관건이다(김영곤, 2007: 375).

그러나 우리 사회에서 지역공동체는 일제 강점기에서 개발독재에 이르는 오랜 동안 지배자에게 종속된 지주나 독재에 억눌려 전통적인 공동체의 정서를 상실했다. 현재도 난개발을 둘러싸고 이익을 나누는 토호, 집권자, 자본, 조직폭력 등 지역 권력의 문제가 있다.

지역공동체에서 공동체 자기고용의 실현은 두레의 현대화다. 지역경제에서 노동의 독자적인 경제 단위를 형성하는 변화다. 최근에는 자연생태와 건강을 찾아 농촌으로 회귀 재정착하는 흐름이 있다.

1) 도시공동체

(1) 도시공동체의 운영과 재개발

한국의 주택보유율은 100%를 넘지만 내 집을 가진 사람은 50% 정도다. 주택에서 발생하는 격차가 임금의 격차보다 크다. 한국은 도시화율이 50%를 넘고 주거형태 가운데 아파트 거주자의 비율이 80% 이상이다. 사회에서 자본 토지를 상속하면서 격차가 고착화했다. 국민 10명 가운데 9명의 고민이 일자리와 주택일 정도로 주택 문제가 심각하다. 주택투기에서 자본이 얻은 수익은 임금 부분을 상회한다. 또 부자의 재산은 '유능한 변호사와 발달한 사법제도'가 보호해 준다.

지금까지의 재개발은 지주조합, 건설사, 권력과 행정기관, 용역이 대다수의 세입자를 희생시키는 과정이었다. 용산 참사에서 세입자와 가난한 주민들은 갈 곳이 없어 저항했다. 이들이 알박기를 한 것이 아니다. 주민들은 삶을 파괴하는 전면 싹쓸이 개발을 중단하고 집, 가게, 가족공동체가 뿔뿔이 흩어지지 않고 같이 모여살기 바란다.

기존의 재개발은 지역공동체를 해체시킨 재개발 발표가 나면 주민은 재입주 가능, 이주 가능, 이주 불가능한 세대로 분리되며, 기존에 축적한 공동체는 순간에 무너진다. 필자는 2001년부터 운영한 부개동 마을도서실이 2007년 인천시가 재개발 방침을 정하면서 무너지는 경험을 했다. 마을도서실 운영 주체들은 재개발 조합을 추진하는데 마을도서실이 찬성 여론 형성에 장애가 된다며 폐쇄하자고 나서는 바람에 마을도서실은 크게 위축됐다.

재개발은 1960년대 중반부터 일어났다. 서울 중심가 청계천에서 외곽으로 광주대단지, 양평동, 상계동, 경기도 오산 등 다른 지방으로 확산됐다. 이제는 이것이 전국적인 현상이다. 2009년 용산 참사가 절정이다. 1960, 1970년대에는 주거지에 방화로 추정되는 사건이 일어나 거주민을 내쫓는 일부터 시작했다. 1980년대 이후에는 폭력으로 거주민을 몰아내는 방식을 취했다. 한국과 남아공과 함께 비인권적으로 강제철거를 많이 한 나라로 악명이 높다.

철거민은 전국철거민연합을 조직해 대응했다. 건설사(재벌), 행정(구청), 경찰, 조직폭력이 개입하여 개발이익을 챙기는 과정에서 주민과 충돌했다.

서울 지역 주요 재개발 사업은 2009년 현재 GS건설, 삼성물산, 대우건설, 현대건설 등 상위 5개 업체가 건립예정 가구 수의 79.3%인 3만 7,163가구를 독과점 시공한다.

2009년 1월 20일 용산 뉴타운 재개발과정에서 망루를 짓고 저항하는 세입자를 경찰이 폭력 진압하는 과정에서 이상림(70세) 등 세입자 5명과 경찰 1명이 죽는 참사가 일어났다. 용산 참사가 일어난 국제빌딩주변 4구역은 2006년 4월 도시환경정비사업 지구로 지정되고 땅 주인들은 6개월 만에 재개발조합 설립인가를 받아냈다. 2012년 완공을 목표로 했다. 재개발조합이 주거 · 상가 세입자들에게 책정한 보상금은 가게 권리금은커녕 인테리어비용에도 미치지 못하는 액수 1,680~2,500만 원이었다. 또 시공사인 삼성물산 · 대림건설 · 포스코건설 등 대형건설사가 수천억 원에 이르는 건물 철거 · 신축비를 조달하기 때문에 금융비용을 줄이려 세입자를 빨리 몰아내고 사업을 진행해야 했다. 이런 상태에서 주거 · 상가에 입주할 수 없는 세입자들이 주거권을 요구하며 저항하고 이를 경찰 · 용역이 공격하는 과정에서 참사가 일어났다.

토지주택공공성네트워크는 용산 참사의 원인을 "개발이익 극대화에만 초점을 맞춘 재개발정책이 근본 원인"이라며 대안을 제시한다. 먼저 재개발 · 뉴타운 사업 목표를 개발이익 극대화나 건설경기 부양 등에서 '영세 원주민의 주거 환경 개선'으로 되돌려야 한다. 원주민들을 위해서는 소득수준과 주거 수요에 맞춰 소형 · 저가 주택과 임대주택 건설 비율을 확대하고, 임대보증금을 마련하기 어려운 세입자에게 싸고 쉽게 융자할 길을 터주어야 한다. 소득수준을 감안해 임대료를 차등 부과하는 정책도 도입해야 한다. 둘째 재개발은 공익적인 사업인데도 철저히 민간에게 맡기는데 공공기관이 개발과정의 갈등이 해소될 수 있도록 적극적인 중재역할을 맡아야 한다(『한겨레』 2009.2.9).

용산 상가의 재개발과정에서 주민들이 경찰의 과도한 진압과 화재로 6명이 죽은 사건을 계기로 원주민을 살리는 개발 방식을 도입해야 한다. 재개발의 결정과정도 주민의 의사가 모아지도록 토론에 토론을 거듭해 결론을 내야한다.

다른 나라의 재개발 사례는 일본 영국 타이 등은 끝까지 설득한다. 일본 도쿄 중심지에 세워진 롯폰기힐스(11만㎡)는 시작에서 완공까지 17년 동안 주민설명회를 1,000번 열었다. 주민들은 대형 지주와 동등한 조합원으로 사업에 참여했다. 도쿄도는 조합 가입률 93%가 되어 재개발조합 설립을 허가했다. 이곳은 도쿄의 랜드마크가 됐다. 영국은 한국처럼 기존 건물을 모두 부수는 식의 개발은 더 이상 하지 않는다. 그 대신 오래된 건물을 조금씩 개조하여 사용하고 꼭 필요한 시설만 새로 짓는다. 이런 도시재생지구의 재개발은 지방정부의 주택부나 환경건강부가 담당하며 주민이 개발 사업으로 자신이 살던 곳에서 쫓겨나는 일은 거의 없다. 지방자치단체에서 운영하는 공공임대주택이 낡아 철거할 때도 지자체는 주민이 임대기간이 끝나 나갈 때까지 철거를 유보한다. 한국보다 경제력이 뒤지는 타일랜드는 주택청이 투자해 만든 지역조직발전기구가 슬럼 지역주민에게 돈을 빌려주어 철거민 스스로 재정착지를 구해 집을 짓도록 한다. 주민들은 먼저 돈을 빌리기 위해 먼저 일종의 마이크로금융을 만들고 사업계획서를 제출하면 '지역조직발전기구'에서는 주민 개인이 아닌 전체 조직에게 돈을 빌려주고 전문가를 붙여 행정 지원한다. 2004년 말 현재 300개 도시의 주민 825만 명이 이 프로그램의 혜택을 받았다.

재개발은 원주민을 살리는 것이어야 한다.

도시 재개발은 물리적 개발에서 벗어나 주민들의 정착율과 복지를 개선하는 방향으로 나가야 하는데, 재개발은 주민들의 삶과 동떨어져 원주민의 정착률이 낮다. 참여연대와 주거연합 등 11개 시민 단체는 "뉴타운의 원주민 재정착률이 10~20%에 불과하다"며 "뉴타운 때문에 일부 득 보는 서민들의 상당수가 주변의 전세 값 및 소형아파트(주택) 값 상승으로 인한 주거 불안의 악순환으로 빠져들고 있다"고 했다.

서울시가 2006년부터 1년 동안 9개 재개발지구를 대상으로 조사한 결과 조합원 재정착율은 45.8%에 그쳤다. 현재 주민이 조합을 구성해 시공사와 함께 재개발을 추진하는 합동재개발방식은 더 큰 수익성을 내려고 '기존 주택을 전면 철거한 뒤 고층 아파트 건축'이라는 천편일률적인 개발방식을 택한다. 또 서울시는 2007년 도시계획사업 철거민에 대한 아파트 특별분양제도를 폐지하고 이주지원금 및 임대아파트 입주권을 주는 개편 방침을 밝혔다. 이 제도에서는 개발을 하더라도 재건축비용을 충당할 수 없는 주민은 다른 곳으로 이사 가야 한다. 잘 사는 사람은 새로 조성한 뉴타운에 들어오고 원주민은 살던 곳에서 쫓겨나는 실정이다. 서울 동작구 흑석동 주민들이 2008년 뉴타운 지정을 취소해달라고 행정심판을 청구했다. 이들은 "아파트 필요 없다. 40년 넘게 산동네서 그대로 살고 싶은 뿐이다. 가구당 2~3억 원의 추가 부담도 벅차다"고 말했다. 뉴타운 지정 취소 요구는 처음 있는 일이다.

서대문구 가재울뉴타운, 성동구 왕십리 뉴타운, 옥수동 재개발 지역, 인천 학익동 재개발 구역, 파주 문산읍, 천안 오룡동 재개발 구역 등 40여 개 지역주민이 '뉴타운 · 재개발 중단을 촉구하는 전국뉴타운개발지구 비대위 대표 연합'을 결성했다. 이들은 뉴타운정책을 중단하고 주민 피해를 최소화하는 대책을 제시할 것을 요구했다. 2009년 서울지방법원 민사 12부(김천수 부장판사)는 재개발 지역 세입자들이 적정한 보상도 받지 못하고 쫓겨나야했던 도시정비법 제49조 6항에 대한 위헌법률심판을 제청했다. 해당 조항은 도시 정비사업 관리처분계획이 인가되면 정비구역 내 토지 · 건물 소유주와 세입자의 사용 · 수익권은 정지된다고 규정했다. 용산역 전면 제2구역 도시환경정비사업조합은 2008년 세입자 이모씨 등 22명을 상대로 건물 인도 청구소송을 냈고, 이에 이씨 등은 이 조항이 헌법에 보장된 재산권과 보상권을 침해한다면서 위헌법률 심판 제청을 신청했다.

대전시는 건물과 사람을 그대로 놔둔 상태에서 정주환경을 조성하는 무지개프로그램을 시행해 영세민들이 지금 살고 있는 곳에서 계속 살아갈 수 있도록 했다. 최근 2년 사이에 대표적인 빈민촌인 동구 판암 1 · 2동 주공아파트(10,203가구)와 대덕구 법동의 영구임대아파트단지를 '살만한 서민들의 보금자리'로 탈바꿈시켰다. 이 프로그램에서 대전시가 모두 334억 원을 투입해 도색 도배 싱크대를 교체하고, 각 급 학교의 낡은 책 · 걸상을 바꾸고 빈 교실은 도서관으로 꾸몄다. 대전시는 앞으로 '달동네'인 동구 대동, 중구 문창동 부사동 등에 주요 골목길에서 디자인 개념을 도입한 덮개를 씌울 계획이다.

(2) 철거민의 공동주택

정부의 재개발정책 때문에 도시외곽으로 밀려나는 철거민은 공동주택을 마련했다. 도시빈민 대중이 주택을 요구하는 투쟁은 1970년대 도시빈민촌 철거 반대 투쟁에서 시작했다. 1971년 성남시로 이주한 청계천 철거민들은 광주대단지 사태를 일으켰다. 김진홍 목사는 1976년 청계천 철거민과 함께 남양만에 두레마을을 세웠다. 남양 두레마을이 학교만 남겨 놓고 이주해 만든 것이 함양 두레공동체이다. 농업공동체이라기보다 영성공동체의 성격이 강하다. 한농복구회는 안식교 계열의 기독교인 박광규가 중심이 돼 1994년 300여 명이 시작하여 2004년 국내에 10개의 친환경 농업공동체와 해외에 10개의 지부를 운영한다(황대권, 2005: 501). 1984년 목동 철거반대 투쟁을 전개한 주민 가운데 양평동에서 1977년 170세대, 1979년 164세대가 경기도 시흥군 소래읍으로 이주해, 제정구 등이 앞장서 '목화자리'에 자조(自助) 주택방식의 공동체를 건설했다. 1986년 상계동 세입자대책위원회는 건설업체와 부동산 이익집단의 독점이익 보장에 반대하고 서민용 주택 건설의 재개발정책 시행을 요구, 실현시켰다.

서울의 북부 미아리, 남부 신림과 더불어 대표적인 달동네였던 성동구 금호동 · 행당동 · 하왕십리 철거민들은 임시주거단지를 얻는데 성공했다. 이들은 '생명 · 살림 · 자치 성동주민회'를 조직해, 노동자가 주인이 되는 봉제공장을 주민들이 직접 운영하고, 자본금 160억 원의 논골신협을 만들고, 2009년 가난한 사람들도 유기농 채소를 먹을 수 있도록 생협을 시작했다.

철거민 문제를 단순한 도시빈민의 주거권 문제가 아닌 전체 노동자의 생존권 문제라는 인식을 갖고 있는 전국철거민연합(전철연)은 철거 뒤 주민들이 자유롭게 살 수 있는 영구임대 아파트 건립과 임시 거처인 가수용 단지의 제공이다. 전철연은 1990년 돈암동 동소문 개발 지역에 영구 임대 주택 건립, 2001년 서울 봉천3동 재개발 지역에서 가수용 단지 수용 등의 합의를 이끌어냈다. 2009년 용산역 앞 상가에서 철거에 항의하던 6명이 희생당했다.

1987년 베를린에서 열린 'Habitat International Coalition(세계주거문제협의회)'는 한국이 남아프리카공화국과 함께 "가장 비인간적인 철거를 자행하는 나라"로 지적했다(소준섭, 2007: 390~399).

1993년 UN인권위는 강제철거(퇴거)는 인권에 대한 특히 적절한 주거권의 심각한 침해이다. 정부는 강제철거를 없애기 위한 즉각적인 조치를 취해야 하며, 정부는 현재 강제철거의 위협에 직면한 모든 사람들의 점유안정을 위한 협의를 하고 관련된 사람이나 집단의 효과적인 참여와 자문 협상에 기초하여 강제퇴거에서 완벽하게 보호하는데 필요한 모든 수단을 취해야 한다. 모든 정부는 강제 철거되는 사람이나 지역사회에 그들의 희망과 필요에 따라 적절한 보상과 충분한 대안적인 거처나 토지를 제공해야 하며, 여기에는 영향을 받는 사람이나 집단과 상호 만족할 만한 협상이 선행되어야 한다고 권고했다.

해비타트(Habitat, 창설자 밀러드 풀러)의 사랑의 집짓기 사업은 필요한 자금은 기부하고 노동력은 주택수요자가 제공하는 국제적 활동방식이다. 36년 동안 자원봉사자들의 노력과 기부로 전 세계 150만 명의 가난한 사람들에게 30만 채 이상의 집을 지어주었다.

(3) 임대주택

임대주택의 입주 여건이 2인 이상 가구 기준이어 홀로 사는 노숙인이나 쪽방민들은 보금자리를 구할 수 없다. 성북구에 자리 잡은 '평지'는 그런

홀몸 거주자들이 적은 돈으로 살집을 마련해 쉼터를 벗어날 수 있는 '나눔마을' 사업을 추진한다. 이들은 정부 지원을 받아 도심주택을 매입해 홀몸 가정이 보증금 150만 원에 월세 5만 원에 살도록 할 계획이다. 홀몸 거주자를 위한 매입임대 주택 규모는 300가구로 100만 국민임대주택 사업의 한 갈래인 5만호 매입임대 주택사업에서 차지하는 지중은 아주 작다. 평지는 20가구를 추진 중이다.

임대주택은 35만 9,000가구로 우리나라 전체 1,332만 가구의 2.7%다. 영구임대주택은 19만 가구, 50년 임대 9만 2,000가구, 국민임대 7만 7,000가구이다. 이 수치는 영국 22%, 프랑스 17%, 일본 7%에 비해 크게 낮다.

스웨덴 스톡홀름 특별구는 임대주택의 비중이 51%다. 일반 아파트의 절반 정도만 부담하면 되기 때문에 구태여 집을 살 이유가 없다. 특별구의 임대주택 임대료는 방이 1~5개로 선택의 폭이 다양해 월 30만 원대에서 200만 원으로 진폭이 크다. 1가구 1주택 원칙도 철저하며 집을 매매해 이익을 실현하면 50~60%를 세금으로 내야 한다.

(4) 노동자 공동주택

한국에서는 기업 단위로 사원들에게 주택을 제공하는 사원주택 건설은 많다. 교수 기자 예술인의 공동주택도 있다. 노동자가 주체가 되어 노동자들이 사는 주택을 노동자 공동주택으로 짓거나 재건축, 재개발하는 사례가 드물다. 서독으로 이주노동을 갔던 광산노동자 간호사들이 2001년 남해군 삼동면 물건리 3만여 평의 대지 위에 40가구를 추진해 30여 가구가 입주해 산다.

주거 지역에서 주택조합을 조직하지만 지역주택조합은 건설사의 입장을 반영해 지역주민의 이익을 반영하지 못한다. 재개발조합은 지주들의 조합으로 거주자의 권리를 존중하지 않는다. 건설은 거의 모두 건설업체에 맡긴다. 개발도상국에서 주택은 소유의 대상이다. 선진국에서는 주택협동조합이 점차 확산되는 공공주택의 문제를 해결하는 전망을 제시한다

(존스턴 버챌, 2003: 307).

가족이 해체되고 저출산 고령화가 심각해지면서 노인과 젊은이가 공생하고 이웃과 가족처럼 지내는 주거공동체가 있다. 서유럽에서 발달해, 독일 브레멘 시장을 지낸 헤닝 쉐르프는 은퇴 뒤 주거공동체를 실현했다. 엘리베이터를 갖춘 빌라를 공동으로 구입한다. 다섯 세대씩 묶어 공동주방과 공동도서실을 만든다. 매주 토요일에는 각 세대가 번갈아 식사를 준비해 모든 사람에게 제공하고, 가정부나 간호사 비용은 공동으로 치룬다. 자녀나 손자들이 찾아오면 이 집 저 집을 자유롭게 드나들 뿐 아니라, 이곳 친구들은 모두의 손자, 손녀들만 따로 지내기도 한다(헤닝 쉐르프, 2007).

미국의 노동자들의 노후한 주택을 건설업체가 리모델링해 비싼 값으로 시장에 내놓고 노동자 임금의 절반을 주택비에 지출한다. ACORN은 주민을 조직하고 이들이 주체가 되어 주택을 스스로 개량하는 사업을 한다. ACORN은 전국 100여 곳에 30만 명의 회원을 두고 있으며 주택 교육 거리 개선 사업을 한다. 이것은 미국의 복지가 노인들의 주거 건강 문제에 치중하는 데서 새로운 변화다.[20]

자본과 서구 근대화를 통한 공간의 지나친 사유화와 불평등 구조는 공간점거운동, 빈집점거운동, 주택점거운동 등으로 불리는 '스쿼트(squat)운동'이 한국 사회에서도 현실화할 가능성이 있다. 2009년 용산 참사가 일어났던 건물을 예술가들이 점거해 예술 공간으로 사용한 것은 맹아적인 사례이다.

(5) 주택공개념의 형성

주택공개념은 비싼 토지가격과 높은 건축비에서 비롯한 주택난에 맞서 형성해야 할 영역이다. 주택의 사유에서 공공주택을 확대하는 방향으로 가야한다. 주택을 사유화하는 상태에서는 투기를 차단하기 어렵다. 주택은 살아 있는 동안 머물다 죽으면 다른 사람에게 넘겨주어야 하는 공간이

20) 양재덕의 말, 2007.3.28, 인천에서.

다. 환매조건부 분양의 경우, 입주자가 사망하면 환수한다.

노무현 정부에서 토지공개념의 취지 아래 정책에 약간의 변화가 있었다. 노무현 정부는 종합부동산세를 시행하고, 토지공개념의 확산에 따라 1가구 1주택의 주택정책, 농민의 농지 소유와 경작 농지은행 운영의 농지 제도를 도입했다.

부동산 문제의 대안으로는 분양 원가 공개, 환매 조건부 주택분양, 후분양제, 보유세 강화 등이 있다. 분양 원가 공개는 분양가 항목의 상세 공개와 철저한 검증으로 고분양가를 억제하고 집값을 안정시킬 수 있다. 환매조건부 주택분양은 낮은 분양가로 공급한 뒤 공공에게만 되팔게 한다. 서민 주거 안정과 전매 차익을 차단하는 효과가 있다. 후분양제는 지어진 건물을 보고 분양 신청해 소비자의 선택권을 강화하고 공급시장을 투명하게 할 수 있다. 보유세 강화는 재산세 종합부동산세 양도소득세를 강화해 투기 이익을 환수할 수 있다. 그러나 이런 대안이 시장원리에 역행하고 주택공급을 위축시킬 수 있다는 반론이 있다(『경향신문』 특별취재팀, 2007: 237).

정부는 2006년 높은 주택가격에 대응해 주택건설 원가의 공개를 추진했다. 또 주택투기에 토지는 국유화하고 주택은 임대하는 환매 조건부 주택제도를 도입했다. 건설교통부는 2007년 10월 그린벨트를 해제해 조성해 만든 경기 군포 부곡 택지개발 지구에 토지임대부와 환매조건부 분양주택(각각 350여 가구)을 짓기 시작했다. 토지는 임대하고 건물만 분양해 이른바 '반값 아파트'라고 부르는 토지임대부주택은 건물 부분의 분양값은 상한제를 적용하며, 토지임대료는 현재 공공택지 공급 가격을 기준으로 주택공사의 자본 비용률(4~6%)로 산정한다. 입주한 뒤 20년 동안 제3자에게 매각하지 못하고 주택공사에 되팔아야 하는 환매조건부 주택도 분양값 상한제를 적용한다. 이 경우 사람들은 아파트 건물만 소유하고 토지 임대료를 내게 된다. 이런데 이 방식은 '로또'식의 주택 투기를 막거나 없애는 것이 아니기 때문에 주택 투기를 막거나 주택가격 하락에 기여하지 못한다. 또 건물의 내구연한이 다했을 때 주택가격의 보상도 문제다(선대인, 2009.3.16).

변창흠 환경정의 토지정의센터장은 "토지임대부 · 환매조건부 주택의 시행을 의무화하는 강제 규정과 분양가를 획기적으로 낮출 수 있는 법적 근거를 마련해야 한다"고 한다(『한겨레』 2007.11.1). 환매 조건부 주택제도는 싱가포르 등에서 시행하는 제도다. 그러나 싱가포르가 토지의 80%를 국유화한 것과 달리 한국은 토지의 22%가 국유이다. 이 가운데 삼림, 공원, 묘지 등을 빼면 가용면적은 국토의 1%에 불과하다. 이것이 이 제도를 시행하는 데 걸림돌이다.

이명박 정부는 거주자가 주택 지분의 4분의 1 정도를 갖고 나머지는 투자자가 소유하고, 소유자는 주택을 매도한 뒤 남는 수익을 배분받는 지분형 분양제도를 추진한다. 투자자에게 매각 차익을 보장하려면 주택가격의 지속적인 상승이 전제라는 문제가 있다. 홍종학은 "정부가 서민층의 내 집 마련을 도모하자고 한다면 영국의 코우너십처럼 공공이 지분을 보유하고, 집값이 오른 만큼 소비자의 지분을 늘려주면 된다"고 한다(『경향신문』 2008.1.30).

(6) 생태도시

생태도시는 지속가능 시대에 인간과 자연의 공생, 에너지절약이고 자원순환적 사회를 실현하는데 피할 수 없는 대안이다. 그러나 생태도시의 개념이 유럽의 성과를 바탕으로 계획모형이 정립된 것으로 한국의 조건이나 기술 수준으로 이를 충분히 뒷받침할 수 있을지 의문이다. 예를 들어 연중 고르게 분포하는 강수량을 고려한 독일의 지하수 함양과 우수저장에 맞추는 정교한 물 순환 체계는 강우량이 여름철에 집중되는 우리나라에 적합한지 의문이다. 사면녹화, 자연형 하천, 적류지, 습지 비오톱 등과 같이 부분적으로 생태복원 기술을 도시건설에 도입할 수 있겠지만 에너지, 자원순환, 생태적 다양성, 녹색공동체 등 완전한 생태도시 이념을 우리 사업체제에서 구현할 수 있을지 의문이다. 또 형평성을 고려하는 외국에 비해 효율성을 중시하고 공기가 짧은 한국의 건축토목기술이 적용하려면 도시에 정주하는 시민의 자연과 공생하려는 의지와 자발적 참여가 필요하다.

이상문은 현대도시에 적용 가능한 전통생태계획 요소들을 제시한다. 입지단계에서는 자연환경 분야에서 북쪽에 주산이 위치하고, 사회환경 분야에서 지형이 평탄하여 개방된 교통의 요충지여야 한다. 도시계획 단계에서는 일조조건을 고려하여 읍치를 남향으로 배치하고, 수환경 분야에서는 도시 내 배수를 고려해 연못을 설치한다. 단지조성단계에서는 공원녹지 분야에서 경관풍치림과 공공시설을 활용한 원림의 조성, 자원과 에너지 분야에서 사방의 산이 높지 않아 태양열을 활용할 방법을 선정하였다(이상문, 2005: 145).

영국의 전원도시 창시자 에베네저 하워드(1850~1928)는 『내일의 전원도시』(한울아카데미, 2006)에서 도시와 농촌의 장점만 결합한 이상적인 도시를 그렸다. 전원도시는 원래 3만 명 안팎의 인구, 주거 밀도, 면적이 제한되면서도 상업 공업 행정 교육 등 도시의 본질적 기능을 수행하며 건강한 삶을 누리도록 했다. 그리스의 유기체적 관념을 도시계획에 적용하고 도시에 인간 척도를 회복한 게 특징이다. 신도시 주변에 영구적인 농업지대를 설치해 도농을 통합하고 공동사회, 자족사회를 추구했다. 로마클럽이 '희망의 도시'라고 이름 지은 브라질의 생태도시 쿠리치바를 건설한 자이메 레르네르는 헤베네저 하워드와 미국의 도시철학자 루이스 멈퍼드(1895~1990)의 사상에 기초했다. 분당, 일산, 평촌을 비롯한 한국의 신도시들은 실은 하워드 개념을 본받았다. 그러나 자급자족 기능을 확보하지 못해 이상적인 전원형 도시가 되지 못해 서울의 베드타운으로 전락한 실정이다(김학순, 2008.8.23).

우리 현실에서, 대구 삼덕동은 대구YMCA 김경민이 1998년 담을 헐어 녹지를 만들고 이어 어린이화실, 녹색가게, 미술관 등 공동시설을 주민들 마음속의 담을 허물었다. 삼덕동의 '담장 허물기 운동'은 2008년 현재 대구에서 320가구가 담장을 허물었고, 이것은 전국으로 퍼졌다. 녹지가 늘어난 대구는 여름 기온이 2℃가 떨어져 한국에서 가장 더운 도시라는 오명을 포항에 넘겼다.

'성미산 마을공동체'는 서울 마포구 도심의 야트막한 산 인근의 성산, 망원, 연남, 서교동 일대 600여 가구 주민들은 자신들의 생활공간이다. 안전한 먹을거리→아이들 잘 키우기→좋은 동네 만들기→마포 클러스터 형성으로 발전했다. 성미산 마을공동체는 1994년 시작한 공동육아가 출발점이었다. 이제는 취학 전 아동의 육아를 책임지는 '우리 · 참나무 · 성미산 · 토바기 어린이집'과 취학 학생들의 방과 후 활동을 책임지는 '풀잎새 · 도토리 방과 후 교실', 초중고를 통합한 지역인 '성미산 학교', 주민들에게 유기농 농산물과 반찬을 제공하는 생활협동조합 '두레생협', 반찬가게 '동네부엌' 등이 자리 잡았다. 두레생협은 조합원이 3천여 명이며 마포 거주민이 2천여 명이다. 이는 주민의 1.7%로 일본의 유명한 카나카와생협의 조직률 3%와 비교할 만하다. 주민문화센터 '꿈터'와 마을 주민들의 소소한 일상까지 전달하는 1W의 소출력 라디오방송국 '마포FM'(100.7MHz), 자동차 정비소 '차병원'도 주민들의 사랑을 받고 있다. 모든 시설이 주민들의 기금으로 만든 조합 형태의 주민자치시설이다.

2008년 성미산 주민들은 홍익대학이 성미산에 홍익대 부속 초중고등학교 이전을 추진하자 주민들이 도시계획안을 직접 짜는 '녹색상상'을 발족했다. 도시계획의 중심축은 성미산과 망원로의 자전거 전용도로이다. 이 계획에 따르면 주민들은 자전거만으로 지역 안을 오갈 수 있다. 성미산 주변은 생태주거지로, 경성중고등학교 주변은 공원으로, 망원시장 주변은 재래시장 활성화 지역으로, 망원유수지와 한강 둔치는 서울시의 한강르네상스 계획과 연계해 건강 · 스포츠 블록으로 설계했다. 성미산 주민들은 생태적 도시계획안을 마포구와 서울시 도시계획위원회에 주민 제안할 계획이다.

마포에 사는 대학교수, 강사, 부동산중개업자, 술집사장, 의사, 약사, 한의사, 대학생 등 다양한 직종을 가진 사람들이 2008년 마포 '민중의 집'(대표 정경섭)을 열었다. 이랜드 노조 마포구청공무원 노조 가든호텔 노조 등 15개 노조, 진보신당 당원, 문화연대, 출판사, 상인연합회 등이 단체로 참여하고 개인 회원도 250여 명이나 된다. 마포 민중의 집은 미술사로 배우는 영어교실, 가든호텔 요리사에게 배우는 '화요 요리강좌', 동네 불만사항을 주민들이 노래하는 '불만 합창단', '동네나눔장터' 등을 연다. 그러나 마포 민중의 집에는 술집이 없다. 원래 민중의 집(Casa Del Popolo)은 서유럽에서 노동조합이나 진보정당 시민 단체들이 생활 진보를 위해 전개한 지역거점운동이다. 이탈리아 '민중의 집'은 정당, 노동조합, 문화 단체 등의 역량이 집중되어 '민중의 집'이 실질적인 지역사회운동의 거점 역할을 하고, '민중의 집'과 주민을 연결하고 있는 것은 '문화프로그램'을 운영한다. 1층 술집, 2층 교육관, 3층 사무실로 배치되는 것이 표준적인 모습이다.

도시연대(대표 강병기)는 개발논리에 따라 빠르게 변화하는 거대한 힘에 대항할 무기를 갖지 못한 주민의 입장에서 주민참여와 사회적 디자인을 통해 살만한 도시를 만들려고 노력했다. 이들은 인사동 상인들의 이해득실 속에서, 북촌 한옥마을을 찾는 관광객의 숨소리에서, 동네 놀이터에서 뛰어노는 아이들의 힘찬 몸짓에서 주민이 원하는 디자인을 찾고 적용했다. 2009년 서울시는 매물로 나오는 한옥을 매입해 북촌을 보호한다. 서울 동소문동에 사는 미국인 피터 바돌로뮤가 낸 멀쩡한 한옥을 철거하는 재개발정비구역 지정 처분 취소 소송에 서울행정법원이 원고 승소 판결했다.

일본에서는 1970년대부터 '주거환경 개선을 위한 마치쯔쿠리(마을 만들기)'운동을 시작했다. 도쿄 록본기힐스는 주거공간은 물론 미술관, 콘서트홀, 테마별 공원, 238m 높이의 모리타워 등을 조성하는데 걸린 기간은 무려 17년, 1986년부터 2003년까지 수백 차례의 주민 간담회를 열고 주민 보상에 든 기간만 11년에 달한다. 도쿄 최대의 재개발인 시오도메 지역에는 40층 안팎의 초고층 빌딩이 들어섰지만 양호한 단독주택은 그대로 남았다. 영국 런던의 도크랜드는 1970년대까지만 해도 창고들만 방치되어 있었다. 영국 정부는 1981년은 재개발공사를 세워 사업계획을 세우는 데만 10년이 걸렸다. 먼저 학교 도로 등 기반시설을 갖추고 2조 원을 들여 재개발해 첨단 주거, 산업복합 단지로 거듭났다.

도시인프라에 관한 사항이다. 우리나라 도시들이 공통으로 지니고 있는 고질적인 버스문제의 핵심은 승객감소로 인한 버스운영 적자의 심화, 서비스 질 저하, 그리고 노선운영의 독점적 사유나 경쟁의 미흡으로 도시교통체계를 개선하기 어렵고 버스노선이 이용자의 편의보다 업체의 이해나 민원에 따라 비합리적으로 운영된다는 점이다. 서구 선진국들의 도시는 공영제를 근간으로 노선입찰제 등을 통해 노선관리형이나 위탁관리형을 주로 많이 활용한다. 서울시가 2004년 7월 도입한 준공영제 모델은 노선입찰제를 토대로 한 노선관리형과 수입금 공동관리형의 절충 형태가 핵심을 이루면서 부분적으로 위탁관리형의 내용도 약간 가미한 것이다. 이는 남미의 준공영제와 가깝다. 지금처럼 버스승객이 계속 줄어들 경우 버스회사에 지급할 보조금이 눈덩이처럼 늘어나 지자체의 재정능력을 넘을 수 있다. 이 점에 대응해 건설교통부를 비롯하여 대다수 광역시가 간선급행버스 도입을 검토하고 있다(박용남, 2006: 204).

2) 농촌·산촌·어촌공동체

(1) 농촌공동체

농촌은 개발독재 이래 도시로 사람을 빼앗기고 공산품을 소비하고 쓰레기나 버리는 곳으로 버림받은 지 오래다. 개발과 투기과정에서 대부분 지역에서 토호 지방자치단체 조직폭력배들이 야합해 주민을 소외시키고 공동체를 파괴한다. 더군다나 농산물시장 개방으로 경제적으로 완전히 버림받았다. 가족농이 중심이 되어 지역농업을 구성하고 친환경적으로 가꾸어 안전한 농산물을 생산해 소비자에게 공급하고 젊은이들이 돌아와 살기를 원하는 주민공동체로 복원하는 것이 절실하다(박진도 외, 2005).

임차농지가 농지면적의 42%이고, 임차하는 농가는 60%가 넘는다. 저농약부터 시작해 4, 5년 손해를 감수하는 전환기 농사기간을 거쳐 드디어 유기농업을 인증 받으면 그 순간 지주는 이 땅을 빼앗아 높은 지대를 받고 다른 농민에게 임대한다. 일일이 손으로 농사짓는 것도 힘든데 수년간 공들인 땅을 그냥 빼앗기는 상태에서 유기농업의 발달은 한계가 있다. "핸드폰 팔아 쌀 사먹는다"며 농업을 희생하는 산업정책이 지속가능한 농업을 살리는 쪽으로 전환해야 한다(우석훈, 2006.12.29).

전체인구 대비 농가인구가 1970년 44.7%에서 2007년 현재 6.8%로 감소하고, 65세 이상 고령농 비중도 1970년 4.9%에서 2007년 현재 32.1%로 줄어 전통적인 농촌사회가 해체위기에 이르렀다. 관행농업과 달리 유기농업은 농촌 노인에게 많은 일자리를 제공한다. 지속가능한 농업인 유기농업을 하자면 기계와 화학약품으로 할 수 없으니까 농촌인구가 많아져야 하고 농촌공동체가 살아나야 한다. 그러면 죽어가던 마을이 소생하고 농민문화도 살아날 수 있다(김우창 · 김종철, 2008).

한국 도시민의 58%가 귀향을 희망한다. 귀농인은 농촌의 인구를 늘게 할 뿐 아니라 적극적으로 새 기술을 배워 작목변경을 가능하게 하고 도시의 지인들에게 판로를 개척해 고수익을 낸다. 전국귀농운동본부(www.refarm.org)는 도시민의 귀향 실현을 돕는다. 회원 2천 명을 대상으로 귀농 농가 1가구와 도시 10가구가 인연을 맺어 서로 돕는 프로그램을 운영한다. 괴산 홍성 등 네 곳에서 귀농지원센터를 세웠다.

경제 불황 등으로 도시 삶이 어려워지자 귀농이 늘고 있다. 전남도에 따르면 2005년 89명, 2006년 249명, 2007년 257명으로 늘었다. 전국귀농운동본부의 백봉영은 "외환위기 직후의 귀농현상은 무계획적이고 일시적이며 현실 도피 측면이 많았다. 최근의 귀농자들은 적극적 능동적 성향을 보이며 도시생활을 완전히 청산하고 농촌을 생활터전으로 삼으려는 사람들이다. 지자체들의 지원 속에 귀농 성공사례도 많아지면서 귀농을 더 늘어날 것"으로 전망했다.

역사 속에서 지속가능한 지역공동체의 좋은 사례를 찾아본다. 제 손으로 살 집을 스스로 짓는 사람들이 는다. 주로 귀농한 사람들이 흙집, 흙벽돌집, 귀틀집, 목조주택 등을 짓는다. 흙과 볏집으로 짓는 스트로베일하우스(strawbale house)는 정선 산청 원주 진안 거창 등 전국으로 퍼진다. 전주 무주처럼 지자체에서는 마을회관 관공서 등 공공시설의 생태건축까지 벌인다. 정기석은 귀농인과 지역주민에게 생태건축을 교육하고 시공을 재정적으로 지원하자고 제안한다(정기석, 2007.10.18). 장수군에 사는 전희식은 '시골집 고쳐 살기' 강좌를 한다. 생태건축연구소(www.ecoarch.org)는 생태건축 보급과 대중화를 목적으로 생태건축 교육, 기술교육 및 지원, 생태적 주거공동체를 지향한다.

충남 홍성군 홍동면은 이 지역공동체는 풀무농업학교라는 교육공동체에서 비롯해 생태농업, 교육공동체, 생활협동조합을 두루 결합했다. 오리농법을 도입한 문당리 환경농업마을을 비롯해 풀무농업학교, 여성농업센터 등이 유명하다. 2007년에는 시민태양광발전소 설치 등 대안에너지운동을 벌이는 '에너지전환'(전 에너지대안센터)이 홍성 홍동면으로 이전했다.

강원도 원주는 남한강 유역의 홍수 피해 대책을 세우며 지역신협, 한살림의 발원지다. 현재는 생협, 친환경 농산물의 생산, 상지대학교와 친환경농업의 연계, 연세대학교와 의공학의 결합 등 건강도시를 표방한다. 원주 상지대학교는 2005년 국제친환경유기농센터를 세워 이웃 주민들에게 평생학습 공간 역할을 하고, 홍천군과 유기농클러스터를 공동으로 조성하기로 합의했다. 또 대학생협을 세워 학생들에게 유기농 식단과 유기농 과일 샐러드를 제공하고 추가로 들어가는 비용으로 연간 8천만 원을 보조했다.

경기도 양평은 수도권 상수도원 보호이라 화학비료와 농약을 쓸 수 없는 한계를 친환경 농업으로 전환시킨 경우다. 양평군은 1998년 전체 군 지역을 대상으로 친환경 농업을 실시했다. 양평군은 '3가지 하기, 3가지 안 하기'를 추진한다. 3가지 하기는 메뚜기 서식지 만들기, 반딧불이 서식지 만들기, 허수아비 만들기이고, 3가지 안 하기는 제초제 사용 안 하기, 농약 사용 안 하기, 화학비료 사용 안 하기이다. 2003년 '물 맑은 양평' 브랜드를 개발하고, 2004년 친환경 농산물 유통센터를 만들었다. 유통사업단은 농가가 생산한 친환경 농산물을 전문매장에서 판매해 농가에게는 소득증대, 소비자에게는 저렴한 가격, 판매장에게는 높은 이윤을 실현한다. 양평 농민들은 2007년 팔당올가닉푸드(주)를 세우고 도시소비자들이 유기농업과 친환경 가공식품을 체험할 수 있는 팔당유기농 슬로우 푸드 체험관을 만들었다. 또 슬로우 푸드문화관과 푸드 연구소도 만들었다.

경남 고성군(군수, 이학렬)은 2012년까지 지역 모든 논 밭 과수원 등 농경지 7,000헥타르 전체에서 농약과 화학비료 제초제를 일절 쓰지 않는 유기농업을 하기로 했다. 군은 같은 기간 축산물의 50%도 유기농으로 전환한다. 군은 생명 평화 농업을 이끌 농민을 해마다 250명씩 양성한다. 땅심을 높이는 녹비로 자운영 재배 면적을 2007년 2,500헥타르에서 매년 3,000헥타르씩 늘린다. 이 지역은 이미 참다래를 친환경 농법으로 40헥타르를 재배했다.

성이시돌목장은 제주도 한림읍에 위치하며 2007년 젖소 750두, 경주마 100필, 비육우 2,000여 두를 사육하고 고용인원은 36명이다. 유기농 우유를 생산하며 거기서 나오는 수익은 목장이 운영하는 양로원, 호스피스 봉사에 사용한다. 이시돌목장은 아일랜드인 패트릭 제임스 맥그린치(P. J. Mcglinchey) 신부가 주민을 도와 1961년 설립했다.

임실치즈는 40년의 역사를 가졌으며 임실을 한국치즈의 고향으로 만들었다(고동희 · 박선영, 2007). 1964년 임실에 온 지정환(디디에 세스테벤스, 1931~, 벨기에 생) 신부가 1967년 지천에 깔린 풀과 풍부한 노동력을 활용해 산양을 키워 치즈공장을 세우고 1981년 신용협동조합을 만들고 1991년 임실낙농축산업협동조합(www.ischeese.co.kr)을 만들었다. 2006년 임실치즈는 100억 원, 1,500여 톤의 치즈를 생산했다. 임실치즈는 지정환 신부가 운영하는 장애인공동체인 '무지개가족'에게 매달 300만 원을 보낸다.

경기북부 DMZ 안 통일촌에 위치한 파주 장단콩 마을은 콩을 친환경적으로 재배한다. 장단 콩은 예로부터 얇은 껍질에 독특한 맛으로 명성이 높아 임금에게 진상하는 명품이었다. 때문에 1913년 국내 처음으로 '장단백목'이란 품종으로 장려했다. 그 장단 콩은 6 · 25전쟁 이후 사실상 사라졌지만 민통선 통일촌이 입주하면서 다시 재배했다. 하지만 장단 콩은 불과 10년 전만 해도 50여 농가에서 35톤 생산에 그쳐 농가 총소득은 8천만 원(가구당 160만 원가량)에 머물렀다. 그러나 1997년 '제1회 장단 콩 축제'가 성공하면서 명성이 퍼져 10년 사이에 재배농가 550호, 재배면적 700헥타르로 각각 11배와 35배 늘어나 생산량도 1,470톤, 소득은 80억 원으로 증가했다. 파주시는 2002년 장단 콩을 '파주장단'으로 상표 등록했다. 한 해 콩마을 방문객이 75만 명이다. 콩 재배 농민은 소비자에게 콩, 된장 간장을 공급하고, 콩을 이용해 세제 잉크를 생산하며, 파주시는 콩이 전통식품에만 사용한다는 틀을 깨 앞으로 캔디 쿠키 젤리 등 어린이들이 좋아하는 가공식품을 만들 계획이다.

전국에서 2003년 '지리산 순한 한우' 등 8개 지역에서 한우 공동 브랜드로 마케팅 활동을 한다. 2008년 발생한 미국산 광우병 쇠고기 수입 우려에 대응하여 한우를 지켜내려는 몸부림이 치열하다. 품종개량과 사료개선, 브랜드 개발, 직판시스템 등을 마련한다. 강원도 '횡성한우'는 농가에 거세 비용을 지원한다. 충남도는 고급 한우 브랜드인 '토바우'를 시장에 내놓고, 전남 순천시와 경북 한우클러스터는 쇠고기 생산이력추적 시스템을 도입해 소비자의 신뢰를 얻었고, 제주도는 '보들결 제주한우' 공동브랜드를 출범했다. 충남 서천군과 전남 순천시는 청보리와 이탈리안 라이그리스 등 조사료를 생산한다. 충남 홍성군은 중국 헤이룽장성에서, 경북도는 필리핀에서 사료 작물로 옥수수 계약재배를 추진한다. 홍성 풀무생협은 유기농 한우 브랜드인 '초우'를 판매한다.

그러나 한우의 가격은 생산자에서 전문음식점에서 소비되기까지 350%의 마진이 더해진다. 대형 유통업체와 직거래는 축협 등의 인증을 받은 브랜드 한우를 연간 1,000마리 이상을 공급할 수 있어야 한다. 국립농수산물품질관리원의 조사에 따르면 전체 17만 8,721가구 가운데 500마리 이상을 키우는 곳은 57가구에 불과하다. 전국한우협회 남호경 회장은 "한우가 경쟁력을 가지려면 정부가 나서 소규모 농가가 소비자와 직거래할 수 있는 전국적인 직거래 판매처를 마련해야 한다"고 했다.

윤구병은 원래 충북대 철학 교수였는데 농사꾼으로 변신해 1995년 전북 부안에 변산공동체를 만들어 운영한다. 변산공동체는 20여 가구 50여 명이다. 8천여 평의 논을 우렁이농법으로 농사짓는다. 소득은 1차생산물이 30%이고, 효소 약술 된장 고추장 젓갈의 2차 생산물이 70%를 차지한다. 자급자족을 하며, 농장에 필요한 건축물이나 시설물의 자금은 서울의 보리출판사 이익금에서 나온다.

공동체학교는 초·중등 과정을 함께 운영한다. 이 학교에서는 시골살이에 필요한 나무 다루기, 효소 만들기, 천연염색과 바느질, 농사 등의 살림

교육, 국어 영어 수학 철학 인문학 예술 등 일반과목을 가르친다. 이 과정을 거쳐 서너 명이 사회로 나갔다. 이 학교는 2008년부터 전국 각지에서 어려운 가정의 아이들을 학년마다 다섯 명씩 뽑아서 무상교육을 할 계획이다. 그는 "한 공동체가 안착하려면 적어도 30년 이상, 한 세대가 걸린다. 공동체가 계속되려면 그 안에 과거와 현재 그리고 미래가 있어야 한다. 젊은 남녀가 같이 들어와서 아이를 낳고 그 안에서 교육을 받고, 그 아이가 다시 바깥을 경험해보고 다시 공동체로 돌아오기까지 걸리는 기간이다. 지금 공동체의 꼬마들이 20대가 되고 결혼할 때까지 두고 보아야 한다. 현재 시골에는 과거만 있고 미래는 없다. 마을공동체가 파괴된다는 것은 큰 재난이다. 도시사람들의 음식 공급지가 없어진다는 뜻이다. 마을공동체를 재건하고 그 안에서 뿌리내려서 살 수 있는 길을 찾아야 한다"고 한다.

그는 도시와 농촌의 상생을 꿈꾸며 2007년 5월 서울 서교동에 유기농식당 '문턱 없는 밥집'을 열었다. 이 식당은 그와 변산공동체 그리고 민족의학연구원 출판공동체 보리출판사가 함께 운영한다. 변산공동체에서 농약도 기계의 도움을 받지 않고 생산한 유기농쌀은 잘 안 팔려서 남아돈다. 밥집에 싼값으로 유기농산물을 공급 식재료를 이 식당에 공급하고, 이 식당은 소위 '웰빙'이라고 해서 정작 건강을 해치기 쉬운 상황에 있는 망원동 주민들에게 식사를 제공한다. 점심 식사는 손님이 형편대로 음식값을 내고 여기서 나는 적자는 저녁 식당 운영으로 보충한다(김성채 외, 2009.6). 윤구병은 "음식물쓰레기를 줄이면 한 해 15조 원이 절약할 수 있는데 이 돈으로 유기농식을 하면 된다. 안 그래도 적게 태어나는 아이들을 건강하게 길러내려면 먹을거리에 신경써야한다"고 말한다.[21)]

그가 말하는 공동체와 공동체학교에서 배우고 자란 새로운 세대가 성인이 되어 공동체를 운영할 때 진정한 공동체를 실현할 수 있다는 주장은 홍성 풀무농업학교 출신이 자라 이장이 되어 지역공동체를 운영하면서 홍성지역 환경농업공동체를 실현한 사례가 뒷받침한다. 민족의학연구원은 민

---

21) 「농사공동체 '변산공동체' 운영 10여 년 윤구병 씨」, 『경향신문』 2007.11.6.

족의학을 중심으로 전통과 현재, 동양과 서양 의학 간 조화를 꾀하는 철학자 과학자 의학자 의료인들이 모인 단체다. 이들은 병을 잘 고치는 것보다 병에 안 걸리도록 하는 것이 의학의 본령이며 치료보다 제대로 먹어 예방하는 것이 중요하다는 인식에서 밥집을 지원한다.

농업후속세대 단절의 극복은 농업의 지속가능성을 여는 조건의 하나이다. 농촌공동체에서 지속가능을 지향하는 흐름은 친환경농산물을 생산하는 흐름이다. 이것은 한국농촌의 특징인 소농구조를 공동체적으로 살리는 길이다. 그러나 이들이 생산하는 농산품이 소비자를 찾지 못하면서 애로를 겪는다. 또 농산물 생산의 특징인 홍수출하를 농산물 가공을 통해 해결하는 방안이 있다.

(2) 산촌공동체

생태환경의 중요성이 커지면서 산촌공동체에 대한 관심도 높아진다. 산촌의 생태환경을 살리며 공동체 구성원의 경제생활을 향상시키려는 노력이다. 강원도, 지리산 등 산림형의 공동체에서 지역공동체와 어울림이 필요하다. 산촌에서 간벌과 같은 사회적 일자리를 많이 창출한다. 목조 구조물 등을 생산한다.

산림은 훌륭한 바이오 에너지의 원천이다. 우리 국토의 64%는 산림이고 대부분이 목질 바이오매스로 채워졌다. 산림은 1970년대 치산녹화 사업으로 빠른 기간 내에 녹화된 산림으로 87%가 40년 이하의 청년기다. 더욱이 39%는 30년생 이하로 왕성한 성장기에 매년 바이오매스 측정량만도 1,700만m^3나 된다. 이것을 전량 에너지로 사용할 수 있다면 중유 68만 드럼을 대체하는 효과가 있다. 그러나 임도의 부족, 기계화가 미흡해 실제 이용률은 10% 정도다. 나아가 대규모 간척지에 바이오 순환림의 도입이 필요하다. 자활사업이 비교적 성공한 분야이다. 최근 연평균 20만 헥타르의 '숲가꾸기'로 목질 부산물을 매년 250만m^3를 생산한다(구길본, 2007.7.20). 진해원은 "남부 지방에서 지자체가 중점을 두고 생산하는 차는 국내 소비가 적어 시장 점유율이 20%밖에 안 되며, 대기업의 국산차 소비율 5%를 10%로 올린다면 차 판매의 애로를 풀 수 있다"고 했다.[22)]

한편 민유림 산주와 임업인을 조합원으로 하는 산림조합은 1961년 산림법으로 제도화된 뒤, 1980년 제정된 산림조합법의 적용을 받는다. 산림조합은 협동조합의 위상을 가지면서도, 정부의 산림사업을 대행하는 기관이다. 산림조합은 교육지원사업, 경제사업, 산림경영사업, 조합원을 위한 신용사업 등을 수행한다.

생명의 숲과 산림청은 2009년 아름다운 숲으로 경북 영양 주실마을, 아름다운 숲길로 제주 무릉곶자왈 숲길, 천년의 숲으로 강원도 소이산 평화의 숲, 아름다운 학교 숲으로 대전 성남초등학교를 선정했다.

(3) 어촌공동체

어장을 중심으로 전통 공동체의 색채가 가장 강한 부문이다. 그 가운데 공동어장은 해조류, 패류, 어류 양식과 각종 시설을 이용한 정치망어업을 하는 어촌 성원들의 공동어업 공간이다. 이들 어장은 공유수면으로 수협, 어촌계, 개인(들)이 국가로부터 점유권(이용권=면허)을 얻어 일정기간 사용한다. 1990년대 초반까지 대부분 어장은 수협이나 어촌계에서 면허를 내어 마을성원들이 공동으로 이용하는 '공동점유, 공동이용'적 성격을 띠었으며 해조류 양식에서 그 특징이 잘 나타난다. 최근에는 개인 혹은 개인들이 협업으로 어장을 점유하는 것이 가능해지면서 어장의 사적 점유화가 진전된다. 성원들 간의 어장이용의 균등화라는 특징은 약화되고 자본력과 노동력, 그리고 생산의 효율성에 따라 생산량의 대규모화, 성원 간 불균등화, 어장지의 고정화가 진행된다.

신안군 압해면 송공 어촌계의 경우를 보면 1980년대까지 어촌에서 공동어장의 운영방식은 균등한 생산기회의 제공이라는 공동체(사회보장)적 성격이 강했지만, 최근 새우 등 양식의 대규모화, 양식지의 고정화, 상시고

---

22) 진해원의 말, 2007.3.12, 인천에서.

용 등 생산성과 효율성을 강조하는 자본제적 양식 형태로 변화한다(김준, 2005: 106~108). 전남도는 2008년 보성군 벌교에서 캐내는 꼬막을 생산 · 가공 · 유통 · 판매하는 벌교꼬막주식회사를 설립할 예정이다. 전국 꼬막 생산량 5천여 톤 가운데 60~70%가 이곳에서 나오지만 세척 포장 자동화 시설이 없어 손은 많이 가나 크기나 품질별로 등급화를 못해 제 값을 받지 못했다. 29개 어촌계 가운데 24곳이 주식회사에 참여 의사를 밝혔다.

어업은 잡는 어업에서 기르는 어업을 거쳐, 3세대인 관리하는 어업으로 빠르게 진화한다. 관리하는 어업인 종묘 방류는 인공 수정으로 만든 수정란, 치어, 종패(씨조개)를 바다나 민물에 풀어둔 뒤 이들이 성장하면 다시 잡아들이는 방식이다. 1976년 국립수산과학원이 제주도에서 전복 종패를 방류하면서 시작했다. 1986년부터 정부가 직접 나섰고 현재 100여 개 기초지방정부가 43개 어종을 대상으로 사업을 벌인다. 그 결과 수산자원 회복 단계를 넘어 어민 소득을 향상시킨다.

남한의 갯벌은 현재 약 2,550㎢로 1960년보다 42% 줄었다. 1987~1998년 새만금 · 시화호 등지에서 810.5㎢가 매립됐고 최근 10년간 100㎢ 이상의 매립 공사가 진행되고 있다. 새만금 방조제의 물막이의 영향으로 개펄이 줄어 맨손어업을 하는 사람들의 백합 채취량이 절반으로 줄었다. 원래 이곳은 노태우 정부가 국가산업단지로 지정한 곳이다. 새만금방조제 반대 활동은 투기업자와 소득 향상을 원하는 지역주민의 반대를 넘지 못했다. 김상종은 새만금에 유기농 전문단지로 만들자고 제안했다. 이명박 정부는 복합용지와 농업용지를 7 : 3으로 개발하기로 최종 확정했다. 노무현 정부는 충남 서천 지역 개펄 2천만 평에 6,500억 원을 투자해 국립생태공원과 해양생물자원관을 만들겠다고 발표했다. 환경과 관광을 결합해 개발하겠다고 한 것은 개펄보존의 시대적 추이와 주민의 요구를 반영한 것이다. 이안의 모델은 영국인들이 낙후 지역을 개발할 때 내놓아 성공한 사례인 '에덴 프로젝트'이다.

전남 진도군 지산면 소포리의 방파제 안쪽 112만㎡(34만 평)의 논을 갯벌로 복원하는 일을 추진한다. 이 논은 원래 갯벌이었다. 1977년 방조제가 들어서면서 논이 됐다. 주민들은 "벼농사를 지어봤자 남는 게 별로 없기 때문에 갯벌을 복원해 생태관광과 문화관광지로 만드는 게 낫다"고 말했다. 소포리가 갯벌복원 시범 지역으로 지정되면 국토부와 진도군이 70~80%의 농지를 매입한다는 방침이다. 주민이 관리를 원하지 않으면 자연환경국민신탁에 소유권을 이양할 수 있다. 독일 · 영국 · 네덜란드 등지에서 갯벌을 복원한 사례는 있지만 국내에선 이번이 처음이다.

민물과 바닷물이 만나는 생태계의 보물이 본래 강 하구의 모습이다. 하굿둑은 1980년대 농업 · 공업 용수를 공급하려고 만들었다. 그러나 이것이 강물을 썩게 하고 갯벌의 생태계를 파괴하였다. 금강, 영산강, 낙동강에 설치한 하굿둑을 열거나 허무는 일을 검토해야 한다. 이는 2009년 신곡수중보가 경인운하 운행에 방해가 된다며 더 아래쪽으로 옮기려 하자 환경단체가 장항습지를 다치게 한다면서 제기됐다. 금강의 경우 충청남도는 하굿둑을 아예 제거하자고 하는 반면 전북도는 농업용수가 부족하다며 반대한다.

전남 신안군 임자도에 있는 초록섬공동체 '마하탑'(대표 유억근)은 한살림 생협에 천일염을 공급한다. 한국화학시험연구원의 분석 결과 마하탑 소금에는 나트륨, 알루미늄, 규소, 철, 칼륨 등 몸에 좋은 천연 미네랄이 9가지나 들어 있다. 한국산 소금은 프랑스산 게랑드 소금에 비해 몸에 좋은 미네랄을 2배 이상 함유한다고 분석했다. 유억근은 1986년부터 우리 천일염이 값싼 수입 원료로 만든 재제염이나 정제염의 저가공세에 밀려 사라질 위기에 처한 것을 보고 소금업에 뛰어들었다. 초기에는 어려움이 많았지만 한살림과 생협 회원의 증가로 2001년 처음으로 생활비를 벌었다. 신안군은 소금을 광물이 아닌 식품으로 이미지를 변환시켜 지역 특산물로 자리 잡게 했다. 소금은 2008년 광물에서 식품으로 분류되고 소관 부처도 농림수산식품부로 바뀌었다.

3) 마을경영 · 마을자산

지속가능한 발전을 위해 마을자원과 마을자산의 공동체적 운영을 위한 대안을 모색해야 한다. 마을자산은 자산 운영과정에서 발생하는 지대를 줄인다는 점에서 마을공동체 운영에서 중요한 의미를 지닌다.

(1) 마을 만들기

전국에 여러 가지 형태의 마을 만들기 사업을 하는 마을이 800곳에 이른다. 앞으로 1천 권역에 6조 원을 들인다는 농림부의 마을 종합개발계획을 비롯해 적게는 수억 원에서 100억 원이 예상된다. 그러나 마을에 그만한 사업규모와 수준을 감당할 마을경영체가 있느냐는 문제다. 마을은 교육 · 정보화, 건축 · 조경, 관광 · 건설하는 대상이 아니다.

생태건축, 생태마을은 생태적 건축자재의 이용만이 문제가 아니다. 생태건축은 이보다 더 폭넓은 생태공동체인 생태마을의 주거 환경시스템을 의미한다. 한 개인의 주거 환경이 아니라, 공동체 주거 환경이 유기적인 생태건축과 공간 배치를 이루어야 한다. 생태마을은 물의 재순환, 자원의 재활용, 쓰레기의 재활용 등 물질순환이 원활해야 한다. 농촌마을의 자연생태계가 훼손되지 않고 잘 유지되는 마을을 조성해야 한다. 농촌마을의 농업생산활동이나 주거활동으로 환경오염을 일으키지 않는 것을 목적으로 한다. 특히 음식과 똥이 분리될 수밖에 없는 현대식 화장실을 생태적 화장실로 바꾸는 일이 우선이다(박경철, 2005: 473).

농촌 주민들이 주도적으로 계획하고 개발하는 상향 쌍방향식 마을 종합개발, 도시 귀농인들이 자발적으로 힘을 합쳐 마을을 기획하고 투자하고 건설하는 경제공동체 전원마을이다. 마을 문제를 사람으로 풀어보려는 마을사무장 또는 마을간사 제도도 자리 잡는다. 일차적인 단순 재배농업을 뛰어넘어 이차적인 농식품 가공을 아우르고 마침내 친환경 농산물 도농직거래 유통, 농촌어메니티 도농 교류 사업을 중심에 놓으려는 마을사업이 곳곳에 있다.

마을 만들기는 정부의 지원, 마을 업자의 손발, 마을 지도자의 노력에 기대어서는 안 된다. 모든 마을 주민의 참여와 자치만이 성공의 열쇠다(정기석, 2007.7.17).

진안군은 전국 234개 시·군·구 중 231위일 정도로 가난하며, 한때 주민 수가 10만여 명이었으나 지금은 겨우 2만여 명을 유지할 정도로 쪼그라든 마을이다. 전북 진안군의 마을 만들기 목표는 마을공동체의 회복이다. 주민들이 자연과 더불어 살면서도 일정 수준의 소득을 올리고 복지와 문화 혜택을 누릴 수 있는 좋은 마을을 만들고자 한다. 진안군청은 2005년에 마을 단위로 평균 8천만 원을 지원해 주민들이 토론하고 머리를 짜내 사업을 만들게 했다. 실제 농산물가공체험장, 민박집, 팜스테이, 휴게소를 겸한 농산물 판매장 등은 대부분 주민들의 머리에서 나왔다. 이런 식으로 2002년부터 지금까지 진안군에 으뜸마을 가꾸기 11개 마을, 녹색농촌 체험마을 5개 마을, 농촌전통테마파크 4개 등 29개의 마을 단위 사업을 펼치고 있다. 실례로 용담댐 건설로 이주한 와룡마을 12가구는 주민공동사업으로 2006년 산초기름과 들기름을 짜서 6천만 원을 벌었고 국유림을 빌려 장뇌삼을 심고 홍삼 가공시설도 만들 계획이다.

진안군 마을 만들기팀은 귀농하거나 귀농을 준비 중인 이들 가운데 12명을 마을 간사로 선발해 마을에 배치해 마을회의 운영, 홈페이지 관리, 행정 업무 처리 등을 담당한다. 100만 원 안팎의 월급을 받는 간사들은 전직 대기업 이상, 엔지오 간사, 대졸자 등 경력이 다채롭다. 실무는 유정규 박사에 이어 송영선 군수, 일본에서 마을 만들기로 박사 학위를 받은 구자인, 곽동원, 이효율이 맡았다. 전남 진안군은 귀농 1번지로 불린다. 귀농귀촌학교·생태건축학교·농촌빈집체험 등 귀농과 관련한 시책이 10여 가지가 넘는다. 진안에는 2008년 1월까지 305가구 663명이 귀농해, 귀농인과 현지인들이 함께 사는 공동체를 모색한다.

(주)이장은 생태주의와 공동체성을 농촌 발전의 두 축으로 보고 농촌과 지역공동체 회복을 위해 컨설팅하며 유기농 쇼핑몰을 열었다. (주)이장의 대표 임경수는 자족적인 구조가 무너지면서 인구가 감소한 것이 농촌의

가장 큰 문제라고 한다. “서천군의 횟집은 미나리를 많이 쓰는데 미나리를 생산하는 농가는 거의 없고, 춘천에는 닭갈비집이 수없이 많은데 닭은 다른 지역에서 온다”며 지역의 농산물, 가공식품, 특산물 등을 묶는 농업 경제공동체를 만들 것을 제안한다.[23] 그리고 (주)이장은 산너울마을(서천)을 생태전원마을로 기획 입주시키고, 하동과 봉화에도 추진하고 있다. 앞으로 도시형 생태도시 개발이나 컨설팅도 염두에 두고 있다.

문화도시연구소(대표 주대관)는 농촌을 사람이 사람답게 사는, 도시에 종속되지 않는 공간으로 만드는 일을 한다. 이 연구소는 새로 짓거나 개조하는 집의 소유권을 마을에 넘겨 운영하게 한다. 1996년 철암작업, 2004년 인제군 서화리, 2006년 양구군 팔랑리, 2007년 양구군 정림리, 2008년 서천군 운산면 신농1리 마을도서관 작업을 했다.

(2) 마을기업

마을기업으로는 농민주유소, 농민정미소, 농민약국을 경영한 경험이 있다. 마을기업은 곧 친환경 농업기반, 농촌경영체 중심, 도농상생 생활 생태공동체를 말한다. 자본금은 마을공동기금과 마을 주민들의 자발적인 투자금을 종자돈으로 삼아 소득기반 확충을 목적으로 하는 정부 농촌 지역 개발사업 지원금으로 마련한다. 사업 구조는 1차 친환경 영농, 2차 농업 바이오가공, 3차 도농 직거래 유통, 그리고 농업교육 마을체험 등 관련 서비스를 아우르는 농업벤처형 농업경영체이다. 업무조직에서는 농사를 잘 아는 마을 원주민 등 농민이 친환경 영농을 맡고, 귀농인이 기획 관리 마케팅 생산가공 정보화를 맡아하면 조화로울 것이다. 아울러 도농상생, 생태 대안, 지역 연대 등의 기업문화가 도움을 줄 수 있다. 실례로 원주 호저면은 친환경농사를 짓는 농민들이 모여 세운 가공 유통까지 하는 호저생명농업 유한회사가 있다. 이것은 친환경 영농, 가공 유통을 통한 주 수입원에 농업 생태교육, 마을체험 등을 통한 부대수입을 보태고 성공적인 마

23) 「‘이장’님 마음으로 마을공동체 살려요」, 『한겨레』 2008.1.22.

을기업 모델을 전파하는 파생효과를 낸다(정기석, 2007.7.17).

(3) 마을자산

일제의 침략과 미군정을 거치며 마을공동재산이 쇠퇴했다. 지역공동체의 토지 등 재산을 형성해야 한다. 조선시대에는 마을의 자치조직인 향회(鄕會), 마을의 경제적 토대를 이룩한 동계(洞契), 두레에 의해 마을공동재산이 있었다. 그러나 이 재산은 일제 강점기 1910~1918년 토지조사사업 때 지주 개인의 신고 대상이 아니어서 동양척식주식회사(동척)나 일본인 지주가 가로챘다. 일제의 조선토지조사사업에 의해 종래의 일부 남아 있던 촌락공유지를 비롯한 공동체의 유제적(遺制的) 성격을 가진 토지가 조선총독부의 소유로 되거나 지방의 권세 있는 자들이 분할 소유했다.

토지조사사업 이전에는 많지는 않았지만 약간의 촌락공유지가 남아 있었다. 물론 일제의 토지조사사업은 공유지의 신고도 인정했으나 이에 따라 공유로서 신고한 것은 주로 씨족공유지의 성격을 갖는 종중재산(토지)이었고, 촌락공유지는 다수가 신고되지 못해 조선총독부의 소유가 되거나 또는 지방호가들이 분할 소유했다. 또 과거에 농민의 관습적 소유이던 하천변의 공지(空地), 포락지(浦落地), 니생지(泥生地)들이 조선총독부의 소유가 되었다(신용하, 1982: 101~102).

일제 식민지 통치 이전까지는 국유 또는 황실유(皇室有)의 삼림·산야 미간지(未墾地)는 특정되어 있었다. 그래서 사유지 아닌 것이 모두 국유이거나 황실유인 것은 아니었다. 당시에는 '무주공산'이나 '한광지(閒曠地)'라고 부르는 삼림·산야 미간지가 많았으며, 농민이 이를 개간할 경우 기간자(起墾者)가 그 소유주가 되고 삼림·산야에 대해서도 입회권(入會權)을 가졌다. 일제는 1908년 삼림법을 발포해 삼림·산야의 소유자는 이 법 시행일로부터 3개년 이내에 삼림 산야의 지적 및 면적의 견취도를 첨부해 농상공부대신에게 제출해야 하며 기한 내에 제출하지 않는 것은 모두 국유로 간주한다고 규정했다. 이 조치에 따라 일제는 매우 방대한 면적의 삼림 산야 미간지를 조선총독부의 소유로 만들었다. 이후 이를 개간한 농민은 조선총독부의 소작농이 되었다(신용하, 1982: 101).

조선총독부 소유의 토지는 해방 때 신한공사나 개인이 적산으로 소유하고, 일본인 명의로 남았던 나머지 토지는 2000년대에 들어와 국가에 귀속했다. 현재는 국유 도유 군유 형태의 재산으로 귀속돼 남아있다. 민간의 공동소유가 아닌 관치의 형태로 남았다. 관치는 지배자와 결합하고 지역주민의 이해와 배치하는 것이 문제다.

마을논(동답)의 형태로 남아 있기는 하지만 규모가 작다. 개발독재 아래 사유화해 마을자산의 사례가 적다. 이명박은 1977년 옥천 대청댐 부근 한 마을 주민 400여 명이 공동 소유한 임야를 매입했다(donga.com, 2007.7.20). 이런 현상은 엔클로저 무브먼트(enclosure movement)과정에서 종래의 국유지 공유지를 사유화했던 것과 비슷한 과정이다. 신자유주의 아래 국공유 재산을 민영화하면서 공유재산의 개념을 다시 부정했다.

마을에서 농지를 소유하거나 임대해 공동체적 노동, 소유, 경영 형태를 가질 때다. 국유지나 임대농지를 영농조합뿐 아니라 마을공동체에 임대하는 것도 자기고용을 늘리고 '함께 살기'를 모색하는 방안이다.

농지은행은 부재지주의 농지를 매입해 이를 다시 농민에게 임대하는 형식이다. 2008년 부재지주가 직불금을 타는 것이 커다란 사회문제가 되었다. 부재지주는 농지를 매매할 때 경작증명서가 필요하며 이것이 없을 경우 높은 양도소득세를 납부해야 한다. 이해 겨울이 되자 부재지주들은 자신들이 직접 경작하겠다며 농민들에게 땅을 내놓으라고 했다. 이것은 경자유전의 원칙이 무너진 데서 비롯되었다. 전국농민회총연맹 의장 한도숙은 "부재지주의 땅을 농지은행에 위탁하면 농지은행은 필요한 농민들에게 재위탁하자. 사유재산권 제한이라는 논란이 있겠지만 사회적 합의에 의해 밀어주어야 한다"고 주장한다(『경향신문』 2008.11.11).

최근 마을공동체는 자산을 마련하려 한다. 현재 마을자산은 마을회관 등의 공동건물과 약간의 토지가 있다. 기업농 개념을 마을농 개념으로 전환하는 경우가 있다. 충청남도 홍성군 홍동면 문당리 마을공동체 살림도

조금씩 늘어 2006년 현재 마을 자산이 8억 원이다. 오리농법 쌀을 정미할 정미소도 세워 주민들이 직접 운영한다.[24] 필자가 2002년 가을 방문한 화천군 강하면 원천리에서 두 할머니가 마을에 재산을 증여했다. 공동체의 경제적 결과물을 제도화하는 사례이다. 필자가 사는 슬항2리는 소유한 논을 임대해 2006년 1,700만 원의 수익을 올렸다.

지속가능한 마을공동자산제도를 마련해야 한다. 2005년 기부금으로 모금한 돈은 5조 6,000억 원이다. 이 가운데 60%가 개인의 기부인데, 그 가운데 80% 이상이 종교 단체 기부금이다. 미국은 종교 헌금이 개인기부액 가운데 35.8%이고, 영국은 11%이다. 종교 단체 기부금은 대체로 사회적 목적으로 쓰는 것으로 보기 어렵다. 기업의 기부는 이윤 추구라는 목적에서 벗어나기 어렵다. 현재는 유산을 공공이나 지속가능한 방향으로 넘기는 일이 쉽지 않아 학교법인이나 교회에 헌납하는 실정이다. 임의 단체는 농지법의 제한에 따라 농지를 소유할 수 없다. 지속가능한 유산 처리 제도를 만들어야 한다. 아래의 자연환경국민신탁 등도 예이다.

자연환경국민신탁(national trust)과 관련하여, 산업혁명이 본격화된 19세기 말 영국에서는 급격한 경제 성장과 함께 진행된 도시 개발로 자연환경과 문화유산들이 소리 없이 파괴되고 있었다. 변호사 로버트 헌터, 여류 사회활동가 옥타비아 힐, 목사 하드위크 론슬리 세 사람은 루소와 영국의 전통 사상을 바탕으로 1895년 '역사적 가치 혹은 자연미가 있는 장소 보존을 위한 국민신탁'(National Trust for Places of Historic Interest or Natural Beauty)이라는 자선 단체를 만들었다. 영국 전 국토의 1%를 소유하고 430만 명의 회원이 활동하는 세계 최대의 환경보호 단체 내셔널트러스트의 기원이다. 1907년 내셔널트러스트 특별법이 제정됐다. 이로써 내셔널트러스트가 시민들의 기부나 증여로 확보한 자연 · 문화유산은 사회 전체가 공유하는 유산으로 '양도불능의 원칙'에 따라 영원한 보전이 가능해졌다. 내셔널트러스트는 영국 전역에 세계적인 거석문화 유적 스톤헨지 등 350여 개가

---

24) 「넉넉한 삶이 있는 마을, 문당리」, 『계간 새길 이야기』 2003년 가을호.

넘는 역사 유적과 건축물, 정원과 해안을 관리하고 있다. 2007년 12월 세계내셔널트러스트기구의 발족으로 국제적인 자연·문화유산 보전운동이 확산되고 있다. 영국형은 전국 단일조직으로 실천 이념적 지향이 강한 반면, 일본형은 지역 단위 개별조직을 기본으로 하여 전국적으로 연합체를 두는 형이다.

한국은 1990년대 초반부터 이런 운동을 벌였다. 2000년 한국내셔널트러스트의 출범을 계기로 국내에서도 본격화되기 시작했다. 한국내셔널트러스트는 2004년 시민문화유산 1호 '최순우(전 국립박물관장) 옛집'을 출연해 문화유산기금을 마련하고 시민들의 자발적인 모금과 기금, 기증으로 소중한 국민자산을 확보해 나가고 있다. 강화 매화마름 군락지, 동강 제장마을 등을 매입 관리한다.

2006년 '문화유산과 자연환경 자산에 관한 국민신탁법' 제정으로 국민신탁운동은 새로운 전기를 맞는다. 2007년 문화유산국민신탁재단과 자연환경국민신탁재단을 발족했다. 두 재단은 정부 지원과 시민 기업의 후원을 받아 운영한다.

2007년 3월 출범한 특수법인 문화유산국민신탁은 최근 보전대상 문화유산 목록작업의 일환으로 서울·인천·경기 지역의 문화유산 중 방치 또는 훼손됐거나 개발위험에 처한 216곳을 선정해 보고서를 냈다.

2008년 발족한 자연환경국민신탁은 우리 전통인 마을의 계와 같은 것이며 영국의 제도에 한국의 전통, 장자크 루소의 공동체 원리를 접목한 것이다. 국민신탁은 개인·기업·단체로부터 보전 가치가 있는 문화유산과 자연환경 자산을 기부·증여·위탁받아 미래 세대를 위해 지키고 관리하는 제도다. 문화유산과 자연환경 자산에 관한 국민신탁법에 따라 2007년 자연환경국민신탁 법인과 문화유산국민신탁 두 개의 법인이 만들어져 자산을 맡아 관리한다. 법인은 기부받은 재산과 회비를 활용해 새로운 자산을 사들이기도 한다. 국민신탁에 맡겨진 토지는 개인 이름이 아니라 국민의 이름으로 등기되어 정부도 개발을 하려면 협의를 해야 하기 때문에 무분별한 개발에서 보호받을 수 있다. 기탁받은 재산의 소유권은 국민신탁으로 이전되지만 점유권 · 이용권은 그대로 행사할 수 있다. 자손들에게도 점유권 · 이용권을 상속할 수 있다. 국민신탁은 백두대간과 비무장지대(DMZ), 제주도 곶자왈 보전 프로그램을 준비하고 있다. 허병섭은 1996년 무주로 귀농하여 장인에게 물려받은 자신의 전 재산인 임야 6만 3,099㎡(1만 9,000여 평)를 2007년 마을 공동재산으로 내놓았다. 이 땅이 곧바로 마을 사람들 차지가 되는 것은 아니다. 허씨가 땅을 '자연환경국민신탁'에 맡겼기 때문이다. 국민신탁 이사장인 문국현도 제주도의 밭과 과수원 1,793㎡를 맡겼다.

한국의 내셔널트러스트운동은 '내셔널트러스트운동=땅 한 평 사기 운동'에서 벗어나 토지나 구조물을 확보하기 전에 이의 보전과 이용방안을 포함하여 영구보전에 필요한 비전을 제시하고 시민들이 지속적이고 주체적으로 참여할 수 있는 방안을 마련해야 한다(이병철, 2002: 258). 또 '환경자산의 공유화라는 이념성'과 '시민들의 자발적 자산기여'가 필요하다(조명래, 2001: 400).

농민들이 농지를 지켜 농민이 농사를 짓고 환경을 보전하자는 '농지트러스트' 움직임이 있다(한국생협연합회, 2005: 23). 강원도 화천군 간동면 유촌 1(이장 오흥선), 2리 주민들은 마을 상수원 부근의 밭을 외지인이 인삼농사를 짓기 위해 임대하자 공동기금으로 밭을 재임대해 친환경농법으로 농사를 짓기로 결정했다. 주민들은 상수원 인근 9,240㎡의 밭을 임대한 외지인에게 인삼밭 조성 경비 450만 원을 마을공동기금으로 보상해 준 뒤 인삼 대신 농약이 들어가지 않는 고구마 4만 포기를 심었다. 강릉시 연곡면 송림리 주민들은 마을의 상징물이던 소나무가 외지로 팔려나가게 되자 이를 지키기 위해 2007년 4,500만 원을 모금해 소나무 19그루를 사들여 원래 있던 자리에 심었다.

2008년 한국에서 세계 람사(습지)회의를 열었으며 우포늪지와 순천만 갈대숲을 한국의 대표적인 습지로 소개했다. 청주 시민은 두꺼비 서식지인 원흥이방죽을 개발에서 지켜냈다. 람사협약은 1972년 물새 서식지로 중요성을 갖는 습지의 중요성에 비중을 두고 출발했다.

4) 지역경제의 순환

자본은 승자독식의 본능이 있다. 한국 사회는 중앙집권 사회 성격이 강하다. 사람에 이어 자본도 도시로 집중한다. 지구적 규모의 자본, 상품, 서비스가 순환하는 현재 상황에서 일부 대도시를 제외하고는 돈이 그 지역을 빠져나가는 것이 일반적인 현상이다. 개인의 지출은 거대자본에 흡수된다. 도로·통신의 발달은 지역의 재화가 도시 특히 서울로 집중하는 속도를 빠르게 한다.

지역의 생산·유통·소비를 순환하도록 하는 노력으로 협동조합, 신토불이, 지산지소, 푸드 마일리지, 지역통화 등의 활동과 개념이 있다.

지역 내 교환제도와 협동조합은 지역 내의 경제적·비경제적 교류를 동시에 증진시킬 수 있는 대안제도이다. 도쓰웨이(Douthwaite)는 경제적·비경제적 교류가 활발하게 이루어지는 이상적인 지역공동체 사회는, 지역공동체를 수레로 비유할 경우, 지역 내 교환제도와 협동조합제도가 마치 두 개의 수레바퀴처럼 움직일 때 실현된다고 하였다. 곧 두 바퀴가 제대로 작동할 경우 지역공동체는 자립가능하고 지속가능하며 상부상조하는 사회가 될 수 있다는 것이다(이가옥·고철기, 2001: 90).

정부와 기업이 실패한 상황 아래 지역통화를 정착시키면 지역경제 위기를 타개하고 공동체 의식을 회복할 수 있다. 지역화폐는 지역상점 이용 캠페인과 같다. 기존의 시스템에서는 화폐가 외부에서 유입되어 재화와 서비스를 구매함에 따라 개인들 사이를 왕래하다가 결과적으로 외부로 빠져나간다. 그러나 화폐가 없는 교역 시스템에서는 재화가 물물교환처럼 교환되고, 적은 돈만 필요하다. 자원이 공동체 안에서 유지되므로 주민은 레츠에서 이익을 얻을 수 있다. 심지어 돈이 없는 사람도 지역경제에 참여할 수 있다(박용남, 2006: 266). 이 제도는 국가권력이 창출하는 통화(지폐, 수표 등 광범위한 의미의 화폐)의 유통부족으로 경제활동이 침체되는 '국가통화' 중심 경제 체제의 문제점을 보완한다.

대형마트(슈퍼슈퍼마켓, SSM)가 지역상품을 거의 취급하지 않고 지역자금을 유출하면서 일어나는 지역 농민 소상공인 자영업자의 몰락은 어제 오늘의 일이 아니다. 대형마트는 가격을 낮추려고 많은 에너지를 소비하고 탄소를 발생시킨다. 당장은 쌀지 몰라도 결국 가격 수준이 오른다. 지역 중소상인들은 신용카드 수수료의 인하, 대형마트 및 기업형 슈퍼마켓(SSM)의 규제, 중소상인의 실업 안전망 구축을 요구하며 지역경제를 살리려고 한다.[25] 한나라당이 점포 개설을 등록하도록 유통산업발전법을 개정하려 하는데, 중소 상공인들은 허가제 도입을 주장한다.

5) 주민과 민주주의

한국 사회에서 개발은 5·16군사쿠데타 뒤 새마을운동에서 시작한다. 농민을 산업현장으로 퇴출하고 그 공간에 공장에서 만든 시멘트를 이용해 개발하면서 전통 공동체, 전통 문화를 파괴했다.

개발의 수혜자는 부동산 소유자, 투기꾼, 건설사 그리고 이에 편승하는 정치인들이다. 농지에서 밀려난 농민들은 유민이 되어 도시로 이주해 저임의 노동력을 형성했다. 또 도시민들은 난개발 때문에 외곽으로 밀려갔다. 이런 현상은 군사독재를 무너뜨리고 절차 민주주의가 들어선 뒤에도 계속됐다. 김대중, 노무현 정권 때도 신개발주의 아래 난개발은 변함이 없었다. 토건국가라고 할 수 있을 정도다.

이명박 정부에 들어와서는 '녹색 성장'이라는 이름 아래 그린벨트를 마구 풀고 대운하사업을 추진하고 있다. 이것은 개발독재가 녹색주의로 포장한 에코파시즘이다. 2008년 용산에서는 상가를 재개발하는 과정에서 세입자를 정당한 보상 없이 쫓아내려다 6명이 사망했다. 이 과정에서 시행사인 재벌, 정부, 지방자치단체, 조직폭력배 같은 용역업체 등이 세입자를 공동의 적으로 삼았다.

2005년 아파트는 서울에서 전체 주택의 52.5%에 이른다. 아파트는 건설업자의 입장에서 보면 저렴하고 가장 이윤을 많이 남기는 방식이다. 전통

---

25) 「중소상인살리기전국네트워크(준) 발족 선언문」, 2009.5.19.

한옥의 경우 집안 마당을 중심으로 공간을 구성한다. 농촌의 옛 주택에서 모임을 해보면 구성원이 자연스럽게 집중한다. 주택의 질 문제와 관련해 노동자는 공동체 구성에 알맞게 주택을 구성해야 한다. 유럽의 공동체 주택을 모델로 검토할 수 있다. 프랑스의 국민주택정책은 노동자 계층에게 주거지를 마련해줘 그들을 국가 안으로 통합하는 기능을 가진다(발레리 줄레조, 2007).

난개발 막기는 여간 어려운 싸움이 아니다. 싸움과정에서 주민은 이해관계에 따라 이리 쏠리고 저리 쏠려 공동체를 파괴하는 경우가 허다하다. 그러나 부산 연제구 연산2동 산동네인 물만골 430가구 1,500명의 주민들은 1992년 10일간의 투쟁으로 부산시의 철거 재개발을 막고 주민 공동으로 황령산 생태계 복원, 건설공동체 운영, 의류봉제사업, 자원재활용을 통한 노인들의 소득 창출 활동을 전개했다. 노인들은 재활용품을 공동으로 수거해 판매하며 2004년 매월 35만 원 정도의 급여를 지급했다. 이들이 안정적인 주거를 위해 한 푼 두 푼 모아 공동으로 사들인 땅은 1만 6천 평이고, 앞으로 3만여 평 확보가 목표다. 사들인 땅은 개인의 지분만 인정하는 공동소유로 등기하고 지구계획을 세웠다. 그러나 부산시가 이 지역 8만㎡를 자연녹지에서 자연취락지구로 변경하려 하는데, 이럴 경우 땅값이 올라 계획 자체가 불가능해질 위험이 있다. 물만골은 주거문제 해결을 넘어 환경 · 생태 · 인간이 어울리는 공동체를 지향한다(이희찬, 2005: 268).

1980년대 말의 안면도 핵폐기물 처리장 건설 계획을 둘러싼 논쟁을 시작으로 1990년대 중반의 굴업도 사건, 2005년의 부안사태가 모두 주민들의 반핵 의식을 보여준다. 1986년 러시아 체르노빌 핵발전소 폭팔 사건의 영향이 컸다.

필자가 사는 마을인 충남 당진군 고대면 슬항2리의 사례가 있다. 슬항리 주민은 1990대 중반 SK(주)가 석문국가공단에 10조 원을 들여 석유화학공단을 지으려는 것을 당진의 주민들이 시민운동 단체와 힘을 합쳐 저지했다. 또한 슬항리 주민은 건설폐기장 중간처리장 건설도 저지했다(2001~2005). 이어 우리담배(주)의 담배공장 건설을 막는 싸움을 해(2007.7) 끝내

막지 못했으나, 담배회사는 결국 부도가 났다. 이 과정에서 4개 마을에 마을 도서실을 세웠다. 이렇게 하면서 친환경적인 영농을 추진하는 동시에 농협 대의원과 군의원 선거 등에 자신의 의견을 반영하는 그룹 형성을 시도했다. 그러나 영향력이 미약하고 안정성이 취약했다(cafe.daum.net/srangni).

조치원읍 신안1리 주민은 교수, 학생과 연대하여 홍익대와 고려대 사이에 대림산업이 추진하는 고층아파트 건설을 반대하고 대학문화촌 건설을 추진했다. 주민의 의사를 무시한 아파트건설은 2008년 경기후퇴로 골조만 올리고 공사를 중단했다(2005~2007, cafe.daum.net/nantwoforum).

정부는 거액의 공공자금을 투자해 대규모 지역개발을 통해 물리적 개선을 꾀한다. 그리고 경제를 활성화하려고 직업훈련과 사업 자금을 보조한다. 그러나 이러한 행정 부문이 추진하는 일방적인 하향식(top-down) 방식과 전문가 중심주의의 한계는 곧 드러난다. 이러한 사업들은 일단 훌륭하게 '완성품'을 내놓을 수 있고, 이에 따라 주민의 생활은 대폭 개선되는 듯하지만, 환경 유지와 관리의 주체가 형성되지 않아 시간이 지나면 다시 서서히 악화한다. 일본의 혁신지자체처럼 정부가 주민의 아이디어를 채용해 주민공동체는 잠시 동안 반짝 활기를 띠지만, 잠시만 정신을 놓아도 공동체는 바로 와해되는 것을 경험한다. 따라서 단순히 거액의 공공 자금 투입을 넘어서 그것을 사용하는 방법을 개선해야 한다. 여기서 개발과정의 정당성을 확보하는 것이 핵심 과제이다. 그것은 곧 주민 발언권의 문제이며 어떻게 계획 초기부터 함께 논의하고 활동하면서 안(案)을 만들어 갈 수 있느냐가 중요하다. 후기 산업사회에 들어서면 새로운 민주주의(조직이나 제도)를 통해 주민의 참여를 활성화하는 것이 쇠퇴해가는 생활환경을 개선하는 작업에서 매우 중요한 기반이 된다(김찬호, 2002: 44).

위와 같은 모순을 고치는 데 대의제 민주주의는 무력하고 명백히 실패했다. 대중은 투표할 때만 민주주의를 느낄 뿐이다. 한국은 국회의원, 대통령이 대중의 권익을 해쳐도 선거를 제외하고는 유권자가 제재할 수단이 없다. 다만 지방자치단체 수준의 선출직 공직자만 소환할 수 있다. 국민발의, 주민투표, 주민소환, 주민감사청구, 주민소송 등 지방자치법이 인정하는 직접 민주주의 제도를 활성화시켜야 한다. 『페다고지(억눌린 자를 위한 교육, Pedagogy of the Pressed)』(남경태 옮김, 그린비, 2002)를 쓴 브라질의 파울루 프레이리(Paulo Freire)는 주민들을 일깨우고 교육재정을 감시하도록 하는 방식으로 지방자치단체 운영에 개입하고 주민운동이 지방자치에 참여하면서 일어나는 관료주의와 부패를 막았다.

7. 공공 부문

공공 부문은 공공의 요구를 충족하며 일자리 창출을 분담한다. 공공성이 크며 수익성이 낮은 신규 분야를 창출할 수 있다. 관료화의 위험성이 상존하며 민영화 요구의 부담이 있다. 공동체 자기고용을 측면에서 지원할 수 있다.

1) 국영기업 · 공기업의 공공성

국영기업 · 공기업은 시대에 따라 중심이 이동하고, 진입과 퇴출이 있다. 우리나라 공기업들은 해방 뒤 일제의 귀속재산이 정부 소유로 넘어가면서 공기업이 된 것과 1960~1980년대 관주도형 경제발전과정에서 생겨난 것의 두 종류가 있다. 2004년 말 현재 정부가 납입자본금의 50% 이상을 출자한 공기업만 47개이고 자회사까지 합치면 공기업 수는 350개이다. 이들 가운데는 공기업의 의미가 줄어든 부문이 있는가 하면 공공성이 크고 국민 생활에 필수적인 재화와 서비스를 공급하는 전기, 수도, 가스, 전신 · 전화, 철도 분야가 있다. 공기업은 경영이 방만해 부채가 국가채무의 두 배인 400조 원이다.

한국의 국영기업 · 공기업은 대중에게 에너지 · 물 · 운송 · 교육 등에서 비교적 질 좋은 서비스를 값싸게 제공한다. 공공성의 확보가 최대 목표다. IMF 통치 이후 민영화의 피해가 크다. 통신비는 생활비의 10%를 넘어 '통신비지수'라는 말이 나왔다. 가스요금이 크게 인상되어 산업과 가계의 부담이 커졌다.

공기업이 수익을 이유로 비공공적으로 운영하는 경우가 있다. 주택공사와 토지공사는 질 좋은 주택과 택지를 공급해 국민 생활향상에 기여해야 할 책무를 잊고 '집장사', '땅장사'에 치중한다. 주택공사가 2006~2007년 사이 공동주택 용지를 분양해 거둔 차익은 6,955억 원, 아파트를 분양해 얻은 차익은 3,189억 원이다. 주공은 최근 몇 년 사이에 소형 아파트 공급 비중을 낮추고 중대형 공급을 크게 늘렸다. 토지공사는 수도권 3개 택지지구에서만 공동주택용지 분양으로 3,061억 원을 남겼다. 토공은 프로젝트 파이낸싱 회사를 통해 수도권에서 1,500억 원을 남겼다. 이렇게 벌어들인 돈으로 이른바 '신이 내린 직장'을 만든다. 또 택지비 건축비를 끌어올려 궁극적으로 주택가격을 높이는 반사회적 부작용을 낳는다.

조명래는 국토를 효율적으로 관리하고 부동산 문제를 해결하려면 국토계획 기능을 환경부로 이관하고 건설교통부는 토지 · 주택 · 교통 관련 업무를 전담하는 토지주택부로 전환할 필요가 있다면서 토공과 주공을 점진적으로 해체해 싱가포르식의 주택청으로 흡수 · 통합하는 방안을 제시한다(『한겨레』 2008.2.12).

공기업 가운데 퇴행적인 경우가 있다. 우리나라에서 대표적인 사행산업은 복권, 경마, 카지노로 대표되는데 그 연간 매출액이 10조를 넘으며 사행산업으로 온갖 문제를 일으킨다. 불황기에는 문제가 더 심각하다. 사행산업을 허용하면서 사회적으로 도움을 주는 방법은 사행산업에서 발생한 이익을 사회소외계층에게 돌려주는 것이다.

강원랜드는 폐광 대책으로 세웠으며 국내에서 한국인이 드나들 수 있는 유일한 카지노다. 그러나 카지노 게임은 중독성이 강해 이곳에서 재산을 탕진하고 자살한 사람이 22명이나 된다. 카지노의 배당률은 20%에 불과해 다른 나라의 80여 %와 차이가 커서 여가를 즐기게 하겠다는 애초의 취지와 다르다. 강원랜드는 주민운동의 결과 '폐광 지역 개발지원에 관한 특별법'으로 만들었지만 주민들은 비정규직으로 고용되어 월평균 임금 129만 원(2006)을 받는다. 강원랜드는 10여 개 용역업체 중 일인당 많게는 3천여

만 원 가까이 용역 계약금을 받으면서 비정규직을 저임으로 고용한다(김항성, 2007.8.7). 최근 2~3년간 매년 평균 2,700억 원의 순이익을 올리지만 진폐환자나 장애인의 복지에 지출하는 복지금은 2억 원에 지나지 않는다. 카지노에서 일하는 비정규직 1,300명 가운데 99%가 탄광 지역 출신자이지만 임금은 월평균 129만 원(2006)이다. 장원섭은 "3만 5천여 명에서 10만 명에 이르는 진폐환자들이 있는데, 요양을 받지 못하는 진폐환자들의 평균 생활비는 최저생활비에도 미치지 못한다"고 했다(서경식, 2007.11.17). 인근 태백 · 정선 지역의 종교인들은 '태백을 걱정하는 성직자 모임'을 구성하고 도박산업 규제를 요구했다.[26)]

한국마사회는 건전한 스포츠와 마필 관리를 주장한다. 마사회는 매일 매출이 300여 억 원이다. 마사회는 이익잉여금의 60%를 축산 발전과 농어촌 복지에 내놓는다. 그러나 필자가 사는 부평의 경마장을 보면, 스크린으로 중개하는 경마에 하루에도 수백 명이 도박중독에 빠져 몰입하는 처참한 모습을 보여준다.

2) 민영화와 재국유화

1979년 영국의 대처정권과 1980년대 미국 레이건정권이 공기업의 민영화, 규제 완화, 조세 감축, 작은 정부 등의 신자유주의정책을 추진하면서 민영화는 세계적인 추세가 되었다. 정부는 통상적으로 호경기에 물가가 상승하면 경기 안정정책을, 불경기에 물가가 하락하면 경기 부양책을 썼다. 그러나 석유파동을 겪으면서 스태그플레이션이 나타나자 그 대책으로 공기업을 민영화하여 시장 기능을 살려 경제 성장을 높이려 한 것이다. 그러나 민영화가 공공성이 강한 부문의 경영을 효율적으로 할 수 있는 대안은 아니다. 민영화는 공공자산을 사유화하는 과정이며 동시에 개방을 의미한다.

---

26) 청와대 앞에서 도박산업 규제를 요구하며 단식 농성하는 방은근 목사의 말, 2007.4.24.

국영 기업의 비효율성의 주요 원인으로 꼽히는 주인-대리인 문제, 무임승차 문제, 연성예산 제약 등의 문제는 실재한다. 국영기업의 '주인'인 국민은 '대리인'인 경영자의 임금을 수익성에 연동하도록 한다고 하지만 대리인이 가진 정보가 주인을 능가하는 상태에서 대리인을 통제하기는 사실상 불가능하다. 국민은 법적으로 국영기업의 소유자이지만 누구도 국영기업을 관리하지 않으며 결국 대부분의 국영기업 관리자는 이에 무임승차하게 된다. 국영기업은 정부의 일부이므로 파산하거나 적자를 볼 경우 '늘어나는' 혹은 '연성'의 추가 예산을 확보할 수 있어 부실의 원인이 된다(장하준, 2007: 166). 이런 현상은 삼성의 자동차 부문 투자의 실패에서 보듯이 재벌과 같은 대기업에서도 나타난다. 이렇게 전 세계적으로 민영화가 자본의 배만 불릴 뿐 민중의 복지는 물론 국가의 기간산업을 약화시키므로 다시 국영화를 선택적으로 지켜야 한다는 여론이 우세하다. 신자유주의 아래 민영화한 분야의 재국유화도 추진해야 한다.

한국에서 IMF 사태 뒤 김대중 정부가 국책은행 한국전력 가스공사 등을 민영화했으나, 공업용 가스 요금이 폭등하고 시위가 일어나자 계획했던 철도의 민영화 계획은 노무현 정권에 들어와 중단됐다.

이명박 정부는 네트워크 산업이라 할 수 있는 철도 · 우편 · 전기 · 수도 · 가스 등 모든 네트워크 산업과 가치재 산업의 공기업을 전면 민영화할 계획이다. 동시에 의료, 교육, 물, 주거 등 전 산업, 대중생활을 자본에게 이윤의 원천으로 제공하는 정책을 취할 것이다. 이럴 경우 네트워크 산업은 국내외 재벌의 M&A 대상이 된다.

영국, 미국, 프랑스 등 통신 전력 상하수도와 같은 네트워크 산업의 민영화를 추진한 나라들도 공기업은 비효율적인 논리가 퇴조하면서 1998년 전후 민영화에 제동이 걸리거나 재규제 움직임을 보인다. 미국은 캘리포니아 정전사태 이후 시장자유화가 중단되고, 발전과 배전 부문을 재통합하였다. 전력산업을 규제하는 주와 그렇지 않은 주 사이의 요금 격차가 갈수록 벌어져 2007년에는 1991년에 견줘 두 배 이상 벌어졌다.

영국에서 공기업 민영화가 대대적으로 추진될 수 있었던 것은 당시 공기업 운영과 서비스의 질이 엉망이었기 때문이다. 대처 총리는 고장난 채 방치된 공중전화 부스를 매일 접하는 시민들의 분노를 포착하고 영국통신(BT)을 첫 목표물로 삼았다. 반면 국민의료서비스(NHS), 영국공영방송(BBC)은 건드리지 못했고, 철도는 사고가 많이 일어나 홍역을 치른 뒤 일부가 다시 공영화됐다. 영국 국민들이 공적인 의료 방송 철도를 지지했기 때문이다.

철도는 유럽의 경우 친환경 운송수단으로 주목받는다. 여행객들은 탄산가스를 많이 발생시키는 비행기 여행 대신 철도 여행을 선호한다. 민영화 뒤 미국 캘리포니아의 단전 사태가 있었으며, 남아공은 단전, 영국은 철도를 민영화한 뒤 사고가 잦아지자 재국유화를 추진한다.

세계적으로 물의 민영화가 가장 큰 문제다. 한국도 생수시장은 민간 부문이 장악했다. 2007년 정부는 물 산업 육성을 이유로 물산업의 공사화 또는 민영화를 추진한다. 160여 지자체로 쪼개져 영세성을 면치 못하는 상수도 사업을 30곳 이내의 권역으로 광역화하고, 국영인 사업자를 공사화 혹은 민영화하려는 것이다. 국내 기업은 물 민영화로 국내 물산업을 사유화하고 이것을 외국기업에 개방하는 동시에 해외 물시장에 진출하려 한다. 정부는 물 산업을 블루 골드(황금산업)라며, 2003년 830조 원 규모의 물시장이 2015년에는 1,600조 원까지 커질 것이며 비올라, 수에즈 등 소수 외국기업이 독점한다고 주장한다. 이 배경은 정부가 물 시장 개방을 요구하는 유럽연합과 FTA 협상을 고려했을 수도 있다.

상수도를 민영화할 경우, 지자체에 따라 원가의 30~95%에 공급하는 우리나라도 서너 배 뛸 수 있다. 인상 압력이 커지면 수질의 안정성도 떨어진다. 한국의 경우 수돗물의 민영화는 인원을 줄이거나 약품 사용량을 줄여 관리비를 낮추는 정도인데, 물 값 인상이 서민에게 주는 고통은 극심할 것이다. 도시에서는 과잉투자하고 농촌에서는 수익성을 이유로 가격을 대폭 올릴 것으로 예상된다. 오히려 현재 수돗물을 직접 마시는 국민은 약 1%인데, 이것을 미국과 일본의 30~50% 수준까지 끌어올려야 한다(염형철, 2007.9.14).

1990년대 개도국에 진출한 다국적 물 기업은 지역주민에게 심한 고통을 주며 실패를 맛보았다. 비올라는 매출의 50%가 미국에서 나오고 30%는 기타 유럽에서 나오며 개도국 비중은 13%이다. 최근 개도국 사업의 실패로 매출이 4분의 1이나 줄었다. 수에즈는 2002년 아르헨티나에서만 5억 유로의 적자를 내 자회사인 유에스필터스와 스페인에프시시를 팔았다. 민영화는 세계적인 흐름이 아니며 수돗물 값 폭등, 관리 부실 등으로 주민의 저항을 초래한다.

1990년대 상수도 사업을 초국적 기업에 맡겼던 나라들에선 지금 물값 상승, 수질 저하, 관계자의 고용 불안을 겪는다. 미국 애틀란타시는 1998년 맺었던 물 사유화 계약을 2003년 파기했다. 미국 디트로이트는 5대 호 주변에 있어 물 자원이 풍부한데도 수도요금이 폭등해 요금을 내지 못하자 단수했고, 이에 저소득층 주민과 학생들이 항의 시위를 벌였다. 사유화 뒤 물 기업이 추가 투자비를 요구하면서 하수처리 비용이 12% 올라가고, 종업원도 700명에서 300명으로 줄었다. 민영화 뒤 우루과이는 물 값이 10배 올랐고, 인도네시아는 2001년 35%, 2003년 40%, 2004년 30% 인상했다. 물 산업 강국인 프랑스도 민영화 뒤 150%나 올랐다. 이에 따라 볼리비아 · 스페인 · 아르헨티나 등은 막대한 위약금을 주고 다시 국영화했다. 볼리비아의 코차밤바 지역주민들은 1999년 수도시설을 민영화해 외국 회사에 팔아넘긴 뒤 수도요금이 전체 생활비의 1/3~1/4로 폭등해 식료품값과 교육비를 압박하자 시위를 해 결국 수도시설을 국영으로 되돌렸다. 사태가 이에 이르자 UN도 물은 정부의 책임 아래 주민에게 공급해야 한다고 선언했다.

이명박 정부는 산업은행을 민영화하고 또 기업은행 · 수출입은행 등 국책은행과 한국전력 가스공사, 지역난방공사, 주택공사, 토지공사, 도로공사, 철도공사 등 유력 국영기업 · 공기업의 민영화나 통폐합, 자회사 매각을 거론한다. 또 우체국을 민영화할 계획인데, 이럴 경우 수익성이 낮은 농어촌 지역의 우체국을 통폐합해 우편서비스의 질이 떨어진다. 미국이 우정사업 부문을 정부기관(우정성)의 형태로 존속시키는 것도 이 때문이다.

우리나라에서 의료보험 보장율은 61.4%로, 주요 선진국의 58~90%보다 공공병원 비중은 10% 대로 선진국의 50~60%보다 현저히 낮다. 의료보험에서 재정 지출이 눈덩이처럼 불어나고 건강보험 당연 지정제를 폐지하려고 하고, 민간의료보험 도입과 아울러 영리병원 도입의 상업화를 추진한다. 건강보험 당연 지정제는 의료기관이 건강보험 환자를 거절할 수 없도록 한 제도로, 지금은 돈 없는 사람도 건강보험증만 있으면 삼성병원이건 현대병원이건 어디나 갈 수 있다. 이를 완화 또는 폐지하면 병원은 '돈 되는' 환자만 받아 의료 양극화를 심화시킬 것이다. 세계에서 가장 상업화된 미국의 비싼 진료비, 전 인구의 30% 이상이 의료보험에 가입조차 못하거나 의료보장을 제대로 받지 못하는 미국의 의료 모순을 보아야 한다. 오바마 정부는 의료보험 적용을 확대하려 한다.

공기업 하면 떠올리는 것이 '철밥통', '비효율'이지만 그 대안이 시장에 맡기는 것이 아니라는 인식이 높아지고 있다. 민영화 추세의 대안으로, 필수 국영기업 · 공기업을 민영화 대상에서 제외하는 입법이 필요하다.[27]

국영기업의 성공사례가 많다. 싱가포르항공사는 국영기업으로 세계 항공사의 인기투표에서 항상 선두자리를 차지하고, 35년 동안 단 한 번도 적자를 내지 않았다. 한국의 포항제철은 자금 · 기술 · 원료 등의 불리함을 딛고 효율적인 제철회사가 되었지만 결국 민영화했다. 대만은 공기업에 의한 값싸고 품질 좋은 원료의 공급이라는 경제전략에 따라 국영기업의 비중이 국민생산의 16%를 차지한다. 중국은 대만과 비슷한 전략을 사용해 개혁개방 이후에도 국영기업 부문이 담당하는 공업 생산이 40%에 달한다. 이런 사례는 동아시아에만 있는 것이 아니고 오스트리아, 핀란드, 프랑스, 노르웨이, 이탈리아, 브라질에도 많은 성공적인 사례가 있다(장하준, 2007: 170).

3) 국영기업 · 공기업의 경영 합리화

공기업 운영의 '개혁'과 '민영화'를 구별해야 한다. 민영화가 '관료의 손'에 방치된 공공 부문을 '국민의 손'에 넘기는 개혁인 듯 보이지만, 실상은

27) 정종남(투기자본감시센터 사무국장)의 말, 2007.5.22, 서울에서.

공공적 기치를 담아야 할 산업이 사기업 이윤논리에 종속되는 '사유화'가 본질이다. 공기업 내부운영을 개혁하려면 공공서비스의 주인인 시민들이 참여하고 감사하는 공공운영이사회를 제기해야 한다(오건호, 2008.6.4).

한국철도공사(코레일)는 매년 460억 원가량 발생하는 적자를 이유로 철도요금을 올려 서민이 철도를 이용하기 어렵게 했다. KTX는 서울~부산 요금이 5만 1,400원이다. 그러면서 KTX 여승무원을 입사 당시의 약속과 달리 비정규직으로 발령해 여승무원들이 3년 동안 정규직 고용을 요구하며 농성했다(2008).

수백조 원에 이르는 정부 산하기금을 운용하는데 투명성과 책임성이 부족하다. 국민연금은 고갈을 막으려고 연금 수준을 60%에서 40% 수준으로 낮추었지만 2060년쯤 고갈될 것으로 전망한다. 급여 수준을 한계선까지 낮추었기 때문에 고갈을 늦추려면 보험료를 인상하거나 기금운영 수익률을 높여야 한다. 국민연금은 지난 3년간 수익률이 6.7%로 캐나다 13.8%, 네덜란드 11.3%, 일본 10.5%와 큰 차이가 있다. 국민연금은 국민의 안정된 노후생활의 최후 버팀목이고 국민경제에 파급효과가 크다.

정부투자기관 경영평가단은 2005년 농수산물유통공사, 수자원공사, 코트라, 석유공사 등 일부 정부투자기관이 직원들에게 특혜 대출, 선심성 해외출장, 자녀 입사우대 등의 혜택을 주고, 정부의 지침을 위반하면서 직원의 임금을 올렸다. 직원들의 금품수수의 부정행위도 발생하고, 과도하게 접대비를 지출했다. 업무와 관련성 있는 비상임 이사가 없거나 비상임 이사에게 기업정보를 제대로 알려주지 않는 기관도 있었다. 그러다보니 국영기업 · 공기업에서 일하는 나태하고 부패한 공무원의 몇몇 사례가 나랏돈만 축내는 공공 부문으로 일반화된다. 그리고 그들은 '신이 내린 직장'에서 근무한다는 비아냥거림을 듣는다. 신자유주의자들은 민영화를 염두에 두고 이 영역이 가지는 가치를 낮게 평가한다.

국영기업 · 공기업 경영자의 낙하산 인사는 경영의 전문성을 살리지 못한다고 비판받는다. 한국전력, 도로공사, 토지공사, 석유공사, 산업은행 등 24개 주요 공기업들은 역대 사장 301명 가운데 관료 출신이 전체의 절반에 가까운 136명(42.5%)으로 가장 많았고 군인 69명(22.9%), 정치인 66명(21.9%)이었다. 반면 공기업 내부 인사가 사장이 된 경우는 14명(4.7%)이었다. 그리고 문민정부 이전인 1992년까지 역대 사장의 33.9%가 군인 출신이었으나 1993년 이후엔 9.6%로 낮아졌다. 반면 관료 출신은 35.2%에서 57.4%, 정치인 출신은 12.1%에서 33.8%로 높아졌다.

신자유주의 아래 기존의 국유 공기업을 민영화하는 추세이지만 길게 보면 사회경제의 모순이 발전하면서 주요 산업 부문에서 사회적 소유, 사회화가 불가피해지고 국유 공기업화도 확대될 수밖에 없는 역사적 추세이다. 시장에서 경쟁이 치열해지면서 국유 공기업의 효율성 문제도 외면할 수 없다(김성구, 2003: 348).

정부가 비효율적으로 공기업을 운영해서 예산을 낭비하면 정부가 제공하는 서비스의 질이 떨어진다. 그러나 이를 시정하는 방법인 민영화는 소유권 이전과 더불어 경영권도 민간에게 이전한다. 민영화와 다르게 정해진 계약기간 동안 서비스 공급을 민간업자에게 위탁하는 민간위탁(tracting-out)도 있다. 이 경우 시설은 정부가 소유하고 운영만 민간에게 위탁하는 경우가 많다.

미국 피닉스시는 1979년부터 공공기관과 민간업자가 동일한 자격으로 경쟁적으로 정부 수주사업에 입찰한다. 뉴질랜드 크라이스트 처치시에서도 원칙적으로 행정서비스를 민간과 경쟁시킨다. 네덜란드의 틸버그시에서는 무엇을 할 것인가는 의회가 정하지만, 어떻게 할 것인가는 시의 행정전문가가 독립적으로 시행한다. 미국 인디애나폴리스시는 단위 활동당 원가계산방식을 도입한다. 예를 들어 한 해에 제설에 드는 비용이 얼마라고 보고하지 않고 마일당 제설비용이 얼마가 들어가서 총 얼마를 지출했다는 식이다.

영국에는 공공 부문 개혁의 큰 틀로 민영화, 내부시장, 시민헌장 그리고 독립 에이전시가 있다. 내부시장(internal market)은 공공 부문 속으로 시장 메커니즘을 들여놓는 것이다. 예를 들어 이전에는 정부가 국공립 초등학교의 예산을 전액 지원해 왔다면, 이제 각 공립학교가 나름의 교육프로그램과 교사진을 갖추고 학생들을 다른 공립학교와 경쟁적으로 유치하도록 만든다. 공기업이나 공교육 또는 국가의료서비스같이 민영화나 내부시장화로 시장원리를 도입할 수 없는 부문, 즉 시장이 실패하는 공공재적인 공공서비스의 경우에는 시민헌장을 제정했다. 시민헌장(citizen's charter)은 1991년 영국에서 시작한 것으로 정부가 제공할 최소 수준의 서비스를 제정해 알리고 또 일정 기간이 지난 뒤 그 목표의 달성여부를 공표하여 시민에게 평가받는다. 이런 공공 부문의 개혁은 필연적으로 관료 조직의 재편을 가져오는데, 영국에서는 비용을 절감하고 효율을 증대하기 위해 단선적인 관료조직을 기능별로 모아 별도의 팀으로 재구성하는 독립 에이젠시(agency)를 운영한다(소병희, 2004: 551~553).

안현효는 공기업 민영화를 주장하는 논리가 "공기업은 비효율적이라는 논리에 근거하지만 이는 사실과 다르다"고 한다. 한국전력, 가스공사 등 에너지공기업들이 비교적 싼 요금에 전기, 가스를 공급해오면서도 다른 나라들처럼 적자 상태도 아니고, 심각한 경영상의 문제를 일으킨 적도 없었다는 것이다. 에너지산업의 특성상 민영화할 경우 민간 독과점이 형성되어 지금보다 전력 가스요금이 인상될 것이 뻔해 민영화를 중단하고 오히려 그동안 민영화와 경쟁 도입을 목적으로 분할한 전력산업 공기업을 재통합해야 한다고 한다. 그는 공기업의 투명성 · 효율성 · 공공성을 높이는 대안으로 소유구조를 바꾸는 민영화보다 지배구조를 바꿀 것을 제시한다. 공기업청과 같은 독립된 조직을 둬 여기에 시민사회 · 노동계 등 이해당사자들을 참여시키는 통합적 지배구조로 공기업이 장기적이고 전략적으로 운용되도록 해야 한다는 것이다(『한겨레』 2008.6.13).

4) 공공 부문의 고용과 노동자의 책임

국영기업 · 공기업의 영역은 노사관계를 넘는 공동체 자기노동의 영역이다. 그러나 현실에서 정부 자본의 지배력이 절대적으로 미치기 때문에 노동자의 입장에서 보면 노사관계의 범주이기도 하다.

공기업 노동자의 혁신도 중요하다. 자신이 생산하는 생산물의 공공적 가치와 서민의 생활을 연계해 사고 하고 그 공공적인 고리를 시민과 공유해왔는지 반성해야 한다. 왜 공기업인 토지공사, 주택공사에 시민들의 원성이 큰지, (중소)기업은행이 중소기업 자영사업자를 주인으로 섬겼는지 되물어야 한다. 이제 노동자 스스로 개별 공기업별로 '공공성 방치 백서'라도 내서 자기혁신의 근거로 삼아야 한다(오건호, 2008.6.4).

공공 부문은 공공의 필요를 충족시키는 것과 아울러 일자리를 늘리고 노동자를 고용하는 사회적 책임을 가졌다. 최근 공기업들이 경영 방만의 비난을 피하려고 정규직을 비정규직으로 전환해 공공 부문에서 비정규직의 비율이 늘었다. 참여연대가 자산 규모 10조 원 이상의 공기업 7곳을 살펴봤더니 비정규직 고용이 크게 늘었다. 도로공사는 54.19%가 비정규직이고, 지난 4년간 수자원공사에서 생긴 일자리는 비정규직이 정규직의 8배를 넘었다. 가스공사는 20~30대 취업자의 경우 지난 4년간 정규직은 9.5% 줄고 비정규직은 18.3% 늘었다. 주택공사의 비정규직 임금은 정규직의 28.5%에 불과했다. 비정규직은 주택자금 · 학자금 혜택을 못 받고 노동조합 가입도 제한받았다.

KTX는 정규직으로 뽑은 여승무원을 비정규직으로 발령 냈고, 여승무원들은 2006년 3월부터 정규직 발령을 요구하며 1,000일 넘게 싸웠다. 한국증권거래소의 전산업무를 담당하는 비정규직 노동자들 역시 외주 도급업체(코스콤, 옛 증권전산)로 전환해 간접 고용한 뒤 비정규직 노조와 단체교섭을 제대로 하지 않아 2007년 5월 파업을 시작하고 여의도 한국증권거래소 앞에서 오랫동안 농성했다. 민주노총 사무금융연맹은 비정규 노동자 직접 고용을 노골적으로 반대한 한국증권선물거래소(코스콤) 노동조합을 제명했다(2007.11.8).

한편 정부는 2004년 우편집배원, 영양사, 사서 등은 공무원으로, 환경미화원 · 도로보수원은 상용직으로 전환시키는 등 3만 2천 명의 신분을 바꾸었다.

국유공기업의 민영화는 엄밀하게 말해 사영화이다. 이 부분은 기존의 사회주의 영역 또는 자본의 효율성을 높이려는 사회간접자본(SOC)의 영역이다. 기업과 자본은 공기업이 국제적으로 경쟁력을 상실하면서 관료화 · 보수화한 노동에 국영기업을 경영할 능력이 없다고 반격한다. 공기업 경영에 책임의 한 부분을 가진 노동조합이 관료 못지않게 관료적이거나 부패해 공기업의 공공성을 지키지 못했기 때문이다. 한국에서도 국영기업의 사장, 이사장, 이사들의 상당수를 정치권이나 권력자의 측근 가운데에서 낙하산으로 임명해 해당 업무의 전문성과 공공성을 기대하기 어렵다. 노동자나 노동조합도 공기업의 경영을 노사협상의 대상으로 삼을 뿐 자신들의 책임으로 여기지 않는 것이 현실이다.

8 · 15 당시 비록 미군정의 반대와 남로당의 이해 부족으로 오래 지속하지 못했으나, 공장과 농촌 지역에서 노동자 · 농민이 자주관리를 한 경험이 있다. 한국 사회는 이런 전통이 있기 때문에 공기업을 자본과 결탁해 민영화할 것이 아니라, 정부의 공기업 혁신의지와 노동자의 마음 바꾸기를 통해 기존의 노력을 자율노동의 영역으로 발전시킬 수 있다. 아울러 사기업이 발달한 한국에 비해 공기업이 발달한 유럽과 남미의 공기업 경영 경험을 배울 필요가 있다.

노조에게도 국영기업 · 공기업의 관료화 부패를 막지 못하고 사회적 기능을 강화하지 못한 책임이 있다. 낙하산으로 임명된 사장은 노조의 반발을 막으려고 임금을 과다하게 인상하는 부작용도 낳는다.

공공기관 경영정보 공개시스템에 따르면 296개 공공기관 직원들의 2006년 평균 임금은 5,050만 원으로 2005년 4,834만 원보다 4.5% 올랐다. 연봉 분포를 보면 5천만 원을 넘는 곳이 38.9%(115개), 3천만~5천만 원이 54.0%(160개), 3천만 원 미만인 곳이 7.1%(21개)이다.

노동조합은 관료화, 공무원과 국영기업 · 공기업의 직원 역시 수혜를 과점하는 문제가 있다. 노조는 4대 보험의 통합을 일자리 유지 차원에서 조건부로 반대한다.

8. 사이버공동체

1) 사이버공동체

IT분야의 발전으로 새롭게 형성되는 분야이다. 지식사회의 도래와 함께 공동체 자기고용의 발전에 긍정적인 영향을 미친다.

전화통화, PC통신이나 인터넷과 같은 새로운 통신매체가 확산되면서 정보통신공간을 활용한 사회적 연대가 구축되기 시작했는데, 기술적 · 지각적 · 구조적 단면 등을 강조하는 측면에 따라 온라인공동체(online community), 가상공동체(virtual community), 사이버공동체(cyber community) 등으로 불렀다. 이들은 모두 탈지역적 · 탈동질적 · 탈대면적 성격을 지니며, '제2 미디어' 시대를 특징짓는 새로운 공동체 개념이다. 사이버공동체에서 지역단위들은 독자적 · 독점적 발전 대신 상호적 · 호혜적 발전을 추구하기 때문에, 경제적 차원에서 규제보다는 공존공영, 정치적 차원에서 통치보다는 협치, 사회적 차원에서 규제보다 신뢰, 문화적 차원에서 통합성보다 다양성을 추구해 성장지향 사회가 관계지향 사회로 전환하는 계기를 만든다(김종길 · 김문조, 2006: 306~310).

지식사회에서 노동자 · 대중이 노동조직을 만드는 데 인터넷이 유용하다. 인터넷 방송, 이주노동 방송, 인터넷과 미디어는 정보를 신속하게 전달하는 점에서 미디어와 일치한다. 그러나 인터넷은 생산소비 조직을 운영하는 데 직접 활용하는 점이 다르다.

인터넷을 매개로 하는 사이버는 소통 공유에 유리한 특성을 가지며 공동체 발전 · 강화를 매개한다. 기존의 오프라인에서 불가능했던 공동체의 형성을 가능하게 한다. 오프라인공동체에 온라인을 가미하며 더 발전할 수 있었다. 사이버는 오프라인과 결합하며 서로 보완한다. 때로는 사이버가 오프라인을 자극하고 선도한다. 노동운동이나 사회운동의 형태가 아니더라도 공동체가 가능하게 했다.[28]

---

28) 이용근의 말, 2007.5.29, 한국노동네트워크협의회 사무실에서.

인터넷이 시민사회에 가치 있는 기능을 제공하고 이러한 기능이 기업과 정부 밖에 있는 집단들이 인권, 지속가능, 환경 그리고 다른 중요한 이슈들의 이해와 행동을 촉진하는 데 창의적으로 사용했다.

웹 2.0 쌍방향 정보통신의 요란한 웹 발전 흐름 속에서 대중 다수가 원하는 것이 결국 자본이 방향을 수정하는 것을 보여주었다. 이것은 AJAX 등 특정 기술에 힘입어 부각되기도 했지만, 보다 근본적으로는 꾸준히 사람들의 사랑을 받는 아이디어들이 살아남은 결과다. 웹이 보편적인 일상 공간이 되면서 사람들은 점점 더 많은 것을 요구하게 되었다. 웹 사용자는 단순히 정보를 받아 보기만 하는 것이 아니라, 게시판에 글을 올리고 댓글을 달고 자료를 올리는 참여의 특성을 가진다. 웹(네트워크)에서는 자유롭게 정보를 주고받아 개방(공유 협력)의 특성을 가진다. 웹의 세계에서는 현실 오프라인, 물질세계와 다른 법칙이 적용된다. 사람들은 이제 집을 떠나 번화한 곳으로 가지 않고, 자신만의 공간에서 인터넷 어딘가에 흩어져 있는 정보를 찾을 수 있다는 분산(개인화)의 특성을 가진다(한국노동네트워크협의회, 2006: 64~65).

손수제작물(UCC, User Created Contents)은 이용자들이 직접 다양한 형태의 Contents들을 제작한 것을 말한다. 최근에는 이런 UCC들이 전문사이트의 Contents들보다 다양하고 질적으로도 우수해 이들의 유통을 전문으로 하는 사이트들이 생겨났다. UCC에서 네티즌은 생산자이며 동시에 소비자로서 미디어융합 시대를 연다.

인터넷 사용은 사회운동에서 일반화했다. 인터넷은 조직 내의 정보소통을 원활하게 하고, 국제 간의 소통을 도와 국제연대 활동을 활발하게 했다. 사이버를 통해 영국 리버풀항만노동자의 투쟁과 관련해 전 세계적으로 지지 연대를 조직했다. 신자유주의 유연노동입법에 반대해 일어난 96, 97총파업 때 이 소식은 인터넷을 통해 전 세계에 실시간으로 중계됐고, 결국 이 법안의 입법을 막았다. 호주의 항만노조는 한국으로 가는 화물 선적을 거부했다. 재능교육노조는 사이버를 통해 조직이 가능했던 경우다. 2002년 대우자동차 파업, 2006년 WTO 반대 홍콩 집회에도 인터넷을 활용했다. 2008년 미국산 광우병 소의 수입을 반대하는 촛불시위 조직에도 큰 영향을 미쳤다. 학습지 교사 노조의 경우 지사가 상근 직원 2명 외에 학습지 교사 다수를 고용하는 형태로 오프라인에서 조직이 불가능하던 것을 온라인을 통해 연결해 조직했다.

참여 · 공유 · 개방의 특징을 갖는 웹 2.0시대에 인터넷이 대의 민주주의의 한계를 보완한다. 특히 시민사회 내부에서 인터넷을 통해 정치 의사를 표현하고 여론 · 의제를 만들어가는 자발적 활동이 더 적극적이고 다양해져 한국 정치의 지향을 바꿀 것이다. 한편 현행 선거법의 실효성 없는 사전 선거운동 금지 조항을 폐지하고, 인터넷상의 표현의 자유를 폭넓게 수용해야 한다.

인터넷은 선거에도 영향을 미친다. 16대 대선에서 노무현은 인터넷의 도움으로 대통령에 당선됐다. 2008년 미국대선에서 민주당의 힐러리와 오바마 등 후보들이 참가한 가운데 유권자가 사이버 상에서 질의하고 후보들이 대답하는 UCC 토론을 전개했다. 반전 평화운동 등은 인터넷을 이용해 국제연대활동을 활발히 전개한다.

사이버공동체 한쪽 배후의 거대한 자본이 유저의 노력을 자신의 이익으로 돌리는 것은 공동체 자기고용의 기준과 배치된다. 인터넷의 민주적 잠재력을 정보 격차가 다시 잠식해 들어와, 선진산업국가의 '정보 부유'와 나머지 세계의 '정보 빈곤' 사이의 간극은 놀랍도록 넓다. 이런 의미에서 정보의 불균형을 줄이는 조치가 필요하다.

한국은 인터넷, 이동전화 이용률이 세계에서 가장 높지만 정보 격차의 관점에서 보면 여전히 음지가 많다. 한국정보문화진흥연구원의 '2006년도 정보 격차 지수 및 실태조사'에 따르면 장애인은 컴퓨터 보급(38.8%), 장노년층은 유비쿼터스 생활환경 조성(21.0%) · 컴퓨터 보급(21.0%) · 인터넷 이용요금 할인(20.0%), 저소득층은 개인 컴퓨터의 보급(48.8%)을 가장 원했다.

한편 인터넷은 창발성을 높이지만 저작권 보호의 과제와 충돌한다. 인터넷에 글을 올릴 때 자신의 주민등록번호를 입력해야 하는 인터넷 실명제는 인터넷 참여를 제한하는 문제점이 있다. 또 검찰이나 경찰이 메일을 물건으로 취급해 임의로 압수수색하면서 gmail 등 외국의 서버로 메일주소를 옮기는 사이버 망명 현상이 일어난다.

공동체 자기고용 경영에 생산 온라인과 오프라인 접속을 결합하여 활용해야 한다. 시너지 효과를 올리는 데 인터넷을 이용해 정보의 공유, 생산, 소비를 조절할 수 있다. 소비자운동도 사이버와 결합하며 소비자 네트워크를 형성했다. 예를 들면 자동차 리콜이 있다.

인터넷은 자영업의 경우도 인터넷 주문, 인터넷 쇼핑몰, 국제 증권 거래 등 전자상거래에서 활용한다. 공동체 자기고용과 결합한 사례로 생협은 온-오프라인을 결합한다. 온라인으로 주문을 받고 소비자에게 직접 배송하는 시스템이다.

2) 국제 공적 서비스

인터넷은 미국 CIA가 정보 전략 차원에서 만든 것이 일반화했다. 지금도 MSN은 정보를 집중하며, 이것은 미국의 이익에 충실하게 작용한다. 그러나 구글, 야후, 네이버, 다음 등의 검색 서비스 같은 자본은 대량의 콘텐츠와 데이터에 의해 유지하고 성장한다. 정보가 늘어날수록 이들의 독점력은 심화되고 수익성도 높아진다. 인터넷에서 자본의 독점이 강화되는 구조는 서버-클라이언트로 표현하는 집중, 검색을 귀결하는 대규모 데이터베이스의 축적이다. 이런 독점 구조에서 벗어나지 않으면 인터넷에서 민주주의는 불가능하다. 민주주의에서 중요한 것은 구글 같은 참여가 아니라 P2P적인 수평적 소통의 확대이다. P2P에 대한 독점자본의 과도한 적대감은 이윤 획득의 기회를 훔쳐가기 때문이 아니라, 이념적으로 자신들이 소망하는 종류의 참여에 저항하기 때문이다(유재현, 2007.3.16).

위키백과(Wiki百科, Wikipedia 위키피디어)는 모두가 함께 만들어 가며 누구나 자유롭게 쓸 수 있는 다국어판 인터넷 백과사전이다. 다중지성을 만드는 사례이다. 배타적인 저작권을 가지고 있지 않기 때문에 사용에 제약을 받지 않는다. 위키백과의 글은 GNU · FDL에 따라 자유롭게 고치고 배포할 수 있다. 이것은 웹 2.0의 가장 건강한 모델이다. 2001년 1월 15일에 시작된 위키백과는 비영리 단체인 위키미디어 재단에서 운영하고 있다. 2009년 6월 현재 영어판 290만여 개, 한국어판 10만여 개를 비롯하여 모든 언어판을 합하면 1,000만여 개 이상의 글이 수록되어 있으며 꾸준히 성장하고 있다. 위키백과 영어판은 전문가들에 의해 씌여졌던 백과사전인 누피디어(지금은 없어짐)를 보완하여 2001년 1월 15일에 만들어졌다. 지미 웨일스와 래리 생거는 2001년에 위키백과의 공동창업자로 인정받았다. 그러나 이것은 중국의 검열과 같은 통제를 벗어나지 못한다.

미국 · 영국 · 프랑스 등에서는 MS사 제품을 사용하지 않아도 불편이 없다. 덴마크 정부의 경우는 온라인 세금납부, 은행 거래, 상업등기 등 공공서비스 구축에서 운영 체제와 인터넷 접속 프로그램에 구애받지 않아야 한다는 원칙을 세워 어떤 컴퓨터 환경에서도 무료로 이용할 수 있다.

공개 소프트웨어는 저작권을 주장하지 않아 무료로 다운로드 받을 수 있어 비용이 들지 않고 불법 시비에 걸리지 않는다. 이것은 100달러 이하짜리 컴퓨터의 공급을 가능하게 한다. 이것은 정보와 교육의 빈부 격차를 줄여준다. 공개 소프트웨어인 파이어 폭스(Fire Fox) 브라우저는 유럽 소프트웨어의 20%, 미국 소프트웨어의 14%를 차지한다. 브라질은 정부가 공개 소프트웨어를 사용한다. 인도, 중국도 공개 소프트웨어를 널리 사용한다.

또 현지 언어를 사용한 소프트웨어를 널리 공급할 수 있다. 스리랑카는 이것을 이용해 지진해일의 재해를 예방한다. 세계 곳곳에서 농민과 도시 소비자를 연결해 농산물 소비를 촉진한다. 인텔이 이미 공개 소프트웨어 활동에 진입했고, MS, IBM도 이에 관심을 가진다.

아울러 저소득층 학생에게 교육용으로 값싼 100달러짜리 노트북을 제공하려는 노력이 있다. 미국 MIT의 니콜라스 네그로폰데 교수가 주도하는 비영리 단체 OPLC('모든 어린이에게 노트북 1대를'의 약자)는 2007년 플래시 메모리와 흑백 모니터, 손으로 돌리는 발전기 등을 갖춘 저가 노트북을 생산하기 시작했다. 이것은 제3세계는 물론 미국 빈곤층을 대상으로 한다. 값은 아직 150달러 수준이다. 인도의 인재개발부는 저소득층 학생 보급용으로 대당 10달러짜리 노트북을 개발 중이다.

리눅스는 1989년 핀란드 대학생이 개발한 개인용 컴퓨터에서 사용하는 운영 체제인데, 그 설계도에 해당하는 소스 코드를 무료(open source)로 공개한다. 이에 따라 전 세계에서 500만 명 이상이 참여해 지속적으로 업그레이드한다. 파이어폭스는 미국의 비영리재단인 모질라 재단이 인터넷 접속 프로그램 '넷스케이프'의 공개된 소스 코드를 누리꾼과 함께 향상시켜 개발한 프로그램이다. 2004년부터 무료로 제공하며 속도와 개인정보 보호에 장점이 있다.

한국에서 컴퓨터 이용자의 99% 이상이 마이크로소프트(MS)가 만든 컴퓨터 운영 체제인 '윈도'와 인터넷 접속프로그램인 '인터넷 익스플로'를 쓴다. 한국의 진보넷, 노동넷도 이 운용 체제를 사용한다. 반면 무료로 사용할 수 있는 공개프로그램인 리눅스와 파이어폭스를 사용하는 것은 1%도 안 된다. 그 이유는 리눅스 체제가 인터넷뱅킹, 전자상거래를 지원하지 못해 MS의 소프트웨어를 사용하는 공공기관과 금융기관 홈페이지의 인터넷 서비스를 이용할 수 없기 때문이다. 결국 참다못한 소수자들이 정부를 상대로 소송에 나섰다(open.unfix.net). 한국에서는 리눅스의 운영체계가 취약해 서버 중심으로 이용한다.29) 이런 상황에서 정부는 2007년 교육·공공기관의 PC에 무료인 리눅스 운영 체제를 내려 받아 사용했고, 대학에서 공개 소프트웨어 공부모임과 동아리를 활성화할 방침이다. 삼보는 2008년 한글과 컴퓨터와 전략적 제휴를 맺고 한컴이 개발한 리눅스 기반 운영 체제인 '아시아 리눅스 데스크톱3'을 탑재한 PC를 출시했다. 일본 PC는 이런 기능을 갖추지 못했다.

진보네트워크와 정보공유연대는 2008년 누구나 쉽게 열어볼 수 있는 문서를 만들자는 '열린 문서 캠페인'을 전개했다. PDF파일, ODF파일, TXT파일은 특정 프로그램 없이도 사용할 수 있다(〈표 9〉 참조).

---

29) 이용근(노동넷 사무국장)의 말, 2006.12.29, 서울 노동넷 사무실에서.

〈표 9〉 판매된 데스크톱 컴퓨터 가운데 각 운영 체제가 차지하는 비율(단위 %)

	MS windows		LINUX	
	세계	한국	세계	한국
2000	92.1	98.5	1.7	0.8
2001	93.2	99.3	2.3	0.4
2002	93.8	99.4	2.8	0.2

자료: 세계 통계는 마이크로소프트사에 대한 유럽연합의 조사 결과. 한국 통계는 IDC그룹, 한국소프트웨어진흥원(KIPA)(『한겨레』 2006.12.18).

일본에서는 인터넷 물물 교환 장터가 조용한 인기를 끌고 있다. 야후제펜은 2007년 '뭐든지 교환'이라는 사이트를 여는 등 화폐 경제 이전의 거래에 주목한다. '완전무료 물물교환 사이트' 같은 백화점식 장터도 있고, 어린이옷(육아 마마마킷), 서적(비블리) 등 특정 물품 전문 사이트도 있다. 운영방식은 먼저 바꾸고 싶은 물건을 제공해 얻는 포인트를 이용해 사이트에 게재된 물건 가운데 마음에 드는 것을 사는 방식과, 당사자가 교환하고 싶은 물건을 확인한 뒤 직접 바꾸는 방식이 있다.

대학이 강의 자료를 온라인에 무료로 공개하는 오픈코스웨어(OCW, Open Course Ware)도 있다. 미국의 MIT는 2002년 처음으로 OCW 프로젝트를 시행한 뒤 2007년 1,800개 강의 계획안과 강의 자료를 온라인에 공개했다(ocw.mit.edu). 이것은 폐쇄적이었던 대학의 고급지식을 인터넷으로 전 세계 사람과 공유하는 것을 의미한다. 이미 미국 13개교, 일본 10개교, 중국 30개교 등 전 세계 100여 개 대학이 동참했다(ocwcons ortium.org).

국가단위로 중국은 30여 개 대학이 CORE라는 컨소시엄을 구성해 참여대학의 강의는 물론 MIT 자료를 번역해 인터넷에 올린다. 일본도 22개 대학이 JOCWC라는 컨소시엄을 운영하며, 스페인도 Universia라는 컨소시엄이 있다. 우리나라도 2007년 고려대 · 연세대 · 한동대 · 서울산업대 · 부산대 · 인하대 6개 대학이 한국 오픈코스웨어 컨소시엄 협정을 체결해 OCW 활동을 시작했다.

9. 국제공동체

국제공동체는 지구화시대 공동체운동의 대상이다. 물건 · 서비스의 이동, 노동력의 이동 등의 사안별 국제 연대에서 지속가능성이라는 글로벌 기준으로 시각 이동이 있다. 제국주의, TNC(Trans-National Company) 등의 폐해를 줄이고 차단하는 대안을 요구한다. 지구 차원에서 대안을 모색해야 하며 이를 바탕으로 1국의 문제 해결에 접근할 수 있다.

1) 공정무역

공정무역(fair trade) 또는 대안무역(alternative trade)은 각종 원조기금과 구호 단체들이 노력했지만 더욱더 가난해지는 제4세계의 빈곤을 직시하고, 그 주요 원인의 하나가 선진국과 불공정한 거래를 하는 데 있다고 보고 약 50년 전에 유럽 · 미국에서 시작했다. 지구 · 사회 · 민중의 연대를 강조하는 측면에서 민중무역(people's trade)이라고도 한다.

공정무역은 생산자에게 공정한 가격(a fair price), 공정한 발언권(a fair say), 공정한 이익의 분배(a fair share & the profit)를 보장해준다. 공정무역은 생산자가 제값을 받는 것만을 뜻하지 않는다. 인간다운 노동조건, 직거래, 민주적이고 투명한 조직 운영 등을 포괄하는 개념이다. 보통사람의 선의에 호소하는 방법이다.

공정무역의 척도는 민주적 조직, 무역조합의 인정, 아동노동의 금지, 적절한 노동조건, 환경적 지속가능성, 생산비용을 포괄하는 가격, 조건을 향상시키기 위한 사회적 프리미엄, 장기적 관계 등이다(데이비드 랜섬, 2007: 46~47).

서유럽에서 시작한 페어트레이드는 50여 년의 역사를 가졌다. 1960년대 유럽에서 공정무역운동을 시작했다. 1965년 대안무역기구(ATO)를 창립하고, 영국 구호 단체 옥스팜은 '팔면서 돕는다(Helping by Selling)' 캠페인 시작했다. 1967년 UNCTAD는 '원조를 무역으로'라는 슬로건을 채택했다.

1969년 네덜란드에 최초의 공정무역 상품점을 개설했다. 1988년 세계 최초 공정무역 브랜드 '막스 하벨라르(Max Havelaar)'를 창립했다. 1997년 국제공정무역상표기구(FLO)를 창립하여, 2002년 국제공정무역인증상표(FCM)가 탄생했다.

1986년 막스 하벨라르가 시작한 공정무역은 점차 확산하는 추세다. 페어트레이드 라벨링 국제기구(FTLI)는 가이드라인에 따라 생산자에게 시장가격보다 높은 가격을 지불한 제품에 공정무역 인정마크를 부여한다. FTLI에 따르면 20개 이상의 국가에서 '공정무역' 라벨을 붙인 상품을 생산 유통한다.

공정무역에서는 생산자와 수입자 사이의 동등한 지위를 확립하고, 생산자들에게 공정한 가격을 지불하고, 판매가의 15~30%를 생산자의 이윤으로 보장하고, 어린이 노동을 반대하고, 노동자에게 건강한 노동환경과 정당한 임금을 제공한다. 중간상인을 거치지 않고 직거래로 발생한 초과이익은 환경, 교육, 의료 등 삶의 질을 높이는 데 재투자한다. 제3세계의 경제적 자립과 빈곤의 대물림을 목적으로 한다.

공정무역은 아프리카, 동남아시아, 라틴 아메리카 등지에서 재배하는 영세 농민과 노동자들에게 최소 가격을 보장한다. 예를 들어 과거 제국주의 시대 서구인들이 재배를 강요한 '식민지 작물'이던 커피는 현대인들의 노동생산성을 올리는 데 쓰는 '착취의 열매'이기도 하다. 커피는 국제 원자재 시장에서 원유 다음으로 거래량이 많다. 현재 맥스웰의 크래프트, 폴저스의 피앤지, 네슬레 세 회사가 세계 커피의 60% 이상을 가공해 판다. 대부분 농약을 치고 기계로 수확한 커피를 블렌딩한 뒤 비싼 값에 판다. 최근 몇 년 동안 아라비카 커피는 평균 가격이 1파운드 70센트였지만, 공정무역 커피는 평균 1달러 21센트를 지불했다. 공정무역 농민 협동조합들은 공정무역을 한 뒤 25~60% 정도 소득이 증가한 것으로 추정한다. 에티오피아 오로미아 커피협동조합은 기계수확 · 비료 · 숙성제를 쓸 여유조차 없는 유기농 커피로 2001년 독일에서 유기농재배와 공정무역 국제 인증을 받았다. 이 조합은 조합원 10만 명, 연매출 150억 달러의 거대 조직으로 성장했다. 메서켈라 커피조합 대표는 한국에서 이 커피를 수입해 가게를 열 사람은 없느냐고 묻는다.

유기농으로 재배한 면만 사용하는 의류업체 파타고니아는 25년간 이익의 10%를 환경운동 단체에 기부했다. 더 바디 샵(창업자 에니타 로딕)은 친환경 소재로 만든 목욕용품을 만들고 잘 깨지지 않는 유리제품 사용을 넘어 동물 실험에 반대하는 등 인권운동을 한다. 또 아프리카 원주민이 생산한 친환경 원료를 시가보다 비싼 값으로 직거래하고 이익금으로 지역발전기금을 조성해 학교와 병원을 지어 원주민이 이용토록 한다(community trade). 한국에는 서울 광화문 네거리 등 곳곳에 점포가 있다. 미하엘 오토가 운영하는 오토라는 통신판매회사는 카탈로그에서 모피제품을 제외하고 배송과정에서 탄산가스 배출량을 10년에 걸쳐 50% 줄였다. 터키 농민과 친환경 면화 재배를 계약해 생산한 면화를 이용해 면제품을 생산한다.

이 운동은 20세기 '자유 무역(free trade)'이 제3세계의 근로자는 물론 생산자들의 몫도 보장해 주지 않고 있다는 인식에서 출발했다. 선진국의 소비자 유통업자들이 제3세계에서 농산물·수공예품 등을 직접 수입·판매하고 그 이윤을 제3세계 생산자에게 남김없이 되돌려 주자는 운동이다. 이런 취지에 동의하는 소비자들은 공정무역 기구를 통해 들어오거나 공정무역 마크를 붙인 제3세계 상품들을 골라 사주는 방식으로 운동에 참여한다.

프랑스의 기업 베자(Veja)는 친환경적 운동화를 생산한다. 생태적 원료를 사용하며 공정무역을 통해 면과 라텍스를 판매한다. 또 직원의 존엄성 보장을 원칙으로 한다. 태국의 수린 농업협동조합은 유기농을 통한 공정무역을 확대한다. 세계 최고의 쌀 수출국이면서도 생산원가보다 판매가가 더 싼 시장을 불합리한 구조를 개선하려고 만들었다. 이들은 품질 향상, 삼림 보호, 어린이를 위한 환경교육을 해 기반시설 개선을 꾀한다.

1969년 탄생한 월드 숍(World Shop)은 유럽 전 지역에 2,500개의 매장을 갖고 있다. 유럽연합(EU) 안에서 공정무역 마크를 달고 팔리는 상품은 커피·홍차·견과류·설탕·바나나 등과 천·의류 등 일부 공업제품이다. 이들 상품은 대표적인 공정무역 네트워크인 '유럽 월드 숍 네트워크'(NEWS!

Network of European World Shops)와 같은 조직을 통해 수입한다. 'NEWS!'에는 현재 유럽 13개국의 2,500개 상점들이 가입했다.

미국에서는 1946년 Ten Thousand Villages가 판매한 푸에르토리코 자수 제품을, 유럽에서는 1950년대 말 옥스팜이 선보인 중국 난민들의 수공예품을 시작으로 본다. 비슷한 시기에 독일에서는 '당신은 이 설탕으로 가난한 나라의 사람들에게 번영의 기회를 줄 수 있습니다!'라는 문구를 새긴 설탕 캔을 선보였다.

1980년대에 접어들면서 교회 · 자선 단체 · 국제학교 등 시장 밖에서 이루어졌던 거래방식에서 벗어나 주류 시장으로 진입하기 시작했다. 남미의 정치 민주화를 지원하던 네덜란드의 가톨릭 단체가 대기업과 손잡고 '막스 하벨라'라는 커피 상표를 만들어 가난한 소농 생산자를 위한 거래방식을 제시했다. 그 뒤 페어트레이드 물품은 커피 · 설탕 · 바나나 · 초콜릿 등의 식료품뿐만 아니라 패션의류, 홈데코, 장난감 등 다양한 품목으로 늘어났다. 유럽의 소비자들은 일반 상점에서도 이를 쉽게 구매할 수 있다. 1997년 희망무역의 기준을 정하고 지켜 만든 물건임을 소비자들이 쉽게 인식할 수 있도록 공동의 인증마크를 개발했다.

공정무역 거래액은 2006년 국제공정무역연맹(IFAT) 집계에 따르면 약 26억 달러에 이른다. 아직 전 세계 교역규모의 0.01% 정도에 불과하지만, 교역량은 매년 20%씩 증가하고 있다.

공정무역 제품을 찾는 소비자가 늘어나면서 기업들 역시 '윤리적 생산'에 동참한다. 제3세계 아동을 고용해 스포츠용품을 생산하던 유명 업체들이 14세 이하 어린이를 재봉사로 고용하지 않겠다는 협약을 체결했다. 커피는 유럽 시장의 30%를 차지한다. 맥도널드, 스타벅스, 던킨 도넛, 샘스클럽 등 미국 대형 유통업체들도 공정무역 상품 거래 비율을 늘렸다.

일본 생협연합회는 1956년 일본협동조합무역(Co-op Trade Japan)을 설립해, 27개국과 무역거래를 한다.

한국에서 공정무역의 발전 가능성은 높다. 한국에서 '착한 소비'에 대한 관심이 부쩍 늘어난 것은 2, 3년 전부터다. 2006년 10월 '아름다운 가게'가 전국 만 19세 이상 성인남녀 100명을 대상으로 조사한 바에 따르면 응답자의 86.6%가 '공정무역'이라는 말을 처음 듣는다고 했다. 그러나 '만약 품질에 차이가 없다'면 저개발국 생산자를 지원하는 공정무역 상품을 사겠느냐는 질문에 65.1%가 '가격이 적당하다고 생각되면 구매한다'고 대답하고, 또 '대안무역 상품이라면 일부더라도 구매한다'는 응답도 4.5%가 나왔다. iCOOP 공정무역추진위원회 김태연 간사는 "공정무역 제품은 품질 면에서는 충분히 경쟁력이 있지만 가격대가 문제"며 "취지를 잘 홍보한다면 시장에서 가능성이 충분하다"고 한다(『경향신문』 2007.12.31).

2003년 아름다운 가게가 공정무역 커피인 '히말라야의 선물'을 팔면서부터 국내 공정무역이 시작됐다. 그 뒤 여성환경연대, 한국기독교청년회연맹(YMCA) 등 주로 시민사회 단체들이 공정무역 제품을 들여오는 데 앞장섰고, 최근엔 소비자들과 접촉을 넓혀나가면서 '쑥쑥' 크고 있다. 아름다운 가게의 공정무역 커피를 마실 수 있는 커피숍은 현재 100여 곳에 이르고, 매출이 2007년 3억 2천만 원에서 2008년 8억 8천만 원까지 치솟는 등 연간 200~300%씩 성장하고 있다. 여성환경연대는 2007년 '희망무역'을 설립했다. 희망무역은 인도 공정무역 인증기업인 아시시 가먼츠(www.assisiorganics.com)의 면제품을 사용해 만든 티셔츠를 판매한다. 희망무역은 디자인은 프리랜서 디자이너들이 '재능나눔'을 하고 재단과 바느질은 동대문 창신동 의류생산 노동자들의 재교육센터인 수다방이 맡았다.

동티모르 커피 농민을 돕기 위해 2006년 한국기독교청년회연맹이 들여온 '피스커피'의 매출도 매년 2배씩 늘어나고 있다. 2007년 2억 원이던 매출액은 2008년 4억 5천만 원을 기록했다. 이마트, 2008년부터 씨제이(CJ) 올리브영 매장에서도 판매를 시작했다. 두레생협연합회에서 100%를 출자해 만든 (주)에이피넷은 일본 생협의 소개로 필리핀 대안무역그룹(ATG, Alternative Trade Group)에서 유기농 설탕을, 2006년부터 팔레스타인의 농업개발센터(UAWC)에서 유기농 올리브유를 수입해 생협을 통해 판매한다. 필리핀 농민들이 수제로 만든 '착한 설탕' 마스코바도와 공정무역커피 등을 수입하는 아이쿱생협은 공정무역을 시작한 지 1년여 만에 9억여 원의 매출을 기록했다. 한국기독교청년회연맹, ㈜페어트레이드코리아 등 대표적인 공정무역 6개 기관의 합계 매출액은 2004년 7천만 원에서 2008년 28억 5천만 원으로 껑충 뛰었다.

공정무역은 전 세계 소비자의 연대로 발전 가능하다. 마일즈 리트비노프와 존 메딜레이는 공정무역 기업의 활동은 기존 다국적 기업들이 사회적으로 책임 있는 윤리경영을 하도록 압박해 도덕적 자산이 고갈되는 자본주의에 오히려 활력을 줄 수 있다고 주장한다(마일즈 리트비노프, 2007).

2006년 4월 쿠바 · 볼리비아 · 베네수엘라는 민중무역협정(People's Trade Treaty)을 맺었다. 협정은 '민중의 삶의 질을 높이기 위해 문맹률을 낮추자'(4조), '각 나라, 각 지역 민중들의 문화적 정체성 유지……'(10조)를 목적으로 해 국가가 무역행위에서 서로의 장점을 나누고 빈 것을 채워주는 공동체적 방식을 택했다. 무역협정에 따라 볼리비아는 풍부한 광물자원을 쿠바와 베네수엘라에 싼 값으로 공급하고, 두 나라는 미국 거대 곡물업체의 무차별 공격으로 수출이 급감한 볼리비아의 콩을 수입한다. 또 의료분야에서 세계적 수준인 쿠바는 볼리비아 장학생 5천 명에게 의료교육을 한다.

2) 투기자본과 토빈세, 지구세

한국은 세계에서 3, 4번째로 외자가 많은 나라이다. 전체 주식 시장 시가 총액의 40%, 코스닥 시장의 16%가 외국인 투자자 소유이다. 그 가운데 60%가 직접투자가 아닌 M&A를 노린 투기자본이다.

또 한 · 미FTA 체결로 투자자 국가소송제도를 도입하면, 외국 투기자본들은 국내 기업을 헐값에 사고 판 뒤 세금을 한 푼도 내지 않으려고 과세당국이 세금을 부과할 경우 정부를 상대로 정상영업을 방해한다며 소송을 제기할 수 있다. 론스타는 외환은행 · 극동건설 · 스타리스 등을 잇달아 매각하고 매각차익 1조 5천여 억 원에 대한 세금을 내지 않겠다고 했다(『경향신문』 2007.6.26).

세계 여러 나라가 투기성 단기자본을 규제한다. 미국은 은행의 사외 이사수를 제한하고, 엑슨 플로리오법으로 국가안보에 영향을 미치는 외국계 자본의 미국계 기업 투자를 규제한다. 영국은 공정무역법으로 외국계 자본이 공공이익에 반할 경우 무역산업부 장관이 투자를 막거나 철회시킨다. 프랑스는 공공질서 보건 · 안보에 영향을 미치는 외국인 투자는 사전 승인하고, 국영기업 · 공기업 민영화 때 지분의 20% 이상을 비 EU국가에 매각하지 못하게 한다. 캐나다는 대기업 M&A가 국익에 도움을 주는지를 따져 사전 승인하고, 외국인은 대형은행 지분의 20% 이상을 취득할 수 없다. 스위스는 모든 기업 임원진의 과반을 내국인으로 선임한다. 일본은 국가안보나 공공질서에 심대한 영향을 미칠 경우 사안별로 사전 심사한다.

말레이시아는 외국인 투자가 일정 기간 안에는 철수할 수 없도록 해 투기자본을 걸러낸다. 태국은 외국계 통신업체 텔레너(노르웨이)나 대형 할인업체인 테스코(영국), 까르푸(프랑스) 등이 명목상인 타이인을 내세워 기업을 통제해왔는데 2007년 1월 외국인의 기업 지분 · 의결권의 50% 이상 소유를 금지하는 법안은 내놓았다.

중국은 외국계 기업이 중국 기업을 M&A 할 경우 국가안보에 불리하다고 판단하면 승인을 취소할 수 있는 반독점법 초안을 심의했다. 반독점법에 '사회주의 시장경제에 맞는 경쟁규칙을 마련해 시행하고 거시경제정책을 뒷받침할 수 있도록 한다'는 규정을 추가했다. 이 조치는 다국적 기업의 토종전략산업을 보호하려는 것이다. 이 조치는 미국 사모펀드인 칼라일 그룹이 중국 최대의 중장비업체인 쉬궁(徐工)중공업 인수를 시도하면서 중국 기업의 헐값 매각 논란을 일으킨 데다, 2005년 중국해양석유총공사(CNOOC)가 미국 석유회사를 인수하려다 미국 측의 안보논리에 막혀 인수에 실패한 상황에서 나왔다.

한국의 투기자본감시센터는 투기자본의 불법적인 M&A(인수합병)를 집중적으로 감시한다. 투기자본감시센터는 투기자본에 대한 과세, 공익성 기업에 대한 접근 금지의 입법을 요구한다. 아울러 지역재투자법(CRA, Community Reinvestment Act) 등을 제정해 초국적 기업이 세금을 내서 지역

문제에 책임을 지도록 한다. 미국은 지역재투자법 같은 법률을 제정해 투기자본이 흑인 등 저소득층에게 대부 제한하거나 투자하지 않는 것과 같은 차별 관행을 고쳤다.[30)]

심상정은 2007년 '한국형 지역재투자법'인 '서민금융 및 지역금융의 활성화를 위한 법률안'을 제출했으나 법률이 되지는 못했다. 법안의 내용은 대형금융기관에 대해 저소득 서민 대상 신용제공(마이크로 크레딧)을 의무화하고, 서민금융 · 지역금융 지원의 의무를 부과하고 국가와 지방정부에 대해서는 금융양극화 해소 책무를 부여했다. 이 법은 미국의 평등신용기회법(ECOA: Equal Credit Opportunity Act), 지역재투자법(CRA: Community Reinvestment Act)과 일본의 금융평가법을 모델로 한국의 현실을 감안하여 알맞게 변형해 만든 것이다(법률정보, www.lawmaul.com, 2007.5.16).

제주 · 강원 · 울산 등의 지자체도 지역에서 유출되는 금융 대책으로 지역재투자법을 추진한다.

국제적으로 ATTAC(시민지원을 위한 금융거래과세추진협회)가 토빈세(Tobin) 부과를 요구한다. ATTAC는 프랑스 신문 『디쁠로마띠끄』가 세계적인 차원에서 국제 투기자본에 맞서려고, 사회단체들과 연대해 조세천국 철폐, 자본소득세 강화, 금융거래에 관세 부과를 목표로 1998년 결성했다.

토빈세는 ATTAC의 활동으로 유명하다. 모든 외환거래에 일률적으로 0.1%의 세금을 부과해 조성한 기금으로 저소득 계층을 지원하자는 취지이다. 토빈세에 북유럽이 가장 근접하고 유럽연합도 큰 틀에서 동조한다. 프랑스는 2005년 도입했다. 브라질의 룰라 정부는 빈곤세를 거두어 기본소득 지급과 평화를 위해 쓴다. 토빈세는 모든 나라가 동시에 도입하지 않으면 그 효과를 기대할 수 없다는 단점이 있다. 토빈세는 투자를 많이 유치하려는 나라의 정부가 반대한다.

그 대안으로 떠오른 것이 일명 스판세라고도 하는 통화 거래세이다. 통화거래세는 무역거래에 동반하는 일상적인 외환거래 경우, 0.005%~0.01%

30) 정종명 투기자본감시센터 사무국장의 말, 2005.5.22, 서울에서.

의 낮은 세율을 부과한다. 그 대신 투기자본의 공격으로 환율 변동 폭이 급변할 경우 50~80%의 높은 세금을 부과하여 환투기를 억제한다. 1999년 캐나다가 도입했다.

한국의 투기자본감시센터는 투기자본감시에 중점을 두어 1국적 경향이 강하며, 토빈세의 필요성은 인정하지만 소극적이다.

3) 제국주의와 초국적 기업

한국에서 제국주의 문제는 미국 일본 등의 국가, 이들의 영향이 크게 작용하는 IMF, WTO 등의 국제기구 문제뿐 아니라 초국적 자본의 문제가 있다. TNC 문제는 초국적 기업이 한국 사회에 미치는 것에 그치지 않는다. 세계에서 경제력이 13위인 한국의 TNC가 다른 나라 사회에 미치는 영향도 자못 심각하다.

미국은 군사 · 정치 · 경제 · 사회 · 문화 · 이념 등 한국 사회공동체와 민중의 삶 전반에 걸쳐 치명적인 영향을 미치고 있다.

평택 대추리에서 미군기지 이전반대 활동을 하던 문정현 신부(1940~)는 군산시 옥서면으로 이사해 미군 범죄와 기지 문제에 대한 상담소를 운영 중이다. 그는 "외국군대가 남의 나라에 영원히 주둔한다는 것은 말이 안 된다"면서 "미군을 철수시키고 군산이 미군에 장악되는 전쟁기지가 되지 않도록, 아름다운 철새들의 고향이 되도록, 주민들이 조용하게 농사짓고 동물을 키울 수 있고 미군 기지를 국립공원으로 만들도록 투쟁할 것"이라고 한다(문정현과 평화바람, 2008).

초국적 기업에 대처하는 활동은 현재로는 공동체 자기고용과 직접적인 관련이 적지만 장차 이것의 가능성을 높인다. 세계적 수준의 하위 기업반열에 끼는 한국 재벌기업들 역시 세계적 생산공장과 운송, 판매 시스템을 형성한다. 해외에 진출한 한국 기업들은 약 200만 명의 현지 노동자를 고용한다. 아제국주의 기업으로 불리는 해외 제3세계에 진출한 한국 기업들의 혹독한 노동착취는 악평이 높다.

한국의 노동자는 1970년대 이래 한국에 들어온 외국계 TNC가 일으킨 문제를 해결하는 데 일본 · 미국 등 외국 노동시민 단체의 도움을 많이 받았다. 이제 거꾸로 한국의 사회운동이 한국적 TNC가 해외에 나가 일으킨 문제를 해결하는 데 연대해야 한다.

1968년 처음 시작한 한국의 해외투자는 점점 늘어나 한국 기업이 활동하는 나라는 150여 개국에 이른다. 이들 한국 기업 가운데 중소기업은 임금체불, 노동자 폭행 등을 일으키고, 노동자와 관련 단체가 인권 탄압에 항의하거나 노동권 준수를 요구하면 공장폐쇄 · 이전 등으로 노동자들이 일자리를 잃는 고용 불안정 문제가 발생했다. 베트남 · 중국 · 중남미에서는 임금 미지급, 갑작스런 공장 폐쇄, 야반도주가 문제가 되었다.

자본의 규모가 상대적으로 큰 대기업이 일으키는 인권문제는 체계적이라 잘 드러나지 않지만 미치는 영향은 더 크다. 방글라데시에서는 한국인 기업주들이 현지의 노동법 개정을 반대했다. 삼성은 노동자의 단결권을 부정한다. 해외 현지 인권운동가들은 '한국 기업이 다른 아시아 기업에 비해 폭력적 · 군사적'이라고 말한다(장대업 엮음, 2008: 9).

현대자동차는 노조의 요구에 따라 단체협약에서 해외투자를 제한한다.

이 정책은 국내에 들어온 TNC에 대응해 현지 주민의 입장에서 주민의 이익을 보호하고 일자리를 지키는 역할을 한다.

중국 업체들은 단기 차익과 기술흡수를 노려 한국 업체를 인수한다. 중국 BOE테크놀러지가 2003년 하이닉스의 LCD분야 자회사인 하이디스를 3억 8,000만 달러에 인수했고, 상하이자동차(SAIC)는 2004년 10월 쌍용자동차를 5,900억 원에 사들였다. 쌍용자동차 노동조합은 기술력을 빼내고 철수하려던 중국의 투자자인 상하이자동차집단과 협의해 국내 투자를 약속받았지만 결국 2009년 철수했다.

4) 이민공동체

한국에 이주노동자가 들어온 지 20여 년이 되었다. 대부분 3D업종 노동자이며, 소수가 어학, 연구전문, IT 분야 노동자이다. 한국은 고령화 현상이 심화하면서 젊은 이민을 대규모로 받아들일 수밖에 없다.

이주노동자는 국내공동체와 국제공동체의 경계에 있다. 이주현상은 각 나라의 문화를 융합시켜 새로운 글로벌 문화를 만든다. 한국은 불교·유교·기독교가 갈등 없이 공존하며 조화를 이루는 흔치 않은 문화를 만들었듯이, 이주민의 융합 가능성이 크다.

선진국은 제3세계 사회에서 그곳의 지속가능한 고용의 잠재력을 파괴하는 과정에서 발생하는 저임 노동력을 자국으로 수입해 이주노동자로 사용한다.

현재 이민자는 이주노동자가 48여 만 명으로 전체 임금노동자의 3.2%이다. 그리고 한국인과 결혼하거나 귀화한 이민과 그 자녀가 50만 명이다. 2010년에는 이주노동자가 100만 명, 이주 인구가 200만 명이 될 것으로 예상한다.[31] 이민자들은 민족(종족), 종교, 언어문화, 경제적으로 공동체를 구성한다. 이들은 동시에 노동조합, 노동운동에도 강력한 독자적인 조직을 형성해 영향을 미친다.

이주노동자의 현안은 단속 추방 중단, 미등록 노동자의 합법화, 이주노동자 노동권 확보 등이다. 한국에서 10여 년 이상 생활한 사람들은 실질적으로 한국인이라고 해도 무리가 아니라며 정주권을 요구한다. 한국이주노동자정치연대가 이를 주장했다.[32] 그러나 한국은 고용허가제를 실시해 이주노동자는 일정한 기간이 지난 뒤에 일시 귀국했다가 다시 한국에 들어와 노동에 복귀하게 하는 방법으로 정주 권리를 소극적으로 허용한다. 2007년 여수출입국관리소에서 이주노동자 10명이 불타 죽은 뒤에는 미등록 노동자에게도 이렇게 한다. 이주노동자들은 노동허가제뿐 아니라 영주권을 요구해 노동에 뒤따르는 사회복지와 자녀 교육의 책임을 한국 사회가 수용하라고 요구한다.

---

31) 「우리 안에 갇힌 우리안의 '한국인'들」, 『한겨레 21』 2007.5.8.

32) 이주노동자정치연대 최정규 사무국장의 말, 2007.3.22, 조치원에서.

한국은 이민의 참정권 부여에 아주 인색해 1920년대 산동 지역의 자연재해를 피해 대거 이주한 인천 차이나타운의 화교들에게 2006년 처음으로 참정권을 부여했다. 외국으로 이민 간 대한민국 국적을 가진 영주권자와 유학생 등 재외국민(19세 이상 240만 명)이 2012년부터 대선과 국회의원 비례대표 투표권을 행사한다.

1960~1970년대 1만 8천여 명의 광부와 간호사가 독일로 갔다. 그러나 1976년 세계적인 불경기 속에서 독일 정부는 외국노동력을 축소하며 한국인 이주노동자들의 노동 · 체류허가 연장을 거부하고 집단 해고했다. 이때 해고당한 최영숙 등 17명은 "독일이 필요로 해 이곳에 온 우리는 '필요없다'고 버리는 상품이 아니다"라며 1만여 명의 연대서명을 받아 결국 독일정부에게서 무기한 노동 · 체류허가를 얻었다. 2007년 한국을 방문한 이들은 "모든 이주노동자와 결혼 이민자가 같은 사회구성원이라는 인식전환이 필요하다"며 '고용' 위주의 외국인 인력정책을 '노동 · 인권' 중심으로 바꾸고, 강제단속 추방정책을 중단하며, 결혼이민자에 대한 강압적인 '동화정책'을 개선해야 한다"고 했다(『한겨레』 2007.11.6).

2005년 서울 · 경기 · 인천 이주노동자 100여 명이 서울경기인천이주노동자노동조합(이주노조, KMU, 초대 위원장, 아노아르 후세인, 36, 방글라데시 출신, 출입국관리법 위반으로 추방) 설립 신고서를 냈으나 노동부가 반려했다. 행정소송에서 고등법원이 합법 판결을 해 현재 대법원 계류 중이다. 위원장 까지만 가풍 2대(추방)는 이주노동자에게 10년간의 노동허가를 내줄 것을 요구하며, 이럴 경우 이주노동자는 안정적으로 노동하고 기업의 입장에서도 높은 생산성을 이룰 수 있다고 한다.[33] 이주노동의 역사가 20년이 넘는 만큼 현재의 노동허가에서 고용허가로 진전하고 이주노동자에게 영주권 · 시민권을 부여하는 쪽으로 이행할 것이라 전망한다. 우선

33) 까지만 가풍 이주노동조합 위원장의 말, 2007.11.15, 고려대 '노동의 역사' 강좌 특강에서. 이주노동조합 아노아르 후세인 위원장이 출입국관리국에 체포되어 강제 출국 당한 뒤까지만 가풍 위원장도 이 특강을 한 며칠 뒤 체포돼 강제 출국 당했다.

이주노동자의 자녀에게 속지주의 국적제도를 도입해 어린이들이 부모와 생이별하는 것을 막아야 한다.

UN아동권리협약은 1989년 UN에서 채택했으며, 우리나라는 1991년에 비준하였다. 모든 이주노동자의 자녀가 한국에 머물면서 교육받을 기회를 보장해야 한다.

2007년 금속노조 삼우정밀지회는 한국인 조합원 41명에 이주노동자 22명을 조합원으로 받아들여 공장 단위 교섭력을 키웠다. 출신국별로 조직한 네팔공동체, 버마(미얀마)행동, 필리핀공동체, 방글라데시공동체, 스리랑카공동체, 인도네시아공동체의 활동이 비교적 활발하다. 네팔공동체는 마오주의(Maoism) 공산당의 조직이 이를 뒷받침한다. 노동자들은 독자적으로 '세금'을 거두어 산재환자나 경제적으로 어려운 노동자와 그 가족을 돌보고 모국의 민주화운동을 지원한다. 버마행동도 버마의 민주화운동을 지원한다. 2007년 미얀마에서 군부가 민주화 시위를 탄압할 때 이주노동자와 한국 노동자가 공동행동하며 미얀마의 민주화운동을 지지 · 지원했다.

이주민들은 곳곳에서 무리지어 산다. 이태원에는 무슬림마을 · 흑인마을, 동묘 앞에 네팔거리, 연희동과 인천 만석동에 차이나타운, 혜화동에 필리핀 거리, 동대문운동장에 러시아 · 중앙아시아촌, 광희동에 몽골 타운, 동부이촌동에 일본인 마을, 반포동에 프랑스인들의 서래마을, 구로동에 중국동포 마을, 안산 원곡동에 여러 나라 이주노동자 마을이 있다. 원곡동에는 39개국 출신 3만 5,000여 명이 거주하며 투자비자(D-8) 소지자 64명이며 이주노동자 상대 상점이 150여 개이다. 이주노동자는 소득의 70% 이상, 노동자 한 명이 월 100만 원 정도, 연 3,300억 원 이상을 모국에 송금하는 것으로 추정된다. 물가는 남대문 시장의 50~70% 수준이다.

가리봉동에서는 2004년 이주노동자 전용 의원을 열었다. 이 병원은 3년 동안 8만 2천 명, 하루 2백 명 꼴로 진료했다. 후원금으로 운영하는 이 병원은 치료비는 물론이고 수술비 · 입원비를 받지 않았다. 앞으로 어지간한 질병을 치료할 만큼 응급실과 의료장비를 준종합병원 급으로 갖추기 바란다.

2000년 무렵부터 한국 남성과 결혼해 한국에 이주한 이민 여성들이 늘고 있다. 주로 동남아계 이주민의 자녀는 언어, 어머니를 부정 무시하는 정체성의 위기에다 절반이 넘은 가정이 최저생계비를 못 버는 상태로 출발부터 처진다. 이런 배경에는 이주여성을 이주여성노동자라는 출산과 노동력 확보의 수단으로 바라보는 시각, 과거에 있었던 남성의 여성에 대한 권력을 그대로 적용하는 문제점이 있다.

한국 사회에 적응하는 경우로 재중동포 출신 박복순(44)은 중국 헤이룽장성 하이린시 우싱촌 출신으로 1998년 한국에 결혼 이민으로 경남 함안군 함안면 대산리 금천마을에 정착해 농사를 짓다가 2008년 마을 이장에 임명됐다.

이주노동자들은 나라별로 모국의 식품 의류 등 일용품을 한국으로 수입하고 이주노동자 거주지에서 식당 등을 열어 소비하고, 한국 상품을 모국에 수출해 얻은 수입을 공동체 운영에 쓴다. 이주노동자합법화모임(stopcrackdown.net)은 '이주노동자와 함께하는 작은 대안무역'을 운영하며, 네팔과 방글라데시 노동자들이 만든 옷과 액세서리 등을 팔아 이주노동자운동과 대안무역운동을 결합시켰다. 그러나 장기 체류 이주노동자가 미등록 노동자이고 쌓은 자산이 적어 공동체 자기고용의 실현은 부진하다.

이주노동자의 네트워크가 국내외에서 쌍방향으로 활동한다. 이들은 국내에서 공동체 자기고용을 운영하는 동시에 공정무역 등을 실현하고 뒷받침할 네트워크를 갖추었다. 박천응은 이주노동자의 귀환-정착 프로그램에서 이주노동자의 창업협동조합의 추진을 제안했다(박천응, 2002).

5) 지구정부의 전망

장기적으로 방치된 민중의 입장에서 서는 지구정부가 있어야 한다. 이를 적극적으로 생각하여야 하며 그 맹아를 찾아본다. 이마누엘 칸트(1724~1804)는 18세기 유럽에서 여러 전쟁과 혁명을 목격하고 세계시민사회가 성장해야 평화가 이루어진다고 믿었다. 그는 '영구평화론'을 제창하고 '공상적인 세계정부'를 주장했다. 알베르트 아인슈타인(1879~1804)은 "군비경쟁을 계속하는 한 그런 경쟁을 중단하는 것은 어느 나라에서도 불가능하다"며 세계정부 등의 해결책을 추구하는 것이 더 현실적이라고 봤다(월터 아이작슨, 2007). 이매뉴얼 월러스틴은 '세계체제를 규율하는 세계정부'를 대안으로 제시했다. 울리히 벡은 무력화된 국민국가의 대안을 '초국민국가'에서 찾고자 하며 유럽연합을 모델로 삼았다. 그는 국민국가는 부정하지만 국가는 부정하지 않는다. 세계국가나 세계정부는 부정하지만 지구사회의 다양성, 다양한 초국민적인 정치 요소들에 상응하는 국가의 필요성을 주장했다. 이를테면 그에게 '초국민국가'는 '지구지역적 국가'인 셈이다. 그는 '세계 시민정당'의 출현을 기대하며, 범지구적 자본주의를 규제하기 위한 논의의 국내화, 의회정치, 대외적 자치, 대내적 체제 안주, 역사적 사회주의가 가진 획일성의 반성과 아울러 지구 국가 지방의 다양성 존중을 강조했다(울리히 벡, 2000). 가라타니 고진(柄谷行人)은 『세계공화국으로』(조영일 옮김, 도서출판 B, 2007)에서 UN이 실질적으로 아무런 역할도 못하는 상황이므로 국가와 국가 사이의 경쟁과 긴장 관계를 넘어 경제 성장을 멈춰야 한다. 그리고 모든 국가가 군대를 포기하고 국가 방위를 전부 UN과 같은 초국가적 기구에 맡겨, 환경과 평화를 위한 국제협력체제를 만드는 방안을 제안했다(김우창 · 김종철, 2008).

지구정부의 과제는 가난 격차, 전쟁과 평화, 생산력, 분배, 지구환경, 인구 조절 등이다. 그 가운데 전쟁과 평화, 자원, 생태환경 관련 부문이 가장 중요한 부서이다. 가난, 질병, 사막화의 방지와 지진과 같은 자연재해에 긴급히 재정지원을 지출해야 한다(조지 몬비오, 2006). 세계화와 테러는 지구정부의 필요를 더욱더 크게 한다.

지구정부를 구성할 내용을 이미 부분적으로 시행한다. 지구정부의 수립 이전에 지구세를 거둬 현안 문제를 해결해야 한다는 주장이 있는데, 국세를 면탈한 투기자본에게 과세할 수 있다.

지구세는 아직은 없지만 그 싹을 발견할 수 있어 유럽연합은 지금까지 회원국들의 국민총소득(GNI)과 연동해서 내는 납부금으로 유럽연합의 예산을 충당했다. 납부금을 많이 내는 나라는 국내 예산 문제를 들어 난색을 표하면서 매년 예산 협상이 어려웠다. 또 예산안이 과거의 우선순위에 집착해 미래의 번영과 경쟁력, 단결, 안정을 보장하지 못한다는 반성으로 유럽연합세 도입을 추진한다. 과세 방식은 단기 금융거래와 국제선 항공기와 선박 이용에 세금을 물리는 방법이다.

새로운 교육정책, 초국민적 기업을 규제하는 소비의 정치화(예컨대 제품에 생산지 라벨이나 환경 라벨만이 아니라 생산 지역의 민주주의와 노동조건을 표시하는 라벨을 제도화해서 소비자가 선택할 수 있도록 하자는 제안), 시민노동제의 제안, 전통적인 자본·노동관계를 대체할 수도 있을 공중기업/자가노동의 구상 등은 21세기에 새로운 사회적 상상력을 자극하기에 충분하다.

초국적 자본은 이미 세계 물시장을 장악했다. 비방디 유니버셜(Vivendi Universal)은 수에즈와 함께 세계의 물공급 서비스의 70%를 독점해 전 세계 1억 1천만 명에게 물을 공급한다. 이 때문에 세계 곳곳에서 초국적 기업이 물공급을 중단하는 사고가 일어나기도 했다. 2006년 세계물포럼은 수자원의 사유화정책으로 빈민층에게 안전하고 값싼 식수공급을 외면할 경우 물전쟁이 일어날 수 있다며 물전쟁에 대비한 평화군의 창설을 제안했다.

그린피스, 앰네스티 등은 지속가능성, 민주주의의 분야에서 부분적으로 지구정부의 역할을 담당한다. 그린피스는 유전개발과 같은 지구환경 파괴에 맞서 싸운다. 앰네스티 인터내셔널은 지구 곳곳에서 독재에 반대하고 민주주의를 쟁취하려다가 죽고 구속된 이들을 지원한다. 옥스팜은 100여 개국 13개 구호단체의 연합체로, 기아퇴치와 공정무역을 실현한다. 선진국과 개도국을 넘나드는 광범위한 활동과 효율적인 홍보력이 이 단체의 특징이다. 국경 없는 의사회(고용규모 2만 7천 명)는 1971년부터 세계 90여 곳의 빈곤·분쟁 지역에서 자발적인 의료 활동을 전개했다. 개발의 그늘 속에서 불의와 정부 주도의 폭력에 항의해 맞선 이들에게 '개발 광산 속 카나리아'라는 영예가 따랐다. 세계최대의 기독교 구호단체인 월드비전

(고용규모 3만 1천 명)은 2007년 세계식량계획(WFP)을 통해 30여 개국에 식량 14만 7,000톤을 보냈다. 방글라데시농촌발전위원회(BRAC)는 마이크로 크레디트(소액신용대출) 등 빈곤층 지원이 주요 사업이다. 11만 명을 고용해 고용규모에서 세계 최대의 엔지오이며, 방글라데시의 단일 고용주로 최대이다. '작은 정부'라 할 정도로 사회경제적 영향력이 크다. 이 단체의 '설사방지 대책'으로 지난 30년 동안 5살 미만 어린이의 사망률이 25%에서 7%로 떨어졌다.

평화와 관련해 무기제조 거래업체를 거래대상에서 제외한다. 독일 프라이부르크의 환경은행인 에코은행은 에코비전이라는 펀드도 취급하고 기업컨설턴트회사도 운영한다. 에코비전은 투자처인 캐나다의 연료전지원동기회사가 벤츠사의 자회사와 합병했다는 사실을 들어 투자대상에서 제외했다. 벤츠사가 무기생산에 관여한다는 이유에서였다(김해창, 2003: 93). 또 노르웨이 재무부는 노르웨이의 국부펀드인 글로벌연금펀드(GPFG)가 국가윤리위원회의 권고를 토대로 집속탄(集束彈, cluster bomb)을 생산하는 ㈜한화와 핵무기 제조에 관여하는 미국의 젠코프, 영국의 세르코 그룹, 그리고 월마트 보잉사 등 30개 기업을 투자 대상 기업에서 제외하도록 했다.

공정무역도 국제주의 차원에서 생산자와 소비자에게 이익을 준다. 조지 몬비오는 민주적으로 선출한 세계의회, 무역적자를 자동으로 없애주고 채무 축적을 예방하는 국제청산동맹, 가난한 나라에 유리한 무역의 기회를 제공하는 공정무역기구 등을 만들자고 주장했다.

민중의 입장에서 자발적인 지구세 납부운동을 할 수 있다. 옥스팜, 앰네스티 등이 그런 사례이다. 이것으로 국내외 제4세계 민중을 지원할 수 있다. 제4세계란 제3세계 국가의 개념에 대응해 자원, 자본, 돈, 교육기회가 없는 민중을 말한다. 선진국에도 미국의 유색인종 빈민계층처럼 제4세계 민중이 있고, 국가자체가 제4세계인 나라들도 있다.

기존에는 주권국가를 의미하는 국민국가만이 국제사회에서 유일한 주체였으나 지구화는 국제정치에서 국가뿐만 아니라 시민 단체, 초국가적인 국제기구, 개인(세계 시민)까지도 주체가 된다. 이런 것을 재편하고 발전시키는 과정이다.

지배와 저항이 상대를 서로 수렴하는 과정에서 지구 조직의 밀도가 높아지고 노동의 미래는 언젠가 지구정부를 조직하는 날이 올 것이다. 과거 냉전 시기 동서의 대립과는 다른 형태이다. 지구의 현안을 평화적으로 해결하는 과정의 발전이다. 부문과 지역연합이 수렴하는 과정이다. 생태환경 부문에서 리우회의는 지속가능한 개발의 개념을 설정하고, 이산화탄소 배출의 규제를 지구사회의 당면 과제로 정했다. 이것은 지구 사회가 제로(0) 성장 또는 마이너스(−) 성장으로 향하는 출발점이다. 그리고 유럽연합도 유럽 지역의 공동체 수준을 높이고 다른 지역과도 개방적으로 교류한다.

유럽의 지식인들은 미국 주도 아래 국민국가 단위를 넘어 '지구정부' 역할을 하는 IMF, 세계은행, WTO 등에 맞설 국제적 시민사회 연대를 조성하자고 했다. 구체적으로 유럽연합시민사회의 건설을 제안했다. 대안과 실천으로 시민사회가 정치적 회의와 무기력증에서 벗어나 21세기 새로운 권리인 평화의 권리, 잘 보전된 자연을 가질 권리, 인류의 공동자산에 접근하여 사용할 권리를 요구하자고 주장했다(이냐시오 라모네, 2001).

기존의 국제기구를 민주적으로 운영해야 한다. 유엔안보리도 한계를 보인지 오래다. 미국과 이스라엘의 핵은 문제 삼지 않고 북한과 이란의 핵을 폐기하자고 했다. IMF도 세계적인 신용 경색 사태를 방관했다. 특히 미국이 패권에만 매달릴 경우, 중국과 인도도 자기 이익만을 추구할 것이다. UN의 기능에 국가나 지역수준에서 잘 수행하지 못하는, 책임과 권한 기능을 부여해야 한다. 무역과 관련된 건강 노동 환경의 문제를 다루기 위해 세계보건기구(WHO), 국제노동기구(ILO), 유엔환경계획(UNEP)의 기능을 강화해야 한다는 주장이 있다. 무역 관련 기준을 제정하는 일은 책임성과 전문성을 가진 UN 산하기구에 맡겨야 한다. 양호한 건강, 노동자의 권리, 품위 있는 임금수준, 안전한 노동환경, 건강에 좋은 환경은 우리가 추구해야할 목표이다. 반면 국제무역과 국제투자는 단지 수단일 뿐이며, 따라서 수단으로 다루어야 한다(세계화 국제포럼, 2005: 439).

IMF와 세계은행의 투표권은 현재의 경제적 힘이 아닌, 50년 전 이들 기구가 설립될 당시의 힘에 기초한다. IMF의 경우 미국만이 여전이 실질적인 거부권을 행사한다. IMF와 세계은행의 투표권 행사 방식은 개발도상국에 더 많은 의결권을 주어야 한다. 각국을 대표하는 협상 대표단도 바뀌어야 한다. 통상장관들이 무역정책을 결정하고, 재무장관들이 금융정책을 결정한다면, 환경이나 고용 같은 기타 관련 문제 역시 담당자가 직접 처리할 수 있어야 한다. 미국이 검사이자, 판사이자, 배심원이었던 덤핑관세 부과 과정의 사법 절차는 무효로 보아야 한다(조지프 스티글리츠, 2007: 460). 그러나 미국의 태도는 버럭 오바마가 집권하면서 바뀌기 시작했다.

G8 정상회의가 무기력하여 G8회의는 세계 최대 석유 생산국인 사우디아라비아가 빠진 채 유가를 논의했다. 또 5,000억 달러가 넘는 미국 국채를 가진 중국을 빼놓고 달러를 논의하며, 아프리카 대표 없이 무가베 짐바브웨 대통령의 제재를 논의했다.

이런 초국적 자본과 이에 기초한 초국가가 세계화를 주도하는 상황에서 글로벌 민주주의에 기반한 세계정부나 세계정치는 세계 민중에게 새롭게 부여되는 장기적인 과제의 하나이다. 민중의 입장에서 공동체 자기고용에 조응하는 통합적 대처가 필요하다.

공동체 자기고용의 시너지 효과를 어떻게 올릴까?

1. 공동체 자기고용에서 시너지 효과의 요구

1) 세계에서

세계사의 흐름에는 자본주의 기업의 노사관계, 국영기업·공기업과 복지제도를 갖춘 민주적 자본주의, 사회주의 공동체 자기고용의 제도가 혼재한다. 자본주의 기업의 노사관계는 노동자의 자기노동 조직력의 향상으로 한계를 가졌다. 사회주의는 동유럽의 역사적 사회주의가 무너진 뒤에 시장경제를 완전히 배제한 채 운영하는 게 어렵다. 공동체 자기고용은 시장경제 안에서 시장요소를 극소화한 상태의 노동조직이다. 소비자협동조합, 노동자기업, 농협, 신협, 주택조합, 의료협동조합 등이 상호연관성을 맺고, 지역사회와 결합하며 발전하였다.

세계적으로 노동자가 단결해 노사관계에서 임금을 올리고 노동시간을 단축했지만 노동자의 일자리는 줄고 기업의 이윤은 늘어났다. 대안으로 1840년대 협동조합이 대두해 공동구매에서 출발해 노동자기업을 조직해 운영했다. 소련·중국 등에서는 이런 협동조합을 공상적 사회주의라고 비판하고 혁명적 사회주의 국가를 건설했다.

산업화 이후의 노동자는 노동세계를 넘어 생활세계를 지향한다. 노동중독에서 벗어나고 직장과 주거를 일치시키는 직주 일체 개념의 복원을 의미한다. 한국에서도 노동운동의 발전과 한계 위에 '살림살이의 경제' 개념과, '삶의 질 향상'이라는 대중의 요구가 등장했다.

1968년 이후 노동조합과 좌파가 계급운동의 의미를 상실해 퇴조하고, 신사회운동이 일어나 사회 전반의 문제에 개입했다. 신사회운동은 소비자협동조합이 정점을 지나 쇠퇴하는 반면 사회적 경제와 공공주택 등 공공 부문이 발전했다. 산업화의 추세에 따라 공동체 자기고용의 중심이 서유럽의 중심에서 벗어나 스페인의 몬드라곤 노동자기업, 일본 생협, 인도의 협동조합, 방글라데시의 그라민은행 등으로 이동했다. 이런 흐름은 한국의 공동체 자기고용의 진행 방향을 시사한다. 1989년 동유럽 사회주의가 무너진 뒤 사회주의 논의가 주춤했다. 그러나 신자유주의의 폐해가 심각해지면서 공동체주의 논의가 다시 활발하다.

세계정세의 변화에 따라 지구적 사고와 지역적 실천의 요구가 현실로 나타났다. 지구화와 인터넷이 발달하고 TNC 문제가 심각해지면서 그 대응으로 국제적으로 공동체 자기고용을 발전시킬 필요성이 커졌다. ICA는 독립적인 국제 비정부조직이다.

대안을 다양하고 조밀하게 조직한다. 지역차원에서 농업생태공동체를 부활시키려는 움직임, 지구 생태를 되살리려는 지구 차원의 움직임, 공정무역의 지구적 확대 등이 나타났다. 필자가 참석한 제4차 세계사회포럼(2004, 인도 뭄바이)에서 학자들과 활동가들은 중국, 러시아, 브라질, 인도, 남아프리카공화국이 곡물을 자급할 때 세계화의 악영향을 차단할 수 있다고 했다.

최근 베네수엘라, 쿠바, 브라질 등이 구성한 사회주의 남미공동체는 러시아혁명 이후의 역사적 사회주의, 유럽연합의 넓은 의미의 지역공동체와 더불어 세계의 공동체를 지향하는 흐름이다.

2) 한국에서

산업화 이전 한국 전통사회에서는 두레를 비롯한 공동체의 전통이 있었다. 1960~1970년대에 공동체를 복원하려고 시도했으나 독재에 밀려 활발하지 못했다. 그런 가운데 신협 등이 발달했다.

1987년 노동자 대투쟁으로 노동자가 사회경제에서 주인의식이 높아졌다. 1989년 현실 사회주의가 붕괴하면서 노동자들의 사회주의 전망 상실도 자구책을 구하도록 했다. 대안으로 삶의 질 향상을 주장하고 공동체 자기고용을 적극적으로 실현하기 시작했다. 이런 노력은 1997년 외환위기 이후 불황이 장기화하면서 증폭됐다.

한국에서의 공동체 자기고용의 특징을 살펴본다.

생협이 비중은 작지만 숫자가 늘고 비교적 단단하게 뿌리내렸다. 생협 역시 경쟁이 치열하며 상호간에 시너지 효과를 모색하는 조정기능이 약하다. 그 결과는 경영난으로 나타난다. 생협 종사자의 자아실현의 이면에는 저임과 중노동의 열악한 근로조건을 감수해야 하는 희생이 있었다. 한국 생협은 생태주의적인 점에서 일본 생협과 차이가 있다. 농업을 농산물 생산의 측면에서만 보는 경향이 강하다. 농업은 농민, 농촌을 지탱하는 바탕이며 제조 유통 서비스 분야와도 밀접한 관련이 있다. 농업은 생태환경을 지킨다는 점에서 지속가능성의 주요 요소다. 농촌공동체, 농촌과 도시의 협력을 구성하는 요소의 하나로 농업 · 농민 · 농촌의 3농을 입체적으로 보아야 한다. 그러므로 농민단체의 농협 개혁 요구가 강하다.

노동자들의 삶의 형태가 여성노동자가 육아와 노동을 겸하고 노동자들이 삶의 질 향상을 요구하는 방식으로 바뀐 것도 작용했다. 마을공동체 교육기관은 공동육아, 지역, 지역도서관처럼 공동체적 삶을 살아갈 미래 세대를 키웠다.

공동체 자기고용은 지식 공공 분야, 언론 부문에서 상당히 자리 잡았다. 공동체 교육기관은 한국 사회의 공동체 전통을 이어 받아 공동육아, 지역 도서관, 저항언론이 발전한 모습으로 자리 잡았다. 독립미디어 부문에서 지난 20년 사이 저항언론에서 『한겨레』·『경향신문』, 인터넷 뉴스인 『오마이뉴스』·『프레시안』·『민중의 소리』 등은 진취적인 중견 언론으로 자리 잡았다. 아프리카방송은 웹 2.0을 활용해 집단지성을 만드는 역할을 했다. 이것은 수익성과 지속가능성을 갖춰 로마클럽이 말하는 제3계층 모델(Tree-shift model)이 임금보상이 따르지 않는 자원 봉사적, 공동체적 노동의 수준을 넘는 것으로 평가된다(김성국, 2003.2.21). 사회금융 분야에서 계와 신용조합의 사회적 역할이 쇠퇴한 가운데 한밭레츠는 '원(₩)'을 대체하는 지역통화가 가능함을 입증했고, 사회은행이 일정한 역할을 했다.

공동체 자기고용은 고용의 측면에서 일자리의 창출과 일자리 나누기 효과가 있다. 고용의 증가는 중·저임 노동 영역과 공공 부문 사회서비스 그리고 사회적 일자리 부문에서 특히 여성노동자에서 가능성이 크다. 정부와 기업이 협력해 일자리를 창출하는 제3섹터 부문에서 효과가 크지만 고용의 안정성이 약하고 자율성이 낮다. 가족농과 귀농은 고용의 잠재력이 크다. 그러나 소득이 낮고 노동 강도가 높아 현실화가 부진하다.

지역공동체 분야에서도 다양하게 발전한다. 홍성 홍동면 문당리의 생태농업 지역공동체와 마포공동체는 한국의 대표적인 지역공동체이다. 이들은 스페인의 몬드라곤과 비교할 만한 가치가 있다. 마을 한의사의 공동체적 개념은 지역단위 의료공동체인 의료생협으로 발전했다. 그러나 지역화폐는 기대만큼 확산되지 못했다. 이것은 지역공동체 안에서 이해 부족, 적용방법의 취약, 조합원 사이의 소득 격차에 기인한다.

지역공동체 발전에는 지역마다 그 출발지점에 특징적인 요인이 있다. 홍동면은 풀무학교라는 교육, 원주 지역은 수해 피해 대책의 나눔과 협동교육, 양평은 수도권 상수원 지역이라는 생태적 요소, 마포공동체는 공동육아, 대전 한밭레츠는 레츠의 도입이 있다.

국영기업과 공기업의 민영화가 늘어나면서 사회에서 공공성이 작아졌다. 대중의 요구 가운데 국영기업과 공기업의 서비스가 줄어들면서 민영화한 서비스의 이용비용이 오르는 등 개인 생활은 더욱 어려워졌다. 국영기업과 공기업의 노동 유연화로 비정규 노동자와 실업자가 늘었다. 그러나 공공성의 확대 요구는 민영화된 기업의 재국영화 또는 새로운 공공 영역을 창출할 것이다. 예를 들어 주택은 사유가 축소하고 공공주택이 확대된다. 정부와 국영기업과 공기업의 운영에서 관료의 주동성이 강한 만큼 국영기업과 공기업 분야 노동자의 공공성 책임이 크다.

노동자기업이 개별적으로 정착해가며 부도기업을 인수한 노동자기업이 늘고 있다. 제3섹터가 고용 흡수력이 크다. 제3섹터는 국고 지원으로 실업자를 흡수한다. 그러나 자율성이 약한 것이 문제다. IMF 사태 뒤 제3섹터의 발달은 오히려 민중의 공동체 자기고용 영역을 위축시키는 경향이 있었다. 이것은 공동체 자기고용의 방향보다 사회안전망의 성격이 강하다. 특히 복권기금이나 기업의 지원금을 이용한 사회서비스 일자리는 기금의 지원이 없으면 사업자체가 사라질 위험성이 큰 문제가 있다. 소요 재원을 정부의 일반예산에 의존할 때 지속성을 확보할 수 있다. 이런 반성 위에 자생성을 확보한 경우도 늘었다. 한국은 정부가 남미의 경우보다 재정능력이 있어 실업자운동을 제3섹터 안으로 후퇴시키는 것은 공동체 자기고용 분야의 발전에 긍정적이지 않다. 이것은 정부의 재원을 활용할 수 있는 점에서 긍정적이지만, 이 자율성의 저하는 부정적인 측면이다.

국제 분야는 아직 대중화하지 못했다. 공정무역 분야의 발전이 선도적이다. 한국에서도 공정무역을 시작했으며 대중의 호응도가 높다.

다른 나라와 비교할 때, 한국은 서유럽 일본에 비하여 사회운동의 역사가 짧고 세밀함이 부족하다. 그러나 대중은 힘이 있고 사회운동은 비교적 활기차다. 한국은 일본에 비해 생태주의 성격이 강한 반면 덜 대중적이다. 남북의 분단과 6·25전쟁을 겪어 평화 지향의 성격이 강하다. 홍성 홍동면의 유기농업 마을공동체, 원주·양평의 유기농업, 한살림, 마포공동체, 『한겨레』, 『경향신문』은 세계적으로 평가받을 만하다.

신기술과 지식사회가 대두하면서 원자를 비트로 대체하기 시작했다. 이런 비물질 노동의 확산은 생산의 물질 의존도를 줄여 인류의 지속가능성을 높이는 길이다.

공동체 자기고용이 생산·소비·생태환경의 각 분야에서 차지하는 비중은 〈표 10〉과 같다.

〈표 10〉 각 분야에서 공동체 자기고용의 비중

부문	분류	생산매출액(억 원)		국내시장 비중(%)	조합원(명)	직원 수(명)	비고 (년도)
		경제사업	신용사업				
소비자생협	생협	4,000			400,950		2008
	의료생협	170			19,700		2008
	대학생협	900			95,700		2008
전통 협동조합	농협	95,795	1301588		2,385,789	67,884	2005
	수협	46,180	171,878		171,103	8,203	2000/2004
	산림조합	1,558	3,436		499,575	1,903	2005
	새마을금고	-	379,954		13,733,000	15,201	2003
	신협	-	204,882		4,610,000	8,198	2005
	계	143,533	2,061,738		21,399,467	101,419	
노동자기업	노동자기업						
	사회적기업						
협동조합금융	사회은행	여신규모 120					
대안교육	대안초중고						
	홈스쿨링	5,000가정					
독립미디어		한겨레, 경향신문, 오마이뉴스, 민중의 소리		진보여론 비중 크다			
지역공동체	학교급식			5			
공공	정부						
	공기업						
국제	공정무역			국제 무역의 1			
	정보공개	리눅스		세계 2.8 / 한국 0.2			2003년 시작

자료: 각 분야에서 공동체 자기고용의 비중. 여러 가지 자료를 모아 작성했다. 전통협동조합의 자료는 엄형식(2008, 136)에서 재인용했다.

한국에서 공동체 자기고용의 생각, 부문 간의 협력, 공동체 자기고용의 자산 키우기를 통해 공동체 자기고용의 총체적인 노동조직 능력을 발전 확대시키는 방안을 찾아보았다. 자생력이 강한 부문의 약한 부문에 배려와 지원이 필요하다. 일본의 생협 발전 배경에는 사회운동의 지원이 작용했다. 이것은 한국의 기업이 1980년대부터 기업 경영의 구성 요소와 관련 부문 사이에 시너지효과를 추구한 것에 비해 상당한 시차가 있음을 보여준다.

2. 공동체 자기고용의 경영 개선

노동자가 살아가는 데는 식 · 의 · 주, 교육, 건강, 생태환경, 문화, 평화 등이 필요하다. 이런 수요를 통합적으로 충족할 때 삶의 질은 향상한다. 이런 수요는 노동자 자신이 노동해 얻은 소득으로 충족하는 방법이 있다. 이것은 노동자가 임금소득을 자신이 필요로 하는 상품이나 서비스를 구입할 때 이것을 제공하는 노동 조직에게 이윤을 제공하고 공급받는 것을 의미한다.

공동체 자기고용의 체계에서는 노동자가 다른 노동자나 공동체와 도시 · 농촌 · 국제 사이에 상대방이 생산하는 상품 서비스를 입체적으로 상호 교환해 협력한다. 이런 방식으로 공급 받을 때 자본주의적 이윤의 매개가 없거나 작은 상태로 교환한다.

넓은 범위에서 고용을 늘리고 소득을 높여 생애순소득을 높인다. 예를 들어 유기농산물의 소비는 도시민의 건강과 생태환경을 향상시킨다. 친환경농업을 둘러싼 도시와 농촌, 나라와 나라 사이에 암으로 인한 사망률의 감소와 건강한 삶, 도시민의 건강 지출 감소와 친환경 농가의 소득 증대 등의 효과가 있다. 이런 성과는 총체적으로 지속가능성 향상으로 수렴된다.

이 요소들이 충족되면 시너지 효과 발생을 기대할 수 있다. 사회운동에서 독자 영역의 설정이 가능하다. 투자 · 기술 · 노동 · 생산 · 유통 · 소비가 일체화하거나 그 가운데 2, 3개가 조합한다. 식 · 의 · 주, 건강, 교육, 문화, 평화 등의 필요를 충족한다. 그리고 유기농산물의 소비 증대는 대미 관계에서 농산물 수입개방을 저지해야 하는 부담이 적어지는 시너지효과가 일어난다.

많은 연구들이 공통적으로 지적하는 협동조합의 현실적인 문제는 '자본의 부족', '사회적 지원의 취약', '인적자원과 경영능력의 취약' 등이다. 협동조합은 사회경제적 목적을 가지고 있지만 일차적으로 경제적 조직이라는 규정을 받으며, 기업으로 살아남아야 한다(장원봉, 2006: 56). 신명호는 협동조합이 생존하는 구비조건으로 유망한 사업 아이템의 발굴, 지도자의 경영 마인드, 생산성을 높이는 상호통제 시스템, 갈등을 해소하는 기제 등을 들고 있다(신명호, 2003: 322).

1) 부문의 합리화

공동체 자기고용과 직간접적으로 관련된 각 분야를 분석했더니 다음과 같은 개선이 필요하였다. 경우에 따라서는 목표치 설정과 부문 합리화의 별률 반영이 필요하다. 부문의 합리화를 법률에 반영한다.

(1) 소비자협동조합

우선 생활협동조합이 있다.

공동체 자기고용의 노동조직은 경영수지를 맞추어야 한다. 수익성을 맞춰야 시장사회에서 존속할 수 있다. 인터넷의 이용, 사회경제적 조직능력의 향상, 생산조직, 생산기술, 마케팅, 금융 등의 개선이 필요하다.

공동체 자기고용의 생산 증대와 소비의 확대가 필요하다. 친환경농업의 경우 생산의 확대를 소비가 따라가지 못한다. 생협의 운영에서 한국은 생태주의 경향이 강하고, 일본은 유기농보다 저농약을 중심으로 운영해 거래 규모가 크다. 생태와 가격의 시너지 효과를 올려 더 많은 소비자가 생협을 이용할 수 있도록 해야 한다. 2003년 도쿄 엘코프 조직운영 그룹의 미야기 나오(宮城直)는 필자에게 한국 생협의 조합원 수를 국민의 10% 선으로 늘리기를 바란다고 했다. 한편 친환경농산물의 신뢰감을 높이려면 유기농산물과 저농약·무농약 농산물을 명확하게 차별화해야 한다.

국내 농산물 시장의 규모는 40조 원, 학교급식은 그 5%인 2조 원 규모다. 생협이 시장에서 차지하는 비중은 1% 미만이다. 소비를 늘려 시장에서 차지하는 비중을 높여야 한다. 소비의 측면에서 학교급식, 군대급식, 재래종 직불제, 그리고 20~30대 귀농자 지원 제도를 시행하면 친환경 농업으로 전체 농가의 50%를 살릴 수 있다(우석훈, 2007.6.7). 친환경농산물의 생산이 소득을 올리고 농민을 건강하게 하는 것이 알려져 농민의 참여를 늘릴 수 있다. 친환경농산물의 소비를 확대하는 대중의 공감대가 형성되어야 한다.

취학 전 아동의 25%가 천식에 걸리고 40%가 아토피에 걸리는 현실에서 유치원의 급식을 유기농산물로 바꾸고 있다. 제주의 아라중학교 학생들은 자신들이 직접 가꾼 유기농 채소로 점심 식사를 한다. 이처럼 초중고생 400만 명, 대학생 250만 명, 공무원 140만 명, 군인 60만 명 등의 급식을 유기농산물로 바꾸면 농업 · 농민 · 농촌 문제와 소비자 건강 문제의 큰 줄거리를 해결할 수 있다(박승옥, 2006).

생협과 지역공동체 연계성을 강화한다. 지역에서 생산한 농산물을 지역에서 소비할 수 있어야 한다. 그 방안으로 생협연합회는 법인인가등기제도의 개선, 국공립대학생협의 국유재산 무상사용 계속 추진, 생산자생협의 소비자생협 공급 허용 등을 관계 당국에 건의했다. 생협에서는 농산물의 생산, 잔류농약검사, 가공, 유통을 포괄한다.

생산자와 소비자의 관계를 강화해야 한다. 농민은 판매액수보다 안정적인 수입을 원하며, 소비자는 다양한 품종을 안정적으로 공급받기를 바란다. 수입개방에 맞설 수 있는 힘은 생명의 먹을거리를 바탕으로 한 생산자와 소비자의 굳건한 연대와 협력에 있다. 부산 한살림은 회원 수가 늘었지만 개인당 쌀 소비가 줄어 수매한 쌀이 남기 시작하자 '쌀 의무 소비제'를 도입했다. 회원마다 한 해 20kg 이상씩 쌀을 사먹기로 한 것이다.

생협들 사이에 겹치는 배송을 조절하고 배송을 통합해 물류비부담을 줄여야 한다. 한살림은 경영에서 물류부담이 가장 크며, 소비에 맞춰 생산량을 조절한다. 글로벌 경쟁에 대응하는 경제단위를 만드는 것이 필요하다.

이러한 포석으로 영국 생협은 상품입고를 공동입고그룹(CRTG)을 통해 사업연합회로 집약시켰고, 이탈리아생협은 전국사업연합(코프이탈리아)과 지역사업연합을 연계하여 상품의 전국통일입고와 점포운영의 표준화를 추진한다. 스웨덴의 생협은 덴마크 및 노르웨이의 생협과 함께 상품 입고와 점포운영의 통합을 추진한다. 일본 생협도 단위생협의 합병통합과 사업연합의 강화, 상품개발이나 물류 · 정보시스템 등의 통합을 추진한다. 스웨덴은 공동체의 생산물 시장에서 인터넷을 이용한 지 오래다. 인터넷으로 상품을 주문하면 스웨덴 정부가 운영하는 서비스가 상품을 운반한다(진노 나오히코, 2007: 156).

친환경 농산물의 생산기반을 강화해야 한다. 정부가 농가의 적정 경지면적으로 내세우는 6헥타르는 규모가 너무 크다. 우석훈의 주장에 따르면, 현재 규모농은 3~4헥타르이고, 나머지 대부분은 1헥타르다. 현실적으로 4헥타르는 쌀을 중심으로 한 저농약 농업, 그리고 1헥타르는 밭을 중심으로 한 유기농업의 이중 균형 시장을 전망한다. 현재 유기농 공급은 1%가 안 된다. 당연히 품귀 현상이 생기고 가격이 폭등한다. 1헥타르 영세농을 유기농으로 전환하고, 4헥타르 규모농을 저농약으로 전환하면 결국 부동산업자와 건설업자에게 들어가는 119조 원의 절반 이하의 예산으로도 농업을 살릴 수 있다. 2005년 조사에서 관행농가의 89.2%가 친환경 농업으로의 전환을 희망했다(우석훈, 2007.3.15).

미국산 쇠고기의 수입으로 국내 축산업이 무너질 위기에 놓였다. 축산은 규모화가 아닌 내실화 축산을 3단계로 나눈다. 1단계는 국제수역사무국(OIE) 가입, 2단계는 안전 축산, 3단계는 윤리 축산 단계인데, 스웨덴이 이미 미국 소를 3단계 방식으로 막고 있다. 유럽이나 일본이 WTO에서 사용하는 국내 축산업계와 수입업계에 같은 기준을 제시하는 동등성의 원칙을 적용해 국내의 유기축산을 살려야 한다(우석훈, 2008.7.10).

마을에서는 유기농업에서 나온 볏짚을 사료로 쓰고 거기서 나온 거름을 유기농사에 쓰는 순환형 유기농업인 축산을 운영한다. 유기축산은 경종-축산 순환농법이다. 대규모 축산가는 수입 사료를 쓰며 농사를 짓지 않는다. 농업과 축산을 겸하는 일은 소농만 가능하다. 정부나 지자체가 농축산 교합 시스템에 관심을 가져야 한다(박종서, 2007.3).

재래종을 바탕으로 하는 씨앗은행을 운영해야 한다. 농민의 입장에서 보면 안정된 씨앗의 공급이 절실하다. 다국적 종묘회사의 유전자 변형 씨앗은 받아 심으면 농사가 제대로 안 된다. 해마다 사다 심어야 한다. 토종 종자 보존학자인 안완식은 『내 손으로 받은 우리 종자』(들녘, 2007), 『한국 토종작물자원도감-우리 땅, 우리 종자』(2009)를 쓰고, "대한민국의 모든 주권은 국민으로부터 나오듯 나라에는 식량주권, 농민에게는 종자주권이 있다"고 한다. 씨앗을 지켜나가는 것은 농부의 권리이며 식량을 자급하는 시금석이다(장영란, 2008.6.26).

생협법을 개정해야 한다. 생협법은 경제적 지위향상으로 사업의 목적을 제한하여, 정치관여를 금지했다. 비조합원은 이용할 수 없게 해, 사업 영역에 제한을 두었다. 생협법(여성민우회생협), 민법(소비자생협전국연합회, 대학생협, 의료생협, 한살림), 상법(두레생협연합회), 임의 단체법(한국생협연합회, 등대생협협의회, 전북 지역생협연합회)(엄형식, 2008: 212)처럼 생협에 적용하는 법은 다양하다. 생협법은 생협의 일부만 포괄해 2006년 176개 생협 가운데 95개만 인가되었다. 생협법 개정은 17대 국회에서도 추진했으나 의료생협연대의 비조합원 이용 제한 규정 신설에 반대하면서 중단했다. 현행 생협법은 법 제정 당시에도 유통대기업, 산자부의 반대로 사업범위의 제한을 받았는데 이 제약을 풀어야 한다. 연합회나 전국연합회 규정이 없어 연합체는 임의 단체이거나 사단법인 또는 전국연합회의 특별위원회 형태로 등록한다. 최근에는 생협법 제정 당시 존재하지 않았던 문화생협이나 노인생협 등 특수한 목적을 가진 생협들이 생겼으며, 친환경 학교급식을 담당하는 등 사회적 기능이 확대되었다. 서민층 또는 중산층의 자조적 의료 단체인 의료생협의 성과가 큰데도 법제도에 반영하지 못하고 있다(장원석, 2008: 25). 생협 활동의 현실을 반영하고 여러 생협 사이에 시너지 효과를 거둘 수 있도록 생협법을 개정해야 한다.

소비자협동조합은 또 자영업과 노점상이 있다.

대형슈퍼에 밀려 설자리를 잃은 동네 가게들은 한국슈퍼마켓협동조합연합회 등 40여 개 소상공인 단체들이 비상대책위원회를 결성했다. 몇몇 지방자치단체도 자체적으로 허가를 내주지 않으며 규제에 나섰다. 17대 국회에서 심상정 의원이 1,000㎡ 이상의 대형 할인점포의 설치를 제한하는 법안을 발의했으나 결국 폐기됐다. 한국슈퍼마켓협동조합연합회(회장 김경배)는 "도심 반경 수km 이내 출점을 못하거나 시간을 규제토록 해야 한다"고 주장한다(『경향신문』 2009.1.16).

프랑스·독일·일본 등은 대형마트의 설립이나 영업행위를 규제해 중소상인을 대규모 할인매장으로부터 보호해준다. 그 덕분에 치즈가게와 빵집이 어우러진 아담한 동네 문화를 유지했고, 이는 프랑스가 분위기 있는 관광대국이 될 수 있는 근원이다(조홍식, 2007.5.10). 노점상은 주변 노동자의 생계 대책뿐 아니라 관광 문화 면에서 가치가 있다. 노점상들에게 합법성 지속성을 부여하고 대신 과세하는 것도 대안의 하나이다.

(2) 농업협동조합

농협의 개혁이나 대체 기능이 필요하다. 현재의 농업정책은 기업농을 만들고 가족농을 위축시키는 정책이다. 작목별 조직과 대농·중농·가족농의 구분이 필요하다. 농민의 부채 문제가 심각하며, 농협은 채권자의 역할을 그만두고 부채 누적 구조 대책을 고민해야 한다. 농협 기능에서 금융부문을 분리하거나 축소하고 농업의 생산 유통을 우선해야 한다.

단위 농협 해체 요구가 있다. 지역공동체 경제에 기여하는 쪽으로 변화가 가능하다. 지역농협을 지역주민의 것으로 바꾸는 노력을 파주 신교하 농협 사례에서 보았다.

기존의 조직에서도 중앙회장의 권한이 크면서 부정부패 현상이 빈번하게 일어난다. 간선제를 직선제로 전환해 농민의 요구를 반영할 수 있도록 구조를 개선해야 한다. 전국농민회총연맹은 2009년 개정한 농협법이 농협중앙회장을 조합장 대의원대회에서 선출하도록 한 것은 '정부 입맛에 맞는 인사를 회장에 앉혀 농협을 좌지우지하기 위한 것'이라고 비판한다. 그 이전에는 조합장 총회에서 회장을 뽑았다. 조합원이 중앙회장을 소환할 수 있도록 하자는 주장이 있다.

기업농을 전제로 하는 영농조합의 규모화는 비료와 제초제 사용을 피할 수 없어 생태환경과 멀어지게 한다. 소농이 영농조합을 조직하고 지역사회의 노인노동을 흡수하고 젊은층을 농촌으로 끌어들여야 한다. 인적·기술적 대안이 있다. 마을 단위로 영농조합을 조직해 운영하기도 한다.

(3) 노동자기업

우리나라에서 노동자기업은 이미 수십 년 성공적이지 못한 경험을 가졌다. 8·15해방 당시 일제가 남겨놓고 간 기업을 노동자들이 자주관리를 시도했으나 1년 만에 미군정의 반대와 기업 접수로 좌절했다. 노동자기업은 지역기반이 취약해 소비대중을 확보하기가 어렵고 또 대기업 중심으로 경제가 운영되는 우리 사회에서 수익모델을 만들기가 어려워 아직은 실험적이며 대부분 수명이 짧았다. 그러나 최근 우진교통, (주)달구벌버스, 키친아트처럼 경영성과를 내는 노동자기업이 늘고 있다.

일반적으로 자금부족, 품질관리, 마케팅, 기술개발, 기획력 부족의 여러 경영상의 문제가 있다. 키친아트는 외국 브랜드를 선호하는 소비자의 기호, 중국의 저가 공세에서 비롯한 기획 마케팅의 애로를 국내에서 모든 제품을 생산하고 꾸준히 신뢰도를 쌓는 방법으로 극복했다. 박선태 전무이사는 "일부 조합원이 상장하자고 주장하는데 외부 자본이 들어와 좋은 이미지의 기업을 좌지우지한다면 끝이다. 주주들이 자식들에게 이게 내 회사라고 말할 수 있도록 평생을 살아갈 수 있도록 하는 것이 더 중요하다"고 한다(권은정, 2008.11.6).

노동자기업을 가능하게 하는 노동자협동조합의 독립적인 법제화가 필요하다. 현재는 노동자기업이 상법의 적용을 받아, 노동자기업의 대표가 상법상 대표가 되어 전횡을 부리는 문제가 발생한다. 노동자기업을 민법에서 독자의 법인으로 인정해야 한다. 운수 부문에 관련 사례가 많은데, 운수 부문은 공공성을 견지하는 특성을 가졌다. 공공노련의 버스 자주관리 개혁추진기획팀은 (이승현의 발제와 토론에서) 버스 자주관리기업에서 주식 전체를 명망가 1인 또는 수인에게 양도(내용적으로는 위탁)하는 형태는 유사시 자주관리기업의 불안정을 가져 올 수 있다고 했다. 청주 우진교통은 지분의 개별적 매각을 막으려 지역의 한 독지가에게 지분의 소유를 위탁하고 경영권은 그래도 유지하는 방식을 택했다. 우진교통은 부채의 상당부분을 상환했지만 법적으로는 부도상태, 자본잠식 상태이다(조한일 외, 2008.6.5). 또 삼성버스, 시민버스, 달구벌버스처럼 이사회 상위에 자주관리위원회를 두는 것은 이사회와 충돌하고, (상)법상으로는 그 권한을 인정받기 어렵다.

자주관리기업의 형태는 스페인 몬드라곤처럼 노동자협동조합이 이상적이나, 한국 사회의 현행법으로는 노동자협동조합이 불가능하다. 그러므로 우진교통은 주식회사 형태로 하면서도 내용적으로 노동자협동조합의 운영원리를 구현할 수 있게 했다. 정관에도 최대한 반영토록 노력하고, 전조합원이 동등한 지분을 갖는 주식회사의 최고 의결기구인 주주총회(조합원총회와 내용적으로 동일)와 일상적 의결기구인 이사회 산하에 노동자대표로 구성되는 실질 권한을 갖는 평의회를 둘 것을 제안했다.[1)]

노동자 기업 내부에서 민주주의 평등의 문제이다. 일본의 워커즈 컬렉티브는 소비자협동조합인 생협의 발전과정을 반영 보완한 것으로 2003년 전국적으로 2,500개소가 있었다. 실례로 필자가 방문한 일본 큐슈 하카타에서는 일본국철에서 해고된 노동자들이 공원관리기업을 만들어 운영한다. 또 삿포로에서 빵 공장을 주민들이 공동으로 운영했다. 그런데 이 기업은 구성 종업원의 임금을 동일하게 지급해 각 개인의 능률을 무시한다는 평가가 있었다(김영곤, 2007: 343). 이러한 문제에 대한 대안으로 청주의 어느 자활공동체는 순환근무를 한다. 청주 우진교통의 자주관리는 유

1) 운수노동조합의 버스자주관리개혁 추진 기획팀의 회의록, 2007.7.16.

고슬라비아와 해방 후 노동자자주관리의 경험을 차용했다. 우진교통은 총회와 확대연석회의 그리고 결정사항을 실행으로 옮기는 승무팀 · 정비팀 · 경영팀을 구성했다. 현재 공동 비상대책위원회 체제로 운영되므로 노동자평의회와 같은 형태이다. 사장 대신에 대표, 근로자 대신에 노동자 혹은 구성원이라는 표현을 사용한다. 경영과 거래를 투명하게 하고 비정규직을 정규직화하고 자율책임에 따라 이익을 창출하고 그 성과를 팀별로 평가해 장려금을 지급한다.

노동자 인수기업은 대부분 대기업이며 소속한 노동자가 근로조건이 비교적 나은 편이다. 노동자 기업을 원래 기업의 이사진이 경영하는 경우는 지속성이 약하다. 노동자기업과 생협 등 지역공동체의 상호 협력이 필요하다.

NGO도 공동체 자기고용의 발전에 함께 한다. 전국농민회와 농촌 관계는 기업농 위주로 비료, 농약을 많이 사용해 비친환경적인 경향이 강했다. 화학비료와 제초제를 사용하지 않거나 적게 사용하는 농법을 개발하고 실행해야 한다. 전국농민회총연맹을 비롯한 농업생산자 단체들이 친환경 농업으로 전환하지 못하면서 농산물 개방 저지에 과도하게 매달리게 한다. FTA반대와 동시에 주류농업이 친환경농업으로 전환해야 한다. 대농위주의 정책에서 벗어나 소농들도 연합하게 하여 살려야 한다. 농민주유소, 농민정미소, 농민약국의 경험을 지역공동체와 협조해 확산한다.

노동자 경영참가에는 종업원지주제를 개선한 자본참가, 성과배분제도를 정착시킨 이익참가, 품질관리(TQC) · 품질경영(QM) · 제안활동과 같은 작업장 참가와 노사공동결정제 · 노동자 이사제도 등에 의한 전략적 의사결정 참가의 4가지가 있다.

이런 축적 체제와 조절양식을 결합하면 탈포드주의적 민주적 시장경제로 규정할 수 있는 대안모델을 전망할 수 있다. 이러한 모델은 주주가 의사결정을 하는 기업지배구조를 가진 영미형의 주주자본주의(post-fordist democratic market economy)가 아니라 주주 · 노동자 · 경영자 등 이해관계자가 함께 의사를 결정하는 기업지배구조를 갖는 독일 · 스웨덴형의 이해관계자 자본주의(stakeholder capitalism)를 지향한다(김형기, 1999: 315). 헤이즐 헨더슨은 피고용인, 제조업자, 소비자, 국가와 환경을 이해관계자의 축으로 본다.

노동자 주주를 묶어 권한을 행사한다. 실례로 노동자는 기업의 구조조정이나 해외투자에서 오는 고용문제에 대처하려면 경영에 참여해야 한다고 주장한다. 현대자동차는 해외투자 계획을 세울 때 노동자의 고용을 최대한 보장하는 방식으로 노동자의 경영참여를 일부 인정한다.

노동자가 기업에 귀속감을 느끼나, 이것은 본질에서 자본에 종속적이다. 기업의 입장에서 노동자가 가졌던 주식을 팔고나면 그만이라는 주장도 있다. 라이시는 "어느 기업이건 이해관계자들을 배려하기 위해 주주들의 수익을 희생시킨다면, 수익이 더 높은 곳으로 즉시 돈을 옮길 수 있는 투자자들을 잃게 될 것이다. 게다가 전통적인 이사회에서도 이사들이 주주들의 이익을 최대한 대변하는 것은 절대로 쉬운 것이 아니다"라고 한다(라이시, 2008: 254).

송영길(국회의원)은 공적자금을 투입한 기업을 매각할 때 주식의 20%를 의무적으로 우리사주조합에 배정하도록 근로자복지기본법과 증권거래법 개정을 발의했다(2006.5). 해당기업은 대우인터내셔널, 쌍용양회, 현대건설 등이다.

사회적 기업의 과제로 한국에서 공공근로제도는 1997년 IMF 사태 뒤 폭증한 실업자 대책으로 정부가 시작했다. 정부는 공공근로를 자활공동체로 전환을 유도하고, 실업자운동을 하는 활동가들 역시 자활공동체를 지향했다. 이런 활동이 10년을 맞는 전환점에 놓였다.

사회서비스 일자리는 질 나쁜 최단기 비정규직으로 2년 이상 일해도 비정규직보호법에서 정규직화 할 수 없다. 2007년 국정감사 자료에 따르면 사회적 일자리 사업은 2003년 10월부터 시행했으나, 공공서비스 차원에서 필요하지만 수익성이 낮아 충분히 공급되지 못하는 분야의 일자리 창출을 비영리 단체와 정부나 기업 등이 지원한다. 2007년까지 1,577억 원의 예산을 투입해 2만 9,405개의 일자리를 창출했으나 대부분 저임금이나 단기고용에 그쳤다. 사회적 일자리를 얻은 노동자의 평균 근속기간은 10개월, 1

년 이상 근속자는 26%이며, 평균 임금도 80만 3천 원이다. 2003년 10월 최소 사업 참여자 가운데 2007년까지 근무 중인 사람은 단 3명(2.1%)이다. 사회적 일자리는 공공근로나 취로사업이 아닌 만큼, 양질의 일자리를 구축해 사회서비스의 전문성을 축적하지 않으면 본래의 취지를 달성하기 어렵다.

한국의 사회적 기업은 오랜 시민사회의 성장을 기반으로 발전한 유럽의 사회적 기업과 달리 최저생계보호와 한시적 실업대책이라는 정부정책에 따라 급속히 확대됐다. 현재 사회적 기업은 일정한 정도의 기업적 규모와 사회적 기업으로 독립성을 확보한 모델에서부터 정부의 사회적 일자리나 자활사업의 형태, 혹은 기업 연계형 사회적 일자리 사업에 이르기까지 편차가 다양한 만큼 문제와 과제도 다소 상이하다.

사회적 일자리 마련에서 기업이 지원하는 경우 시설은 기업이 마련하지만 운영비는 정부의 지원에 의존해야 한다. 기업의 이미지는 좋지만 기업이 실제로 경영주체가 책임지는 자세가 약하다. 기업이 지원을 중단하면 곧 사업은 중단되므로 기업에서 실질적으로 책임지는 장치, 제도 필요하다.

정부 주도에서 발생하는 사업적 한계를 보완해야 한다. 자활사업은 최저생계보호를 목적으로 기초생활보장법의 체계 안에서 조건부과 형태로 진행하는 한계 때문에 참여자 대다수가 노동능력이 취약한 사람들로 구성됐다. 이들은 자활사업에 참여해 소득이 최저생계비를 초과할 경우 다른 급여의 상실을 우려해 탈출의지가 약하다.

노동부가 중심이 되어 진행한 사회적 일자리정책은 2006년 사회적 기업 육성법을 제정하면서 사회적 일자리의 확대를 예상하지만, 사회적 기업의 설립과 지원에 관한 전략이 모호하다. 사회적 일자리를 지원하는 예산이 줄어드는 추세인데, 재정 지원의 안정화가 필요하다. 소요 재원은 기존의 정부재정, 기업의 사회적 책임에 따른 기부만으로는 부족하다. 초국적 자본에게 지역재투자법(Community Reinvestment Act, CRA) 등에 근거하여 과세하고, 토빈세 등을 거둬 재원을 안정화하고 확충해야 한다. 민주노총 금속노조는 2009년 재벌기업·투기자본 잉여금의 10%를 내놓아 비정규직

고용안정과 중소기업 지원기금으로 사용하자고 제안했다.

사회적 기업에 우호적인 시장을 형성해야 한다. 현재 진행 중인 사회적 기업이나 네트워크 사업단은 사회적 기업으로 정착하려면 시장과 공공 영역에서 우호적인 시장을 형성하는 자기과제를 해결해야 한다. 또 생협과 같은 시민사회 독자의 대안적인 유통구조를 만들어야 한다.

사회적 기업의 운영 주체를 확대하고 연대를 강화해야 한다. 현재 사회적 기업의 운영과 지원에는 대개 시민 단체의 활동가와 자활후견기관의 실무자 그리고 공무원이 참여한다. 이미 사업의 규모가 일정한 수준에 오른 사회적 기업에서 요구하는 바와 같이 전문가와 경영 능력이 있는 주체가 참여해야 한다.

사회적 기업의 성장에 필요한 인프라 구축이나 현장에서 새로운 투자에 필요한 재원을 대출하거나 지원하는 지역 밀착형 연대금고에서 전국적 연대금고에 이르는 금융지원체계를 만들어야 한다. 시민사회 진영 네트워크에 기초한 지원과 교육 훈련 체계를 마련해야 한다(김홍일, 2007: 32~34).

IMF 이후 실업대책은 공공근로사업, 자활공동체 사업을 거쳐 사회적 기업으로 전환했다. 자활사업은 정부에게서 임금의 상당 부분을 지원받지만, 사회적 기업은 재정적으로 독립 수준이 높다. 최근 제3섹터와 노동자 기업 또는 공동체 자기고용에 수렴하는 경향을 보인다. 그러나 자율성 여부에 차이가 있다. 이런 자활공동체가 자립하려는 노력의 결과로 사회적 기업은 공동체 자기고용에 접근할 수 있다.

한국에서는 MST(무토지농민운동)나 빈집점거(스쿼트, squat)운동과 같은 제4세계 민중운동이 발전하지 못했다. 그 배경에는 정부가 브라질과 같은 나라보다 재정적으로 여유가 있어 실업 대책을 세운 것과 공권력을 도입한 이유도 있다. 한국에서 실업자가 정부의 공공근로 대책이나 정부의 지원 아래 전개하는 자활사업과 같은 정부의 실업대책에 흡수되고, 실업자를 조직하고 이를 노동자 민중운동의 주요한 내적 계기로 삼지 못했다(조효제, 2000: 118). 앞으로는 실업자의 비율이 높아지면서 실업자를 조직해 그 의사를 사회에 반영하는 일이 중요해진다. 전국백수연대나 홈리

스행동추진위원회는 실업자 조직의 맹아일 수 있다. 이들은 공동창업 같은 자구책을 구하면서 체제에 저항하는 양면성을 지닌다.

1997년 12월 프랑스 실업자는 정부의 노엘(=크리스마스) 상여금 동결 조치에 항의하면서 실업자 보조금을 관리하는 ASSEDIC(상공업고용협회), 증권거래소, 프랑스 최고의 엘리트 학교인 에콜 노르말 등을 점거했다. 이를 계기로 프랑스는 실업을 모든 사회구성원들이 함께 풀어야 할 과제로 삼고, 노조와 좌파는 실업자와 비정규직을 끌어안으려는 신사고를 시작했다. 정치권은 실업자 긴급 지원 대책을 내놓고 일자리 나누기를 제도화했다. 실업자 특별 보조기금 10억 프랑(약 2,500억 원) 조성 안을 쟁취하고 나아가 '사회적 최저생계비 인상' 요구로 발전해 실업자 복지 혜택을 확대하는 반소외법을 쟁취했다.

1950년대 광범한 실업자군을 바탕으로 4·19 뒤 '전국실업자구호대책투쟁위원회'를 설립해 실업 대중에게 사회보장과 취업기회를 보장하라고 요구했지만 군사쿠데타로 시작 단계에서 좌절했다(노민영, 1990: 118). 1998년 노사정위원회에서 실업자의 초기업 단위 노동조합 가입을 허용하기로 했으나 법무부가 실업자의 정치세력화를 우려해 반대했고, 이 문제는 민주노총의 노사정위 탈퇴 근거의 하나가 되었다. 그 결과 실업자운동이 부재하는 상태에서 실업률이 10%를 넘고 비정규직 비율이 56%인 상태를 정면으로 대응하지 못한다.

실업자 노조의 구체적 형태는 지역의 불안정노동자를 포괄하는 지역노조의 형태이나 일반노조, 산별노조 등과 교차했다. 2004년 대법원은 서울여성노조가 제기한 소송에서 '실업자 단결권 인정' 판결을 내렸다. 실업자들은 특정한 고용관계에 포함되지 않아 단체교섭은 불가능하지만 일반노조에 가입해 실업대책과 사회정책을 요구하여 활동한다.

(4) 사회금융

2006년 말 직장신협 192곳의 총자산은 2조 957억 원이다. 지방은행 가운데 규모가 가장 작은 제주은행과 비슷하다. 직장신협의 대출 금리는 연

6.5%로 은행 신용대출의 연 7~10%보다 낮다. 연체율은 0.3%로 은행 금리 1~2%보다 낮다. 신협중앙회는 2007년 상반기에 1,062억 원의 순익을 냈다(KBS TV 뉴스, 2007.7.26). 직장신협의 대출금리가 낮은 것은 다른 금융회사들과 달리 임대료 관리비가 별로 들지 않기 때문이다. 절대적으로 자금이 부족한 상태에서 신용협동조합의 운영을 조합주의에서 벗어나 사회금융이나 공동체 자기고용의 재원으로 전환하는 게 필요하다.

사회보장제도가 발달한 유럽에서 마이크로 크레딧은 사회보장제도와 분리된 제도가 아니다. 사회보장제도에 접근자체가 불가능한 사람들이 소규모 창업을 하면 기존 사회보장제도에 접근할 수 있다. 사회보장제도를 중소규모기업까지 확대하는 조치이다. 유럽연합 집행위원회 산하 재정기구인 '유럽 투자펀드'는 마이크로 크레딧과 협약을 맺고 손실의 5~75%를 보전해 준다.

일반적으로 은행은 노동자에게서 저축을 받아 기업이나 노동자에게 대출하여 이자를 받아 이윤을 얻는 노동조직이다. 노동자, 특히 퇴직한 금융노동자끼리 경험을 바탕으로 이를 조직할 필요가 있다.

현재 사회은행은 정부와 기업 의존도가 높다. 특히 시티은행과 같은 초국적 자본 의존은 초국적 자본의 지역공동체에게 져야 할 책임과 배치한다. 사회금융이 독립적으로 발전해야 한다. 민중의 자율성, 자발성을 높이는 방향성을 유지해야 한다. 사회금융이 공동체 자기고용의 기업을 일으켜도 이들은 곧 이자율이 싼 은행돈을 사용한다. 사회은행이 제3섹터화하는 경향이 있다.

각국의 사회연대은행은 창업자금 대출사업을 정부의 각종 창업지원 사업과 연계하여 시너지효과를 극대화하는 방식으로 운영한다. 예를 들어 정부가 지원하는 창업자금을 안전한 설비투자에 활용하고, 창업에 필요한 운용자금은 사회연대은행에서 지원하는 방식도 가능할 것이다. 이는 사회연대은행 사업을 활성화하고 정부의 창업지원 사업을 격상시키는 실험이 될 것이다(김효창 외, 2008.12.4).

마이크로크레디트나 사회적 펀드를 넘어 사회적 은행을 만들 수 있다.

이탈리아 중앙은행은 1998년 이탈리아 윤리은행을 은행으로 승인했다. 대안금융 활동만을 목적으로 하는 세계 최소의 제도권 은행이다. 한국의 사회금융 역시 은행으로 발돋움해야 한다.

펀드를 투자 영역으로 끌어들여 은행과 경쟁하거나 대체한다. 이윤 동기가 강한 펀드를 자본으로 삼아 공동체 자기고용을 위해 사용할 수 있다. 이런 방식을 통해 노동조합 조합원이 내는 투자금을 바탕으로 노동조합 기업의 설립 운영이 가능하다.

한편 초국적 은행의 저축은행 흡수합병과 수익금의 해외유출에 대응하여 우체국처럼 국유 저축은행을 설립할 수 있다. 부도가 나 공적자금을 투입하는 상업은행, 저축은행을 공기업으로 바꿀 수 있다. 민간보험회사가 가입자에게 보험료를 지불 하는 비율은 극히 낮다. 공동체 자기고용의 보험회사를 운영해 지급률을 100%로 하고 운영비는 수익으로 충당할 수 있다.[2)]

지역통화운동은 캐나다에서 개념을 빌려와 대전 한밭레츠 등이 전개한다. 레츠가 우리 사회에서 계의 금융 상호부조 전통과 결합해 발전 가능성이 크다(이이화, 1993: 129).

이 활동을 전개하려는 공동체는 지역통화에 관한 간단한 기초연구가 끝나면 시간을 지체하지 말고 착수해야 한다. 레츠활동을 시작하면 주기적으로 회원을 대상으로 문제점과 대안 교육을 실시해야 한다. 주민들이 자생적으로 하는 레츠활동을 촉진할 수 있도록 지방정부는 물론 중앙정부도 행정과 재정적으로 지원해야 한다. 호주는 수상이 나서서 지원하고, 영국은 '지방의제21' 사업에 포함했다. 유럽연합도 영국의 브래포드시 전역에 통용될 수 있도록 5만 5천 파운드를 제공했다(박용남, 2006: 290). 박용남은 지구환경 위기의 시대에 시민 각자의 가치관을 지역화폐(또는 에코모니)를 매개로 '소유'에서 '사용'으로 전환하는 '에코 라이프' 생활양식의 제도화가 필요하다면서, 이를 활성화하는 방안으로 전국 지역화폐연대의 발족 운영, '에코 라이프 전시관'의 설치 운영과 행정 · 재정의 지원, 다문화

2) 김병태, 2009.7.1, 여의도에서.

가정 이주민 여성의 레츠 참여 유도와 지원을 제안한다(박용남, 2009: 81).

그러나 의욕만큼 발전하지 못했다. 현대인에게 필요한 재화와 서비스의 종류가 다양해 지역운동을 하는 단체나 모임에서 도입할 엄두를 내지 못한다. 또 지역사회에서 의사 등 노동 단가가 높은 조합원이 퇴출하는 경향이 있다. 지역통화운동은 높은 단계의 지역주민운동이며, 이것의 실현에는 교육·생협·생태환경 등 지역공동체운동의 뒷받침이 필요하다. 또 지역을 넘어 지역통화 사이의 연합을 모색한다. 상점과 상점 사이의 거래 편의를 위해 전자화폐를 도입할 수 있다.

다른 지역과 물자 서비스를 교환하려면 레츠와 레츠 사이의 유기적 관계를 만들고, 또 국제적 연결을 모색해야 한다.

(5) 사회서비스의 공유 경영

교육공동체의 과제이다. 사교육비의 비중이 크고, 빈부의 격차도 크다. 사교육 대책이 필요하다. 대안교육은 입시학원교육에 밀려 찌든 공교육과 보완 관계를 형성해야 한다. 방과 후 학교의 활성화도 대책의 하나다. 마을도서실, 방과 후 학교, 유기농업, 도농교류의 연계가 가능하다. 교육예산을 늘려 공교육과 노동자 재교육에 투자해야 한다.

2007년 7월 국회에서 대안학교법을 제정했다. 이 법에 따라 교육청의 설립 인가를 받은 대안학교들이 일정한 심의를 거쳐 학력을 인정받을 수 있다. 대안교육은 수요자의 입장에서 교육공동체를 이룩한 성과가 있다. 그러나 양인목 빛고을학교 교장은 “대안교육기관의 합법화가 대안교육의 방향을 잃을 가능성도 있다”고 우려한다.

대안교육과 공교육의 보완 관계 형성이 필요하다. 서유럽의 경우 신교육운동의 목표는 새로운 학교의 설립에 있지 않다. 예나플랜의 페터젠이나 프레네 같은 사람들이 자신들의 개혁모델을 실현해 보는데 사립학교를 설립하기보다 기존의 공립학교를 선호했다. 보다 많은 아동·청소년들이 새로운 교육 혜택을 받기 바랐기 때문이다. 당시 많은 개혁성향의 교사들이 서로 배워가며 공립학교에서 새로운 시도를 하여 신교육운동은 공립학교 개혁에 공헌했다(김명신, 2003: 185). 실례로 부산 금정산 속에 자리 잡은 금정초등학교는 대안학교가 아니면서도 통합 교과형 프로젝트 수업을 한다. 각 교과에서 한 주제와 관련한 단원들을 뽑아 교육과정을 재구성한 뒤 금정산성의 문화 유적지와 자연환경을 둘러보는 프로젝트 등 체험 위주로 수업을 진행한다.

대안교육은 공동체 교육을 지향하지만 상당 부분이 비용이 많이 들어간다. 대안교육을 상류 전문직의 자녀와 아울러 대중의 자녀들이 받을 수 있어야 한다.

학업을 중단하는 고교생이 2007.3.1~2008.2.28 사이에 2만 5,249명인데, 이를 받아들이는 전국 대안교육특성화학교(고교과정인가학교) 재학생은 2,154명에 불과하다. 대부분 빈곤가정 출신인 이들은 저임 아르바이트를 전전하여 신빈곤층으로 전락한다. 공립 대안학교 설립이 필요하다.

대학은 소속한 지역의 주민 산업과 협력해 지방공동체를 발전시키고 농촌의 공동화를 막을 수 있다. 또 그 지역에 사는 주민의 자녀를 우선적으로 입학시켜 이를 바탕으로 지역사회의 일꾼을 기르고 또 대학의 연구 성과와 지역사회의 농업이나 공업 서비스 부문의 생산 활동을 연계해 청년들의 일자리 진출을 마련하는 커뮤니티 칼리지(community college)의 개념을 발전시킬 필요가 있다. 학부모와 지역사회 인사들이 초·중등학교 학교운영위원회에 참여하듯이 캠퍼스를 방문하고 강의를 참관하고 대학평의회에도 참여해야 한다. 이런 과정을 거치며 교육자의 교권 교육권, 학생의 학습권, 부모와 사회의 교육권을 회복하여 민주화를 완성해야 한다(김신일, 2007: 440).

한국 사회에서는 대학의 서열이 사회적 지위를 정하는 경향이 강하다. 이에 따라 사회의 관심도 대학입시까지이며 대학의 내용에는 관심이 적다. 그러나 지식사회를 맞이하여 대학에서 학문과 현실을 배우고 토론하여 창의적이고 지속가능한 인간형을 만들 수 있어야 한다.

대학에서 공동체 자기고용 관련 분야를 연구하고 가르쳐야 한다. 원주

상지대학교는 2005년 국제친환경유기농센터를 세워 이웃 주민들에게 평생학습 공간 역할을 하고, 홍천군과 유기농클러스터를 공동으로 조성했다. 협동조합이 발달한 이탈리아 볼로냐시와 이를 이론적으로 뒷받침하는 볼로냐대학의 사례를 연구할 필요가 있다(박덕원, 2000: 19). 대학생 때의 공동체 자기고용 창업과 운영의 실험은 노동의 조직을 실제 경험하게 한다. 대학생협은 학생 교수 교직원이 주체가 되어 학교의 후생복지설을 맡아 운영하며 일반 생협의 모델을 대학에 적용해 지역사회와 협력한다. 대학생협은 전국에 22개(2009년)가 있다. 전국의 대학(2008년 4년제 201개)에 대학생협을 조직해 학생들이 공동체 자기고용을 배울 기회를 제공한다. 이것은 기숙사에 있는 학생들이 친환경 먹을거리를 먹을 기회를 제공한다. 또 대학생협은 외부자본을 유치하여 상업시설을 짓은 대학의 상업화에 대응하는 의미가 있다.

녹색대학 실험의 부진을 보며 대학에 거는 현실의 필요를 충족하는 고민이 필요하다. 인문학적 요소, 공동체 자기고용과 같은 생활상의 필요, 프랑스의 나이 · 학력 · 빈부의 제한이 없는 대안대학의 요소를 결합할 수 있다.

비정규직 노동자의 생애교육을 가능하게 하는 대책이 필요하다. 유한킴벌리(주)는 IMF 사태 직후 노동자를 해고하지 않고 4조 3교대를 하며, 근무를 하지 않는 조는 교육을 받는다.

지역도서관, 마을도서실은 지속가능한 지역공동체를 다양한 부문에 걸쳐 발전 확장시키는 출발점의 역할을 한다. 주택법 하위 규정인 '주택건설기준 등에 관한 규정'은 300가구 이상의 공동주택에 도서관법 기준에 적합한 문고를 의무 설치하도록 규정하고 있다. 도서관법상 문고는 33㎡ 이상 면적의 건물에 6개 이상의 좌석과 1,000권 이상의 자료를 갖춰야 한다. 불황 시기에 공부방 수요가 급증하는 상태에서 공부방을 마을도서실로 발전 결합하는 방안이 있다.

의료 분야에서, 의료생협들이 서로 협력해 2차 진료기관을 설립해 수준 높은 대안의료 체계를 만들 필요가 있다. 의료생협 운영에서 가장 어려운 점은 의료생협에 근무하려는 의사를 구하는 일이다. 이 문제는 쿠바의 실례처럼 의료생협에 근무를 희망하는 학생을 지역공동체의 추천을 받아 의사 학습을 시키는 방법도 있다.

주민의 의료 영역에서 가장 허점은 치과 진료이다. 농촌에서는 값비싼 비용 때문에 의치를 마련하지 못해 건강을 해치는 노인들이 허다하다. 공공성이 높은 지역보건소의 질을 높일 필요가 있다. 일본에서는 노인과 어린이, 장애 어린이와 비장애 어린이를 같은 공간에 둔다. 스웨덴과 미국은 분리한다. 일본의 제도는 한국에서 받아들일 만한 방법이다.

이명박 정부는 신자유주의 규제완화와 민영화를 의료정책 영역까지 확대한다. 의료민영화는 수십 년 간 굳게 지킨 '의료 비영리의 원칙'을 깨고 금융자본이 주도하는 '영리 의료'의 허용이다. 이럴 경우 서민과 의료는 더욱 멀어질 것이다.

우리 사회는 지도층이 아니라 민초들이 지키고 키워 왔다. 현재 의료인들은 보완대체의학을 검증되지 않은 민간요법으로 폄하하고 있다. 민간요법을 정식의료행위로 인정하려다 의사협회와 국회에 의해 좌절했던 유시민 전 복지부 장관은 "실제로 사람한테 이익이 있고, 치료 효능이 있는데 의과대학에서 배우거나 인정하지 않는 이유로 폐기되는 것은 문제"라고 지적한다.[3)]

보육과 노인의 생활을 살펴본다. 출산과 육아는 사회적 책임이다. 맞벌이 부부에게 시간 연장형 보육 서비스를 제대로 제공해야 한다. 사별, 이혼, 별거, 미혼모 등으로 부모 중 일방이 책임지는 가정이 전체 가정의 10분의 1정도다. 사회적으로 끌어안아야 한다.

공동육아는 1987년 노동자 대투쟁 뒤에 직장에 나가는 여성이 출산 뒤에 노동과 육아를 겸하려는 시도에서 출발했다. 그러나 지금은 고령화 사회가 된 시점의 저출산 대책으로 출산의 장려를 넘어 질 높은 육아를 향한 움직임이다. 공동육아는 공동체 자기고용의 출발점이다. 2009년 민주노총

3) SBS TV 「그것이 알고 싶다」, 2008.6.21.

은 국공립 보육·유아교육 시설을 대폭 확충하면서 보육비 부담도 줄이고 사회적 돌봄 분야에서 일자리도 늘릴 수 있다고 제안한다. 하루 10시간 근무에 월 100만 원 남짓한 교사의 처우를 개선해야 한다. 2004년 정부, 시민, 노동, 여성 단체가 맺은 사회협약처럼 국공립 비중을 30%로 끌어올려야 한다. 공립 유치원으로 초등학교 병설 유치원을 늘려야 한다.

국가와 사회는 일생동안 노동한 대가로 국민의 노후 기본생활을 보장해야 한다. 국민연금이 모든 국민에게 돌아갈 수 있는 방안을 마련해야 한다. 모든 노인에게 기초노령연금을 지급해야 한다. 조계문은 "기초노령연금의 성격이 모호하고 지급수준이 낮아 소득보장 기능을 하지 못하므로, 이를 기초연금으로 전환해 국민연금과 통합하자"고 한다(『경향신문』 2008. 8.8).

노인의 일자리를 사회서비스 분야, 농촌의 유기농업에서 제공할 수 있다. 노인 일자리를 늘리는 방안으로 임금 피크제를 도입하고 정년을 65살까지 연장해야 한다. 임금 피크제는 연공제를 파괴하고 직무급 성과급으로 전환하는 과도적인 제도다. 저출산에 대응해 노동력 부족을 보완하고 국민연금 등 노인에게 들어가는 사회적 비용을 줄이는 효과가 있다.

지속가능한 생산, 소비, 재생가능한 에너지 자원을 살펴본다.

먼저 지속가능한 생산, 소비를 살펴본다. 지금 북미 같은 소비 형태가 전 세계로 퍼진다면 3, 4개의 지구가 필요할 것이다. 생활 속에서 소비를 줄이고, 에너지 부담과 공해가 적게 발생하는 상품을 소비하고, 적극적으로 재생에너지를 사용하는 녹색소비, 윤리적 소비, 착한 소비가 아주 중요하다.

윤리적 소비자(Ethical Consumer)는 자본주의가 먼저 발달한 서유럽에서 태어났다. 생각 없이 반복하는 일상적 소비행위에 반성과 도덕을 끌어들였다. 1950~1960년대 유럽에 태동한 공정무역은 그 가운데 한가지다. 윤리적 소비를 실천하는 방법은 간단하다. 인간·동물·환경에 해를 끼치는 모든 상품을 불매하고 공정무역에서 파는 상품을 구매한다. 아동 노동으로 만든 스포츠 용품, 현지 소작농에게 헐값으로 커피를 사오게 하는 커피체인점 등을 소비대상에서 제외한다. 대형매점에 차를 타고 가는 대신 동네 가게를 이용한다. 특히 생협을 이용한다. 생협은 전국에 네트워크가 있다. 인터넷에서 '생협'+'동네이름'을 치면 알 수 있다. 화학비료를 쓰지 않은 유기농제품을 먹는 일, 유전자 변형식품(GMO)을 거부하고 되도록 재활용품 · 중고품을 애용하는 일도 좋다. 식품회사 풀무원은 콩과 전분당 옥수수기름에 GMO를 사용했으나 2008년, 전 제품에 GMO 원료를 쓰지 않기로 했다.

개인이 소비를 적게 하고 물건을 재활용하고 자동차 대신 걷거나 자전거를 많이 타고 주택의 보온을 잘하고 채식보다 에너지를 7배나 많이 사용하는 소고기를 덜 먹는 것 등은 생활 속에서 에너지 문제 해결에 접근하는 작은 실천이요, 출발점이다. 소는 지구 전체 토지의 24%를 차지하고 지구에서 생산하는 곡물의 3분의 1을 먹어치운다. 몽골 유목민들이 땅 1헥타르(헥타르=1만 평방미터)의 1/10인 10a(아르=1/100헥타르, 300평 정도)에 목축을 할 경우 토끼 한 마리를 기르기 어렵다. 그런데 같은 면적에 벼농사를 지으면 벼 단작으로만 736.7kg의 알곡을 얻을 수 있다. 이것은 지금의 곡물 소비량 기준으로 5~10명의 1년 식량이 되고, 거의 모든 칼로리를 곡물에 의존하던 전통시대에는 2명 이상의 1년 식량이 된다.

친환경농산물은 소비 확대가 가능하다. 학교급식, 군대급식, 재래종 직불제, 그리고 20~30대 귀농자 지원 제도를 시행하면 친환경 농업으로 전체 농가의 50%를 살릴 수 있다(우석훈, 2007.6.7). 유치원에서 대학에 이르는 각 급 학교 급식의 전환, 공무원 · 경찰 · 군인의 급식 전환 등 잠재력이 풍부하다. 학교급식은 식중독의 위험 때문에 위탁급식에서 직영급식으로 바꾸는 추세이다. 학교 무료급식도 늘어 경기도와 경남도가 전면적으로 실시하며, 야당과 시민 단체는 의무교육과정의 단계적 무료급식 실시를 추진한다. IMF 통치 이후 농협이 '경영 합리화'라는 명목으로 비축미의 벌레 훼손을 줄이려고 '에피흄' 등 상당히 강력한 살충제의 사용을 늘렸다. 이 쌀을 먹는 집단은 주로 학생과 군인들인데, 다행이 지난 2년 동안의 학교급식 개선 노력 덕분에 정부미를 먹는 학교도 많이 줄었고, 이제는 주소비층이 군인들이다. 다른 사식을 먹을 선택권이 없는 군인들에게는 기본인권의 문제다. 제일 좋은 것은 군인들에게도 친환경 쌀과 유기농 식단을 제공해 주는 일이다. 친환경 농민(예를 들어 원주 지역의 생협)과 군대가 함께 있는 강원도에서 먼저 추진할 수 있다(장진용 외, 2007.5.3).

2007년 국방예산은 국회에 올라간 것이 24조 원을 조금 넘고, 이 가운데 급식비는 1조 2천억 원이 조금 안 된다. 1인당 급식비는 2007년 하루에 5,000원이 배당된다. 학교에서 친환경 급식으로 1인당 식 재료비가 1,500원, 완전한 유기농으로 할 때 1,800원 정도가 필요하다. 부대 단위로 연간 계약하고 규모에 따른 절감을 가정한다면, 5,000원으로 친환경 급식을 중간 수준 이상으로 세 끼를 먹을 수 있다. 전체 액수는 1조 원이 조금 넘는다. 현재 농림부의 친환경 농업 예산과 농민들의 실제 상황을 생각하면 죽어가는 국토를 유기농으로 전환할 결정적 계기를 만들 상황이다(우석훈, 2006. 12.15). 안병욱 환경운동연합 사무총장은 2008년 일어난 광우병 파동을 유기축산의 계기로 삼자고 했다(안병욱, 2008.5.12). 실제 2008년 생협 조합원이 크게 늘었다. 나아가 먹을거리의 자립 수준을 높이는 계기로 삼을 수 있다.

생태환경권의 형평성 문제도 있다. 깨끗한 환경은 가진 자들만의 것이 아니다. 산업공단이 밀집한 지역이나 폐광촌 등 환경이 취약한 지역에 거주하는 주민들의 건강 피해를 우려해야 한다. 또 어린이와 노인 같은 생물학적 약자에 관심과 대책이 필요하다. 특히 저소득층 자녀들은 이중적으로 환경피해에 노출되었다.

다음으로 재생가능한 에너지 자원을 살펴본다. 에너지 자원은 석탄 · 원유 · 천연가스 · 태양에너지로 발전한다.[4] 수소에너지는 물을 분리하는 과정에서 에너지가 들어가고, 바이오 에너지는 식량 생산을 축소시키는 문제점이 있다.

세계 10위의 온실가스 배출국인 한국은 현재 배출삭감 의무국은 아니지

4) 이은재는 에너지 대안으로 공간의 영점에너지 또는 암흑에너지 기술의 개발, 활용을 주장한다. 2008.5, 서울 여의도에서.

만 2013년부터는 의무를 질 가능성이 크다. 이미 선진국에서는 탄소배출권 거래가 활발해 2005년 거래액이 200억 달러를 넘고, 중국도 UN과 함께 온실가스 배출권거래소 설립을 준비한다. 이뿐 아니라 교토의정서에 가입한 35개국은 내년부터 2012년까지 온실가스 배출을 1990년에 비해 5.2% 삭감해야 하기 때문에 배출권 거래는 더 활발해질 것이다. 현재 국내 잠재 배출권 시장 규모는 1,500억 원에 달한다. 따라서 한국은 청정개발 체제를 구축하고 대체에너지를 개발해 온실가스 감축에 능동적으로 나서야 한다.

이산화탄소 배출량이 적은 저탄소제품을 구매하는 친환경적 소비문화가 선진국을 중심으로 의무화하는 추세다. 영국은 오래전부터 스낵과자 비닐포장에도 탄소배출량을 적은 탄소라벨을 붙인다. 일본도 2009년부터 식품을 포함해 생활용품 전반에 이를 시행한다. 한국은 2009년부터 냉장고 에어컨 · 세탁기 · 조명기기 등 가전제품 모두에 이산화탄소 배출량을 표시하기로 했다.

지역 모델 개발로, 독일의 윈데 바이오에너지 빌리지(200가구)는 괴팅겐 대학과 함께 '어떻게 한 마을이 독자적으로 끝없이 에너지를 공급받을 수 있을까'라는 실험을 했다. 이 마을은 2000년 연료용 바이오매스 조달에서 보일러 선정까지 1년 동안 토의했다. 연방정부는 남는 전력을 시장가격의 2.5배로 쳐줬다. 1인 1표의 조합 형태의 회사를 설립해 주식회사의 지분 매입 방지 장치까지 마련했다. 2006년 매출과 대출이자 등의 비용을 계산한 결과 현상 유지 수준이었다. EU는 신재생에너지의 이용에서 탄산가스 배출부담이 줄어든 만큼 소비세를 줄여 신재생에너지를 권장하는 그린세를 도입한다.

한국 역시 종합적인 계획이 필요하다. 환경운동 단체와 관련 전문가들은 '환경 · 고용 · 복지문제의 통합적 접근을 통한 사회적 일자리 창출 토론회'를 열었다. 이 자리에서 김재현 '생명의 숲' 사무처장은 하천 · 습지 · 국립공원 등의 자연환경안내, 환경감시, 숲길 조사 · 복원, 숲 가꾸기 산물 수집 등의 자연자원 분야에서 적극적으로 일자리를 발굴하면 2007년까지 6,000여 개, 2012년까지 3만 5,000여 개의 새로운 일자리 창출이 가능하다고 주장했다. 임종한 인하대 산업의학과 교수는 제주에서 2005년 실시된 유기농급식, 안성과 원주 등 전국 9개 지역에서 운영 중인 의료생활협동조합을 확대하고, 지역환경보건센터와 아토피센터 등을 운영하는 등의 활동을 통해 앞으로 10년간 6만 명 이상의 고용을 창출할 수 있다고 했다. 풍력, 바이오에너지와 같은 재생에너지 분야의 일자리 창출 가능성도 매우 큰 것으로 분석됐다. 환경정의의 김일중 공동대표는 "환경 분야에서 10년 안에 창출할 수 있는 사회적 일자리는 자연자원, 환경보건, 에너지 등 3개 분야에서만 18만여 개가 넘는 것으로 예측됐다"고 했다(『한겨레』 2006.3.22).

2007년 주택용 태양광시스템은 정부의 무상보조금이 60%이다. 대기업들은 태양발전 등 일반적으로 신재생에너지 산업이 수익성이 약하다며 투자나 기술개발을 기피한다. 정부의 적극적인 권장정책과 기술수준이 높은 반도체산업을 바탕으로 하는 기술개발이 필요하다.

독립미디어는 지난 10년 사이에 조·중·동의 보수 언론이 만든 의제를 중화하고 여론 몰아가기를 견제하는 데 그치고, 민주화 시대 이후의 대안 가치 찾기에 소홀했다. 다원화한 사회 집단 속으로 들어가 다양한 시각을 체득하고 거기서 비전을 모색해야 한다(김종배, 2008.5.3).

독립미디어는 비평을 넘어 독립적인 매체를 창간했다. 『한겨레』, 『경향신문』은 주류 언론으로 영향력을 발휘한다. 그러나 광고수입이 적고 경영에 애로가 있다. 『경향신문』은 손실의 80%가 본지 제작에서 발생하고 있다. '촛불 정국' 때 약 10만 부 가까이 구독자 수가 늘었지만, 광고가 비례해서 붙지 않아 재무구조는 더 어려워졌다. 뿐만 아니라 우리나라는 유통, 인쇄, 운송까지 언론사가 개별적으로 하고 있어 큰 고정 지출을 감당해야 한다. 이재국 『경향신문』 미디어팀장은 "『경향신문』이나 『경남도민일보』처럼 '비슷한 길'을 걷는 언론사의 편집국장이나 기획실장들이 자주 만나서 소통했으면 좋겠다"고 한다(이재국, 2008.12.18).

UCC에서 이용자의 기여가 크다. 『오마이뉴스』, 다음 아고라는 UCC를 적용한 사례이다. 2009년 다음 블로그는 회원이 10만 명이고 이들은 매일 5천개의 글을 올린다. 집단지성의 창출과정이다. 그러나 이명박 정권의 인터넷 실명제 시행과 인터넷 논객 미네르바의 구속으로 인터넷의 자유스러운 이용은 크게 제약받고 있다.

미디어 운동가들은 일반 시민을 대상으로 미디어 교육을 하거나 공공문화시설로서 미디어센터를 짓고, 독립영화 · 퍼블릭 액세스 등의 대안미디어를 만드는 작업, 시민제작자들이 만든 영상을 상영하는 영상제를 개최해 소통의 기능을 회복하자고 한다. 언론의 자유는 독재의 억압과 거대 자본의 언론 장악에서 벗어나는 조건을 담아야 한다.

출판, 문화예술 가운데 기초예술 분야에서 공동체 자기고용은 쉽지 않다. 문인들의 생활은 일부를 제외하고 한국 사회에서 최빈층이라고 할 정도로 열악하다.

예술가들의 기초생활을 보장해 예술 활동을 지속할 수 있도록 해야 한다. 자본에게 유리한 재개발은 예술 공간의 임대료를 높여 예술 활동을 위축시킨다. 대학로 개발에서 예술가들이 퇴출되는 사례가 있다. 파리는 문화예술인들에게 사회보장제도를 운영한다. 독일은 예술인 사회보험을 실시하고, 소득 없는 예술가들에게는 처음 5년 동안 보험금 납부를 유예해준다. 기초예술인들이 공제회를 만들어 조합비를 납부하고 정부가 재원을 마련하겠다고 한다(최병준, 2008.1.22).

공동체 자기고용과 예술 활동의 결합을 모색해야 한다. 심광현은 "지역문화관광정책은 도시인들이 주말에 시골 정경을 즐기고 소비자협동조합을 운영하는 데 그치지 말고 각 지역의 설화 · 전설 · 역사 등 문화콘텐츠를 발굴하고 현대적으로 가공해 지역관광 상품으로 개발하는 등 다양한 정책을 모색하고 이를 위해 지자체 – 지역대학 – 문화관광부의 협력이 필요하다"고 한다(심광현, 2005: 300).

윤구병 변산공동체 대표가 발의하여 보리출판사가 모은 공익기금으로 서울 서교동에 마련한 유기농산물을 이용하는 '문턱 없는 밥집'과 유기농산물 매장, 재활용품점, 북카의 성격을 겸한 '기분 좋은 가게'를 열었다.

연구 전문 서비스 공간은 제도권 질서를 벗어나 자율적인 새로운 조직화의 가능성을 제시하고, 한국 사회의 '하위 주체'들에게 맞는 이론과 공감을 형성하는 교육적 효과, 지식담론 생산자들 사이에 새로운 형태의 연대를 모색한다. 공동체 자기고용의 장에서 이론과 현실이 만나야 한다.

법의 원칙과 현실의 적용은 차이가 크다. '유전무죄 무전유죄'라는 말처럼 경찰이나 검찰 법원은 돈 있는 사람에게 유리하고 서민에게는 불리한 곳이다. 변호사를 '사는'(선임하는) 것부터 돈이 들어간다. 지역의 토호와 사법 관료가 결탁해 많은 경우에 확실한 증거가 없는 한 재정적 뒷받침이 있는 사람이 승소한다. 대법원은 공판중심주의에 이어 2008년부터 배심원이 참여하는 국민참여재판을 도입했다. 사실에 근거하고 공동체에서 이웃의 의견을 판결에 반영하는 제도이지만 토호들의 입김이 작용할 가능성이 있다. 2008년에 59건을 진행했으며, 주부 · 학생 · 고령자가 주로 배심원으로 참여한 이 재판이 피고인에게 불리하지 않은 것으로 나타났다.

이것을 극복하려면 사법 관료의 주체성, 지역공동체의 감시가 있어야 한다. 경찰 · 검사 · 판사가 일반 공무원처럼 노동조합을 결성해 단결권을 바탕으로 독립성을 높일 수 있다. 공무원 노조는 민주주의에 위배하는 행정을 걸러내고 부패를 자정하는 역할을 해야 한다. 경찰서장 · 검사장 · 법원장 등을 주민이 직선제로 선출하는 권력기관의 문민화를 이루어야 한다. 검찰이 기소권과 수사권을 모두 쥐고 무소불위의 권력을 행사한다. 미국, 독일, 영국, 일본에서 진행하는 것처럼 주민이 지방검사를 뽑고 배심원단이 기소하고 수사권은 경찰에게만 주어야 한다. 한국에서는 4 · 19민주혁명 뒤 대법원장과 대법관 선출제를 도입했으나 실시 하루를 앞두고 5 · 16쿠데타로 무산됐다. 현재의 로스쿨은 가난한 자의 진입을 어렵게 한다. 가난한 자들이 법조인이 될 수 있는 길을 열어야 한다.

정부 국회 법원의 불법이나 부패가 따르는 청탁을 금지하는 방안의 하나로, 임종인 · 장화식은 로비스트가 만나는 정부 당국자의 이름과 로비 내역, 보수를 공개하는 '로비스트법' 제정을 주장한다(임종인 · 장화식, 2008: 249).

(6) 지역공동체

도시 · 농촌 · 산촌 · 어촌공동체에서 노동 · 농업 · 환경 · 여성 등의 여러 부문이 협력해 공동체를 운영하며 시너지 효과를 얻는다. 도시 · 농촌 · 산촌 · 어촌공동체는 각기 복합 공동체로서 내부의 상호 협력이 중요하다.

① 도시공동체

개발도상국에서 주택은 소유의 대상이다. 선진국에서는 주택협동조합이 점차 확산되는 공공주택의 문제를 해결하는 전망을 제시한다(존스턴 버챌, 2003: 307). 주택협동조합의 사례로 터키의 켄트주택협동조합(Kent Co-op)이 유명하다.

장기적으로 주택은 사유가 아니라 공유라는 쪽으로 인식 전환이 있어야 한다. 개인주택보다 임대주택, 공공주택이 주류가 되어야 한다. 그러려면 먼저 도시의 재개발의 주체가 재벌－행정관청－불법의 용역업체가 아닌 수익자인 주민이 되어야 한다.

노총, 지역공동체, 일반노조, 건설노조 등이 서민주택의 건설, 재건축, 재개발사업을 주관할 수 있다. 이들은 나아가 노동자의 주택 건설을 조직할 수 있다. 노동자 주택 마련하는 것은 투기에서 어느 정도 해방되고 공동체성을 회복하는 길이다.

그리고 지속가능한 생태도시를 지향해야 한다. 뉴타운이 기존의 주민을 내모는 정책에 불과하다면서 서울에서도 반대하는 사례가 늘고 있다. 최근 대전에서 원주민을 그대로 살리면서 도시 재개발에 성공한 사례를 확대할 수 있다.

부동산에 대한 사유재산 절대주의에서 벗어나 공공주택을 점차 확대해야 한다. 선진국은 토지 소유권과 이용권을 분리한다. 그 첫 단추는 집 부자들의 비거주용 주택 택지를 국유화하는 것이다. 집 부자들의 3주택부터 채권 발행 방식을 통해 국유화할 경우 전체 주택의 20%인 260만 채가 확보된다. 국민의 땅인 공공택지를 건설 재벌에게 헐값으로 팔지 말고 공영

개발을 통해 공공임대주택을 확대해야 한다(손낙구, 2008).

② 농촌 · 어촌 · 산촌

홍성 지역의 환경농업공동체, 마포두레, 과천의 생협 이용, 양평의 유기농업, 원주의 생협 등이 좋은 사례이다. 최승국은 "생태주의적 삶이 우리 사회에 뿌리를 내리려면 모범 사례를 확산해야 한다. 성미산공동체의 모델을 성미산 마을이 있는 마포구, 문당리의 모델을 홍성군 전체로 확산해야 한다. 아울러 이들을 확산하는 데 진보 · 민주세력의 연대가 절실하다. 녹색 정치 세력화가 필요하다"고 한다(『경향신문』 특별취재팀, 2007: 288).

농촌에 주민이 머물고 도시 주민과 실업자를 유입시키려면 소득의 보장, 생태환경의 보전뿐 아니라 교육시설과 병원 시설을 갖추어야 한다.

③ 마을경영 · 마을기업 · 마을자산

마을운영에서 리 사무장과 같은 상근자를 두어 대표성과 사무를 분리하는 사례가 증가했다. 진안군 마을 만들기 팀은 귀농하거나 귀농을 준비 중인 이들 가운데 12명을 마을 간사로 선발해 마을에 배치해 마을회의 운영, 홈페이지 관리, 행정 업무 처리 등을 담당한다.

마을경영과 관련하여 마을기업, 주민지주제, 이해관계자 기업 등이 있다. 미국의 종업원지주제 연구자인 제프 게이츠는 신자유주의의 대안으로 이해당사자 공동의 주식보유와 경영을 대안으로 제시했다. 이는 독일에서 전개한 종업원지주제와 다르다. 이해관계자의 지주제도라고 할 수 있다. 이해관계자는 주주나 사채권자 외에도 노동자, 소비자, 하청업체를 의미한다. 게이츠는 김대중 정권이 공기업을 민영화할 때 초국적 자본을 가진 신자유주의자에게 해당 기업의 장기 소유권을 인정한 것은 잘못이라고 지적했다(김영곤, 2007: 342). 이처럼 한국에서도 주민의 환경권, 주거권을 침해하는 발전소, 제철소, 정유소, 화학공장 같은 기업의 침해를 지분(주식) 형태로 보상해야 한다. 이를 바탕으로 기업 경영에 개입해 이해 당사자의 권리를 지속적으로 지키는 것도 하나의 대안이다. 또 주민지주제가 있다.

예를 들어 발전소에 투자자뿐만 아니라 전력 생산자인 노동자, 공해 피해자인 지역주민, 석탄과 석유의 공급자, 전력의 소비자가 함께 참가하는 주주회사가 가능하다.

민영화한 발전소는 투자자, 노동자, 지역주민, 운송업자 등 직접적인 관계자가 공동으로 주식을 소유하고 경영에 참여했다. 멀리 떨어진 거대한 투자자에게 이윤을 보장하지만 장기적으로 이해당사자가 기업을 소유하는 방식이다. 양계장은 투자자, 노동자, 주민, 사료공급자, 계란과 닭고기 배급자, 소비자 등을 이해당사자로 구성한다. 미국 알래스카주는 원유에 물리는 25%의 로얄티를 '주(州) 영구기금'으로 적립했다. 영국 국영방송사인 BBC도 이런 방식의 주주 참여회사다(제프 게이츠, 2000).

우리 사회에는 전통적으로 마을의 공동자산이 있었다. 이것은 일제의 토지조사사업을 거치면서 동양척식주식회사나 일본인 지주가 가로채면서 파괴되었다. 해방 후에는 이것을 미군정의 신한공사가 승계했다. 일부 남은 것은 새마을운동 개발과정에서 매각했다. 마을 공동자산의 전통을 되살릴 필요가 있다.

현행법에서는 마을공동 재산의 법적 근거가 약하다. 마을의 새마을회도 재산권이 있다. 현재 마을자산은 마을회관 등의 공동건물과 약간의 토지가 있다. 마을경영을 바탕으로 근원적으로 축적하고, 마을자산을 가져 공동체를 발전시키는 사고를 확장, 제도화해야 한다.

농지법상 농지소유 제한 규정에 따라 국민자연신탁운동은 농지를 기부받거나 취득할 수 없었다. 따라서 보전이 시급해 법인 이름으로 농지를 구입할 필요가 있어도 마땅히 손을 쓸 수 없다. 회원들 이름으로 '땅 한 평 사기 운동'과 같은 소극적인 대처를 할 수밖에 없다. 이를 감안, 정부는 2007년 법인세법, 지방세법, 농지세법 등을 고쳐 국민자연신탁운동에 농지소유를 허용해 세제지원을 강화하기로 했다.

정태인은 군 단위 공동체가 기금을 만들거나 해서 공동으로 토지라든가 문화유산을 소유하고 사회적 일자리를 창출하는 정책이 나와야 한다고 말한다.

전남도는 전원마을 조성을 원하는 입주 예정자들이 2만㎡ 이상의 터를 확보해 3분의 2 이상의 권리를 확보한 뒤 이 터의 지분을 공동소유로 등기하면 전원마을로 지정하고 건축비를 융자 알선한다. 2004년 담양군 수북면 궁산리를 시작으로 모두 8곳을 전원마을로 지정했다.

또 지하수, 바람의 공개념을 도입할 수 있다. 실례로 제주도특별자치도법은 대한항공 등 사기업의 지하수 난개발에 대응하여 지하수를 공공의 자산으로 규정해 도지사가 관리하도록 했다. 또 제주도는 유니슨(주)이 추진하는 제주난산풍력발전이 지역주민과 마찰을 일으키고 풍력발전이 수익위주의 민간투자경쟁으로 도민의 공감을 얻지 못하자 풍력 공개념을 도입하는 조례를 제정한다. 제주도는 2020년까지 500MW의 풍력발전단지를 육상 해상에 조성해 제주 전체 수요전력의 20%를 풍력발전으로 대체할 계획이다.

④ 지역경제의 순환

지역공동체 노동의 성과물이 지역에 머물고 순환할 수 있도록 해야 한다. 지역산업이 생산 · 유통 · 소비의 순환 체계를 갖추도록 한다. 중소도시에서 자족 가능성을 모색한다.

부산시는 이탈리아 볼로냐시 협동조합집단의 경험을 배우려 한다. 부산경제 침체의 핵심 원인은 지역자본의 유출이다. 따라서 이를 극복하기 위해 소비자들이 협동조합을 통해 지역에서 생산되는 상품을 적극적으로 소비하여, 이 돈이 지역에 재투자되는 선순환 구조를 만들고자 한다. 부산은 근대 협동조합운동의 효시가 되었던 곳으로, 볼로냐식 협동조합이 도입되면 발전할 가능성이 있다. 이탈리아 제2의 도시 볼로냐는 생협의 도시답게, 시민의 절반이 조합원이고 볼로냐시에만 400개가 넘는 조합이 지역경제를 이끈다(『부산일보』 2008.8.30).

대구경북 지역에서 전국농민회 경북, 안농가톨릭농민회, 생명의공동체 등 생산자 단체와 민주노총 대구, 전교조 대구, 대구 한살림, 대경 기독교 생명살리기위원회 등이 참여하는 '대구경북 농업회생과 지역자치를 위한 사회연대 준비위원회'는 지역식량 체제를 구축하고, 농민장터, 귀농학교, 도시농업학교, 학교급식운동, 지역먹을거리 가정배송사업을 진행한다.

아울러 지역화폐를 도입하여 활용할 수 있다. 그러나 지역화폐는 시도한 곳은 많으나 성공한 곳은 대전과 과천 등 몇 군데뿐이다. 지역시민 단체와 지자체에서 지역화폐를 활성화시킬 필요가 있다.

(7) 공공 부문

신자유주의 아래 공공 부문의 민영화는 초국적 자본에게 막대한 이윤을 주는 대신 노동자 민중이 공적서비스를 받지 못하고 생활비가 높아지는 문제를 일으켰다. 교육 · 통신 분야에서 현저하다. 지방자치도 새로운 기득권층을 옹호하는 경향이 강하다.

공기업 운영의 '개혁'과 '민영화'를 구별해야 한다. 면영화가 '관료의 손'에 방치된 공공 부문을 '국민의 손'에 넘기는 개혁인 듯 보이지만, 실상은 공공적 가치를 담아야 할 산업이 사기업 이윤논리에 종속되는 '사유화'가 본질이다. 공기업 내부운영을 개혁하려면 공공서비스의 주인인 시민들이 참여하고 감사하는 공공운영이사회를 제기해야 한다(오건호, 2008.6.4).

한국 정부는 물, 즉 상수도의 공사화 또는 민영화를 추진한다. 지하수가 생수시장으로 전환한데 이어 상수도를 시장에 내놓는 것이다. 민영화정책의 분수령이다. 서민이 공기 · 물과 같은 자연을 자유롭게 접할 수 있는 권리를 박탈하는 것이다. 생명의 근원이자 국민의 재산인 물을 자본에 넘겨 상품으로 팔아서는 안 된다.

철도 · 전기 · 수도 · 우편 · 가스 등 네트워크 산업은 공공성을 더 강화해야 한다. 경제정의실천연합은 택지 조성과 주택 건설 분양과정에서 많은 이윤을 남겨 주택가격을 상승시키고 서민의 주택 접근을 어렵게 하는 토지공사와 주택공사를 주택청으로 전환해 서민 주택 공급을 전담하도록 제안했다. 이명박 정부는 주택공사와 토지공사를 통합했는데, 통합 공사는 택지와 건설의 토털디자인을 통해 원가절감과 임대료 절감 등 저렴한 주택을 공급해 주거복지를 향상시키고, 도시외곽개발을 지양하며 도심 내 개발기능을 강화해야 한다.

민영화 추세의 대안으로, 필수 국영기업·공기업을 민영화 대상에서 제외하는 공공산업 보호법의 입법이 필요하다. 금융노조와 금융경제연구소는 공공성을 갖춰야 할 산업이나 국가 안보에 절대적으로 필요한 산업을 미국의 엑슨-폴로리오법과 같은 법으로 제정하자고 주장한다. 엑슨-폴로리오법은 미국 기업을 인수하거나 경영권을 취득하려는 외국인의 시도가 국가 안보에 영향을 미친다고 판단할 경우 대통령이 인수를 금지할 수 있다는 내용을 미국 종합무역법에 포함시킨 조항이다(안기천, 2007.6.15).

민영화한 국공유 부분의 재국유화를 주장할 수 있다. 미국 조지아주 애틀랜타시는 1998년 프랑스 유명 물회사와 맺은 미국 최대의 물 사유화 계약을 2003년 종료시켰다. 물 회사는 상수도를 인수하자 시설 투자를 하지 않고 노동자 절반 이상을 해고시키고 시민들에게는 비용을 12% 인상한데다 수질안전성을 확보하지 못해 시는 '물 끓여 먹기 경보'를 수시로 발령했다. 결국 시민들이 항의해 상수도 사유화 계약을 파기했다.

남미 지역에서는 재국유화 추세가 강하며 서유럽에서도 민영화한 물, 전기, 철도의 재국유화 요구가 있다. 그리스는 1983~1987년 사이에 파산지경에 이른 43개 민간기업을 국유화했다. 자유 시장을 공언한 정부가 대규모 민간기업에 국가적인 금융 지원을 한 사례도 많다. 스웨덴 조선산업은 1970년 파산에 이르렀는데 44년 만에 집권한 우파 정부가 국유화해 구제했다. 미국 레이건 정부는 1980년대 초 위기에 처한 자동차회사 클라이슬러를 구제했다.

공공 부문의 신규 창출이 필요하다. 예를 들어 퇴출하는 은행에 공적자금을 투입해 투기자본에 넘겨줄 것이 아니라 이를 국유화하여 국적 있는 은행으로 유지해야 한다. 우리은행은 우체국과 더불어 국적 있는 금융기관이다. 우리은행은 예금보험공사로 주식 73%를 보유해 사실상 정부가 운영한다. 국민은행은 서민 금융기관으로 만들었는데 주택은행과 합병해 민영화한 것으로 주식의 80%가 외국인 소유이다. 우리나라 기업 가운데 외국으로 나가는 배당이 가장 커 6,500여 억 원이다. 국민은행에서 '국민'자를 빼자는 주장도 있다(다음 아고라, 2008.7.4).

1999년부터 전 국민 연금 시대가 시작되었지만, 국민연금기금은 집권 정부의 요구에 따라 기금운영을 배치해 수익률이 낮아지고 포퓰리즘(populism)의 정치적 논리에 따라 지출이 수입보다 더 많아지면서 부실해졌다. 2008년 국민연금기금의 주식투자 손실은 20조 원에 육박한다. 수익률이 −40%이다. 국민연금기금 운용에서 가장 중요한 원칙은 연금주권과 안정성이다. 공적 연기금은 일반 민간펀드와 동일한 자산시장에서 운용될 수 없다. 정부는 국민연금법을 개정해 민간위탁을 도입한다고 한다. 연금기금의 민간위탁 방안은 캐나다 연금기금을 모델로 삼은 것이나 예외적인 경우다. 오히려 '시장수익률을 넘는 수익'을 내도록 한 수익지상주의를 삭제하고, 국민연금기금을 보육 · 요양 등 사회공공 영역에 투자될 수 있도록 사회투자조항도 신설해야 한다. 공적 연기금이 국민의 노후예탁금을 다루는 까닭에 미국, 네덜란드 등 적립식 연기금을 가진 나라에서는 가입자의 의사결정 참여가 보장된다. 국민연금을 지킬 사람은 가입자뿐이며, 연금기금을 지키는 연금주권운동을 전개해야 한다. 민주노동당은 국민연금의 재정 악화 대책으로 '더 내고 덜 받자'고 한다(오건호, 2009.3.1).

행정자치부의 「2006년 토지소유 현황」에 따르면 국토 전체 면적은 9만 9,678㎢이다. 소유 구성은 민유지(56.0%), 법인(5.5%), 비법인(7.5%), 공유지(7.3%), 국유지(23.3%), 기타(외국인포함, 0.4%)이다. 국유지나 공유지의 매각을 신중하게 하고, 공동체 자기고용을 배려할 수 있다. 국립대, 대학생협 운영에 국유재산을 임대할 수 있다.

공공 부문은 시대가 지날수록 사회개혁을 주도하는 기능이 더욱 커진다. 그러나 공공 부문은 원래의 목적과 달리 관료에게 휘둘리는 모순이 있다. 국공영화와 관료주의의 모순이다. 국영기업과 공기업 등 사회운영에 대해 노동자의 책임성을 높인다. 일본의 경우 공무원 노조가 주민과 접촉을 바탕으로 주민공동체를 이해하고 주민공동체의 발전을 지원한다.

한국에서도 공공서비스 분야에서 노동의 대가 요구를 넘어 노동의 사회적 가치를 실현하려는 움직임이 커지고 있다. 병원노동자들은 병원의 진료 서비스를 환자의 질병 치료와 가족의 경제적 고통을 작게 하려고 한다. 연구전문직 노동자들은 자신의 연구가 사회적으로 기여하는 연구기획의 참여를 희망한다.

공동체 자기고용의 공공성과 노조원의 이해가 충돌하는 경우가 있다. KBS노조는 2007년 정연주 사장의 구조조정 추진에 항의해 그의 퇴진을 요구했다. 그러나 노조는 2008년 이명박 정부의 KBS 관영화에 반대하는 정연주 사장의 퇴진 요구를 철회하고 그와 협력해 외압을 막아내려 했다.

한국전력 등 에너지 분야의 노동자들은 에너지의 낭비를 줄이고 재생가능한 에너지의 비중을 높이기를 요구한다. 이명박 정부는 원자력의 발전비중을 2009년 37%에서 2030년에는 59%로 높일 계획이다. 원전은 밤중에도 계속 생산하는데 이 남는 심야전력을 판매하려고 농촌의 심야보일러 사용을 권장하고, 이에 따라 전력사용량이 늘어나자 전력 부족을 메우려 다시 발전소를 더 짓는 악순환을 일으킨다.

2008년 국토연구원의 김이태 연구원은 이명박 정부가 비밀리에 진행하던 한반도 대운하 계획이 생태환경에 나쁜 영향에 미친다고 판단해 이를 공개했다.

그러나 위에서 지적한 내용을 실현할 경우, 공공 부문의 역할이 커지며 공동체 자기고용과 비교하여 독자적인 위치를 차지하게 된다. 실례로 헨리 핸즈맨은 거래비용 분석으로 소비자가 생협을 조직하더라도 정부가 시장을 효과적으로 규제하는 입법을 하면 그 비교우위를 잃게 된다고 한다. 이런 이유에서 선진국에서 생협은 마이너(miner)의 존재에 그친다고 결론짓는다(일본21세기코프연구센터, 2006: 24).

(8) 사이버공동체

공동체 자기고용은 사이버공동체의 온라인과 실물경제의 오프라인을 결합해 시너지 효과를 올릴 수 있다. 인터넷은 촛불문화제와 같은 대중의 활동과 결합하여 창조적인 집단지성을 형성하는 데 기여했다. 민주주의를 신장하고 지속가능성을 높였다. 광우병 쇠고기 파동 이후 생협의 회원 수와 매출이 증가했다. 인터넷 쇼핑몰은 인터넷과 마케팅을 결합시켜 효과적인 마케팅을 전개한다.

2) 공동체 자기고용 부문의 입체적 협력

(1) 네트워크의 입체적 협력

〈그림 9〉 생산자와 소비자의 유기적 협력

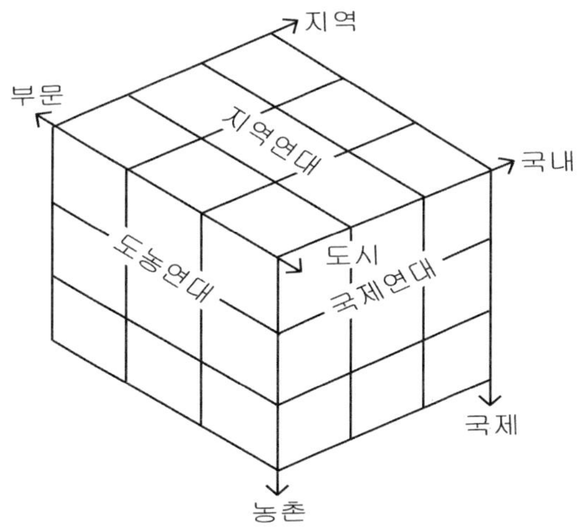

공동체 안에서 생산·유통·소비 주체가 입체적으로 협력하여 공동체 자기고용의 여러 부문을 입체적으로 연결 구성한다. 식·의·주, 건강, 교육 등의 수요를 도시와 농촌, 국제적으로 생산과 소비의 측면에서 상호 필요를 충족하며 유기적으로 협력한다(〈그림 9〉, 김영곤, 2005: 528). 이런 실례를 홍성, 원주, 마포, 대전 한밭레츠 등에서 발견할 수 있다. 이런 접근은 남북한의 협력, 국제연대의 근거가 된다. 예를 들어 생협, 의료생협, 사회적 은행, 유기농산물의 생산 각 주체가 진행의 주역이 되고 이들이 네트워크를 구성한다. 단일한 조직이 이러한 일들을 모두 하려고 하는 경우 다수가 지혜를 발휘하기 어렵고 관료화할 위험성이 크다. 레츠의 경우 사회운동 단체가 전업이나 전담자를 두지 않았을 때 대부분 실패했다.[5)]

노동조합 · 생태환경운동 · 진보정당 · 여성운동 · 주민운동의 입체적 협력이 가능하다. 정규직 조직노동자들은 주민공동체 활동에 참가하여 주민 사이에 제기되는 여러 가지 과제 해결에 기여하는 과정에서 주민들의 고통을 깊이 이해하고 나아가 정규직 조직의 관료주의와 조직이기주의를 막을 수 있다.

(2) 지역공동체 내부의 협력

지역공동체는 교육 · 건강 · 소득 · 생태환경의 필요 요소들을 복합적으로 충족한다. 지역공동체 내부의 협력은 지역에 따라 차이가 있지만 대체로 약한 편이다. 공동체 자기고용을 충족하는 협력 모델을 세워야 한다. 원주의 생협, 대전의 지역화폐, 홍성의 유기농업, 마포의 도시공동체, 성남의 빈민공동체 등의 사례가 있다.

한국에서 로컬 푸드를 활성화하는 방안으로 생협, 학교급식(회사)은 지역 안에서 생산하는 먹을거리를 이용한다. 여기에는 지자체의 협력이 필요하다. 농민들은 한미FTA 이후 소농과 농우 축산을 포기했다. 5일장과 소형 식품점포를 늘리는 대책이 필요하다. 이런 결과로 대형매점이 1명을 고용할 때 지역소매점은 3명을 고용한다(김종덕, 2007.7.24).

인천의 평화의료생협은 같은 지역에 있는 소비자생협과 협력해 양측의 조합원이 친환경농산물을 소비하고 의료생협의 이용을 늘린다. 의료생협의 경우 2차 진료기관을 세우려면 지역 내의 공동체 자기고용 분야나 사회 단체와 협력하는 한편 전국의 다른 의료생협과 협력해야 한다.[6)]

---

5) 한밭레츠 박현숙 사무국장의 특강, 2009.5.14, 고려대 세종캠퍼스에서.

6) 김명일 평화의원 원장의 말, 2006.12.21, 인천평화의료생협에서.

(3) 부문 사이의 협력

도시와 농촌이 협력해야 한다.

생협은 친환경농산물의 생산과 소비를 연결하는 도농 사이의 조직이다. 한살림은 농촌의 생산자와 도시의 소비자가 공동으로 생활협동조합을 설립한 점에서 선진적이다. 소비자생활협동조합과 농업협동조합의 두 가지 성격을 지닌다.

로컬 푸드는 기존의 생산자와 소비자를 연결하므로 신규투자가 불필요하다. 소비가 생산을 따르지 못하므로 로컬 푸드를 긍정하는 소비자 교육을 해서 소비를 늘려야 한다.

대부분의 농산물이 수집상의 손에서 서울 가락동 농산물시장을 거쳐 다시 생산지의 소비자에게 되돌아온다. 그 사이에 농산물의 가격은 올라가고 이것은 생산자에게는 저소득, 소비자에게는 높은 가격의 구매를 발생시킨다.

친환경 유기농업의 이상적 형태는 자급자족이다. 농약이나 비료를 쓰지 않게 되고 농산물 유통에 따른 자원의 낭비도 없다. 이런 고민 속에 로컬 푸드운동이 나왔다. 이는 그 지역에서 난 농산물을 그 지역에서 소비하자는 것이다. 일본의 지산지소운동은 지역농산물은 농협, 직영점포, 생협, 대규모 소매점포뿐 아니라 지방 간선도로변의 '길의 역'이라는 휴게소 내 식당에서 판매한다. 판매하는 식품에는 생산자 이름을 표시하므로 소비자는 품질을 믿고 구입한다. 또 식당 지역의 주민 단체, 여성 단체 등이 맡아 운영해 지역소득에 기여한다.

대량생산과 유통을 위해서는 화학첨가물과 가공처리가 불가피하다. 도농 간에 정직한 마음과 정성을 담은 농산물을 직거래할 경우 이런 위험을 피할 수 있다. 농림수산식품부는 농업의 패러다임을 친환경 · 유기농업으로 전환해 나간다는 목표 아래, 친환경농업 실천에 필요한 토양개량제, 유기질비료, 천적 · 미생물 등 인프라 구축 지원을 늘리고, 2009년부터 2011년까지 총 720억 원을 투자하여 친환경농산물 전용 물류센터를 경기도 광주시에 건설하는 등 유통체계 개선을 추진해 나가며, 친환경농업연구센터 설치, 소비촉진 홍보, 친환경농업 직접 지불 등 투자와 지원을 확대할 계획이다.

미국의 공동체 농업을 지원하는 활동으로 150마일 이내에서 생산한 농산물을 먹자는 150카페운동이 있다. '카페 150'은 반경 150마일(240km) 안에서 생산한 신선하고 질 좋은 지역산 식재료를 사용한 음식이다. 이탈리아의 슬로우 푸드운동, 캐나다의 도시농업운동 · 100마일 다이어트, 영국의 페어 트레이드운동 등이 있다. 100마일 다이어트는 캐나다에서 발원한 것으로 미국 뉴욕에서 사는 사람은 뉴욕에서 생산한 것만 먹는 운동이다. 신선한 농산물은 몸에 훨씬 좋으며 식료품을 수송하는 과정에서 대기 중에 뿜어내는 각종 오염물질을 줄인다.

일본의 '대지를 지키는 모임'은 식품 무게(t)와 운송거리(km)를 곱한 푸드 마일리지 단위(t · km)를 쓴다. 쌀 1t을 100km 옮기면 100t · km이 된다. 지금 산업국가의 식탁에 오르는 식품이 생산지에서 오는 거리가 보통 1,000마일 이상이다. 한국은 주된 국내산 농산물의 유통 범위가 수도권 · 영남 · 호남으로 크게 나뉘어 농산물의 생산지와 소비지 사이가 100km 정도다. 생산지와 소비지를 연결하면 대부분의 식품 수송을 이 정도 거리로 줄일 수 있다. 그러나 수입식품의 푸드 마일은 중국마늘 567마일, 일본 명태 759마일, 인도네시아 꽃게 3,278마일, 노르웨이 연어 5,113마일, 호주 쇠고기 5,177마일, 미국 오렌지 5,968마일, 칠레 와인 1만 2,726마일이다.

생태유아공동체(www.ecokid.or.kr)는 아이들에게 유기농산물을 먹이는 일, 자연분만, 모유먹이기 운동, 생태유아교육 프로그램을 운영한다. '애들아, 하늘밥 먹자!'(애하밥)는 6년째 지역 친환경 유기농 급식을 한다. 현재 생태유아 교육공동체 회원은 전체 유아교육기관의 2%를 밑돌지만 머지않아 10%로 늘어날 전망이다.

2006년 대구경북농업회생과 지역자치를 위한 사회연대는 지역농산물 직거래운동을 시작했다. 맨 먼저 시작한 일은 농민장터다. 매주 금요일 열린 장터에는 하루 2,500~3,000명의 시민이 찾았고 하루 거래액은 최고

5,000만 원이었다. 2007년에는 학교와 기업체 급식운동으로 나갔다. 원주에서는 생협과 원주시가 협력해 시청 구내식당에서 지역농산물을 쓰기로 했다. 어린이집, 병원의 구내식당이나 환자식으로 확대했다. 양평군은 군 안에 있는 45개 초중고에 관내에서 생산한 친환경농산물 급식을 한다. 천안시는 일본의 지산지소운동을 본뜬 로컬 푸드운동을 추진한다.

그러나 인구의 70%를 넘는 수도권이 문제인데 윤형근 모심과 살림연구소 부소장은 "수도권 대도시 중심의 사회 체제를 해체하지 않는 한 로컬 푸드운동은 한계가 있다"고 한다.

『문화일보』는 2004년부터 도시민은 양질의 농산물과 문화, 관광, 휴양 공간을 저렴한 가격에 제공받고 농민은 농촌의 쾌적한 공간과 넉넉한 인심을 제공하면서 수입을 얻는 도농 사이에 마을이 결연하는 1사1촌운동을 전개했다. 대기업들이 적극적으로 참여했고, 2007년 국회는 이를 뒷받침하는 도농교류 촉진법을 제정했다. 이 법은 기업이나 개인이 마을에 기부한 것을 손비로 처리하고, 도농교류활동을 벌이는 마을은 공중위생관리법과 식품위생법에서 제외하도록 했다.

대중조직은 전국 조직 사이에 입체적으로 협력한다. 대중조직의 내셔널 센터는 하향식의 협력을 촉진하는 것이 마땅하지만 현실은 그렇지 않다. 이들 상층부의 의식 변화와 아울러 공동체 자기고용 분야가 키운 역량을 바탕으로 모델을 제시하고 이를 촉진해야 한다. 소비자 대중의 인식과 협력이 필요하다.

박승옥은 노동운동과 환경생태운동이 적-녹 연대로 질적으로 비약하자고 제안했다. 그가 보기에 한국의 노동운동은 1990년대 들어 산별전환이 지체하면서 기업별 노조의 틀에 갇혔다. 예를 들어 산별 체제인 전교조는 설립 초기부터 교과위원회가 환경생태운동과 긴밀히 공을 들였다. 반면 기업별 노조는 조합원의 현실적 이해관계에 따라 환경운동에 각을 세우는 행위를 주저하지 않았다. 새만금공사 반대에 적대 행위를 해온 농업기반공사노동조합이나 새만금공사 강행을 찬성한 전국공무원노조연맹이 대표적인 예다. 산별노조는 사회조직의 형태를 띠어, 한국의 노동조합이 산별로 전환하는 지금이 적-녹 연대의 기회이다. 환경운동 역시 최근 회원 수가 줄고, 새만금 천성산 방폐장 투쟁에서 밀렸는데 이제 자본주의 산업문명의 가장 밑바닥 축인 노동자 속으로 들어가야 한다(박승옥, 2007).

전국농민회 회원은 자신의 소유와 농지 임대를 더해 비교적 규모가 크게 농사를 짓는다. 농지 규모가 클 경우 친환경 농업이 어려워 화학비료와 제초제를 사용한다. 이런 배경은 전국농민회총연맹을 비롯한 농업생산자 단체들이 친환경 농업으로 전환하지 못하면서 농산물 개방 저지에 매달리게 한다. FTA 반대와 동시에 농업의 주류를 친환경농업으로 전환하도록 해야 한다.

노동조합이 조합주의에 물들었다고 비판받고 있는데 노조가 지역사회와 협력하며, 지역사회의 의미와 지역사회의 일원으로서 노동자와 노동조합의 지역사회 결합 가능성을 타진할 수 있다.

2004년 궤도노동자 공동파업과 대구지하철 파업에서 노동조합은 시민의 안전, 궤도 인프라의 공공적 이용뿐 아니라 노동자 고용안정과 건강권을 대 정부 공동요구안으로 제기했다. 전국과학기술노조는 젊은 과학기술자가 밀집한 대전 유성 지역의 특성을 살려 '대전과학상점'과 '참과학 열린교실'을 운영했다. 과학기술과 시민사회를 연결하려는 노력이다. 보건의료노동조합은 보건의료의 성격상 공공성의 과제가 주로 지역을 거점으로 실현한다는 특성을 살려 공공의료기관 확충, 건강보험 확대, 무상의료 확대 등을 지속적으로 요구했다. 보건의료노조는 문을 닫은 병원을 공공병원으로 전환하는 방식으로 공공병원 확대를 요구했다. 그 대상은 성남의 인하의료원, 서울 방지거병원, 전남 목포가톨릭병원, 경남 진주 늘빛정신병원, 충북 음성성모병원 등이다. 성남의 경우 성남시의회가 2006년 주민 1만 8,845명이 청구한 '성남시의료원 설립 및 운영에 관한 조례'를 통과시켜 성남시의 의료공백 해결의 실마리를 찾았다. 전국공무원노동조합은 각 정부기관과 자치 단체의 부정부패 청산운동을 전개했다(김현우 외, 2006: 50~79).

한국은행노조는 2007년 한국생협연합회(회장 이정주)와 윤리적 소비 실천을 위한 물품공급 협약식을 맺었다. 윤리적 소비란 초국적 기업이나 부도덕한 대기업의 제품 또는 반환경적으로 만든 제품을 쓰는 대신 국산 친환경농산물과 가공식품, 식품안전의 기준을 높인 대안물품, 친환경생활용품, 공정무역 물품 등을 쓰는 것을 말한다. 이 협약은 노동조합이 친환경 유기농운동을 펴는 농민이 생산한 농산물과 가공식품 그리고 제3세계의 농민공동체에서 생산해 공정무역으로 수입한 제품을 소비하겠다고 다짐한 사례다. 철도노조가 2008년 iCOOP생협연합회와 협약을 맺고 철도생협 '아름다운 마을'(www.trainfood.or.kr)을 설립해 운영한다. 철도생협 아름다운 마을은 조합원, 철도 식당에서 대안소비, 윤리적 소비를 실천하기로 했다. 전국일반노조는 지역별로 기업과 공공기관을 대상으로 단체교섭을 열어 지역 탁아소 등을 포괄할 계획이다.[7] 2009년 부산, 경남 민주노총과 전국농민회 부산, 경남연맹은 지역농민들이 생산한 농축산물을 노동자생협을 통해 지역노동자, 시민에게 공급하기로 합의했다.

교육 부문에서 공교육과 공동체 사교육을 연계해야 한다. 부산 금성초등학교에서 대안학교가 아니면서도 통합교과형 프로젝트 수업을 하는 것처럼 공교육에서 대안교육을 할 수 있다. 독립미디어가 공동체 자기고용을 대중에게 알리고 참여와 협력을 이끌어내려면 교육 · 건강 · 문화 · 미디어 분야의 협력이 중요하다. 『한겨레』, 『경향신문』이 꾸준히 기획기사를 마련하는 등 공동체 자기고용의 전개를 비교적 활발하게 보도한다.

공동체 자기고용의 중심축을 형성한다. 공동체 자기고용에 각기 생산자, 소비자, 생태환경 요소를 대변하는 민주노총, 한국노총, 전국농민회, 환경운동연합, 녹색연합, 여성연합, 민주노동당 등 노동조직의 발전의 입체적 협력이 가능하다. 이들은 협의기구도 조직할 수 있다.

두레생협연합회, 한살림, 의료생협 등은 공동 워크숍을 열어 시너지 효과를 모색하고 있다.[8]

---

7) 정의헌(전국일반노동조합 위원장)의 말, 2008.2.10, 서울 여의도에서.

8) 최창수(안양 바른생협)의 말, 2008.3.8, 인천 부평에서.

3) 남북한의 협력

2000년 6·15공동선언과 적극적인 실천의지로 인해 남북은 정치적·군사적·경제적 협력 단계로 진입하기 시작했다. 친환경적 민족공동체 형성 노력은 민족 정체성을 형성하는 데 매우 중요한 의제다. 북한 어린이들의 굶주림을 외면한다면 통일 시대의 비용은 고스란히 통일 세대의 짐이 될 것이다.

남북이 하나의 생태계를 구성하고 있고, 동북아가 더 큰 하나의 생태계이며, 지구는 더욱 더 큰 하나의 생태계이다. 백두대간의 생태계를 남북으로 분리해서 생각할 수 없고, 오염된 중국의 농산물은 매일 우리의 밥상에 올라오고 있다. 친환경적 민족공동체 의식을 고양시키고 실천 프로그램을 만들어 내야 할 이유이다. 남북 간 생태환경과 관련된 지식과 기술을 상호 교류하고 협력하여 공동으로 생태환경문제를 해결하는 과정에서 평화통일의 교두보가 형성될 것이다(정상률, 2004).

북한의 국가 사회주의 시스템은 시기와 양상은 다르지만 소련과 비슷한 문제점을 낳았다. 국가 사회주의 시스템은 양적 성장이 주가 되던 사회주의 건설 초기에는 자원의 선택과 집중을 통해 1970년대까지 고속 성장했다. 북한은 과거 생산수단을 합리적으로 이용하고 자원을 절약하려는 유인은 크게 약화되는 반면 더 많은 가치를 창조하려고 더 많은 노동력을 투입하는 노력 동원 현상을 강화했다. 그러나 인민과 기업이 국가의 시혜에 익숙해 시간이 흐름에 따라 인민의 자주적 해결 능력과 개별기업의 자생력은 크게 약화했다. 또 소련 붕괴라는 외부 충격이 가해지면서 경제 전반이 붕괴로 치달았다. 농업 역시 산악지대에 적합하지 않는 쌀농사 집착이 고에너지 투입을 구조화했고, 다량의 비료가 필요한 옥수수 농사의 확대는 지력을 급격히 약화시켰다.

국가 사회주의 위기 극복의 논쟁을 거치면서 중국이 '생산력 발전'을 기준으로 삼은 데 대해 북한은 '실리'로 접근했다. 과거 '속도'와 '양'을 중시한 외연적 성장 추구정책의 반성이다. 북한은 2002년 경제 체제 통제를 일부 완화하는 조치를 취했고, 공개 시장을 통해 북한 주민들은 가구 등 재산을 팔아 돈과 식량을 구하는 방식의 개인 간 거래가 처음으로 활발하게 일어났다. 그러나 이것은 협동조합 형태로 묶인 농업을 제외한 전 산업이 국가의 직접적인 관장 아래 놓여 제한적이다(박세길, 2008: 476).

남북한 사이에 경제교류가 커지면서 나타날 수 있는 경우는 세 가지다. 남한의 기업이 북한의 노동력 활용, 미국, 일본의 초국적 자본과 중국의 대 북한 영향력이 북한의 시장 자원을 다툼, 남북이 평화적으로 교류를 확대하고 경제 체제를 서로 수렴하는 경우다. 개성공단은 남한이 1970년대 마산 등지에 설치한 수출자유 지역과 격이 비슷하다. 북한 저임금 노동력의 착취 등의 문제가 있지만 북한 소비시장의 70%를 점하는 중국상품의 증가에 따른 북한의 중국경제권 편입을 억제하고 남북한을 하나의 경제공동체로 묶어 평화적 공존의 기반을 조성할 수 있다(박노자, 2009.6.23).

김연철은 북한이 중국과 다르다며 쿠바식의 개혁이 가능하다고 전망한다. 쿠바는 미국의 경제제재 속에서 EU와 캐나다 등 국제사회와 교류를 확대했다. 북한이 중국과 동맹을 유지하는 점이 쿠바와 다르나, 동북아의 안보환경과 남북분단이 북한의 대외적 환경에 미치는 영향력은 더 클 수 있다. 1984년 합영법, 1991년 나진 · 선봉의 실험은 실패했다. 이런 점에서 남북경협의 증가, EU 국가와 교류 확대, 동남아시아와 교역 확대라는 대안이 필요하다. 개혁 개방의 병행이 필요하다. 그러나 저임의 노동력에만 의존하지 않고 노동생산성을 높이고 동시에 북한에서 관련부품을 생산하는 수출산업의 육성이 필요하다(김연철, 2002: 218).

북녘 주민들이 겪는 에너지난은 심각하다. 북한의 에너지 소비량을 보면 취사용 에너지 소비량이 난방 소비량보다 많다. 난방은 생각도 못하고 밥 지을 연료조차 부족하다. 대북에너지지원 국민운동본부는 태양열 조리기와 소형 풍력 발전기를 보내자고 모금을 한다. 태양열 조리기는 한국에서는 교육용으로 쓰지만, 인도나 티베트에서는 조리용 생활용품으로 자리잡았다. 반기문 UN 사무총장은 '축산분뇨 바이오가스 플랜트' 지원 사업에 관심을 보이고 있다. 북한의 재생가능 에너지를 지원하면 남한의 재생가능 에너지 산업도 성장하고 일자리를 창출할 수 있다.

그리고 청정개발 체제(CDM)로 북한에서 줄어드는 만큼의 이산화탄소량을 국제 배출가스 거래시장에서 판매할 수 있다(이유진, 2007.11.6).

4) 나라 사이의 협력

(1) 국경을 넘는 협력

1999년 말 시애틀 WTO 회의 당시 세계화를 반대하는 대규모 시위가 세계화의 다른 측면, 즉 정보통신 혁명에 의해 더욱 용이해졌다. 이러한 기술이 기업의 세계적 진출을 도왔듯이 시민 단체들도 새로운 국제적 행동양식을 도입했다(힐러리 프렌치, 2001: 170). 이것이 세계의 공동체 자기고용의 전개에도 도움을 주었다.

한국은 일본 생협의 지원을 받았다. 유럽의 생협은 순이익의 10%를 다른 나라 생협 지원에 쓰며, 스페인의 지방 생협 설립 자금을 지원했다. 공정무역은 세계적인 협력 네트워크이다. 필리핀 네그로스 지역의 유기농산물인 커피와 설탕을 일본이 매개해 한국의 생협이 수입해 소비자에게 공급한다. 2006년부터 팔레스타인에서 생산하는 올리브기름을 직거래 수입해 판매한다.

(2) 지역연합

여기서 지역연합은 국가 간의 연합으로 넓은 의미의 지역연합이다. 과거에 동서블록 가운데 사회주의 진영 남남 협력이 있었다. 소련은 사회주의 국가의 연대를 진행했다. 중국은 비동맹회의의 연대에 앞장섰다. 반둥회의나 77회의와 역사적 사회주의가 무너진 이후 민중을 위해 국가 사이에 연대를 시도하지만 영향력이 작다.

동아시아공동체가 모델로 삼는 유럽연합은 반세기에 걸친 실험적 노력 끝에 단일한 의회, 통화를 가지고 단일 헌법 제정을 앞둔 (광의의) 지역공동체로 발전했다. 유럽연합은 미국과 대등한 위치를 확보해 생태환경 문화정책 면에서 미국을 견제한다.

유럽은 오랜 시간 노력해 지역공동체를 이룩했다. 유럽은 1차와 2차 세계대전의 전철을 밟지 않고 지역의 평화를 정착시킬 목적으로 오랜 시간 노력해 지역공동체의 통합 수준을 높였다. 1952년 유럽석탄철강공동체(ECSC)가 이룩한 성과를 바탕으로 1958년 로마조약을 체결했다. 1958년 유럽경제공동체(EEC)를 창설해 향후 12년에 걸쳐 무역장벽을 모두 제거해 공동시장을 만들기로 했다. EEC는 1967년 유럽공동체(EC)로 발전하고, 1991년 마스트리히트조약 체결로 유럽통합의 체계를 마련하고, 1993년 유럽연합(EU)을 구성했다.

유럽연합은 현재 관세를 철폐하고, 전쟁을 막고, 유로화권(€, 2002)을 만들어 미국 · 러시아에 대응한다. EU 헌법을 준비하고, 세금, 외환거래와 비 유럽계 은행 대출에 영업세(토빈세)의 징수, 사회적이고 생태적인 세계무역의 최소 표준 설정, 사치세의 도입, 시민과 노동자의 안정된 생활을 위협하는 탈규제정책의 금지 등을 추진한다.

1979년 대처리즘이 나오고 1989년 동독이 무너진 뒤 유럽에서 보수정권이 집권했으나, 1990년대 말 이후 민중의 삶의 문제가 전면에 대두해 사회민주주의 정권의 집권이 대세이다. 이들은 에너지 부족과 생태환경 문제의 해결을 위해 대안에너지 마련에 동의한다. 실업문제가 최대의 관심사이다. 소비자의 권리도 보다 향상됐다. 식품 영양성분 표시를 의무화하는 법으로 알 권리와 식품 안전을 강화했다.

이주노동자 문제는 아랍 · 아프리카 등지에서 유럽연합으로 들어오려는 이민자는 최대한 막지만 이미 들어와 있는 이민노동자는 유럽연합의 국민으로 인정한다. 노동자들은 원하는 직업을 찾아 이주하는 것도 쉬워졌다. 인종이나 성별에 따른 차별 없이 동등한 대우를 받는다. EU의 노동시간 지침에 따른 연간 4주의 유급휴가도 보장한다.

유럽노동조합연맹(ETUC)은 유럽연합 공동의 노동정책 마련에 소극적이다. 각 나라별, 각 공장별로 서로 갈라져 경쟁하면서 싸운다. 그러나 이러한 각국 노동자들이 민족주의적 경쟁을 끝장내면 더 이상 힘 있는 기업가들이 유럽입법 과정에서 어떠한 로비도 할 필요가 없다. 이렇게 되면 유럽연합 차원에서 진정으로 노동자를 위해 사회정책을 제대로 펼 수 있을 것이다(마르틴 · 슈만, 1997: 412~418).

미국의 헤게모니가 위기를 맞은 가운데 좌파 정부가 들어선 남미 8개국이 연대한다. 브라질 · 아르헨티나 · 우루과이 · 파라과이 · 베네수엘라 등이 속한 남미 공동시장 메르코수르는 정치 · 사회공동체로 확대하기로 했다. 2000년대 들어와 베네수엘라 · 쿠바 등 라틴 아메리카 나라들이 석유를 중심으로 공정거래를 실시한다. 베네수엘라인들은 과거 코카콜라보다 값싸던 석유 가격을 올리고, 여기서 나온 자금으로 쿠바 등과 교역한다.[9]

(3) 동아시아 지역

한국 · 중국 · 일본 · 동남아시아 · 인도 · 호주 등 동아시아 여러 나라의 역사적 배경은 다르다. 그러나 이미 자본과 상품 서비스의 교류가 활발하다. 또 동아시아 여러 나라는 비핵평화 · 민주화 · 생태환경을 존중하는 입장은 일치한다. 노동자의 이동은 노동자를 찾아 이동하는 자본만큼 활발하지는 못하지만 이것 역시 상당히 활발해졌다. 동아시아 민중 모두에게 실천을 요구하는 이런 문제는 동아시아 지역공동체의 결합 속도를 빠르게 할 것이다. 한국의 노동운동, 일본의 생협, 중국의 사회주의 사회 경험이 서로 만나 공동체 자기고용의 움직임을 보다 활발하게 할 수 있다.

동아시아는 전체적으로 보아 EU와 함께 미국에게 대응 가능한 영역이다. 미국과 유럽연합에 대응해 가령 아시아연합(AU) 같은 지역공동체를 발전시켜야 한다는 공통의 인식이 있다. 한국, 중국, 일본 그리고 이들과 아세안을 합친 '아세안+3'을 생각할 수 있다. 현재 중국과 일본이 서로 양보하지 않아 구성이 안 되지만 동아시아에서 연합적인 틀을 향한 흐름은 빠르게 진행될 것으로 예상된다. 이어령은 우선 문화공동체 성격의 연합체, 그다음 경제기술공동체 그리고 마지막으로 정치공동체의 전개 순서를

---

9) 장창원, 고려대 특강 '풀뿌리 국제연대와 민중공동체운동'(2006.11.23).

말한다.

동아시아 외환위기 때 일본이 아시아통화기금(AMF) 설립을 주창했으나 미국의 반대로 무산됐다. 중국은 AMF를 설립하고 가상통화인 아시아통화단위(ACU)를 활용해 장차 공동통화를 만들고 아시아중앙은행을 창설한다는 구상이다. 한편 2009년 아시아 국가들은 아시아 공동기금 1,200억 달러를 조성하기로 결의했다. 중국 · 일본이 각각 384억 달러, 한국이 192억 달러, 아세안 국가들은 240억 달러를 분담한다. 분담금 대비 인출배수는 중국과 일본이 각각 0.5, 한국 1.0, 아세안 가운데 큰 나라는 2.5, 작은 나라는 5.0으로 정했다. 이 기금은 지역 내 금융시장을 안정시키고 달러 공세에 어느 정도 완충 역할을 할 수 있다.

대외원조 시장에도 양극화가 존재한다. 유상원조의 경우는 상환능력을, 무상원조는 원조의 효과를 기대하기 때문에 발전 가능성이 있는 나라에는 원조가 집중하고 정작 원조가 필요한 최빈국은 외면당한다. 우리는 후발 선진국으로 이제 막 원조를 늘리려고 하지만, 원조시장은 이미 포화상태로 영국 · 프랑스 등 원조 선진국이 카르텔을 형성하고 있다(곽재성, 2008.4.4).

대외원조(ODA)의 양도 문제지만 성격이 더 중요하다. 평화시대에 군비를 줄이고 상대방에 대한 협력을 강화해야 한다. 대외 원조를 늘리고 상대방의 지속가능성을 고려해야 제공해야 한다. 장기적으로 북유럽처럼 인도적 구호활동에 앞장서 이웃나라와 평화공동체 구성을 지향해야 한다. 한국의 대외원조(ODA)는 실질국민총소득(GNI) 대비 0.06%에 불과하여 OECD 회원국 가운데 최하위이지만, 2015년까지 0.25%로 대폭 확대할 예정이다.

동북아시아는 생태환경 분야를 선두로 협력하였다. 한국은 세계에서 10위 이산화탄소 배출국이다. 중국은 발전에 주로 석탄을 이용하고 시멘트 제조업이 발전하면서 이산화탄소 배출량이 2006년 한 해 62억 톤으로 미국을 제치고 세계 최대다. 중국은 이것이 미국과 유럽 등 서방국가들이 값싼 노동력을 이용하려고 중국으로 대거 옮겼기 때문이므로 중국 제품을 구매하는 서방국가들의 책임도 있다고 항변한다. 한국, 일본, 중국이 이 문제에 책임을 피할 수 없다.

환경운동은 안정적인 대화채널을 확보했다. 한·중·일의 대표적인 환경운동 단체들은 다국적 환경 정보 사이트인 인바이로아시아(www.enviroasia.info)를 통해 매주 3개국 언어로 정보를 공유한다. 이 사이트를 통해 에어컨 설정 온도 높이기, 원자력 발전 반대 등의 아이디어를 주고받고 공동보조를 취한다(『경향신문』 특별취재팀, 2007: 237). 중국에서 날아오는 황사의 피해를 보는 한국, 일본의 NGO들은 매년 중국과 몽골 사막에 나무를 심는 프로젝트를 공동으로 진행한다. 한국, 일본과 중국 화북 지방의 사막 생태환경 학자들은 EAFES(East Asian Federation of Ecological Societies)라는 공동의 학회를 운영한다. 이런 노력으로 중국의 황사 발생이 줄기 시작했다.

동아시아 민중은 평화와 민주주의를 발전시켜 공생해야 한다. 동아시아에는 일본의 과거사 반성과 군국주의 부활의 문제, 중국의 중화주의가 현존한다. 한국에게 중화주의는 고구려사의 중국사 편입 시도와 동북공정, 동북 3성 개발전략, 사회간접자본을 북한과 공유하는 방식으로 추진하는 중국 행보 등에서 나타난다. 일본은 역대 자민당 정권이 군국화의 길로 가지만, 『아사히신문』의 조사에 따르면 2009년 일본 국민의 64%가 무력 사용 포기와 군대 보유를 인정하지 않는 헌법 9조의 개정에 반대했다. 이런 가운데 한국의 중간 매개 역할이 필요하다. 노무현 정부는 한국, 일본, 미국의 3각 안보 체제도 동북아 다자안보 체제로 전환해 동북아 평화구조를 만들자고 제안했다. 중국 과학원은 '2008 중국 현대화 보고'에서 아시아 국가 사이에 UN 같은 연합체를 창설해 중국 최남단의 하이난 전체를 개방하고 하이난다오에 사무국을 두자고 제안했다. 이런 흐름은 한국이 자주적인 입장에서 먼 거리에 있는 미국과 전쟁을 위한 동맹 관계에서 벗어나 한반도를 비핵평화지대로 만들고 미군을 철수시키되 미국과 우호관계를 유지하고 가까운 중국, 일본, 러시아 등과 대등한 선린관계를 이룩하는 데 도움을 줄 것이다.

역사학 분야에서 과거 일본 제국주의의 침략과 전쟁, 민중의 지배가 피침략국의 민중을 고통스럽게 한 것은 침략국의 민중에게도 전쟁 독재의 피해와 양심상의 고통을 주었다는 동아시아 공통의 인식이 있다. 2005년 한·

중·일의 젊은 사학자 20여 명이 공동역사 교과서인 『미래를 여는 역사』(한겨레신문사, 2005)를 펴냈다.

독일, 프랑스가 합작해 만든 문화 TV채널 '아르테'(1992년 설립)처럼 한·중·일 합작으로 공동 TV 채널을 만들 수 있다. 남미에서도 브라질과 아르헨티나 사이에 이런 움직임이 있다. 이런 것은 동아시아 민중이 일상 속에서 상대를 깊이 이해하게 할 것이다.

중국의 원 티에췬은 "나의 한 가지 목표는 민중의 내재적인 정치적 올바름에 입각해 인민의 담론체계, 민중의 담론체계를 만드는 것이다. 리눅스 개발에 맞추어 세계 각지 민중의 성공 경험을 컴퓨터 소프트처럼 부가하는 것이다. 예를 들어 민중의 연합에 관해서라면, 세계 각지에서 성공한 민중연합의 실험을 전자책에 넣는 것"이라고 제안한다(원 티에췬, 2006: 71~72).

동아시아에서 노동 분야의 교류 결합은 다른 분야에 비해 덜 활발하다. 노동운동은 일본에서 먼저 보수화하고 한국이 이를 뒤따르는 경향이 있어 특히 진보적인 독립적 노동운동의 교류가 필요하다. 일본의 렌고는 국제노동재단의 ODA에 많이 의존한다. 국제노동재단의 이러한 접근은 한국 특히 중국에게 식민지적 접근이라는 인식을 준다.

TNC 노동 분야에서 일본 사회운동이 아세아 스와니, 한국 시티즌 등의 싸움을 지원했다. 중국은 덩어리는 크지만 노동운동이 아직 활성화하지 못한 상태에서 한국, 일본 등의 노동운동과 경험을 교류해야 한다. 세계의 공장으로 상태가 열악한 중국의 노동조건 개선은 한국과 일본의 일자리 유지와 연관이 있고, 3국 노동운동의 FTA 공동 대처 역시 삶의 질 유지 향상과 일자리에 관계가 있다. 한국은 한중 수교(1992) 이후 13년 동안에 매년 일자리 1만 개를 잃었는데, 중국의 노동조건 개선은 한국의 실업자 증가와 산업 공동화 문제를 완화하는 데 도움이 된다. 한국은 동아시아에서 기술·금융·물류의 허브를 지향하는 데, 노동 분야에서도 한국의 민중운동이 동아시아 민중운동의 중간 매개 역할을 할 수 있다. 한국의 노동조건이 일본, 한국, 중국 사이에서 저울추 역할을 할 수 있다.

중국 정부는 노동운동, 농민운동, 도시주민운동 등을 탄압한다. 정치는 사회주의이고 노동 민생은 자본주의다. 한국 노동운동의 입장에서 중국의 노자문제에 접근하는 것은 아주 민감하므로 한국계 외자기업의 노동 산재 문제와 같은 근로기준부터 접근할 수 있다. 이런 접근은 한국 노동자의 고용안정을 돕는다.

TNC 분야에서 일본의 토요타 팀과 홍콩의 AMRC 등의 접근이 한국의 노동운동계보다 적극적이다. 한국은 국제민주연대가 활발하다. 2007년에는 (주)일경의 필리핀 지사 필스 전 직원 메르릴 솔라노(41 · 여)와 청원패션 필리핀 공장에서 해고된 아레바로(39)가 단체협약 체결 거부와 해고를 항의하러 한국에 왔다. 2008년 7월 한진중공업필리핀 현지법인(HHIC-Phils. Inc) 노조 출범 총회에서 라밀 에탁 노조위원장은 "약 7천 명이 일하는 한진에서 일하는 건 무덤에 발을 담그는 거다"라고 말했다. 필리핀 의회 조사결과 2006년 이후 한진중공업 필리핀현지법인 수빅만 조선소 현장에서 사망한 노동자는 17명이다. 그러나 필리핀건설연맹(NUBCW)의 조사에 의하면 사망자가 24명, 필리핀 언론은 34~40명이라고 한다. 한국인 사망자도 2명이다. 필리핀 건설노조연맹은 산재사망 사고가 우연이 아니라, 한진중공업 내 안전대책 부족에다 하청기업 문제까지 겹쳐 있다고 본다(자료 필리핀건설연맹 NUBCW). 필리핀 의회가 진상을 조사하려 하자 최중경 주필리핀 한국대사는 필리핀 상원 의장에게 사건 조사를 실시하지 말라는 편지를 보냈다(국제민주연대 등, 2009.2.9).

조희연 · 박은홍은 아시아의 노동운동이 범아시아 차원의 노동규범과 사회규약을 맺어 초국경적으로 실천하는 사회적 아시아를 제안한다. 그 내용으로 아시아 차원의 최소한의 사회 헌장 제정과 인권 체제의 구체화, 투기적 금융자본에 대한 방어 조처의 구체화, 한국 시민사회의 아시아 민주주의 · 인권발전을 위한 기술적 · 경제적 · 정치적 지원을 들었다(조희연 · 박은홍, 2008).

동아시아에서 동일노동 동일임금의 정신 아래 동아시아 나름의 최저근로기준을 설정해 강제노동, 여성과 연소자의 노동, 산업재해를 규제해야 한다. 노동 관련 기준은 ILO, UN, OECD, anti-sweatshop, social clause, 한미

FTA 등의 기준을 원용할 수 있다. ILO의 핵심 협약은 결사의 자유 및 단결권 보호(87호, 98호), 강제노동금지(29호, 105호), 평등대우(11호, 100호), 아동노동폐지(182호) 등이다. 선진국들은 환경 · 인권 · 노동 · 지배구조 사회공헌 등 지속가능 경영의 과제를 사회적 책임지수 국제표준(ISO26000)으로 교역이나 거래의 기준을 삼으려 준비한다.

중국이 2001년 WTO에 가입한 만큼 ILO조항의 준수는 고려해야 할 과제다. OECD는 1976년 다국적기업의 사회적 책임을 강조하는 '다국적 지침'을 제정해, 쟁의기간에 공장 철수 위협을 금지하고, '체약국 영토 안에 본사가 있는 다국적 기업의 경우 본사 소재지 국가의 관련 법령을 준수해야 한다'고 규정했다. 또 한국, 일본 등이 자국의 노동조건 저하를 막으려고 상대국에 근로조건의 향상을 요구하는 경우가 있다. UR(우르과이 라운드)과 한미 FTA(자유무역협정)에서 미국은 한국의 노동조건 향상을 요구했다.

동아시아에서 공동체 자기고용 부문의 협력이 필요하다. 한국, 일본, 중국, 북한 사이에 공동체 자기고용의 경험에 시차가 있으며 상호 교류가 필요하다. 일본의 경험이 비교적 오래되었다. 일본은 가격경쟁력과 생태주의의 수준을 조절하여 생산과 소비를 증대시키는 시너지 효과를 올린다. 한국은 생태주의적 태도와 발달한 인터넷의 이용이 특징이다. 생협은 한 · 일이 긴밀하게 협력하고 있다.

중국은 이전에 사회주의의 고유 사회를 경험했기 때문에 이 부분을 기대하는 잠재 요구가 크다. 유럽이나 미국의 경험도 중요하다. 유럽의 자본주의가 오래된 만큼 협동조합과 같은 공동체 자기고용 부문의 경험이 풍부하다. 미국은 최근 이런 가치를 높이 재평가한다.

국제적으로 공동체 자기고용 형식의 교류는 공정무역이 있다. 정보의 교류, 물류의 발전이 좋은 조건이다. 한국은 생협과 공정무역을 추진하면서 일본 등의 선행하는 경험을 전달받는 도움을 받았다. 공정무역 분야에서도 마찬가지다. 공정무역 상품의 생산자는 공장을 세우는 데 소비자 측의 자금 지원이 필요하다. 필리핀 파나이공정무역센터(PFTC)는 iCOOP가 공급해 달라고 하는 설탕 100톤을 생산하는 데 필요한 공장을 세우려면 1

억 원이 필요하지만 자체적으로 자금을 모두 마련할 수 없다. 파나이의 다른 설탕공장은 이탈리아의 보자르노시 정부가, 자바파의 설탕공장은 영국의 공정무역 단체 옥스팜이 건설비를 지원했다. 이런 부문에 한국 공동체 자기고용 영역의 협력이 필요하다.

한국은 공정무역 상품인 커피, 설탕을 처음에는 일본을 거쳐 도입했다. 스웨덴의 생협은 덴마크 및 노르웨이의 생협과 함께 상품 입고와 점포운영의 통합을 추진한다. 이런 경험을 배워 동아시아 전반이 협력해 발전할 수 있다. 동시에 초국적 자본대책, 국제 이주노동자 조직의 협력, 토빈세를 추진하는 ATTAC 등과의 연대, 경험 교류, 실현은 국제 영역의 공동체 자기고용 발전에 도움을 줄 것이다. 이주노동자의 네트워크는 국내외로 쌍방향으로 활동하여 국내에서 이주노동자의 경제공동체를 형성하고 공정무역 등에 기여할 수 있다.

(4) 공동체 자기고용의 글로벌 스탠다드

일반 국제거래에서 이미 생태환경, 노동인권, 어린이 노동, 공정무역, 무기생산 금지 등의 기준은 세계적인 공준으로 자리잡고 있다. 공동체적 자기고용의 조직과 이에 우호적인 조직이 상품과 서비스를 거래하게 되면 공동체 자기고용 관련 조직을 우선하는 원칙이다.

우치하시 가츠토(内橋克人)는 FEC 자급권을 제안한다. 다시 말해 식품(Food), 에너지(Energy), 돌봄(Care) 같은 인간의 기초적 생존과 생명에 관한 문제는 자유 무역에서 제외시켜 각 나라 각 지역사회의 자급능력이나 자주적 선택에 맡기자고 한다. 적어도 이런 권리를 국제사회가 상호인정하자는 것이다. 예를 들어 시민운동의 성과로 전북도에서 학교급식을 우리 농산물로 쓴다는 조례를 만들었는데 대법원은 WTO 규정에 어긋난다며 불법화했다(김우창 · 김종철, 2008). 국제 간에 공동체 자기고용 부문은 같은 질 같은 가격이라면 공정무역을 이용하는 원칙을 세운다. 1986년 막스 하벨라르(Max Havelaar)가 시작한 공정무역 페어트레이드 라벨링 국제기구(FTLI)는 가이드라인에 따라 생산자에게 시장가격보다 높은 가격을 지불한 제품에 공정무역 인정마크를 부여한다. FTLI에 따르면 20개 이상의 국가에서 '공정무역' 라벨을 붙인 상품을 생산 유통한다.

유엔글로벌콤팩트는 기업들에게 인권·노동·환경·반부패의 기준을 제시한다. ISO 26000은 기업이 경영목표 달성과정에서 인권·노동권·환경 등 사회적 책임을 어떻게 이행하여야 하는지 규정한 국제적 표준이다. ISO 26000 책임자인 마틴 노이라이터는 "삼성의 무노조는 ISO의 가이드라인에 배치되며 유럽 등 세계시장에 물건을 팔려면 노조를 허용해야 할 것"이라고 했다.[10)]

한국도 UN의 권고에 따라 2006년 48개의 정책분야를 선정해 환경지속성 지수를 마련했다. 『경향신문』의 '지속가능사회를 위한 경제연구소' (ERISS)는 지속가능성 지수(Sustainability Index)를 개발했다. 지속가능성 지수는 성장, 환경, 사회책임을 충족하는 기준으로 장차 다가올 수 있는 '지속가능성 라운드'의 대비이다. ERISS는 세계유수기업이 지속가능성 보고서를 낼 때 기준으로 삼는 GRI(Global Reporting Initiative) G3버전의 TBL (Triple Bottom Line, 경제·환경·사회)을 참조했다. 『경향신문』은 상장기업과 사회적 기업의 평가에 치중하는 경향이 있다.

공동체 자기고용은 노동자의 권리, 고용, 생태를 권장하는 의미의 글로벌 스탠다드의 실현을 제안한다. 이것은 빈부 국가, 빈부 지역, 빈부 인민 사이의 격차를 해소하고 지속가능성을 높이는 연대이다.

3. 공동체 자기고용의 발전

1) 공동체 자기고용 부문의 설정

공동체 자기고용이 노동조직에서 새로운 패러다임이 될 가능성이 있다.

10) 『경향신문』 2009.9.4.

이것은 자본주의와 사회주의 중간 영역을 만들어 자본주의 노동조직의 모순을 지양하며, 현실 사회주의가 실패한 문제점을 지양한다. 공동체 자기고용 부문에서 새로운 가능성을 모색하는 데(〈표 11〉 참조), 수십 년을 전망하며 계획을 세우는 중장기적 구상이 필요하다.

〈표 11〉 GDP 가운데 공동체 자기고용 부문의 비중

구분	자영업	공공		사기업		사회적 기업	공동체 자기고용
세분		정부	공기업	국내기업	초국적기업		
비중	594만 5천 명 (2008 상반기)	20%(추정)		80%(추정)			1%(추정)

큰 구상으로 공동체 자기고용을 '민중경제', '공동체 경제'의 사회적 의제로 키운다. 산업화 시대의 성장 개발 위주의 정책에서 지식사회의 지속가능한 공동체 경제로 전환하는 여지를 둔다. 앞에서 살펴보았듯이 개발독재 시기에도 박현채의 『민족경제론』(1978), 유인호의 『민중경제론』(1982)처럼 민중의 편에 서는 민족경제, 협동경제의 구상이 있었다.

GDP 추계에서 공동체 자기고용 부문을 설정해야 한다. GDP 추계에서 앞에서 말한 UN 인간개발지수(Human Development Index, HDI), '캘버트-헨더슨의 삶의 질 지수', 부탄의 국민총행복량(Gross National Happiness)을 실현하는 요소를 더해 추계할 수 있다.

공동체 자기고용 부문은 이미 여러 부분에서 각론들이 있는 만큼 전체를 모아 정점을 찍는 과정으로 공동체 자기고용 부문을 새로 설정한다.

심상정은 2007년 민주노동당 대선후보 경선에서 녹색 GDP의 도입을 공약으로 제시했다. 이것의 내용은 새만금 해수 유통, 온실가스 자발적 조기 감축, 탈핵 및 재생가능 에너지 체제 구축, 친환경적 교통체계 도입, 생태복지형 농촌공동체 건설, 농업의 사회공공산업화, 친환경농업 체제 구축, 농업주권 국제연대 등이다.

현재 GDP 추계 항목으로 정부와 공공 부문, 기업, 가계, 국제수지 이들을 연결하는 제3섹터 등이 있다. 현재 사기업의 영역이 자영업 주식회사를 포함해 80%, 정부 공공 부문이 20%이며, 공동체 자기고용 부문은 1% 남짓이다(〈표 11〉 참조).

다른 나라의 사례를 보면, 비영리 부문의 GDP 대비 운영비는 1990년 기준 이탈리아 1.2%(62%), 프랑스 3.3%(68%), 독일 3.6%(70%), 스웨덴 4.1%(27%), 영국 4.8%(57%), 미국 6.3%(85%), 네덜란드(1995) 15.3%(89%)이다. 스웨덴이 작게 나타난 것은 복지서비스 전달체계가 대부분 정부의 직접 서비스에 의존하기 때문이다(김승현, 2007: 78).

〈표 12〉 한국과 주요국의 사회서비스 고용 비중(2003년 기준, 단위: %)

종류	한국	스웨덴	덴마크	노르웨이	영국	독일	네덜란드	캐나다	미국
사회서비스 전체	12.6	32.5	31.3	34.2	26.9	25.0	28.1	22.1	27.7
공공행정	3.4	5.7	5.9	6.6	6.8	8.2	7.0	5.0	15.7
교육	6.7	8.2	7.7	8.2	8.5	5.6	6.5	6.6	2.0
의료·복지	2.4	18.7	17.7	19.4	11.5	11.1	14.7	10.4	10.1
자영업 전체	26.4	14.8	17.2	17.9	19.9	17.4	19.9	24.0	22.6
도소매	17.5	12.1	14.7	14.9	15.6	14.0	15.9	17.5	15.1
음식·숙박	8.9	2.7	2.5	3.1	4.3	3.4	3.9	6.5	7.5

자료: 『한겨레』 2007.1.11.

〈표 12〉는 한국과 주요국의 사회서비스 고용 비중이다. 그러나 한국에서는 산업 전체는 물론 친환경 상품의 시장 규모조차 제대로 파악하지 못했다. 환경부 산하 친환경상품진흥원이 2007년 건축자재·사무용가구·비누·화장지 등 네 품목에서 환경마크 인증을 받은 기업의 매출액을 집계한 게 전부다. 한편 친환경 상품 구매 촉진법에 따라 공공기관이 물품을 구매할 때 일정 비율의 친환경 인증제품을 구매하도록 했다. 또 환경기술개발 및 지원법에 따라 기업에 환경마크를 인증해주고, 기업을 대상으로

'녹색구매협약'을 권장하지만 의무 규정이 아니다. 친환경 시스템을 갖추려면 비용이 들겠지만 그렇게 가는 게 세계적 흐름이며 장기적으로 유리하다.

2) 공동체 자기고용 부문의 지원

1896년 파리 대회에서는 소비자협동조합이 생필품을 구입할 때 품질과 가격이 동일하다면 생산협동조합이나 농협에서 우선 구매할 것을 결의했다. 한국에서도 이런 협약을 맺어야 한다.

정부는 기업 지역사회와 관련된 재정을 집행하는 과정에서 공동체 자기고용의 자산형성을 지원한다. 노광표는 노동조합운동의 조직 목표 실현과 사회적 시민권 확대를 위한 방안으로 노조운동이 CSR에 대한 방관자의 입장에서 벗어나 적극적인 참여와 개입을 통해 이해당사자의 역할에 충실해야 한다고 주장한다(노광표 · 이명규, 2007).

20세기의 복지정책은 주로 주거비 · 의료비 · 교육비 등의 지원이다. 물론 이런 지원이 필요하지만 이것만으로는 빈곤에서 벗어나지 못한다. 빈곤층이 먹고 살 수는 있지만, 빈곤층은 그대로 빈곤층으로 남는다.

미국은 개인연금, 저축 등에 세금 혜택을 주어 빈곤층이 자산을 형성해 빈곤에서 벗어날 수 빈곤층 자산형성 지원제도를 운영한다. 1990년 초반 시작한 이 제도는 2006년 40개 주로 퍼졌으며, 대상도 빈곤층에서 점차 일반 시민으로 확대했다. 영국은 최근 모든 아이들에게 '개인발달 계좌'를 만들어주도록 했다. 미국이나 영국에서 아동발달 계좌를 시행한 뒤 빈곤층의 이혼이 줄고, 자녀 교육에 더 많이 투자했으며, 아이들의 성적이 높아졌다고 한다. 미국 워싱턴대 사회개발연구소 소장인 마이클 셰러든은 저출산 경향이 심각한 한국에 이 제도의 도입을 권한다(마이클 셰러든, 2006. 11.15).

생협을 확대 발전시키는 쪽으로 생협법을 개정해야 한다. 생협법은 생협의 사업을 농 · 수 · 축 · 임산물과 그 가공품, 환경문자와 학생생활용품에 한정한다. 생협은 생활에 필수적인 공산품을 취급할 수 없으며, 상부상조를 위한 공제사업도 할 수 없다. 또한 이 법에는 현행 농업 등 8개 협동조합에게 인정하는 세금면제, 지방자치단체의 협력 등 지원책이 빠졌고, 정부의 지원을 단지 농산물 직거래를 위한 장소와 시설 제공에 한정했다. 그리고 공제사업을 금지하는 것은 보험 · 금융업이 완전 개방된 상태에서는 설득력이 없다. 오히려 사업제한, 처벌, 취소 등 가혹한 규제 일변도의 내용으로 생협이 사회적 요구나 소비자 · 생산자의 여건 변화에 능동적으로 대처할 수 없도록 했다(이가옥 · 고철기, 2001: 113).

영국은 영업 영역에 한계 없어 자동차도 판매한다. 말레이시아는 정부가 장려한다. 대학생협연합회는 법인 인가 등기제도의 개선, 국공립대학생협의 국유재산무상사용 계속 추진, 생산자생협의 소비자생협 공급 허용 등을 관계 당국에 건의했다. 현재 노동자기업은 주주의 권한에 기초하는 상법의 적용을 받는다.

예컨대 「공동체 자기고용 촉진법」을 만들어 이 부문이 독자적으로 주체를 세우고 정부 공공 부문 등에게서 지지, 지원받아 발전할 수 있도록 한다.

3) 사회복지 재원과 노동조건 개선

공동체 자기고용의 체계를 원활하게 작동하려면 기초생활권, 건강권, 주거권, 교육권 등 사회복지제도가 뒷받침되어야 한다. 청년실업자에게 실업수당을 지급하고, 자영업자에게도 실업급여를 지급해야 한다. 고용되어서 일정한 기간 동안 일해야 혜택이 가는 게 아니라 새로운 실업자에게 혜택이 가는 실업수당 도입이 중요하다. 또 하나는 저소득층 무주택자에게 주거보조금 제도를 실시해야 한다(장상환 인터뷰, 2009.2.23).

사회복지 재원은 노동과정의 구조와 연관시켜 마련해야 한다. 노동과정에서 노동자는 임금을 받고 기업가는 이윤을 얻는다. 노동자가 받는 임금은 유리지갑이라고 할 정도로 세원으로 노출되고 남은 임금마저 새로운 노동세대를 키우는 데 모두 쓰다시피 한다. 그러나 자본가는 이윤의 세율이 낮고 축적한 재산도 거의 고스란히 다음 세대에게 승계한다.

연간 매출 200조 원인 삼성그룹은 1997년 이건희 회장의 지배권을 불과 16억 원의 세금을 내고 아들 이재용에게 승계했다. 이재용은 1994년 아버지에게서 증여받은 61억 원에 대해 16억 원의 증여세를 물고 나머지 45억 원을 갖고 에버랜드 등 비상장회사의 전환사채나 신주인수권부사채를 헐값에 인수했다. 2009년 대법원은 삼성그룹의 경영권 불법 승계의 핵심인 삼성에버랜드 전환사채 헐값발행에 대해 무죄를 선고해 면죄부를 주었다. 소득 격차를 시정하는 누진세를 도입하고 부의 세습을 상속세, 증과세로 차단해 여기서 발생하는 재원을 사회복지 비용으로 충당해야 한다.

한국의 사회복지 예산은 OECD 국가 평균의 3분의 1밖에 안 된다. 사회복지에 필요한 재원은 상속세, 투기자본에 대한 토빈세 등으로 충당한다. 사회보장은 머니게임에서 돈 딴 사람들이 부담해야 하며, 그 핵심이 개인소득세다. 시중자금이 500조 원이 있다고 한다. 한국은 소득세 비중이 GDP의 3.4%인데 OECD 평균은 9.2%다. 고소득자에게 세금을 높여야 한다. 정부와 기업의 사회보장분담금도 너무 약하다. 노동자는 3% 부담하는데 고용주는 2.2%다. OECD는 5.5%다. 정부도 OECD는 1% 부담하고 있는데 우리는 거의 안 한다.

상속세 부과에서 기업과 투기를 구분해야 한다. 과중한 상속세는 기업의 의욕을 떨어뜨리고 자산의 국외 유출을 부추긴다. 세계적인 추세는 최고상속세율을 50%에서 40%로 낮춘다. 독일은 중소기업을 가업으로 물려받은 후세들이 가업을 잘 운영해 납세 · 기부 · 일자리 창출 등 사회적 책임을 다할 경우 이를 평가해 상속세를 일부 감면한다(박상근, 2009.4.18). 투기자본에 대해 기업의 사회적 책임을 요구하고 지역재투자법(CRA)을 적용한다.

유산을 자녀에게는 적게 증여하고 나머지를 사회에 환원하여 지속가능한 공동자산제도를 마련해야 한다. 사회복지 제도의 충실과 더불어 자손들에게 유산을 주지 않는 운동도 필요하다. 유산은 자녀들의 자립심을 저해할 뿐 아니라, 유산을 남기려는 당사자의 자유로운 생활을 억제하고 부패구조를 만든다. 사회복지의 뒷받침은 노후가 불안해 유산을 남기려는 현상을 줄일 수 있다.

과거 부자들의 상속세 회피수단으로 쓰던 재단 설립을 자선 또는 기부로 확대해야 한다. 미국은 1987년 2만 5,094개이던 등록 재단 수가 2005년 6만 3,059개로 늘었다. 이 가운데 90%가 가족형 재단이다. 자식들에게 유산으로 호화자동차를 구입하게 하는 것보다 자선사업에 참여하게 하려는 것이다. 금융자산관리사(FP)나 부동산관리사 등 재산관리 전문가들은 유산 상속의 70%가 초기 3년 안에 소모되는 경향이 있고 한다(『한겨레』 2007.8.29).

한국에서는 부자들이 재단법인이나 사단법인을 탈세 수단으로 쓰게 되면서 소액으로 이런 재단을 설립하기 어렵다. 사회단체의 구성도 회원이 100명 이상이어야 해 관리가 쉽지 않다. 임의 단체 형식으로 유산을 사회에 환원할 수는 있지만, 농지는 농지관리법에서 농지를 소유할 수 없어 불가능하다. 그러다보니 재산의 사회 환원은 교회나 학교법인 등으로 모일 뿐이다. 서민이 좀 더 쉽게 지역공동체에 환원할 수 있는 제도를 마련해야 한다.

자연환경국민신탁 법인과 문화유산국민신탁에 참여하는 방안이 있다. 이들은 기부받은 재산과 회비를 활용해 새로운 자산을 사들이기도 한다. 기탁받은 재산의 소유권은 국민신탁으로 이전되지만 점유권 · 이용권은 그대로 행사할 수 있다. 자손들에게도 점유권 · 이용권을 상속할 수 있다. 국민신탁에 맡겨진 토지는 개인 이름이 아니라 국민의 이름으로 등기되어 정부도 개발을 하려면 협의를 해야 하기 때문에 무분별한 개발에서 보호받을 수 있다.

공동체 자기고용 형태로 노동했던 노동자들은 상당부분이 저축이 없거나 적고 연금이나 보험이 부실해 노후 대책이 어렵다. 『말』지처럼 경영난이 생기면 사재를 털어 이를 세우고 실천했던 주체들은 경제생활을 영위하기 어렵다.

비정규직의 문제가 심각한 만큼 '같은 노동', '같은 임금'의 원칙을 지켜 파견직의 차별을 막아야 한다. 아울러 최저임금법 등을 개정해 생활비보다 부족한 임금을 사회복지정책으로 보전해야 한다. 근로기준법을 개정하여 고령자에게는 최저임금제 적용을 제외해야 한다는 이영희 노동부장관의 견해는 잘못된 것이다. 최저생계비는 기초 생활보장 수급자 선정과 급여의 기준이 되며, 중앙생활보장위원회가 정한다. 최저생계비는 '국민이 건강하고 문화적인 생활을 유지하기 위해 소요되는 최소한의 비용'을 말한다. 2007년 현재 기초 생활보장 수급대상 가구의 58%에 이르는 1인 가구 현금 급여기준은 47만 3천 원이다. 대도시 거주자라면 이들은 방값을 치르고 15만 원 안팎으로 한 달을 버텨야 한다. 4인 가구 법정 최저생계비는 4인 가구의 평균 가계지출에 견줘보면, 그 비율이 1999년에는 48.69%였으나 2006년에는 39.82%까지 낮아졌다. 최저생계비를 우리나라 가구의 중위소득이나 평균소득의 몇 퍼센트로 한다는 새로운 산정방식을 도입해야 한다.[11)]

사회복지제도는 육아, 교육, 주택, 실업, 질병, 노후 등으로 내용이 다양하다. 국민연금의 연금급여(평균소득자가 40년 가입했을 때 기준)는 2007년 평균소득의 60%에서 2028년에는 평균소득의 40%로 낮아진다. 국민연금만으로는 노후 대비를 끝내기가 어렵다. 국민연금의 총액은 2006년 말 189조 5,819억 원이다. 분야별로는 금융 부문 189조 343억 원으로 99.7%, 복지 부문에 2,432억 원(0.1%), 기타 부문에 3f34명, 44억 원을 투자했다. 그러나 투자의 안정성이 크게 문제가 되면서 정부는 2007년 투자 비중을 국내주식 투자 20% 이상, 해외 주식 투자 10% 이상으로 주식투자가 30% 이상으로 늘고, 해외 채권은 10% 미만, 대체투자는 10% 미만으로 조정했다. 반면 그동안 국민연금의 주된 투자처였던 국내 채권은 같은 기간 78.5%에서 50% 미만으로 줄었다(『한겨레』 2007.5.30).

민주노동당은 경제활동 인구 2,400만 명 가운데 공적 연금 사각지대에 있는 1,000만 명에게 연금보험료를 지원하자고 제안했다. 13조 원이 들어가는 재원은 조직노동자, 국가, 자본·고소득자가 공동 부담하자고 한다.

---

11) 사설 「'최저생계' 보장 못하는 최저생계비」, 『한겨레』 2007.7.19.

권영길(국회의원)은 2006년 현대자동차노조에서 정규직 노동자가 자기 몫을 줄여 저소득 노동자를 도와주자고 제안했다(『경향신문』 특별취재팀, 2007: 320). 민주노동당은 무상교육 · 무상의료 실시를 주장한다. 노무현 정부가 암 환자의 부담을 치료비의 10%로 낮춘 것은 큰 진전이다.

실업대책으로 고용보험은 모든 사업장에 적용하지만 실제 가입자는 전체 임금 근로자의 절반 수준이다. 실업급여 수급률은 35% 정도로 미국 36%, 일본 38%, 독일 44% 등 선진국에 비해 낮다. 사실상의 실업자 400만 명과 언제든 실업자가 될 가능성이 있는 모든 국민을 고용보험 또는 실업부조 등 실업안전망(전 국민 고용보험제)에 포함해야 한다. 장하준은 "스웨덴은 실직해도 받던 임금의 80%를 실직수당으로 보장하고 재교육의 기회마저 주기 때문에 노동자들의 해고에 대한 저항이 미국 등보다 적어 고용의 유연성이 더 높아질 수 있다"고 한다(고기호, 2007: 29).

덴마크의 기업들은 어제 고용한 노동자를 내일 해고할 수 있다. 이 같은 유연성은 충분한 실업급여, 단기간에 일자리를 제공하는 강력한 사회 안전망이 뒷받침한다. 덴마크의 이런 시스템을 플렉시큐리티(flexicurity, flexible과 security의 합성어)라고 하는데 이것은 100년에 걸친 역사의 산물이기 때문에 다른 나라가 쉽게 도입하기 어렵다.

기업과 공공 부문의 노사관계는 정규직 고용이 원칙이다. 그러나 유연노동은 사용자의 입장에서 경영 조건의 변화에 대응하는 데 필요한 면이 있다. 또 노동자 가운데 자신의 여유시간을 가지려고 비정규직을 선호하는 자발적 비정규직도 있다. 그러나 유연노동은 비정규직의 남발과 노동조건의 하락으로 나타났다. 노동자 내부, 산별노조 내부, 정규 비정규 노동자 사이, 유업자 실업자 사이에 형평성을 이뤄야 한다. 이 문제에 대한 대안으로 우선 비정규직 노동자를 정규직화하고, 비정규 노동자 보호법을 준수해야 한다.

비정규직에 대해 추가임금제도(casual loading)를 도입할 수 있다. 호주는 추가임금을 25%로 법으로 정했다(신준식, 2009: 241). 이것은 시간외 근무 수당을 50%로 정해 사용자에게 고용인원의 증가를 선택하도록 유도하는 것과 마찬가지 논리다.

4) 시민노동 · 시민소득의 모색

현재 기초생활수급의 대상은 극빈자, 장애인, 노인 등이다. 이들은 2008년 155만 명으로 국민의 약 3%다. 또 사회의 생산력에 비해 소비는 점차 줄어들며, 이 차이는 실업자의 증가로 나타난다. 비정규직의 정규직 전환과 달리 독자적으로 대책을 세워야 할 계층이다. 실업사회가 대두하면서 앞에서 설명한 울리히 벡이 말하는 시민노동 · 시민소득을 구상하고 실현하기 시작해야 한다(울리히 벡, 2000: 266). 기업의 임금노동과 달리 가족, 지역, 커뮤니티의 노동 등 주목받지 못했던 노동을 사회적 노동으로 받아들여 국가가 지원해야 한다. 이를테면 시민 단체에서 자원봉사 활동을 하는 사람에게 국가에서 돈을 주어야 한다(김준권 외, 2008: 97).

사회공공연구소가 2009년 시장임금에 대비하여 사회임금 수준을 추정한 결과, 한국 가계운영비 중 사회임금이 차지하는 비중은 7.9%에 머물렀다. 이는 OECD 평균 31.9%의 1/4, 북구 복지국가인 스웨덴 48.5%에 비해 1/6에 불과하다. 스웨덴 노동자가 기업에서 얻는 시장임금 만큼을 사회적으로 제공받고 있는 반면, 한국 노동자는 가계운영비를 거의 시장임금에 의존한다. 이러한 사회임금은 왜 한국에서 노동자가 장시간 노동에 몰두하고 구조조정에 격렬히 저항하는지를 설명한다. 사회임금이 작을수록 경제위기로 인한 생계불안 위협은 커지고, 구조조정을 둘러싼 사회적 비용도 증가한다.

민주노총은 2009년 모든 국민에게 기본소득(basic income, 무조건적 기본소득)을 지불하자고 주장한다. 국민들이 내는 세금을 인상해 마련한 재원을 전체 구성원에게 배분하자는 것이 기본소득의 기본구상이다. 마이너스 소득세(negative income tax), 생활임금(living wage)과 유사하며, 기존의 연금 · 실업급여 · 사회부조금 · 집세보조금 · 자녀양육보조금 등 현금 지급형 사회복지제도를 대체하는 개념이다. 우리 국민 1인당 400만 원에서 900만

원의 기본소득을 지급하기 위해서는 연간 290조 원의 재원이 필요하다(강남훈 외, 2009).

4. 공동체 자기고용의 지속가능성

1) 대중의 인식과 참여

현재 노동자는 임금을 받으려고 노동한다고 한다. 자본주의 임노동에 익숙한 표현이다. 이것이 생활에 필요한 물자 서비스를 얻기 위해 노동하고 노동을 조직한다는 원래의 노동 인식으로 전환해야 한다. 임노동자가 노사관계를 전복시켜 혁명으로 간다는 것은 옳고 노동자가 스스로 노동을 조직하는 것은 경제주의적이라는 인식을 지양해야 한다. 공동체 자기고용은 현대의 복잡한 노동과정에서 노동의 성과물을 노동자에게 귀속하게 하려는 노력이다. 대중 사이에 공동체 자기고용의 동아리 의식이 필요하다.

과거에 직업 선택은 자본과 기업이 원하는 노동자가 되는 것을 의미했다. 그러나 공동체 자기고용에서는 노동자의 자기 직업 선택권이 커진다.

여러 노동은 서로 뿌리를 공유하는 연관성이 있다. 농민, 임금노동자, 도시의 일용노동자, 노점상, 영세상인, 이주노동자 등은 세대를 지나거나 당대에 이들 여러 노동의 영역을 넘나들며 노동한다. 그러므로 자신이 어느 부문의 노동에 속했다는 정체성은 절대적인 것이 아니다. 오히려 노동하며 살아간다는 범주에 속할 뿐이다. 그러므로 이것은 넓은 의미의 노동을 구성하며 이를 바탕으로 상호연대하고 시너지 효과를 가능하게 한다.

사람의 중심축이 있어야 한다. 공동체 자기고용에서 소득 · 건강 · 교육 등이 결합하지만 장기적으로 보아 사람을 키우는 교육이 중심이다. 정부는 국가 권력의 강제성을 이용해 지탱하지만 공동체 자기고용은 구성원의 의지에 의존한다. 사람의 중심축이 사라지면 공동체 자기고용의 노동조직은 무너진다. 유기농업을 통한 소득증대, 농촌 관광은 수단이다.

홍성 지역의 생태공동체는 풀무학교의 교육에서 출발해 50여 년의 역사를 가졌다. 원주지역에서 가톨릭원주교구(지학순 주교)는 1969년 진광중학교에 협동교육연구소를 세워 학생들에게 협동교육을 실시했다. 대성학원을 설립한 장일순과 협동교육연구원 강의를 수료한 장상순, 박재일 등이 연구소에서 강의를 하고 이곳의 수료생이 중심이 되어 진광신협을 만들었다(iCOOP생협연대, 2008: 111). 윤구병은 "한 공동체가 안착하려면 적어도 30년 이상, 한 세대가 걸린다. 공동체가 계속되려면 그 안에 과거와 현재 그리고 미래가 있어야 한다. 젊은 남녀가 같이 들어와서 아이를 낳고 그 안에서 교육을 받고, 그 아이가 다시 바깥을 경험해보고 다시 공동체로 돌아오기까지 걸리는 기간"이라고 한다.[12)]

그러면 공동체 자기고용에서 개인과 공동체를 잇는 사고방식은 무엇인가? 그것은 공동체의 이익이 장기적으로 개인에게도 이익이라는 관점이다. 이것은 타자와 기꺼이 함께 살겠다는 철학의 문제다. 사회적 의제화(social agenda)가 필요한 부분이다. 그러나 이런 관점을 터득하는 데 시간이 걸린다. 기업 분야에서 "동업은 안 된다"는 공동체 자기고용을 부정하는 속설의 배제가 가능했던 것과 마찬가지다.

공동체 자기고용의 생활에서 비판적 창의적으로 사고하며, 집단적 공동체적 지성을 만들고 대안을 마련하는 것이 중요하다. 기존 한국의 교육제도는 암기위주 일방적 주입식 교육이다. 이런 사고는 산업화 시기에는 자본과 독재 그리고 중앙집권의 입장에서는 노동자를 굴종시키고 대중을 우민화하는 부정의 효과가 있었다. 공동체 자기고용을 발전시키려면 현실을 알리고 대화, 질문, 대답, 토론, 세미나가 있는 교육방식을 도입해야 한다. 이것은 교수의 교권, 대학생의 학습권과 학부모 사회의 교육권 회복의 문제다. 대학강사의 교원지위 회복은 대학에서 위와 같은 교육의 내용과 방법을 실현하는 필요조건이다.

한국에서 공동체 사고를 억제하는 장치 가운데 국가보안법이 가장 큰

---

12) 「농사공동체 '변산공동체' 운영 10여 년 윤구병 씨」, 『경향신문』 2007.11.6.

걸림돌이다. 국가보안법은 1948년 한반도의 분단 반대와 민중의 저항을 통제하려고 만든 것으로 이후 국민이 타자를 배려하고 공동체를 섬기는 사고를 억눌러 이제는 지식사회로 나가는 데 필수적인 자유롭고 창조적인 사고를 억제하는 장치로 작용한다. UN 등 국제기구가 한국의 국가보안법 철폐를 지속적으로 요구했다. 국가보안법을 철폐해야 한다.[13)]

인류의 현실과 지구의 미래는 불안하다. 생태환경의 문제는 노동의 조직과정에서 생산과 소비 어느 곳에서도 요구하는 필요 · 충분조건이다. 우리는 인간의 식 · 의 · 주, 교육, 건강, 생태환경, 문화 그리고 평화를 동시에 충족하도록 유기적 순환적 통합적 입체적으로 사고해야 한다. 지속가능성의 측면에서 지역 · 도농 · 국제를 입체적으로 포괄해야 한다. 이를 공공성으로 제도화할 수 있다.

동시에 공동체 네트워크의 사고는 개방적 · 포용적이다. 내가 먼저 상대방에게 선의로 대하면 상대방도 이어 나에게 선하게 대하는 '선한 물적 연대'가 출발점이다. 사람들은 상호협력 또는 상생을 바란다. 그러나 이것을 실천하는 데 타자가 먼저 해주기를 바란다. 그래야 자기가 손해를 보지 않는다고 생각하며 타자의 배려를 갚는다. 이런 교환이 계속되면서 쌍방은 공동체적 사고를 발전시킨다. 특히 물질이나 서비스의 실물을 바탕으로 배려받는 경우 더 그렇다. 필자는 이것을 '선한 물적 연대'라고 표현한다.

마르셀 모스(Marcel Mauss, 1872~1950)는 『증여론』(한길사, 2002)에서 자본주의 바깥에 놓인 북아메리카 북서부 원주민인 콰키우틀족의 교환양식을 '선물경제'라고 이름 지었다. 아무런 대가를 바라지 않고 선물을 주고 그 선물을 받은 쪽은 또 아무런 대가를 바라지 않고 다시 선물한다. '자기이익 극대화'를 목표로 하는 자본주의 시장과는 아주 다른 교환양식이다(데이비드 그레이버, 2009).

크로포트킨은 이렇게 말한다. "자유로운 개인들의 세계가 실현되도록 해야 한다. 마치 거대한 벼룩처럼 국가의 등에 웅크리고 매달려 피를 빨면

---

13) 이시우 · 오철근(국가보안법 철폐 활동가)의 말, 2007.12, 서울 여의도에서.

서 시민들의 사사로운 생활사 하나하나까지 간섭하는 그런 정부는 필요 없다……인간의 머리 속에는 완전한 조화와 미덕을 실현할 본능적인 능력이 존재하는 것은 아니지만, 적어도 지금보다 나은 사회를 실현할 능력은 존재한다. 우리가 만들어야 하는 제도는 이 같은 본능을 이끌어낼 수 있는 그런 제도다. 다시 말해 평등한 개인들 사이에 교환을 조장해야 한다. 국가들 간에 우정을 쌓기 위한 최선의 처방이 교역이듯이, 해방되어 권력을 회복한 개인들 간에 협동을 조장하는 최선의 처방은 거래이기 때문이다. 우리는 평등한 개인 간의 사회적·물질적 거래를 조장해야 한다. 신뢰는 거래를 통해 획득되고, 또한 신뢰는 미덕의 기초이기 때문이다"(매트 리들리, 2001: 366). 또 그는 "사회주의는 그 태동 단계부터 생 시몽, 푸리에, 로버트 오웬으로 대표되는 3개의 독립된 방향으로 발전해 왔다. 생 시몽주의는 발전하여 사회 민주주의로 되고, 푸리에주의는 발전하여 아나키즘이 되었으며, 오웬주의는 영국과 미국에서 노동조합주의, 협동조합주의 및 소위 자치 사회주의로 발전했다. 이 세 가지 운동은 서로 다른 길을 통해 공통의 목표로 나가는데, 사회 민주주의 국가는 이런 사실을 인정하지 않으려 한다"고 했다(크로포트킨, 1985: 303).

보울즈와 진티스(Bowles & Gintis, 1973)는 호모 이코노미쿠스가 인간성 전체를 대표할 수 없다고 하며, 호모 레시프로칸스(Homo Reciprocans)라는 개념을 제안한다. 호모 레시프로칸스는 상호작용을 통한 인간의 기본적 욕구충족의 필요성을 인정하면서 인간을 이기적 존재와 이타적 존재로 이분화 하는 입장을 뛰어 넘고자 한다(공석영, 2003).

푸트남은 "시민 단체에 참여하면서 사람들은 협력의 기술과 아울러 집단사업에 대한 공동책임의식을 키우게 된다"면서 "사회적 자본(신뢰, 규범, 네트워크 등)은 자기강화적(self-reinforcing)이고 축적적(cumulative)이다. 선순환은 높은 수준의 협력, 신뢰, 호혜성, 시민적 참여와 집단적 복지라는 사회적 균형을 가져온다. 시민적 공동체는 이러한 속성을 가지고 있다. 역으로 비시민적 공동체에 이러한 속성이 부재하다는 것 또한 자기강화적이다. 배반, 불신, 착취, 고립, 무질서, 침체 등이 악순환의 고리를 강화시킨다"고 한다(푸트남, 2000: 296).

라이시는 "우리 모두는 소비자들이고 대부분이 투자자들이다. 그리고 이런 입장에서 가능한 최대의 이득을 얻으려 한다. 이런 식으로 우리는 시장 경제에 참여하며 슈퍼자본주의의 혜택을 누린다. 그러나 이런 개인적 혜택은 종종 사회적 비용을 초래한다. 우리는 민주주의에 참여할 권리와 의무가 있는 시민이기도 하다. 따라서 우리에게는 그런 사회적 비용을 줄이고, 그럼으로써 우리가 구매하는 상품과 서비스의 진짜 가격을 최대한 낮출 수 있는 힘이 있다. 그러나 우리가 이렇게 더 큰 성과를 달성하려면 시민의 의무를 진지하게 받아들이고 우리 민주주의를 지켜야 한다. 가장 먼저 해야 할 일은 (종종 가장 힘든 것인데) 우리의 생각을 바로 세우는 것"이라고 한다(로버트 라이시, 2008: 322).

덴마크에서는 1980년대 중반 의회에서 원자력 발전을 중지하기로 결정했는데, 의회의 이런 결정은 시민들의 성숙한 의식 없이는 나올 수 없다. 덴마크에서는 원자력 문제뿐 아니라 유전자조작 기술과 같은 첨단 기술의 문제도 활발히 토론한다.

대중이 생활 속에서 공동체 자기고용 활동에 참여해야 한다. 소비가 생산을 따르지 못하는 상태에서 특히 소비자로서의 참여가 중요하다.

대중은 공동체 자기고용의 삶을 바라는가 아니면 반대하는가? 뜻밖에 반대할 가능성도 있다. 사람들이 내가 빼앗긴 것보다 더 많이 남에게 빼앗으면서 살겠다고 생각할 수 있다. 흔히 말하는 쌀 1가마를 가진 가난한 사람이 아니라 쌀 99가마를 가진 사람들의 무리에 속하고 싶다는 심성이다. 이런 경우 이런 사람에게 공동체 자기고용의 사고를 가진 사람이 선의를 가지고 반복적으로 배려하는 과정을 통해 생각을 바꾸게 할 수 있다.

노동조합에서 집행부가 임금인상을 독점하는 안과 비정규직을 비롯한 대중과 근로조건을 나누자는 안의 두 안을 투표에 붙일 경우 조합원은 전자를 택한다. 이것이 노동조합 민주주의의 현 단계다. 조합원들은 이렇게 확보한 소득을 집과 자동차를 사고 자녀를 사교육에 보내고 취미생활을 하는 데 지출한다. 이들에게 직장과 가정을 넘는 공동체는 찾기 어렵다.

노동조합 활동가들은 이런 노동조합 민주주의에 실망하기도 한다. 그러나 돌이켜보면 지금의 노동자 부모세대는 개발독재 시기에 농토에서 소외되어 도시로 밀려나왔고, 이들의 자녀인 지금의 노동자는 노사관계와 사회에서 소외되고 질곡 당했다. 이들은 이웃과 나눔을 경험할 기회가 적었다. 이러한 이유에서 노동자들은 자신의 이해관계에 민감하고 공동체의 가치를 잘 이해하지 못한다. 이들에게 지역사회, 한국 사회, 지구공동체의 일원이 될 때 소외를 줄이고 삶의 질을 높일 수 있음을 느낄 기회를 제공해야 한다.[14)]

이런 인식의 전환은 노동자 개인이 떠안고 있는 일자리, 육아, 식품안전, 의료, 교육 등의 요구를 공동체와 함께 할 때, 다시 말해 공동체 자기고용의 여러 요소를 자신의 생활 속에 끌어들일 때 효과적으로 해결할 수 있음을 알게 해야 한다. 거시적으로 볼 경우 어느 한 부분, 예를 들어 대중이 가장 큰 관심을 갖고 있는 식품안전 부문에서 생활협동조합의 도농직거래가 공동체 자기고용을 선도하는 가운데, 여러 부문이 상호 충족하는 복합적 입체적 완결 구도로 가는 것이 가능하다. 교육·언론 부문이 지속적으로 교육하고 보도하여 이의 발전을 촉진할 수 있다.

노동조합, 농민회, 환경 단체, 주민 단체, 정당 등이 지역과 전국, 국제 간에 입체적으로 협력하는 시스템을 구성해야 한다. 진보정당은 정책 반영과 동시에 실천을 선도하는 주체로 자리 잡아야 한다. 민주노총은 창립 선언문과 기본과제(1995)에 생산소비자의 입장, 지속가능성의 추구, 노동조직의 재구성, 공동체 자기고용과 같은 내용을 담지 않았다. 2009년 메이데이를 기점으로 민주노총이 추진하는 사회연대운동헌장에는 이 같은 내용을 담을 수 있다.

공동체 자기고용을 실천하는 삶은 1인 다역의 삶이다. 먼저 주민으로 주민회의 등에 참가해 상대의 삶이 어떤지 살피고 자신의 인식을 변화시킬 필요가 있다. 진보적 사회운동 단체의 간부 회원부터 이것을 시작해보자.

14) 신현창(금속노조 GM대우차 비정규지회 조직부장)의 말, 2009.5.20.

기존의 공동체 자기고용의 네트워크에 가입해 이들이 제공하는 상품 서비스를 이용한다. 먼저 생협의 조합원이 되고 소비자가 되는 것이다. 생협이 판매하는 물건이 시장 가격보다 15~20% 정도 비싸다. 공동체를 생각하는 마음이 앞서거나 생애순소득을 고려하지 않으면 이를 실천하기 어렵다.

대학생들이 미래 지향의 측면에서 실천 가능한 것으로 친환경 상품의 소비, 공정무역의 소비 주체로 소비활동, 학교 안에서 대학생협의 조직, 안티 스웨트숍(anti-sweatshop), 대안적 학습권 확보운동의 전개 등이 있다.

2) 공동체운동의 자율성

공동체운동에서 큰 원칙은 노동자가 생산 · 소비의 주체로서 사회의 주인이라는 인식을 갖고 스스로 노동을 조직하고 운영하려는 노력이다.

과거에도 공동체의 자율성을 지키려고 노력했다. 자율성은 봉건, 제국주의, 독재, 권력과 관료, 자본에게서 자유롭기를 원한 노력이다.

이승훈은 1899년 평북 정주에서 용동촌과 오산학교를 세우면서 학교 지역 문화시설이 어우러져 상생하는 이상촌을 건설했다. 오산학교가 일제의 제도권 학교로 편입되어 조선역사와 한글 대신 일본 역사와 일본어 과목이 등장하자, 교사 함석헌은 학교를 그만두고 성서모임을 열었다. 이 학교의 학생 이찬갑도 같은 이유로 학교를 중퇴하고 함석헌의 성서모임에 참석하면서 과수원 농사를 지었다. 이찬갑은 6 · 25전쟁 뒤인 1958년 홍성에 풀무농업학교를 세웠다.[15)]

제3섹터는 정부와 기업에게 의존하는 비중이 공동체 자기고용에 의존하는 비중보다 크면 자율성을 유지할 수 없다. 제3섹터 방식의 도입으로 생활고를 겪는 많은 활동가들이 정부의 실업자 부조 활동을 대신하면서 독자적인 실업자운동을 발전시킬 수 없었다.

특히 1987년 이후 활발해진 사회운동은 이미 20년이 지나고 활동가들도 중년이 넘어 관료화하고 대중의 새로운 요구와 흐름을 반영하지 못하는 경

---

15) 「혼의 풀무질로 '유기농 메카' 밑불」, 『한겨레』 2007.4.19.

향이 있다. 아름다운가게, 사회복지공동모금회 등은 재벌의 지원을 주축으로 빈곤층과 차상위 계층의 사회적 수요를 보완하는 NGO의 활동을 지원한다. 신나는 은행 모델은 그라민은행에서 배워왔으나 재정은 시티은행에서 지원받는다. 시티은행은 이런 방식을 통해 초국적 기업의 사회적 책임을 진다면서 한국의 금융시장을 지배한다는 비판에서 벗어나려 한다.

환경운동 단체의 경우 거시적으로 생태환경의 지속가능성에 기여한다. 그러나 일부가 생태환경을 앞장서서 파괴하는 대기업의 지원을 받거나, 회원들이 대기업과 경제적 이해관계가 걸려 있어 이들과 이해가 충돌하는 부문에서는 무력하다.

강수돌은 "복지국가는 결국 국가가 개인의 복지를 모두 맡아서 해주어야 한다는 점에서 '민중적 자율복지'의 싹을 없애는 방향으로 간다"고 지적했다. "국가가 알아서 해주겠거니 하는 생각 때문에 그나마 작은 공동체들에 존재하던 자율복지 기능까지 영영 없애버릴 수 있다"고 한다(강수돌, 2008).

먹을거리와 농업으로 지역자치운동을 해온 천규석(한살림 이사)은 "국가라는 복지의 틀을 더욱 근본적으로 다시 사고해야 한다"고 말한다. 그는 "온 국민을 국가의 거지로 만드는 복지국가 체제는 참 대안이 아니다. 모든 것을 상품화하는 시장만능주의도 문제지만, 삶의 자율성을 박탈하는 복지국가도 바람직하지 않다"는 것이다. 그는 "세금을 꼬박꼬박 잘 내주니까 국가권력은 쉴 사이 없이 길이나 닦고 생태계나 파괴하고 주민억압기구만 키워가는 것 아니냐"고 비판한다(천규석, 2007).

시장 경제 체제 아래 시장을 넘는 자율이 필요하다. 그런데 2007년 NGO의 정부 재정의존도는 24%로 상당히 높다. 이런 경향은 환경운동 단체가 강하다. 1997년 개정 노동법에서 복수노조 허용과 노동조합의 전임자 임금 수수 금지를 규정했으나 2010년까지 13년간 집행을 유보했다. 한국노총·민주노총은 정부의 지원으로 사무실을 구입하거나 임대해 사용한다. 노동조합이 회사에게서 전임자 임금을 지급받는 것은 기업별 노조의 특성이다. 이것은 사회운동의 자주성 자율성을 상당히 파괴했다. 정부 재정과 기업의 지원을 최대한 적게 받아야 한다.

이명박 정부는 2008년 촛불집회에 참여했던 1,842개 시민 단체를 '불법 폭력시위 단체'로 규정하고 이들 가운데 정부보조금을 받는 13개 단체에 2009년 보조금 지원을 중단하기로 했다. 환경 여성 단체는 이런 조치가 시민단체의 자율성 침해라고 보고 정부, 기업의 지원을 받지 말자고 한다.

경기 부천 지역주민들은 2006년 12월 2여 억 원을 모금해 주상복합건물 2층 60평을 사서 노동운동 · 청년운동 · 생활협동조합 등 지역사회 단체 연합체인 부천시민연합(의장 백선기)의 사무실을 마련해 주었다. 풀뿌리 민주주의가 정착하려면 지방 권력을 감시할 건강하고 자주적인 지속가능한 시민사회 단체가 필요했기 때문이다. 경기도 용인시 일대에 뿌리내린 경주김씨 종친회(회장 김학민)는 용인 개발 보상금을 공익사업에 사용한다. 기흥구 3개 고등학교에 매년 600만 원의 장학금을 지급하고 기흥구 구갈동 5층짜리 종친회관의 1층 300여 평을 시민 · 사회 단체들에게 거져 내주기로 했다.

소련의 역사적 사회주의처럼 국가주의의 경직성은 대안 역할이 부족했다. 공유의 비극을 넘어 민중의 자율성을 기초로 하는 공동체의 구상이 필요하다. 역사 사회주의와 다른 꼴의 사회주의 형태가 있을 수 있다. 이에 대한 반성으로 아나키즘의 가치를 재평가하고 이탈리아에서는 아우또미아, 즉 자율주의가 대두했다. 이탈리아 '민중의 집'은 한국에서도 시도한다.

3) 공동체 자기고용의 대의정치

시민단체 활동, 주민운동을 활발하게 해야 한다. 결사체운동이 효과적인 지방정부의 전제조건이다. 외부에서 이식한 지방조직은 실패 확률이 높다. 가장 성공적인 지방조직은 비교적 응집력이 강한 지방공동체 현지에서 자발적으로 일어난 참여적 이니셔티브에 의한 것이다(푸트남, 2000: 139).

대안의 하나로 결사체 민주주의는 공적 문제해결에서 '국가'와 '시장'에 대한 대안적 자치제도로 역할하며, 시민들 사이에 상호호혜의 네트워크와 규범 및 신뢰로 정의내릴 수 있는 사회자본을 축적한다. 결사체 민주주의는 대의민주주의의 한계를 보완하는 한편, 이러한 이익집단정치의 폐해를 극복할 수 있다. 그리고 시민결사체들이 정치권뿐 아니라 특권적 이익집단들에 대해 감시와 비판의 기능을 수행하고 사회의 공익을 추구하여 노력할 수 있다.

한국 사회는 결사체 혁명이라고 불릴 만큼 시민사회 단체의 역할과 위상이 높지만 민주세력의 집권과정에서 정치권과 결합하면서 기득권 세력화하는 폐단을 일으켰다. 미국 타운미팅의 참여 민주주의, 영국의 옥스팜, 일본의 NPO 등에서 결사체 민주주의가 대의정치와 지역주의 · 연고주의의 한계를 극복한 경험을 배울 필요가 있다(김의영 외, 2006: 5).

진보정치는 일상적으로 투쟁을 게을리 하다가 선거철이 되어서야 주민들에게 표를 달라고 호소한다. 4, 5년마다 활동성을 강화하는 마치 '계절정당'과 같은 모습이다. 일상적인 투쟁으로 쌓은 성과와 신뢰를 선거철에 득표로 전환해야 한다.

사회운동을 하다가 정치나 의회로 진출하는 사람의 관료화도 문제다. 우리 역사에서도 한국노총 · 참여연대 등이 민주당 등의 중도보수정당에 많이 진출했다. 진보적 사회운동은 진보정당에 진출했다. 이러한 사람들의 관료화를 막는 장치가 필요하다. 일본은 정치 의회로 진출한 대표성 있는 사람을 대리인이라고 부르고 연임을 제한하며 아르헨티나에서는 아예 사회 단체의 대표자를 두지 않기도 한다.

보수정치는 기존의 부를 지키거나 가난한 자의 부마저 부자에게 몰아주는 경향이 강하다. 지역공동체에서 난개발 문제가 일어나는 과정을 보면 크건 작건 정치인이나 지방자치단체장들이 개입하는 사례가 흔하다. 지역정치의 경우 여야 구분 없이 지역적으로 쏠려 정치권이 이권청탁과 토건개발에 매달리는 경향이 있다. 호남의 민주당, 영남의 한나라당, 충청의 자유선진당의 경우가 그렇다.

그 폐해가 심각해지면서 기초지방선거에서는 정당공천을 폐지하자는 움직임이 있다. 지방의회선거는 1991년 도입 시에는 정당 공천을 배제했으나 2006년 선거부터 정당공천제를 도입했다. '기초지방선거 정당공천 폐지를 위한 국민운동본부' 황한식 공동대표는 "중앙당에 예속된 지방의원이 교육이나 복지 등 시민들의 일상 문제를 제대로 챙기지 않는 것이 민생고의 주요 원인"이라고 했다(『한겨레』 2009.3.23).

기존의 권력은 자본과 지역의 토호·공권력·조직폭력배 등과 엉켜 기득권을 보호하는 경향을 띤다. 이것은 공동체 자기고용의 발전 방향과 때로는 배치한다. 이것을 보정하는 장치로 주민소환제가 있다. 주민소환제가 그 지역 투표권자의 10%의 서명, 투표권의 3분의 1 이상이 투표에 참여해 그 가운데 과반수가 소환 찬성표를 던져야 한다. 근래 재·보궐선거에서 투표율 30%를 넘기 어려운 실정임을 감안하면 불가능에 가까운 요건이다. 주민의 의사를 바로 반영할 수 있도록 요건을 완화해야 한다. 마찬가지로 주민이나 국민의 여론이 갈린 문제는 주민투표, 국민투표에 부치고, 국회의원들의 의사 결정이 국민 여론과 동떨어졌을 때는 국회의원을 소환하거나 국회를 해산하는 장치가 있어야 한다.

미국은 12개 주에서 상원·하원 의원을 포함한 모든 선출직 공직자에 주민소환제를 실시한다. 캘리포니아는 지난 선거 투표자 가운데 12% 이상의 서명과 5개 카운티에 걸쳐 1% 이상 서명이 있으면 소환을 요구할 수 있으며, 60일 이내에 선거를 진행한다. 아널드 슈워제너거 캘리포니아 주지사는 전임 지사가 주민 소환당한 뒤 후임으로 당선됐다. 영국은 일반 국민이 의회에 제소하는 방식으로 소환할 수 있다. 베네수엘라는 2000년부터 모든 선출직 공직자를 대상으로 국민소환제를 실시한다.

2007년 5월 23일부터 시행하는 주민소환제로 자치 단체장과 의원을 소환할 수 있다. 김황식 하남시장은 광역화장장 유치 문제로 전국 최초로 주민소환 투표를 했으나 투표율이 1/3 미만으로 부결됐다. 서울에서는 '우수농산물사용'을 명문화한 학교급식 조례 개정을 이루어냈고, 2009년 대학생들의 등록금 이자를 서울시가 부담하는 '등록금 이자 지원 조례'를 제정하는 서명운동을 하고 있다. 2009년 제주도민은 강정마을 앞바다에 건설하는 해군기지로 오키나와 같은 '기지의 섬'이 될 것에 반대하여 김태환 도지사의 소환을 추진한다.

4) 공동체 내부의 민주주의

공동체의 관료화를 극복하고 내부 민주주의를 이루어야 한다.

삶의 질을 높이려는 인간의 욕구가 식·의·주, 교육, 건강, 생태환경, 문화, 평화로 상승한다.

공동체 자기고용은 사회운동의 모순 틈새에서 출발했지만 정체하거나 후퇴하는 모습을 보인다. 관료주의, 경제주의, 조합주의, 시장주의가 나타난다. 또 현실 사회주의가 붕괴한 원인 가운데 조직운영의 비민주성이 크게 작용한 점을 고려해야 한다.

현재 한국의 노동운동은 노사관계에서 산별노조의 정착, 유럽의 1840년대 협동조합, 1930년대 파시즘에 대항하는 인민전선, 1960년대 후반 이후의 뉴 레프트, 신사회운동, 신자유주의 등이 한꺼번에 나타나는 양상이다. 노동조합은 조합주의가 강하다. 노총·농협 그리고 일부 국영기업은 노동자 일반이나 국민 일반의 편에 서는 것인지 의문스러울 때가 많다. 부두노조는 공동체 자기고용의 역사가 오래된 것만큼이나 관료화 부패의 역사도 길며, 결국 물류회사가 노동자를 직접 고용하는 상용화로 끝났다.

공동체 자기고용의 여러 부문은 이미 관료화의 문제를 겪고 있다. 조직 내 민주주의는 작업과정, 의사결정, 수익의 분배에 이르는 경영상태의 변화 발전에 도움을 준다. 민주적인 조직 운영으로 구성원의 참여 의지를 극대화하려는 노력이 필요하다.

조직의 성격을 피라미드 형식에서 민주적 평등한 입체적인 조직으로 변화시켜야 한다. 노동관계의 변화에 따른 인간관계의 변화는 〈그림 10〉처럼 일반기업의 피라미드 조직에서 노동공동체의 수레바퀴와 같은 허브조직, 다각 관계 또는 동아리조직의 민주적 조직으로 변화한다(김영곤, 2007: 335). 일본의 워커스 컬렉티브는 다각 관계의 조직망을 지향한다.

〈그림 10〉 노동과정과 인간관계의 변화

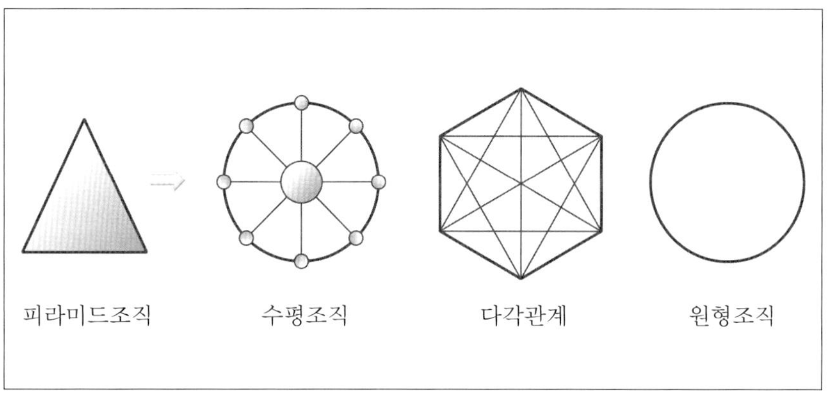

이런 사실은 몬드라곤의 경영에서 볼 수 있다. 몬드라곤 경영에서 첫째 원칙은 협동조합의 민주주의 원칙이다. 그러므로 모든 노동자는 하나의 투표권을 가진다. 노동자는 이사회를 선출하고, 이사회는 경영자를 채용한다. 노동자들은 경영자가 하는 일이 마땅치 않으면 언제든지 그 사실을 이사회에 제출할 수 있다. 민주주의적 조직구조의 한 부분은 노동자 총회인데, 여기서는 모든 노동자가 투표할 수 있다. 거기에는 또한 상급경영자를 감시하는 '감시위원회(watchdog council)'와 20~50명으로 구성한 팀의 대표자들로 구성된 '사회위원회(socialcouncil)'가 있다. 협동조합 안에 노동조합도 있지만 경영자와 노동자 사이의 높은 수준의 의사소통 그리고 이미 자리 잡은 권력균형에 힘입어 그들은 대부분의 여느 조합들과 매우 다른 역할을 한다. 다시 말해 민주주의 원칙은 노동자들이 원하면 몬드라곤 협동조합의 어떤, 또는 심지어 모든 조합을 근본적으로 재조직할 수 있도록 한다(조엘 A. 바커, 1998: 151).

공동체 자기고용 내부에서 노사관계는 민주적이어야 한다.

노자 간의 투쟁과 별도로 노동자 내부에서 재분배를 이뤄야 한다. 정규직은 비정규직과 임금과 권한을 나눠야 한다. 공동체 자기고용은 구성원의 생활과 피고용 노동자의 근로조건을 노동시장의 임금률에 비해 후한 임금을 지불하는 것을 자신들의 임무로 삼아야 한다(존스턴 버챌, 2003: 76).

독립 언론사는 대기업 광고주의 눈치를 보지 않는 보도 태도 때문에 광고가 덜 들어와 경영이 어렵고 기자들의 임금도 적다. 『한겨레』의 경우 구성원의 임금이 다른 메이저 언론사의 임금 수준을 훨씬 밑돈다. 생협의 경우와 임원과 노동자 사이에 사회적 격차가 크다. 임원은 가정이나 배우자가 소득이 높아 여유가 있는 반면 배송 직원은 낮은 소득, 격무, 중량물의 취급에 시달린다. 따라서 이직이 잦으며, 노조 결성 요구가 있다. 일본 생협은 주로 중산층으로 구성한 임원들과 비정규직 노동자인 배송 직원 사이에 갈등이 크다. 생협의 조직 이념과 달리 배송직원을 비정규직이며 저임으로 고용하는 노사관계의 현실은 일반기업과 차이가 크지 않다. 이들은 전국적으로 노조를 조직했다. 큐슈 후쿠오카의 그린코프(Green Coop) 생협의 배송직원들은 노동조합을 결성해 비정규직의 처우 개선을 포함해 관료주의를 타파하자고 주장한다.

참고문헌

강남훈 · 곽노완 · 이수봉, 2009, 『기본소득을 위하여』, 민주노총.

강내희, 2008, 「의림과 시적 정의 또는 사회미학과 코뮌주의」, 『문화과학』 2008년 봄호.

강대기, 2004, 『현대사회에서 공동체는 가능한가』, 아카넷.

강도은, 2005, 「"녹색 대학"에는 "녹색"이 있을까」, 『새로운 눈으로 보는 독일 생태 공동체』, 월인.

강만길, 1994, 『한국현대사』, 창작과 비평사.

강수돌, 2000, 『작은 풍요』, 이후.

———, 2002, 『경영과 노동』, 한울아카데미.

———, 2007, 『일 중독 벗어나기』, 메이데이.

———, 2008, 「시장, 국가, 자율복지」, 『녹색평론』 2008년 1~2월호(제98호).

———, 2009, 「인재강국의 지식사회, 그 요란한 위선」, 『비정규교수, 벼랑 끝 32년』, 이후.

강양구, 「과학기술의 덫에 갇힌 언론」, 『녹색평론』 2005년 1~2월호(제80호).

강철구, 「소상인 삼키는 슈퍼슈퍼마켓」, 『한겨레』 2007.6.1.

경상대학교 사회과학연구소 엮음, 2000, 『디지털 혁명과 자본주의의 전망』, 한울아카데미.

『경향신문』 특별취재팀, 2007, 『민주화 20년의 열망과 절망』, 후마니타스.

고기호, 「민주화 20년, 한국사회 어디로 가나」, 『희망세상』 2007.12.

고동희 · 박선영, 2007, 『치즈로 만든 무지개 – 지정환 신부의 아름다운 도전』, 명인문화사.

고명섭, 「트로츠키주의냐 자율주의냐」, 『한겨레』, 2007.3.2.
공석영, 2003, 『교육사회학』, MJ 미디어.
곽노완, 「빠레이스, 반유토피아적 맑스주의의 유토피아」, 『진보평론』 2008년 봄호(제35호).
곽재성, 「'대외원조' 논쟁의 수준을 올리자」, 『한겨레』 2008.4.4.
곽창렬, 1989, 『소비자협동조합운동』, 협동연구원.
구길본, 「재생에너지 '숲'을 가꾸자」, 『경향신문』 2007.7.20.
구승회, 2004, 『한국의 아나키즘 100년』, 이학사.
국가균형발전위원회, 2006, 『살기 좋은 지역 만들기』, 제이플러스 애드.
국민문화연구소 50년사 간행위원회, 1998, 『국민문화연구소 50년사』, 국민문화연구소.
국제민주연대 등, 2009.2.9, 「인권침해 부추기는 주필리핀 한국대사관은 한국기업에서 희생당하고 있는 필리핀 노동자들에 대하여 즉각 사과하라!」(성명서).
권영근 외, 2006, 『농업 농촌의 이해』, 박영률출판사.
권오민 · 강지연 · 김대환 · 김주환 · 정규일 · 조미연, 2008.12.4, 「소비자 권익을 위한 생활협동조합」(필자의 '노동의 역사' 강의 학생보고서).
권은정, 「노동자 자주기업 키친아트」, 『프레시안』 2008.11.6.
김 준, 2005, 「어장의 공동이용의 변화 – 신안군 압해면 송공 어촌계를 중심으로 –」, 『섬과 바다』, 경인문화사.
김경규(농림부 구조정책과장), 「6헥타르도 부족할 것이다」, 『한겨레』 2007.3.31.
김교은, 1998, 『WTO+IMF시대, 한국 경제와 농업 · 농협의 진로, 그리고 농협조합장의 역할』, 농협대학 농촌개발연구소.
김대식, 「KBS는 왜 BBC가 될 수 없냐고요?」, 『한겨레』 2007.8.31.
김동배 · 오계택, 2008, 『노사관계 국민의식 조사보고서』, 한국노동연구원.
김명신, 2003, 『대안교육』, 문음사.
김상조, KBS TV 뉴스, 2007.1.7.
김성국, 「노동 종말론 – 노동자가 살길은?」, 『매경이코노미』 2003.2.21.
김성채 · 김영균 · 김성환 · 임효섭 · 박진희 · 방혁준 · 홍나래, 2009.6, 「사회적 기업 변산공동체, 문턱 없는 밥집 & 기분좋은 가게」(노동의 미래 학생보고서).
김수행, 2009, 『자본론으로 한국경제를 말한다』, 시대의 창.
김수행 · 신정완 편, 2002, 『현대 마르크스경제학의 쟁점들』, 서울대학교출판부.
김수현, 1996, 「건설업 일용노동자와 노점상」, 『도시서민의 삶과 주민운동』, 한국도시연구소.

김승현, 2007,『비영리 부문의 비교연구: 시민사회와 사회적 자본』, 집문당.
김신일, 2007,『교육사회학』, 교육과학사.
김연철, 2002,「북한의 경제개혁 전략 – 쿠바 사례의 적용 가능성」,『북한의 경제개혁연구』, 후마니타스.
김영곤, 2005,『한국노동사와 미래』 전3권, 선인.
———, 2007,『노동의 역사 노동의 미래』, 선인.
김우창 · 김종철, 2008,「신년대담, '좋은 삶'이란 무엇인가?」,『녹색평론』 2008년 1~2월호, 녹색평론사.
김유선, 2008,『법정근로시간 단축 효과』, 한국노총중앙연구원.
김의영 외, 2006,『미국의 결사체 민주주의』, 아르케.
김재원 외, 2008,「공동체와 영성수련」,『아름다운 삶』, 예수살이 공동체.
김종길 · 김문조, 2006,『디지털 한국 사회의 이해』, 집문당.
김종덕, 2003,『슬로우 푸드 슬로우 라이프』, 한문화.
———, 2006,「지역공동체와 농업, 먹거리, 환경」,『녹색평론』 2006년 11~12월, 녹색평론사.
———, KBS 라디오, 2007.7.24.
김종배,「MB시대 대안 언론, 뭉치면 죽고 흩어지면 산다」,『시사 IN』 2008.5.3.
김종철, 2000,『간디의 물레』, 녹색평론사.
———, 2008,「민주주의, 성장논리, 농적 순환사회」,『창작과 비평』 2008년 봄호(통권 139호).
김종현,「농협 신용사업 수익 절반 농촌 위해 사용」,『중앙일보』 2007.12.19.
김준권 외, 2009,「공동체와 노동」,『아름다운 삶』, 예수살이 공동체.
김찬호, 2002,『도시는 미디어다』, 책세상.
김태성 · 성경륭 공저, 2006,『복지국가론』, 나남출판.
김학순,「집값 · 땅값이 아닌 삶의 가치를 높이는 도시」,『경향신문』 2008.8.23.
김항성,「강원랜드 진짜 주인들 '비정규직 굴레' 신음」,『한겨레』 2007.8.7.
김해창, 2003,『환경수도, 프라이부르크에서 배운다』, 이후.
김현우 · 이상훈 · 장원봉, 2006,『지역사회와 노동운동의 개입전략』, 한국노동사회연구소.
김형기, 1999,「주주 · 노동자 · 경영자 의사결정 참여 모델」,『21세기 한국대개조론』, 신동아 지역 500호 기념 특별부록, 동아일보사.
———, 2006,『한국경제 제3의 길』, 한울.

김형태, 「민주적 합의와 효율성」, 『한겨레』 2007.3.21.
김홍일, 2007, 「한국 사회적 기업의 현황과 가능성 모색」, 한국대안기업연합회, 『한국대안기업연합회 창립 기념 심포지엄 '대안경제운동의 전망과 과제'』.
김효창 · 유희상 · 윤지연 · 신동관 · 오지형 · 정진화, 2008.12.4, 「사회연대은행」(노동의 미래 강의 학생보고서).
나승만 외, 2005, 『섬과 바다－어촌생활과 어민』, 경인문화사.
노광표 · 이명규, 2007, 『기업의 사회적 책임 CSR－노동운동의 미래 의제』, 한국노동사회연구소.
노대명, 2007.1, 「사회적경제와 한국시민사회의 과제: 한국 사회적 경제(Social Economy)의 현황과 과제－사회적경제의 정착과정을 중심으로」, 『시민사회와 NGO』 2007년 1월호(제5권 2호).
노민영, 1990, 『우리나라 노동운동사』, 현장문학사.
류동민, 2000, 「디지털 네트워크의 정치경제학」, 경상대학교 사회과학연구소 엮음, 『디지털 혁명과 자본주의의 전망』, 한울아카데미.
마을연대(준), 2003, 『이런 마을에서 살고 싶다』.
마을연대, 2003, 『주민참여 마을만들기의 마을디자인운동 평가집』.
맑스코뮤날레조직위원회, 2007, 『21세기 자본주의와 대안적 세계화』, 문화과학사.
문순홍, 2006, 『정치생태학과 녹색국가』, 아르케.
문정현과 평화바람, 2008, 『불어라 평화바람』, 검둥소.
민주노동당 정책위원회 정책보고서 03, 2007, 『한미FTA』.
민주노동당 정책위원회 정책보고서 04, 2007, 『대안경제』.
민주노동당 정책위원회 정책보고서 07, 2007, 『미래의제』.
민주노동조합총연맹, 2001, 『인도의 노동자협동조합』.
박경순, 2009, 「세계금융위기와 한국진보운동의 과제」, 『사월혁명회보』 2009년 1월호(제91호), 사월혁명회.
박경철, 2005, 「생태공동체의 건축과 식생활」, 『새로운 눈으로 보는 독일 생태공동체』, 월인.
박기호, 「송아지야 걱정마라」, 『한겨레』 2008.8.2.
———, 2008, 「다시, 왜 공동체인가?」, 『산위의 마을』 2008년 겨울호.
박노자, 「소탐대실이라는 말을 아는가?」, 『한겨레』 2009.6.23.
박덕원, 2000, 『대학과 학문의 자유』, 부산외국어대학교 출판부.
박동진, 2006.12.5, 「경기도 양평군 청운면 도원리 마을」, 『농산촌 경관보존 및 마을자산의 공동체적 운영을 위한 대안 모색』, 생태산촌만들기 등 주최.
박범준, 「사회적 소비가 중요한 이유」, 『경향신문』 2008.4.23.
박상근, 「상속세는 축재 과정 덜 낸 세금 정산하는 것」, 『한겨레』 2009.4.18.
박상헌, 2004, 『21세기 지역통화의 패러다임』, 대운출판.
박세길, 2008, 『혁명의 추억 미래의 혁명』, 시대의창.
박승옥, 2006, 「식량재앙, 에너지위기, 한국의 농민운동」, 『녹색평론』, 2006년 3~4월호.
———, 2007, 「위기의 녹색희망, 돌파구는 없는가?」, 『환경과 생명』 2007년 겨울호.
박승희 외, 2007, 『스웨덴 사회복지 현장 조사』, 양서원.
박용남, 2006, 『작은 실험이 도시를 바꾼다』, 시울.
———, 2009, 「사랑의 경제와 지역화폐 운동」, 『행복한 두루마을』, 지역품앗이 한밭레츠.
박원순, 2001, 『박원순 변호사의 일본시민사회 기행』, 아르케.
박유진, 「백년 뒤에도 건재한 회사를 꿈꾼다」, 월간 『말』 2008.12.
박종길, 2002, 「ILO 아태사무소 소개 및 아시아 노동외교의 중요성」, 『월간노동』, 2002년 9월호.
박종서, 『두레 3』 2007.3, 두레생협연합회.
박진도 외, 2005, 『농촌개발정책의 재구성』, 한울아카데미.
박찬영, 2008, 『인문 복지의 증진에 기여하는 실천적 인문정책』.
박천응, 2002, 「이주노동자 창업협동조합 운동의 과제」, 안산외국인노동자센터.
박해상, 「국정을 말한다」, KTV, 2007.4.1.
박현채, 1978, 『민족경제론』, 한길사.
백낙청, 2008, 「근대 한국의 이중과제와 녹색담론」, 『창작과 비평』 2008년 여름호(제140호).
복지국가소사이어티 정책위원회, 2007, 『복지국가혁명』, 밈.
서경식, 「태백의 그늘, 진폐환자들을 만나다」, 『한겨레』 2007.11.17.
선대인, 「'반값 아파트법' 부동산 안정 대신 투기 불러」, 『한겨레』, 2009.3.16.
설 한, 2003, 「공동체주의」, 『도시공동체론』, 한국도시연구소.
성공회대학교 · 노동연구원 · 한국보건사회연구원, 2000.12.6~9, 『빈곤과 실업극복을 위한 국제포럼』 자료집.
성한표, 「치부를 파헤친다고 광고 끊는 '일류기업'」, 『한겨레』 2008.1.16.
세계생명문화포럼 - 경기 2006 자료집, 『생명사상과 전지구적 살림운동』.
세계화 국제포럼, 이주명 옮김, 2005, 『더 나은 세계는 가능하다』, 필맥.

소병희, 2004, 『공공 부문의 경제학』, 박영사.
소비자생활협동조합전국연합회, 2003, 『생협전국연합회 20년의 기록』.
소준섭, 2007, 「도시빈민의 조직화」, 『6월항쟁을 기록하다』 1권, (사)6월민주항쟁계승사업회 · 민주화운동기념사업회.
손낙구, 2008, 『부동산 계급사회』, 후마니타스.
손동원, 2004, 『벤처 지역혁신 클러스터』, 인하대학교출판부.
손원제, 「노동은 계속 된다」, 『한겨레 21』 2002.1.24.
손인수, 1994, 『한국교육운동사 I 1950년대 교육의 역사인식』, 문음사.
신광영, 2004, 『한국의 계급과 불평등』, 을유문화사.
신명호, 2003, 「시장진입형 생산공동체의 경쟁력과 그 요인에 관한 분석」, 『도시공동체론』, 한국도시연구소.
신순철 · 이진영, 1998, 『실록 동학농민혁명사』, 서경문화사.
신용하, 1982, 『조선토지조사사업연구』, 지식산업사.
신용협동조합연합회, 1980, 『신용협동조합 이십년사』.
신준식, 2009, 「호주의 비정규 교수에게 지급되는 추가 임금 제도는」, 『비정규교수, 벼랑 끝 32년』, 이후.
실업극복국민운동위원회, 2002, 『아름다운 열정』.
심광현, 2005, 『프랙탈』, 현실문화연구.
iCOOP생협연대, 2008, 『협동, 생활의 윤리』, 푸른나무.
안기천, 「'투기자본 천국'…공공산업 보호법을 만들어야」, 『한겨레』 2007.6.15.
안병욱, 「유기축산이 희망이다」, 『경향신문』 2008.5.12.
안철흥, 「공생 공락하는 심플 라이프가 대안이다」, 『시사IN』 2008.5.17.
안치용, 2008, 『대한민국 행복지수』, 북스코프.
양조훈, 1994, 「4 · 3취재 6년 무참히 왜곡된 역사」, 『역사비평』, 역사비평사.
엄형식, 2007.10.9, 「대안기업운동의 국제교류에 관한 의견」, 한국대안기업연합회 기업연합회 창립 기념 심포지엄, 『대안경제운동의 전망과 과제』.
______, 2008, 『한국의 사회적 경제와 사회적 기업』, (재)실업극복국민재단 함께 일하는 사회.
여운학 엮음, 1980, 『생명과 사랑－인간 장기려－』, 규장문화사.
역사학연구소, 2005, 『노동자, 자기 역사를 말하다』, 서해문집.
염형철, 「믿을 만한 수돗물이 급하다」, 『한겨레』 2007.9.14.
오건호, 「국민연금 주식에서 20조 까먹고도」, 『한겨레』 2009.3.1.

———, 2008.6.4, 「정부의 민영화 공세, 공공성 혁신으로 대응해야」, 『창비주간논평』.
우석훈, 「'휴대폰 팔아 쌀 사먹자'는 이들에게」, 『한겨레』 2006.12.29.
———, 「6헥타르 정책만은 취소하라」, 『한겨레』 2007.3.15.
———, 「누가 군대의 유기농 급식을 반대하랴」, 『한겨레』 2006.12.15.
———, 「쇠고기 재협상, 해법을 찾자」, 『한겨레』 2008.7.10.
———, 「중남미형 사회의 문턱에서」, 『한겨레』 2007.5.17.
———, 「한나라여, 농업토론이 보고 싶다」, 『한겨레』 2007.6.7.
우석훈 · 박권일, 2007, 『88만 원 세대』, 레디앙.
유니 한국협의회, 『2005년 UNI－KLC(국제사무직노조연맹 한국협의회) 「사회적 합의건설 포럼」 활동보고서, 성장을 통한 연대 연대를 통한 성장』.
유엔미래포럼, 박영숙 감역, 2005, 『UN미래보고서』, 매일경제신문사.
유인호, 1982, 『민중경제론』, 평민사.
유재현, 「인터넷에서 민주주의를 구출하라」, 『한겨레 18.0』 2007.3.16.
윤수종, 2005, 「소수자 운동과 좌파운동」, 『맑스, 왜 희망인가?』, 메이데이.
의료생활협동조합 연대회의, 2002.9.28, 『의료생협의 현재 그리고 새로운 도약』.
이가옥 · 고철기, 2001, 『공동체 경제를 위하여』, 녹색평론사.
이대환, 「주택문제, 지대시장제로 해결하자」, 『한겨레』 2006.3.31.
이병철, 계간 『환경과 생명』 엮음, 2002, 『녹색운동의 길 찾기』, 환경과 생명.
이빈파, 2006.11.1, 「최고의 먹을거리로 학교급식을 하자」, 『생활과 협동』, 생활협동조합전국연합회.
이상문, 2005, 「한국형 생태도시」, 『생태도시를 향한 발걸음』, 전망.
이성균 · 신광영 · 조돈문, 2007, 『세계화와 소득불평등』, 집문당.
이승협, 2006, 「1960~70년대 철도노동자의 여가활용」, 『1960~70년대 한국노동자의 계급문화와 정체성』, 한울아카데미.
이시재 외, 2001, 『일본의 도시사회』, 서울대학교출판부.
이시재 · 이종구 · 장화경, 2005, 『사회학으로 풀어본 현대 일본』, 일조각.
이영미, 「연구직 노동자와 학문의 미래」, 『한겨레』 2007.5.1.
이영식, 「볼리비아 원주민, 땅의 주인이 되던 날」, 『한겨레 21』 2007.2.13.
이유진, 「재생가능한 에너지로 북한을 따듯하게」, 『한겨레』 2007.11.6.
이 윤, 「그들은 왜 사학법에 목을 매나?」, 『프레시안』 2006.12.27.
이을형, 1994, 『ILO 국제노동기관－역사와 이론과 실제－』, 숭실대학교 출판부.
이이화, 1993, 『우리 겨레의 전통생활』, 여강출판사.

이재국, 「진보언론, 더 소통하자」, idomin.com(『경남도민일보』) 2008.12.18.

이재규, 2008, 『역사에서 경영을 만나다』, 사과나무.

이진경, 「밝은 대중, 어두운 미래」, 『한겨레』 2008.5.3.

______, 2004, 『자본을 넘어선 자본』, 그린비.

이철수, 「'유기농업의 아버지' 김영원 선생」, 『한겨레』 2007.1.12.

이철호 외, 2007, 『한국사회 교육신화 비판』, 메이데이.

이치열, 2007, 「대안교육에 대안이 없다」, 『한국사회 교육신화 비판』, 메이데이.

이태근, 「농업은 내 식탁 문제다」, 『한겨레』 2008.1.30.

이필렬, 2003, 『석유시대 언제까지 갈 것인가』, 녹색평론사.

이희찬, 2005, 「물만골 공동체의 생태마을 만들기」, 『생태도시를 향한 발걸음』, 전망.

임송자, 2007, 「반공 투쟁의 선봉장, 우촌 전진한: 노동 대중을 위해 이익 균점을 주장하다」, 『내일을 여는 역사』 2007년 봄호(제27호), 서해문집.

임종인 · 장화식, 2008, 『법률사무소 김앤장－신자유주의를 성공 사업으로 만든 변호사 집단의 이야기』, 후마니타스.

임종한 외, 2005, 『의료생협입문』, 생활협동조합전국연합회 의료생협연대.

임채원, 2006, 『신자유주의를 넘어 사회투자국가로』, 한울아카데미.

장 건, 2006, 「생협, 우리의 희망」, 『생활과 협동』 2006년 8월호(제70호), 생활협동조합전국연합회.

장대업 엮음, 2008, 『아시아로 간 삼성』, 후마니타스.

장상환 인터뷰, 2009.2.23, 「독일 같은 주택의 준(準)사회주의화 필요하다」, 『민중의 소리』.

장세훈, 2003, 「대도시 지역공동체운동의 가능성과 한계」, 한국산업사회학회 엮음, 『노동과 발전의 사회학』, 한울아카데미.

장영란, 「토종종자 보존은 농부의 권리다」, 『경향신문』 2008.6.26.

장용진, 1999, 『생협법 해설』, 생협중앙회.

장원봉, 2006, 『사회적 경제의 이론과 실제』, 나눔의 집.

장원석, 2008.8.22, 『생협의 성과와 과제』, 생협법개정추진위원회 심포지엄.

장일순, 1997, 『나락 한 알 속의 우주』, 녹색평론사.

장진용 · 송원일 · 김상국 · 김정화 · 허만정, 2007.5.3, 「군부대 급식의 유기농화 추진 방안」(노동의 미래 강의 학생보고서).

전봉근 외, 2005, 『동북아 NGO 백서』, 통일연구원.

정근모 외, 도모생애교육연구소 엮음, 2001, 『비영리 단체/비정부기구의 전략 경영과 기금 개발』, 예영커뮤니케이션.
정기석, 「'생활농촌'을 만들자」, 『한겨레』 2006.9.12.
———, 「농촌마을을 살리는 '생태건축'」, 『한겨레』 2007.10.18.
———, 「마을기업을 세우자」, 『한겨레』 2007.7.17.
정농회, 2006, 『21세기와 정농 정신』.
정상률, 2004.12.8, 「남북 생태환경 파괴 현황과 친생태환경 민족공동체 형성 방안」, 『평화인터넷신문 평화만들기』.
정선희, 2005, 『한국의 사회적 기업』, 다우.
정성진, 2007, 「참여계획경제」, 『자본주의 이후의 새로운 사회』, 서울대학교출판부.
정성헌 · 정재돈, 2007, 「가톨릭농민회와 기독교농민회」, 『6월항쟁을 기록하다』 1권, (사)6월민주항쟁계승사업회 · 민주화운동기념사업회.
정송남, 「식량위기와 공동체 교육」, 『한겨레』 2008.12.19.
정웅재, 「폐업하거나 버티거나」, 월간 『말』 2008.12.
정준희, 2002, 「영국: '대중성과 공공성'이라는 두 마리 토끼 사냥에 나선 BBC」, 『KBS 해외방송정보』 2002년 10월호.
정진상, 2008, 『산별노조운동의 현황과 과제』, 한울아카데미.
정진석, 1983, 『한국언론사 연구』, 일조각.
조돈문 · 정명기 · 안현효, 2005, 『산업공동화와 노동의 대응 방향』, 전국민주노동조합총연맹.
조명래, 2001, 『녹색사회의 탐색』, 한울.
조석곤, 2003, 『한국 근대 토지제도의 형성』, 해남.
조세현, 2001, 『동아시아 아나키즘 그 반역의 역사』, 책세상.
조정환, 2002, 『21세기 스파르타쿠스』, 갈무리.
———, 2005, 「'고역의 삶'/'헐벗은 삶'에서 '독특한 삶'으로」, 『자율평론』 2005년 10월호(제14호).
조한일 · 김길수 · 김소연 · 신동욱 · 문윤희 · 윤원장, 2008.6.5, 「노동자 자주관리기업 우진교통」(노동의 미래수업 학생보고서).
조홍식 「'프랑스 대선' 아전인수 해석」, 『한겨레』 2007.5.10.
조효제 편역, 2000, 『NGO의 시대』, 창작과 비평사.
조희연 · 박은홍, 2008, 『동아시아와 한국－민주화와 민주주의의 위기를 넘어－』, 민주화운동기념사업회.
주종환, 2006a, 「공동체의 경제학(Ⅰ): 『한국적 경제학』의 새로운 시각」, 『사회경제평론』 2006년 4월호(제26호).

_____, 2006b, 「공동체의 경제학(Ⅱ)」, 『사회경제평론』 2006년 10월호(제27호).

천규석, 「아름다운 노 · 농연대－자급 · 자치의 관점으로」, 『녹색평론』 2006년 11~12월호, 녹색평론사.

_____, 1996, 『땅 사랑 당신 사랑』, 명경.

_____, 2006, 『소농 버리고 가는 진보는 십리도 못 가 발병난다』, 실천문학사.

_____, 2007, 「진정한 복지는 자급 · 자치의 삶이다」, 『녹색평론』 2007년 9~10월호(제96호).

최규엽, 2002, 『다른 세계는 가능하다』, 책갈피.

최병준, 「'실용주의 문화산업' 우려」, 『경향신문』 2008.1.22.

최재천 · 주일우 엮음, 2007, 『지식의 통섭』, 이음.

하승우, 2006, 『세계를 뒤흔든 상호부조론』, 그린비.

한국기독교사회발전협회 편, 2001, 『21세기 대안적 지역주민운동 모색』.

한국노동네트워크협의회, 2006.12.13, 『노동미디어 2006 '웹 2.0, 노동미디어 2.0'－노동정보화 · 노동미디어운동 10년 진화를 꿈꾼다!』.

한국대안기업연합회, 2007.10.9, 「대안경제운동의 전망과 과제」, 『한국대안기업연합회 창립 기념 심포지엄』.

한국도시연구소 엮음, 2003, 『도시공동체론』, 한울아카데미.

한국산업사회학회 엮음, 2003, 『노동과 발전의 사회학』, 한울아카데미.

한국생협연합회, 2005.10.30, 「우리 쌀 지키기, 우리 밀 살리기 소비자 1만인대회」 자료집.

한국여성노동자협의회, 2003.11.20, 『빈곤여성의 자립과 자활공동체 모델 모색을 위한 인도 · 일본 연수보고 워크샵』 자료집.

한국의료생활협동조합연대, 2006.2, 『노동부 사회적 일자리 창출사업 2005년 자료집』.

한상진, 2003, 「사회적 기업으로서의 자활공동체의 성격과 발전 방향」, 한국산업사회학회 엮음, 『노동과 발전의 사회학』, 한울아카데미.

허도산, 1998, 『한국의 어머니 이태영』, 자유지성사.

허병섭 · 이정진, 2001, 『넘치는 생명세상 이야기』, 함께읽는책.

홍기빈, 2007, 『소유는 춤춘다』, 책세상.

홍세화, 「짱돌로 바위치기」, 『한겨레』 2009.6.24.

황대권, 2005, 「한국 생태공동체의 농업현황과 전망」, 『새로운 눈으로 보는 독일 생태공동체』, 월인.

가토 토시하루, 윤전우 · 제진수 옮김, 2006, 『에코머니』, 이매진.
더글러스 러미스, 김종철 · 이반 옮김, 2002, 『경제 성장이 안되면 우리는 풍요롭지 못할 것인가』, 녹색평론사.
W. F. 화이트, K. K. 화이트, 김성오 옮김, 이효재 감수, 1992, 『몬드라곤에서 배우자』, 나라사랑.
데이비드 그레이버, 서정은 옮김, 2009, 『가치이론에 대한 인류학적 접근』, 그린비.
데이비드 랜섬, 장윤정 옮김, 2007, 『공정한 무역, 가능한 일인가?』, 이후.
레스터 C. 서로우, 2005, 『세계화 이후 부의 지배』, 현대경제연구원.
로버트 라이시, 형선호 옮김, 2008, 『슈퍼자본주의』, 김영사.
로버트 푸트남, 안청시 외 옮김, 2000, 『사회적 자본과 민주주의』, 박영사.
로자 룩셈부르크, 김경미 · 송병헌 옮김, 2002, 『사회개혁이냐 혁명이냐』, 책세상.
리오 패니치 · 콜린 레이스 엮음, 허남혁 외 옮김, 2007, 『자연과 타협하기』, 필맥.
마뉴엘 카스텔, 김묵한 · 박행웅 · 오은주 옮김, 2003, 『네트워크 사회의 도래』, 한울아카데미.
마쓰우라 고이치로, 「인류는 자연과 '새 평화협정' 맺어야」, 『조선일보』 2008.3.1.
마이클 셰러든, 「자산형성 지원하니 빈곤 탈출 의지 높아져」, 『한겨레』 2006.11.15.
마이클 테일러, 송재우 옮김, 2006, 『공동체, 아나키, 자유』, 이학사.
마일즈 리트비노프 · 존 메릴레이, 김병순 옮김, 2007, 『공정무역』, 모티브북.
마틴 하트-랜즈버그 · 폴 버킷, 임영일 옮김, 2005, 『중국과 사회주의』, 한울아카데미.
마하트마 간디, 김태언 역, 2006, 『마을이 세계를 구한다』, 녹색평론사.
매트 리들리, 2001, 『이타적 유전자』, 사이언스 북스.
밀브래스, 이태건 · 노병철 옮김, 2001, 『지속가능한 사회』, 인간사랑.
발레리 줄레조, 길혜연 옮김, 2007, 『아파트공화국』, 후마니타스.
버트란드 러셀, 송은경 옮김, 1998, 『게으름에 대한 찬양』, 사회평론.
보리스 까갈리쯔끼, 1996, 「신자유주의의 고뇌: 좌파의 새로운 기회인가 문명의 종말인가?」, 『창작과 비평』 1996년 여름호(통권 92호).
브라이언 핼웨일, 김종덕 · 허남혁 · 구준모 옮김, 2006, 『로컬 푸드』, 시울.
브랑코 후르바트, 강신준 역, 1984, 『자주관리제도-유고 사회 체제 연구』, 풀빛.
사토 요시유키, 송석원 옮김, 2004, 『NPO와 시민사회』, 아르케.
세계사회포럼, 이주명 옮김, 2005, 『더 나은 세계는 가능하다』, 필맥.
실벵 다르니 · 마튜 르 루, 민병숙 옮김, 2006, 『세상을 바꾸는 대안기업가 80인』, 마고북스.

쎄르지오 볼로냐 · 안또니오 네그리 외, 이원영 옮김, 1997, 『이딸리아 자율주의 정치철학』, 갈무리.
안드레아스 아른트, 2007, 「시간의 경제 - 역사적 관점에서 본 노동사회」, 『21세기 자본주의와 대안적 세계화』, 문화과학사.
안또니오 네그리 · 펠릭스 가따리, 조정환 옮김, 2000, 『미래로 돌아가다』, 갈무리.
안토니오 네그리 · 마이클 하트, 윤수종 역, 2001, 『제국』, 이학사.
______, 조정환 · 정남영 · 서창현 옮김, 2007, 『다중(Multitude)』, 세종서적.
알렉 노브, 대안체제연구회 역, 2001, 『실현 가능한 사회주의의 미래』, 백의.
앤서니 기든스, 한상진 · 박찬욱 옮김, 1998, 『제3의 길』, 생각의 나무.
______, 김미숙 외 옮김, 1999, 『현대사회학』, 을유문화사.
앨빈 토플러, 2006, 『부의 미래』, 청림출판.
에두아르트 베른슈타인, 강신준 옮김, 1999, 『사회주의의 전제와 사민당의 관계』, 한길사.
에드가 파넬, 1998, 『21세기를 대비한 협동조합의 재창조』, 축협중앙회.
에드워드 윌슨, 최재천 · 장대익 옮김, 2006, 『통섭』, 사이언스북스.
A. 토크빌, 1983, 『미국의 민주주의』, 한길사.
올리버 포피노 · 크리스 포피노, 이천우 옮김, 1993, 『세계의 공동체마을들』, 정신세계사.
우즈끼 도모꼬, 이건우 역, 1996, 『협동조합의 창립에서 운영까지』, 생활협동조합중앙회 출판부.
울리히 벡, 조만영 옮김, 2000, 『지구화의 길』, 거름.
원 티에췬, 「세계화와 중국농촌」, 『녹색평론』 2006년 3~4월(제87호), 녹색평론사.
월터 아이작슨, 이덕환 옮김, 2007, 『아인슈타인 - 삶과 우주』, 까치.
이매뉴얼 월러스틴, 이광근 옮김, 2005, 『월러스틴의 세계체제 분석』, 당대.
일본 21세기코프연구센터 엮음, 한국생협연합회 옮김, 2006, 『생협 인프라의 사회적 활용과 미래』, 푸른나무.
장하준, 이순희 옮김, 2007, 『나쁜 사마리아인들』, 부키.
제레미 리프킨, 이희재 옮김, 2001, 『소유의 종말』, 민음사.
______, 이진수 옮김, 2003, 『수소 혁명』, 민음사.
______, 이영호 옮김, 2005, 『노동의 종말』, 민음사.
제리 맨더 · 에드워드 골드스미스 편저, 윤길순 · 김승욱 옮김, 2001, 『위대한 전환』, 동아일보사.

제프 게이츠, 2000, 『오너십 솔루션』, 푸른길.
조안 B. 시올라, 안재진 옮김, 2005, 『일의 발견』, 다우.
조엘 A. 바커, 1998, 「몬드라곤 모델: 21세기를 향한 새로운 길」, 피터 드러커 외 지음 『미래의 조직』, 한국경제신문사.
조지 보베 · 프랑수아 뒤푸르, 2006, 『미래를 살리는 씨앗』, 울력.
조지프 스티글리츠, 홍민경 옮김, 2007, 『인간의 얼굴을 한 세계화』, 21세기북스.
존 배리, 허남혁 · 추선영 옮김, 이홍균 감수, 2004, 『녹색사상사』, 이매진.
존스턴 버첼, 장종익 옮김, 2003, 『협동조합운동』, 들녘.
진노 나오히코, 김욱 옮김, 2007, 『인간회복의 경제학』, 북포스.
칼 폴라니, 홍기빈 옮김, 2005, 『전 세계적인 자본주의인가 지역적 계획경제인가』, 책세상.
콜린 워드, 김정아 옮김, 2004, 『아나키즘, 대안의 상상력』, 돌베개.
크로포트킨, 1985, 『어느 혁명가의 회상』, 한겨레.
클레이 서키, 2008, 『끌리고 쏠리고 들끓는다』, 갤리온.
톰 아타나시오 · 폴 베어 · 하비 와서만, 김현구 옮김, 2005, 『탄소주권 · 에너지전쟁』, 모색.
프란스 칼그렌 · 아르네 클링보르그, 2008, 『자유를 위한 학교』, 섬돌.
프레드 맥도프 외, 윤병선 외 옮김, 2005, 『이윤에 굶주린 자들』, 울력.
피에르 레비, 김동윤 · 조준형 옮김, 2000, 『사이버 문화』, 문예출판사.
피터 드러커, 이재규 · 서재현 옮김, 1998, 『미래의 조직』, 한국경제신문사.
———, 현영하 역, 2002, 『비영리 단체의 경영』, 한국경제신문사.
해리 클레버, 이원영 · 서창연 옮김, 1998, 『사빠띠스따』, 휘슬러.
헤닝 쉐르프, 김현정 옮김, 2007, 『눈부시게 아름다운 노후』, 휴먼비지니스.
헤이즐 헨더슨, 정현상 옮김, 2008, 『그린 이코노미』, 이후.
헨리 조지, 김윤상 역, 1997, 『진보와 빈곤』, 비봉출판사.
헬무터 안하이어 · 메어리 칼도어 · 말리스 글라시우스 공저, 조효제 · 진영종 옮김, 2004, 『지구시민사회』, 아르케.
호이징하, 2003, 『호모루덴스』, 까치.
힐러리 프렌치, 주요섭 옮김, 2001, 『세계화는 어떻게 지구환경을 파괴하는가』, 도요새.

공동체 자기고용의 연표

1601 영국 빈민법
1826 영국 브라이든 직포공의 점포운동
1844 영국 로치데일 협동조합
1848 맑스 공산당선언
1860 최제우 동학발생
1871 파리코뮨
1894 갑오농민전쟁 집강소 설치
1886 미국 메이데이 기원 8시간 노동 쟁취
1890 보이콧운동, 미국 셔먼 반독점법
1898 함북 성진 부두노조 결성
1906 영국노동당 결성
1909 이스라엘 키부츠 건설
1910~18 일제 토지조사사업
1917 러시아 혁명
1921 조선노동공제회 소비자협동조합 설립
1919 ILO 1차 대회 8시간 노동 결의
1920 경성소비조합 목포소비조합
1920 조선노동공제회 창립
1923 진주형평운동
1923 사회주의인터내셔널 창립
1925 제1차 조선공산당 창립
1926 도쿄에서 조선협동조합운동사
1927 신간회 창립
1929 원산총파업
1936 스페인 인민전선 성립
1945 전평 결성, 노동자 농민 자주관리
1945 세계노련, UN 결성, 영국노동당 집권
1946 대한노총 결성
1946 영국 유기농 시초인 흙협회
1948 UN 세계인권선언 발표
1948 국가보안법 제정
1949 농지개혁
1949 GATT, 세계자유노련 결성
1950 6 · 25전쟁
1950 원자무기 결성 스톡홀름 어필
1952 독일 노사공동결정제도
1954 몬드라곤 시작

1956 일본 협동조합무역
1957 농협법 제정
1958 풀무농업학교 설립
1958 유럽경제공동체(EEC) 결성
1960 전국실업자구호대책투쟁위원회
1960 일본 안보투쟁
1961 부산 신용협동조합
1961 그린피스
1962 이탈리아 피아뜨 자율선언
1963~75 베트남전쟁
1965 일본 생활클럽생협
1966 중국 문화대혁명 시작
1968 청십자의료보험조합 결성
1968 파리 5월혁명=68혁명
1970 전태일 분신자살
1974 영등포산선 신협
1972 인도 SEWA 조직
1976 정농회 로마클럽 『성장의 한계』 출간
1976 친환경 생필품기업 더 바디 샵 엶
1977 앰네스티 노벨평화상 수상
1978 박현채 『민족경제론』 출간
1979 성남 주민신용협동조합
1982 유인호 『민중경제론』 저술
1982 일본 생산자협동조합 조직
1983 도농직거래 한살림 설립
1983 방글라데시 그라민은행 설립
1985 월간 『말』 창간
1984 중국 인민공사 해체
1986 두밀리자연학교, 전국노점상연합
1986 우르과이 라운드
1987 노동자대투쟁
1987 프레온가스 규제 협정
1988 『한겨레』 창간
1989 전민련 전농 전교조 전빈련 결성
1989 리눅스 개발
1990 전노협 결성, 건축 일꾼 두레 결성
1991 소연방 해체
1992 리우 환경회의
1992 영국 GMO 농산물 나옴
1993 흙살림 설립
1994 생협연구소 설립, 성미산 육아 공동체
1994 NAFTA 결성, 사빠띠스따농민군 공동체 복원 안성의료생협 설립
1995 민주노총 결성 1995 WTO 결성
1996 서울의류노동조합 재정사업부 이스크라
1996 영국 광우병 발생
1997 IMF 경제신탁통치
1997 지구 온난화 방지 교토회의
1997 공정무역상품 FLO 만듦
1998 생협법 제정, 『경향신문』 사원주주제
1998 이탈리아 윤리은행 공인
1999 일본 실업자유니온, 시애틀시위, EURO 탄생
1999 영국 GMO 농산물 판매거부
2000 신나는 조합
2000 프랑스 주 35시간 노동 시행
2001 키친아트, 녹색대학
2001 세계사회포럼 시작

2002 영국 모피동물 사육 금지
2003 주 5일 노동제 입법, 사회연대은행, 아름다운가게 공정무역 시작
2005 상지대 국제친환경유기농센터
2005 UN 마이크로 크레디트의 해, 유튜브
2006 한국체인사업협동조합 햇빛촌
2006 그라민은행 유누스 노벨평화상 수상, 주민소환제 입법, 사회적기업 육성법 제정
2007 이랜드 비정규직 파업
2008 중국 신노동법 시행, 한국대안기업연합회 남미은행 창설, 남미국가연합 창설, 대법원 배심원제 도입
2008 광우병 쇠고기 반대 촛불시위
2009 용산 재개발 지역 참사

❖ 국문요약

한국의 공동체 자기고용

공동체 자기고용은 협동조합, 노동자기업, 독립언론, 공정무역처럼 공동체적으로 자기 노동을 조직하고 스스로 고용하는 노동조직을 일컫는다.

한국은 1987년 이후 사회운동이 발전했지만, 빈부 격차가 더 커지고 GDP 가운데 내수의 비중은 줄어들고 고용의 안정성이 떨어져 생태환경 파괴도 심각하다. 노동운동이 발달했지만, 자본과 노동의 갈등은 더욱 심해졌다. 이것은 노사관계가 갖는 본질적 한계이다. 이에 대한 대안으로 노동과 소유 그리고 경영 지속가능성이 일치하는 공동체 자기고용을 제시한다. 공동체 자기고용으로 일자리를 늘리고 생태환경을 개선해 지속가능성을 실현하며, 이런 효과를 늘릴 시너지 효과를 거둘 방안이 필요하다.

한국은 자영업의 비중은 높고 경영의 안정성은 취약하다. 기업 부문은 경기가 하강하면 비정규화, 해고로 회생을 꾀한다. 이것은 빈익빈 부익부의 현상을 심화시킨다. 실업자가 늘어나며, 청년과 중노년의 실업 문제가 심각하다. 노사관계의 개선 기능도 약하다. 정부와 공공 부문 역시 관료가 주인 노릇을 하며 공공성을 뒷전으로 하고 기업의 이익 추구에 협력한다. 신자유주의 정부 아래 공기업 민영화의 압박도 크다. 생태환경도 파괴한다. 경제의 대외의존도가 심각하게 높다. 사회복지 제도의 보완 기능도 아주 약하다.

노동과 자본의 소유 그리고 경영이 일치하며 지속가능한 노동 조직의 대안이 필요하다. 박현채는 민족경제론, 유인호는 민중경제론, 주종환은 공동체경제론을 주장했다. 현 시점에서 이들을 계승 발전시키는 대안 모델이 필요하다. 공동체 자기고용은 유럽의 '사회적 경제'의 범주에 접근할 수 있다. 그러나 한국에서 이른바 사회적 경제 주류는 사회적 기업이다. 이 사회적 기업은 정부·기업의 입장에 가까이 서서 실업자 문제 등을 치유하는 대증정책을 시행한다. 그러나 자율성을 상실했고 사회 변화의 동력으로 작용하지 못한다. 그래서 이 글에서는 사회적 경제 대신 '공동체 자기고용'이라는 개념을 사용한다.

1820~1830년대 공상적 사회주의의 대두와 더불어 세계적으로 협동조합이 발달했다. 협동조합은 혁명의 시대에 소강상태로 들어갔다. 자본주의 · 사회주의의 발달 정도에 따라 서유럽에서는 사회주의의 발달, 공공 부문이 발전하며 그 중요성이 줄어들었다. 그러나 동유럽 사회주의가 붕괴하면서 다시 활기를 띠었고 아시아 지역에서도 중요성이 크다.

한국은 두레 · 계 등 공동체의 전통이 있다. 공동체 전통은 일제와 개발독재를 거치며 깨졌다. 이것은 1920년대 사회주의와 결합해 발달했으나 1930년대 일제의 극심한 민중운동 탄압으로 쇠퇴했다. 해방 뒤 일제가 남기고 간 공장과 농장에서 노동자, 농민 자주관리를 추진했으나, 미군정의 방해로 좌절했다. 군사독재도 협동조합운동을 민주화운동으로 보고 탄압했다. 산업화 이후 노조의 발전과 더불어 노동자 수가 증가하고, 노사관계에서 파생하는 소외와 격차 문제가 커지면서 공동체를 복원하려는 노력이 있었다. 1987년 노동자 대투쟁과 IMF 이후의 실업사태가 일어나고 생태환경 파괴의 위협이 심각해지면서 공동체 자기고용이 발전했다. 공동체 자기고용은 여러 가지 부문에서 각기 독자적으로 발달했다. 도농교류가 먼저 발달했다. 홍성, 원주, 마포 지역공동체가 발달했다. 뒤따라 노동자기업인 대안언론이 활발하며, 『경향신문』, 『한겨레』 등이 여론에 미치는 영향력은 크다. 대안교육도 발전해 육아공동체, 초 · 중 · 고등학교를 넘어 대학교육에까지 파급되었다. 최근 공정무역이 발전하기 시작했다. 공공 부문도 민영화 피해와 노동자의 책임을 알기 시작하면서 공동체 자기고용의 범주로 진입했다. 그러나 공동체 자기고용 전체를 아우르는 관점은 취약하다.

공동체 자기고용의 각 부분이 합리화하고, 아울러 부문의 경계를 넘어 시너지 효과를 모색해야 한다. 공동체 자기고용의 동아리 설정 의식이 필요하다. 대중의 인식 전환이 필요하다. 선한 물적 연대의 개념을 제기해야 하는데, 이는 증여, 기부의 개념보다는 쌍방향적이다. 공동체 자기고용 각 부문의 합리화가 필요하다. 공동체 자기고용은 부문, 지역, 국내와 국제의 시너지 효과를 모색해야 한다. 공동체 자기고용을 활성화시키는 입법이 필요하다. 예를 들어 생협을 전면적으로 인정하는 생협법 개정이 필요하다. 현재 노동자 기업은 상법에 근거하는데, 이를 인정하는 입법이 필요하다. 공동체 자기고용을 정착, 확대시켜야 한다. 지역, 부문, 국제 부문 사이에서 시너지 효과를 올린다. 프로슈머의 관계, 지속가능성을 추구하는 분야와 협력해 외연을 넓힌다. 특히 공동체 자기고용 부문이 생산한 상품 서비스의 소비 확대가 필요하다. 여러 부문이 입체적으로 협력할 필요가 있다. 노동, 시민단체, 정부의 협력이 필요하다. 공동체 자기고용 내부의 상호 지원이 필요하다. 공동체의 자산을 확대해야 하는데, 이는 공동체 자기고용에서 노동조직 자체의 자본 축적과 정부 공공 부문의 지원으로 확대할 수 있다. 전체적으로 공동체 자기고용 부문이라는 경제영역의 설정이 필요하다. GDP 추계에서 공동체 자기고용 부문을 한 영역으로 설정해 목적을 가지고 공동체 자기고용 분야를 키울 필요가 있다. 정부도 공동체 자기고용을 행정 재정에서 하나의 독자적 영역으로 설정해야 한다. 국제적으로 비교 연구와 연대가 필요하며 공정무역은 좋은 출발이다.

❖ Abstract

An Essay on the Communal Self-Employment and Its Synergic Effects in Korea by Kim Youngkon

In the 21st century Korean society has been facing conditions of increased disparity between the rich and the poor, lowered stability of employment, destruction of the ecological environment and fiercer conflicts between labor and management. But the trade unions and progressive parties have their limitations and cannot present a vision for the future. So I have done research to write this book, Communal Self-Employment and Its Synergic Effects in Korea.

Communal self-employment (CSE) has a long history in Korea. Also globally, communalism has developed since the collapse of historical socialism in Eastern Europe and the onset of globalization.

In Korea CSE has developed in different forms. For example, exchange of food and services between city consumers and producing farmers developed in the 1970's. The management of consumer cooperatives, medical cooperatives and civil media is small but relatively stable. Worker's enterprises arose out of the bankrupted companies after the IMF economic crisis in 1997. The international fair trade movement has became well known during the last several years. The social enterprise sector developed by the government and companies after 1997 but it has hurt the autonomy of CSE. The government and companies would like this social enterprise sector to represent what people may call the social economy. However there is a difference, which is the ownership as well as labour of the worker. Thus, I have deliberately introduced a different term, which is communal self-employment, rather than social enterprise or social economy.

If we want to develop CSE as a vison for the future, we need to find the synergic effects between the different sectors of the economy and society. The producers and consumers of goods and services need to cooperate in every sector and there should also be cooperation between the local and global levels. The government and public sector must also assist the CSE. Economists should also make a section of CSE when calculating the GDP.

In this book the reader will find a rich description of the current situation of CSE in Korea, with examples from many sectors of society. The book will also highlight the previous theories and efforts in Korea contributing to the development of CSE.

찾아보기

ㄱ

ㄴ

ㄷ

ㄹ

ㅁ

ㅂ

ㅅ

ㅇ

ㅈ

ㅊ

ㅋ

ㅌ

ㅍ

ㅎ

기타

김영곤

필자는 고려대 경제학과 학생으로 반독재 민주화운동을 했고, 에어컨 보일러 기능공 생활을 하며 대우중공업노조 사무국장을 지냈으며, 사회변화를 추구하여 전국노운협 의장, APWSL 코디네이터를 지냈다. 노동운동이 조합주의와 의회 진출에 주력하고 사회변화를 기피하는 모습을 분석해 『17~21C 한국 노동사와 미래』 1~3(선인, 2005)를 냈고, 『노동의 역사 노동의 미래』(선인, 2006)에서 공동체 노동의 개념을 구성했다. 이제 노동, 소유, 경영, 지속가능성을 충족하는 대안을 체계화하여 이 책을 낸다. 현재 고려대에서 〈노동의 역사〉, 〈노동의 미래〉를 강의한다.